Karl von Holtei, Ludwig Tieck

Briefe an Ludwig Tieck

Band 2

Karl von Holtei, Ludwig Tieck

Briefe an Ludwig Tieck
Band 2

ISBN/EAN: 9783744690690

Hergestellt in Europa, USA, Kanada, Australien, Japan

Cover: Foto ©ninafisch / pixelio.de

Weitere Bücher finden Sie auf **www.hansebooks.com**

Briefe

an

Ludwig Tieck.

Zweiter Band.

Verlag von Eduard Trewendt in Breslau.

Armand, Bis in die Wildniß. Reise-Roman. 2. Aufl. 4 Bände. 8. . 4 Thlr.
Bach, Dr. Theodor, Theodor Gottlieb von Hippel, der Verfasser des Aufrufs: „An Mein Volk." Ein Gedenkblatt ic. 8. . . . . 1½ Thlr.
Eberty, Dr. Felix, Walter Scott. Ein Lebensbild. 2 Bände. 8. 3 Thlr.
Frenzel, Karl, Die drei Grazien. Roman. 3 Bände. 8. . . . . 4½ Thlr.
Eiseke, H. L. Robert, Käthchen. Roman. 4 Bände. 8. . . . . . 4 Thlr.
Godin, A., Eine Katastrophe und ihre Folgen. Roman. 8. . . . 1½ Thlr.
Gottschall, Rud., Reisebilder aus Italien. 8. . . . . 1½ Thlr.
Habicht, Ludw., Kriminal-Novellen. 8. . . . . 1½ Thlr.
Holtei, Karl von, Kleine Erzählungen. Volks-Ausgabe. 5 Bde. 16. 1½ Thlr.
— — Die Eselsfresser. Roman. Volks-Ausg. 3 Bde. 16. . . . . 1 Thlr.
— — Vierzig Jahre. Volks-Ausgabe. 6 Bände. 16. . . . . 4 Thlr.
— — Der letzte Komödiant. Roman. 3 Bde. 8. . . . . . . 5 Thlr.
— — Kriminalgeschichten. Volks-Ausgabe. 6 Bde. 16. . . . . 2 Thlr.
— — Christian Lammfell. Roman. Volks-Ausg. 5 Bde. 16. . 1½ Thlr.
— — Noblesse oblige. Roman. Volks-Ausg. 3 Bde. 16. . . . 1 Thlr.
— — Ein Schneider. Roman. Volks-Ausgabe. 3 Bde. 16. . . 1 Thlr.
— — Die Vagabunden. Roman. Volks-Ausgabe. 3 Bde. 16. . 1 Thlr.
       Illustrirte Ausgabe. 3 Theile in einem Bande. 8. . 1½ Thlr.
— — Noch ein Jahr in Schlesien. Anhang zu „Vierzig Jahre." 2 Bde. 20 Sgr.
Mügge, Theodor, Nordisches Bilderbuch. Reisebilder. 3. Aufl. 8. 24 Sgr.
— — Romane. Dritte (letzte) Folge. 6 Bände. 8. . . . . 9 Thlr.
— — Der Chevalier. Roman. 2. Auflage. 3 Bde. 8. . . . 1½ Thlr.
— — Toussaint. Roman. 2. Auflage. 5 Bde. 8. . . . . 2½ Thlr.
— — Erich Randal. Roman. 2. Aufl. 4 Bde. 8. . . . . . 2 Thlr.
— — Afraja. Roman. 2. Aufl. 3 Bde. 8. . . . . 1½ Thlr.
— — Tänzerin und Gräfin. Roman. 2. Aufl. 3 Bde. 8. . . . 1½ Thlr.
— — Die Vendéerin. Roman. 2. Aufl. 2 Bde. 8. . . . . . 1 Thlr.
— — Weihnachtsabend. Roman. 2. Aufl. 8. . . . . . . 15 Sgr.
Rosen, Ludwig, Vier Freunde. Roman. 3 Bände. 8. . . . . . 5 Thlr.
— — Damals. Novellen aus den Befreiungskriegen. 8. Eleg. brosch. 1½ Thlr.
Salma, Bernhard von, Graf Moernitz. Social-polit. Rom. 3 Bde. 8. 4½ Thlr.
See, Gustav vom, Erzählungen eines alten Herrn. 8. . . . . . 1½ Thlr.
— — Erzählungen eines alten Herrn. Neue Folge. 8. . . . 1½ Thlr.
— — Zwei gnädige Frauen. Roman. 3 Bände. 8. . . . . . 3½ Thlr.
— — Herz und Welt. Roman. 3 Bände. 8. . . . . 4½ Thlr.
— — Wogen des Lebens. Roman. 3 Bände. 8. . . . . . 4 Thlr.
Wehl, Feodor, Allerweltsgeschichten. Ein Novellenbuch. 8. . . . 1½ Thlr.

Briefe
an
Ludwig Tieck.

Ausgewählt und herausgegeben

von

Karl von Holtei.

Zweiter Band.

Breslau,
Verlag von Eduard Trewendt.
1864.

Hormayr, Joseph Freiherr von.

Geb. zu Innsbruck am 20ten Januar 1781, gestorben in München am 5ten Novemb. 1848, als Direktor des Reichsarchives. Fruchtbarer Schriftsteller: Der österreichische Plutarch, 20 Bd. (1807—20) — Taschen-Buch für vaterländ. Geschichte, 37 Bd. von ihm redigirt (1811—1848) — ebenso: Archiv für Geschichte, Statistik, Literatur und Kunst, 18 Bd. (1810—28) — Geschichtswerke über Tyrol — Geschichte der neueren Zeit. — Anemonen — ꝛc.

I.

Schloß Raitz, am 15. August 1822.

Wohlgeborner Herr Hofrath!

Ich darf mir wohl kaum schmeicheln, daß Eurer Wohlgeboren mein Andenken und mein Name nicht schon längst aus dem Gedächtnisse entschwunden sein sollte, seit jenen Abenden des Spätsommers 1808, die ich bei meinem unvergeßlichen Freunde, Heinrich Collin und bei Ihrer Frau Schwester, Sophie von Knorring, damals Bernardi, sammt dem kurz zuvor in Wien angekommenen Friedrich Schlegel, mit Ihnen zuzubringen, die Ehre hatte. — Hätte sich doch das biedere, lebensfreudige Wien öfters Ihres Besuches erfreuen dürfen!

Seit dieser Zeit sind Sie im strengsten Sinne mein Wohlthäter, der Urheber meiner liebsten Genüsse, der Erfrischer eines, mit manchem widrigen Geschick, mit vielen Mühen und Gefahren ringenden Lebensmuthes gewesen. — In keiner wichtigen Unternehmung, noch in den himmelweit verschiede=

nen Studien kritischer Forschung, konnte ich Shakespeare und Tieck entbehren. — Das „nulla dies sine linea" übte ich buchstäblich an der Genofeva, am Octavian, am Blaubart, am Phantasus — und der junge Freund, der Ihnen, verehrter Herr, diesen Brief überbringt, wiederholt es mir oft, daß er es mir als die größte Wohlthat verdanke, daß ich sein kräftiges, glühendes, aber etwas düsteres Gemüth, von seinem sechzehnten Jahre an, mit Ihren Werken erquickt und genährt habe, die ihm eine ganz neue Welt, einen in allen Farben und Tönen spielenden Zaubergarten der Romantik aufschlossen.

Dieses Briefes Ueberbringer ist der junge Graf Hugo von Salm-Reifferscheid, der einst seinem Großvater in der Fürstenwürde folgt, sich zum Staatsdienste vorbereitet, und bei großem Fleiße in seinen Berufsstudien, eine außerordentliche Liebe für redende und bildende Kunst hat, mein Schüler in der Historie und mittelbar wohl auch in manchen andern Dingen, da ich seinem Hause seit vielen Jahren in inniger Freundschaft verbunden bin. — Sein Vater, der als Berg- und Hüttenmann, als rationeller Landwirth und als Naturhistoriker bekannte Altgraf Hugo von Salm-Reifferscheid führt ihn und seinen zweiten Sohn Robert auf Reisen, vorerst in Ihr deutsches Florenz und nach Leipzig. — Wärmere Verehrer als diesen jungen Mann hatten Sie wohl nie in dem großen Kreise derer, die in Ihnen mit Recht einen der größten Dichter aller Zeiten und aller Nationen bewundern und lieben, und nichts erhebt so sehr, als jene freudige Begierde jugendlicher Gemüther: den Mann von Angesicht zu Angesicht zu schauen, dessen Thaten oder Werke ihr Herz oder ihre Einbildungskraft beschäftiget haben. — Nehmen Sie ihn freundlich auf.

Wie sehr freue auch ich mich, durch ihn Kunde zu erhalten von Ihrer Gesundheit, die leider öfters als leidend geschildert wird und von den Hoffnungen, die unsre Literatur auf Sie

ihren festen Hort und in so Manchem einzig und unübertrof=
fen, bauen darf? —

Sollten Sie in Wien Aufträge haben, (den großen Theil
des Sommers verlebe ich auf dem Salm'schen Schlosse Raitz
bei Brünn in Mähren) erlaube ich mir hier meine Addresse
herzusetzen: Herrn Joseph Freiherrn von Hormayr zu Hor=
tenburg, Ritter des Leopoldsordens, wirklichen Hofrath und
Historiographen des kaiserlichen Hauses — zu Wien No. 747
Untere Bäckerstraße. — Es sei mir dagegen auch erlaubt, um
Ihre Addresse und um den Namen jener Buchhandlung zu
bitten, mit der Sie am füglichsten verkehren und durch die
man Ihnen verläßlich Sendungen machen kann. — Mein
historisches Taschenbuch dürfte Ihrer Aufmerksamkeit nicht
ganz unwerth sein. — Seine drei Hauptrubriken: „Ahnen=
tafeln,“ — „Burgen,“ — „Sagen und Legenden,
Zeichen und Wunder“ sind das vorzüglichste Vehikel
meiner Haupttendenz, der Popularisirung der Historie durch
die redende und bildende Kunst und vorzugsweise Anwendung
dieser Beiden auf vaterländische Gegenstände. — Die lezte
Wiener Kunstausstellung gab wirklich schon Proben vorherr=
schenden nationalen Sinnes. Möchte er nur auch in die
Balladen=Dichtung und in die Dramaturgie hinübergehen! —
Mein nun schon im XIV. Jahre bestehendes Archiv für Histo=
rie, Staats= und Kriegskunst hatte jahrelang gleichfalls eine
eigene Rubrik poetischer Stoffe aus der Vaterlandsgeschichte
und lieferte über hundert solcher Balladen, worunter freilich
auch nicht wenig Mittelmäßiges, aber viel Gutes und einiges
Vortreffliche war. — Dürfte doch auch mein Journal oder
mein Taschenbuch sich schmeicheln, mit Ihrem Namen pran=
gen zu dürfen? — Ich würde stolz darauf sein und gewärtige
nur, daß Sie mir die Bedingungen vorschrieben! Wer weiß
wie Sie die Leyer der Sage zu rühren und bei aller histori=

schen Tendenz ist doch ganz und gar kein Zwang weder in der Wahl des Gegenstandes, noch in der Behandlung.

Hocherfreut über diese Gelegenheit, meinen Namen wieder in Ihr Gedächtniß zurückzurufen, erneuere ich angelegentlich den Ausdruck tiefgefühlter Verehrung und Ergebenheit

Euerer Wohlgeboren

gehorsamster Diener

Frhr. v. Hormayr.

Sie vergeben einer langjährigen Augenschwäche, den Uebelstand, Alles fremder Hand zu diktiren.

II.

Schloß Raitz, 27. Juni 1825.

Obgleich Ihre eigene Aussage, theuerster Freund, bekräftigt, daß Sie es mit Ihrer Correspondenz, selbst gegen gekrönte oder zu krönende Häupter eben nicht allzu gewissenhaft zu nehmen pflegen, erlaube ich mir doch, Ihnen eine Briefetikette vorzuschlagen, die Ihnen weder viel Zeit, noch viel Mühe kosten wird und von der Etikette des alten französischen Hofes erborgt ist, wo man bekanntlich, nur mit einem einzigen Wort auf alle Fragen antworten durfte. — Es sollte Sie zwar auch in München ein Briefchen von mir ereilt haben, allein das thut nichts zur Sache. — Schreiben Sie mir nur gütigst wenige Buchstaben und wenige Ziffern auf die rückwärts stehenden Fragen, durch den Ueberbringer dieses. — Das ganze Salmische Haus grüßt Sie hochachtungsvoll und mit den allerbesten Wünschen. — Anschütz empfiehlt sich voll Dank und Verehrung Ihrem Gedächtniß.

Ganz der Ihrige

Hormayr.

I.

Haben Sie den gütigst übernommenen Brief und Paquet richtig zu behändigen Gelegenheit gehabt?

Ja.   Nein.

II.

Wie lange bleiben Sie in Dresden und wann gehen Sie nach Töplitz?

Datum.

III.

Wann ist es Zeit, gegen den Nachdruck Ihrer Werke, die gehörigen Schritte zu thun und Ihnen die dießfälligen Formulare zuzusenden?

Datum.

III.

Wien, am 20ten November 1826.

Wäre ich an Divinationsgabe nur einigermassen dem Pfarrer von S. Sulpice zu vergleichen, so würde ich aus der Stellung ihrer Beine und Knie augenblicklich errathen, daß es die Beine und Knie eines überaus geistreichen und liebenswürdigen Mannes sind, der aber zur Abbüßung schwerer Jugendsünden, ein heiliges Gelübde gethan hat, Niemandem eine Zeile Antwort zu geben.

Seit Sie Wien verließen, weis ich von Ihnen, zuerst durch einige höchst scharfblickende und liebevolle Zeilen des damaligen Kronprinzen, nunmehrigen Königs von Bayern, — dann brachte mir der Schauspieler Stein eine Karte, worauf zu meinem versteinernden Erstaunen sogar ihr Name und noch eine halbe Zeile eigenhändig standen, — zuletzt hat mir die liebenswürdige Sophie Müller recht umständliche, meiner Ungeduld halb und halb genügende Auskünfte von Ihnen, von Ihrem Befinden und von Ihrer Familie gegeben. Noch Näheres hoffe ich dieser Tage durch Grillparzer zu vernehmen.

Das Haus der Grafen Salm hat hieran den lebendigsten Antheil genommen. — So wie ich selbst die tiefere Bekanntschaft Ihres Genius, (denn ich lese alle Jahre alle Ihre Werke einmal ganz durch,) der Gräfin Salm verdanke, so wünschte die ganze Familie nichts sehnlicher, als Sie einmal zu längerem Sommeraufenthalt auf ihrem Schlosse Raitz bei Brünn zu besitzen. — Der älteste Sohn, Graf Hugo Salm, ist in Prag angestellt, Ihnen also recht nahe. — Er hat seiner Mutter zu ihrem letzten Geburtsfeste, von dem talentvollen Prager Maler Führich, der jetzt nach Rom geht, einen Cyklus aus Ihren Elfen componiren laßen, den ich unendlich zart und genialisch finde. — Von demselben Führich ist ein Cyklus aus Ihrer Genovefa, mir lieber, als alle Umrisse von Retzsch und Cornelius.

Sophie Müller erzählte mir, sie habe Ihnen bereits kundgegeben, wie mich Ihr „Dichterleben" entzückte, wie ich durch ganz Wien, die Honneurs desselben gemacht, es den Leuten auf die Brust gesetzt und Mehreren, mit Gewalt vorgelesen habe. — Hier und in der Vorrede zu Heinrichs von Kleist dramaturgischem Nachlaß, fand ich meine eigenen Ansichten und Wünsche hinsichtlich der Nationalität der Tragödie und des historischen Drama siegend ausgesprochen. — Aber was soll ich Ihnen sagen von dem Krieg in den Cevennen, in dem ich beinahe jeden Tag wieder lese und über die einzelnen Partien desselben recht eigentliche Studien mache? — In unserer deutschen Literatur hat dieses Meisterwerk nicht seines Gleichen und ich zweifle sehr, ob in irgend einer andern? Da ich selbst den Tyrolerkrieg von 1809 geleitet habe und den Gebirgskrieg und den Volkskrieg genau kenne, mögen Sie auch die Steigerung des Eindruckes ermessen, den die unge-

heure, psychologische Wahrheit, die grandiose Anordnung des
Ganzen, die präcise Charakteristik, die hohe Ruhe in der be=
ständigen Unruhe, das Unbewegliche im ewig Beweglichen,
auf mich gemacht haben. — Ich weiß diesen Eindruck mit
Nichts zu vergleichen, seit langen Jahren in unserer wahrlich
verhängnißreichen Zeit.

Aber um des Himmelswillen, wie haben Sie es über sich
vermocht, den ersten Theil a l l e i n herauszugeben. — Das
heißt, die Leute bei den Haaren aufhängen und die Schwachen
mit aller Gewalt irre machen. — Solche Reitze vertragen
wenige, ohne endliche Befriedigung.

Ist aber doch ernstliche Hoffnung, daß der zweite Theil
bald nachfolge? daß er nicht ad Calendas Graecas hinausge=
schoben werde? — Was Sie bereits gegeben haben, ist so be=
wundernswürdig, so zart und zugleich so groß, daß Sie die
Gesundheit und die Nerven aller echten und rechten Leser zu
verantworten haben und daß Sie meinen Kindern dafür
responsabel sind, wenn auch über mich in allem Ernst der
Geist des Herrn kömmt und ich mich auf ein Haar so ge=
bärde wie der lange, blöde Michel! — Was nur unser dicker
Friedrich Schlegel dazu sagen wird? Ich denke, er macht eine
bedenkliche Miene, darauf einen schlechten Witz und ärgert sich
zuletzt, daß nichts anders heute Abends zum Souper kommen
soll! Es ist in der That sehr zu beklagen, daß ein s o l c h e s
Talent so endigt! daß es in all den mystischen Grimassen nicht
einmal de bonne foi ist und daß ihm diese mühsame Hypo=
krisie noch obendrein schlecht genug bezahlt wird, ja, daß er
gar keine Partei für sich hat, außer einige Mönche, einige
junge Leute, die er noch ins Narrenhaus bringen wird und
eine Dame, die er, wie die Leute sagen, auszieht, was ich eben
nicht glauben will, die aber eine boshafte Thörin ist.

In der That, wenn Sie auch dem Gelübde nicht abtrün=
nig werden können noch wollen, Niemandem eine Zeile zu

antworten, so könnten Sie mich doch durch dritte Hand wissen laßen, bis wann Hoffnung ist, daß der zweite Theil erscheinen werde? — In den Almanachen, die mir bisher unter die Hände kamen, suchte ich vergebens nach einer Novelle von Ihnen, weiß auch kein Wort, was wir sonst hoffen dürfen? und wie es mit der Herausgabe Ihrer sämmtlichen Werke stehe?

Das Theater macht Ihnen wohl noch hübsch viel Galle? — Das ist nun einmal nicht anders. — Die Wiener und Berliner Direktionen wetteifern darin mit einander, das Problem zu lösen, wie man mit einem Verein der ausgezeichnetsten Kräfte so wenig als möglich leisten könne? — Die Censur gibt den Herren freilich leider manche Entschuldigung an die Hand, allein nichts destoweniger könnten sie weit mehr thun, als sie wirklich leisten. — Anschütz bezeigte Ihnen seine tiefe Verehrung. Das ist doch noch ein Mensch, mit dem es eine Freude ist, von Ihnen und von Ihren Werken zu sprechen und der eben so die Alten, wie den Shakespeare in der Ursprache zu lesen vermag. —

Genehmigen Sie mit gewohnter Güte den erneuerten Ausdruck der wärmsten Theilnahme des Salmischen Hauses und meiner unwandelbaren Bewunderung und Anhänglichkeit.

Ganz der Ihrige
Hormayr.

Meine Adresse ist: Nr. 707 am alten Fleischmarkt, dieselbe Wohnung, wo wir so glücklich waren, Sie zu sehen.

IV.

Wien, am 27. September 1827.

Ich benütze sehr gerne die Gelegenheit einer, die Dresdner Gallerie besuchenden Künstlerin Therese Eisl, Wittwe eines im Fache der Archäologie und der rationellen Landwirthschaft

verdienten Schriftstellers, um Ihnen, verehrungswürdigster
Freund! ein Zeichen des Lebens zu übersenden und die hoch=
achtungsvollsten, freudig erneuerten Grüße von mir und von
der gräflich Salm'schen Familie, die wir uns Alle in gleichem
Maße der Anbetung nach Ihrem Wiedersehen sehnen, aber
auch die bittern Vorwürfe des gesammten Deutschlandes thei=
len, über das nicht genug zu beklagende lange Ausbleiben des
IIten Theiles Ihres unübertrefflichen Aufruhrs in den Ceven=
nen. — Das heißt doch wirklich dem Publikum mehr aufladen,
als es zu tragen vermag — und was wäre das für ein Pu=
blikum, das diese, je wildere, desto heiligere Ungeduld, nicht
aus ganzer Seele theilte!?

Ranke hat mir Ihre theuren Zeilen übergeben, — ich
hoffe, ihm nützlich gewesen zu seyn, ich hoffe auch, daß er alle
seine Zwecke gloriös erreichen wird.

Es freut mich unendlich, daß Raumer mit meiner Anzeige
seiner Hohenstauffen zufrieden ist. — Es ist jetzt in der deut=
schen Journalistik ein, nicht genug zu bekämpfender, abscheu=
licher Ton: nachsichtig gegen das Schlechte und Gemeine, ver=
wöhnend gütig gegen das Mittelmäßige, aber unerbittlich
gegen alles Gute und Treffliche.

Scheuten Sie nur das Clima nicht so sehr, Sie hätten
müssen nach München gehen, wo so viele Schätze altdeutscher
Dichtkunst, wo das Theater einer so kolossalen Reform bedarf
und der König ein so feuriger Bewunderer von Ihnen ist.

Hochachtungsvoll umarmt Sie tausendmal

Ganz der Ihrige

Hormayr.

V.

München, den 21. Februar 1828.

Seit den letzten Dezembertagen befinde ich mich in Mün=
chen, in archivarischen Forschungen, sowohl um die Vorarbei=

ten zu meinem großen Werk über die vorzugsweise romantische
Heldendynastie der Babenberger zu vollenden, als auch,
nach dem Wunsch und nach dem Rufe des Königs, eine
Geschichte Bayerns bis zum westphälischen Frieden zu
schreiben. — Wie diese Arbeiten auch immer ausfallen mögen,
bleibt es doch gewiß ein großer Gewinn für die Historie des
ganzen südlichen und mittleren Deutschlands, daß ich, der die
österreichischen, böhmischen und ungarischen Archive reorgani=
sirte, und daher genau kennt, auch noch zu dem Ueberblick der
bayerischen und fränkischen und zum Theil der schwäbischen
komme. Beynebens trachte ich eifrig jene chinesische Mauer
zwischen dem österreichischen und deutschen Buchhandel hie
und da einzureissen, in der sichern Ueberzeugung, daß die
Geschichte der süddeutschen Länder durchaus nicht isolirt, son=
dern nur im strengen Zusammenhang mit glücklichem Erfolge
behandelt werden könne. — Ich schmeichle mir auch, neues
Leben in die hiesigen archivarischen Forschungen gebracht zu
haben, da die historische Klasse der Akademie, ganz uneingedenk
ihres alten Ruhmes, den Aufschwung des Königreichs nicht
getheilt, sondern die letzten 25 Jahre in einem förmlichen
Winterschlaf zugebracht hatte.

Professor Rauch aus Berlin ist gestern wieder dahin zurück=
gekehrt, nachdem er die Vorbereitungen zum künftigen Gusse
seines sitzenden Bildes des verstorbenen Königs angeordnet
hatte. Ich freute mich innig, Rauch so enge Ihrem geistreichen
Bruder verbunden zu wissen. Er war erstaunt über die hie=
sigen Kunstschätze, sowohl aus dem griechischen und römischen
Alterthum, als auch in der altitalienischen und altdeutschen
Malerey, nicht minder über die Kunstschule, die sich hier bil=
det unter Cornelius, Julius Schnorr und Heinrich Heß. —
Wer München vor 20 Jahren gesehen hat, kann es unmöglich
wieder erkennen. Es ist nicht allein eine ganz neue Stadt
geworden, sondern auch eine Masse von Kenntnissen, Streif=

lichtern und heller Tagsbeleuchtung, die nur noch wenige Zuckungen und Nebel der altbayerischen Schlagschatten zu überwinden haben. — Als 1799 König Max Joseph die Regierung antrat, wollte Niemand der Königin protestantischen Hofprediger Schmidt in eine Wohnung aufnehmen, und man war gezwungen, ihm bey Hof Quartier zu geben. — Wie ganz und gar ist darin Alles umgestaltet und Alles anders — und in noch wie vielen andern Dingen?! — Mit Unrecht würde man den König einer katholischen Einseitigkeit beschuldigen. Er hat sich vielmehr stark und entschieden gegen die Jesuiten und gegen die Kongregation ausgesprochen, und wacht strenge über die Gleichheit der Rechte beyder Religionspartheyen. — Was etwa in dieser Hinsicht früher zuviel geschehen ist, das hat die Wohldienerey dieses und jenen Werkzeugs verschuldet, das der König, so wie er es gewahr wurde, ernstlich gerügt und abgewiesen hat. — In 10 Jahren hat München gewiß ein unerwartet großes, intellectuelles und künstlerisches Uebergewicht, zumal je verblendeter und ärger Zensur und Geistesdruck ostwärts ihr lichtscheues Wesen treiben.

Witt=Döring, den ich übrigens gar nicht gesehen oder begegnet, desto mehr aber von ihm gehört, wollte seine (von Osten wie von Nordost her) inspirirte Jakobiner= und Demagogen=Riecherey auch in München fortsetzen, wo er binnen 7 Tagen Alles durcheinander hetzte und verwirrte, ein unglückliches Duell veranlaßte, und zum Federführer der Hoch=Torys gerufen schien. — Der König hat ihn fortgejagt — und wahrlich, die Epoche der jetzigen Ständeversammlung bedurfte keines neuen Brandlegers. — Zugleich erschien in mehreren öffentlichen Blättern ein, hier mit allgemeinem Beifall gelesener Aufsatz über Witts niedrige Ausfälle und unaufhörliche Denuntiationen wider mehrere geehrte deutsche Dichternamen. Ich schicke denselben als ein pikantes Novissimum.

Schenks Belisar hat ja in Weimar sehr viel Glück gemacht? — Ich höre Adam Müller spitze gewaltig die Feder zu jesuitischer Polemik? — Daß doch die Leute geschwiegen haben, wo sie hätten reden sollen, und nun reden, wo sie lieber schweigen sollten. — Es ist nichts hübscher, als die Frau seines Gastfreundes zu entführen, zu heirathen, dabey hyperkatholisch zu seyn, und Bonald über die **Unauflösbarkeit** der katholischen Ehen, im Geiste des Trientner Conciliums zu übersetzen. — Wellingtons und Huskissons Erklärungen sind ein neuer Beweis, wie eitel die Hoffnung sey, die Welt rückwärts zu drehen.

Die Familie Salm empfiehlt sich hochachtungsvoll Ihrem Andenken, und hofft, Sie doch einmal wieder in Wien oder in den böhmischen Bädern oder bey sich auf dem Schlosse Raiß zu begrüssen.

Ist denn um Gotteswillen gar keine Hoffnung auf die Fortsetzung der Cevennen? — War Raumer zufrieden mit Paris?

Mein brüderlicher Freund Schenk war entzückt über Ihre Bemerkungen zum Belisar. — Solche Reflexionen müssen es freilich seyn, um nur einigermassen zu trösten über die erbärmliche Gehaltlosigkeit fast aller mimischen und dramaturgischen Critiken. —

Der König Ludwig gedenkt Ihrer stets mit dem ausgezeichnetsten Wohlwollen. Ich umarme Sie herzlichst mit der innigsten Verehrung und mit der alten freundschaftlichen Ergebenheit.

Ganz der Ihrige
Hormayr.

VI.

München, am 15. Oktober 1830.

Nur um wenige Minuten, mein unvergeßlicher, theurer Freund, habe ich Sie bey Ihrer Abreise von München verfehlt

und wie ich höre, ist es der Frau Ministerin von Schenk in
Regensburg auch nicht viel besser ergangen. — Mit mir gab
es aber noch einen komischen Zufall. Ich fuhr Ihnen auf
der Stelle nach in die Schleißheimer Allee, in der Gewißheit,
Sie noch einzuholen und Ihnen noch einmal zum Abschiede
die Hand zu drücken. Auch erreichte ich glücklich binnen einer
halben Viertelstunde einen Wagen, der nach der Beschreibung
dem Ihrigen glich, aber um des Regens willen ganz zuge=
knöpft war, sprang aus, hielt den Wagen an und bat, das
Leder aufzuknüpfen, weil ich mich noch gerne von Ihnen beur=
lauben wolle; statt dessen aber sah gar bald ein kupferrothes
und grimmiges Gesicht zum Wagen heraus, versichernd, der
Inhaber dieser Schnauze sey kein Hofrath Tieck, sondern ein
Bierbräuer von Erding, der es mir keineswegs gut aufnahm,
daß ich ihn aufgehalten hatte. — Ich fuhr also voll Aerger
unverrichteter Dinge wieder zurück und drücke Ihnen jetzt noch
einmal meine Freude aus, Sie so wohl und so heiter gesehen
und von Ihnen selbst die langersehnte, ernstliche Fortsetzung
der Cevennen erhalten zu haben. — Jetzt ist wohl auch Rau=
mer glücklich bei Ihnen angekommen, den ich tausendmal um=
arme. — Er möge sich den Kronprinzen von Bayern, den ich
voriges Jahr in der Historie unterrichtete, bestens empfohlen
seyn lassen und ihn so oft als möglich sehen. — Der schöne
und hoffnungsvolle junge Herr hegt eine ungemeine Vorliebe
für Geschichte und Dramaturgie. — Welcher Umgang sollte
ihm daher lieber seyn, als Raumers? — Dieser erwirbt sich
dadurch ein großes Verdienst, nicht nur um den liebenswür=
digen Prinzen, um Preußen und Bayern, die sich nie enge
genug verbinden können, sondern auch um ganz Deutschland. —
Sootzmann wird ihm einen Brief von mir übergeben. Ich weiß
es längst, daß man eher vom Fürsten Metternich einen libe=
ralen Rathschlag, als von Ihnen einen Brief herauszwingt,
doch könnten Sie irgend einem fahrenden Schüler auftragen,

Ihre Gesinnung mit ein Paar Worten hinzuschreiben und
alsdann bloß Ihren Namen darunter setzen? — Die Fort=
setzung des Dichterlebens war mir ein hoher Genuß und
in den Wundersichtigen mußte ich mich unwillkürlich an die
Erscheinung der heiligen Cäcilia und an die übrigen Mirakel
erinnern, die Friedrich Schlegel und seine Jünger, der Gräfin
L. und andern, in der Jugend liederlichen, im Alter devo=
ten Wiener Damen gewirkt haben. Es ist nöthig, solche
Thorheiten der Zeit zu geißeln. Sie hängen nur allzugerne
den Mantel der Hypocrisie um, — und gewinnen in Berlin
immermehr Boden. — Ich fürchte sehr den Einfluß A's. —

— — — — — — — — — Doch sein Genius wird ihn
wohl davor bewahren, wie er auch seinen Vater bewahrt hat.
— Tausend Glück und Seegen! Rufen Sie mich doch Ihrer
Fräulein Tochter und der Frau Gräfin von Finkenstein in
geneigtes Andenken zurück. Ich umarme Sie von ganzem
Herzen!

Ganz der Ihrige
Hormayr.

VII.

Hannover, am 10. May 1833.

Seit langer Zeit, verehrter Herr und theuerster Freund,
haben Sie Nichts von mir gehört, — Ich (wie übrigens ge=
wöhnlich,) noch weniger von Ihnen. Inzwischen sind meine
Bewunderung und meine Liebe für Sie stets dieselben geblie=
ben, und nie vermag ich an Sie zu denken, ohne die innigsten
Wünsche für Ihr Wohlergehen und für die dem gesammten
deutschen Volke wichtige Heiterkeit und Fruchtbarkeit Ihres
Geistes. — Wie ergeht es mir denn mit Raumer, den ich doch
stets so sehr geachtet und gegen alle Angriffe rüstig vertheidiget

hatte? — Ich bekomme auf keinen Brief mehr Antwort und weiß mir dieses in keiner Art zu erklären. — Leider sah ich Raumer in Göttingen kaum eine Viertelstunde, als er eben nach Cassel abfuhr.—Dringen Sie ihm doch ein wenig auf's Gewissen.

Diese Zeilen haben übrigens einen höchst interessirten Anlaß, — nämlich Ihnen eine überaus werthe Freundin dringendst zu empfehlen, die (überhaupt sehr geistreich und liebenswürdig) an Begeisterung für Tieck's Muse mit mir wetteifert und viele seiner Meisterwerke, insonderheit den, trotz aller Versprechungen noch immer nicht fortgesetzten Aufruhr in den Cevennen, aus meinem Munde gehört hat. — Es ist die Bankierswittwe Madam Philipp aus Hannover mit ihren trefflichen Töchtern. Sie ist die Schwester des um das Königliche Haus sehr verdienten Münchner Hofbanquiers und Ritters der bayerischen Krone Baron Eichthal, der sich jetzt wegen der griechischen Anleihe bald in London, bald in Paris befindet. — Sie besucht ihre Familie in Prag, München, Augsburg, St. Blasien auf dem Schwarzwald und kehrt dann wieder nach Hannover zurück. — Ludwig Tieck von Angesicht zu Angesicht zu sehen, gehört zu den lange gehegten Herzenswünschen dieser drei hochgebildeten und interessanten Damen. — Von Ihnen, theurer Freund, bin ich der gütigsten Aufnahme dieser meiner intimen Freunde gewiß, die mir den Anbeginn meiner Mission in Hannover hindurch ein unentbehrliches und unschätzbares Kleinod gewesen sind. — Etwas shakespearisiren müssen Sie mit ihnen. Es ist bei Gott gut angewendet und ich sehne mich, einmal wieder von Augenzeugen Nachrichten und ipsissima, suprema verba von Ihnen zu hören.

Ihre neuesten Novellen haben mich wie immer sehr angesprochen. Aber dennoch ist mein Wunsch nur um so heftiger, Ihre riesige Kraft wieder einmal an einem grossen und Ihrer würdigen Gegenstande bewährt zu sehen, vor Allem in der Beendigung des Aufruhrs in den Cevennen! Die poetischen Gassenjungen und Zwerge dürfen nicht glauben, Tieck habe die Kraft verlassen, den Zauberknoten zu lösen, den er geschürzt. — Sehr wünschte ich, meine nun schon 30 Jahre bestehenden, historischen Taschenbücher und ihre stehenden Rubriken: Sagen und Legenden, — Ahnentafeln und Burgen wären Ihnen zur Hand und werth, Ihnen interessante Novellenstoffe zu bieten? — Fast sollte ich es meinen.

Genehmigen Sie den erneuerten Ausdruck jener aufrichtigen Bewunderung, treuen Anhänglichkeit und Liebe, mit welchen unaufhörlich beharret

Ganz auf ewig Ihr alter,
treuester Verehrer
Hormayr.

VIII.

München, am 3. Juli 1845.

Ich erlaube Mir, Hochwohlgeborner Herr Geheimerrath, und seit so lange Hochverehrter Freund, zwei geringe Andenken zu überreichen an unsern seit vierzig Jahren, seit der großen antibonapartischen Rüstung 1808 in Wien, in so edelm Beisein, wie der Frau von Staël-Necker, der Nyß, der Frau von Knorring, der beiden Brüder Schlegel, so vieler jenseits der Alpen, der Apenninen und der Pyrenäen des Fremdlingsjoches Ungeduldigen, so vieler edeln, rachedurstigen Preußen, wie Rühle, Grollmann, Pfuel, Marwitz, Kleist, Arnim, Valentini u. v. A. geschlossenen Freundschaftsbund. — 1825, zehn Jahre nachdem die Welt in Frieden und doch nirgend ein rechter Friede war, erneute sich dieser schöne Bund abermal in Wien, in dem herrlichen Hause Salm. Ich kann wohl sagen, daß die unvergleichliche Fürstin Salm 1815!1825 meine Erziehung (freilich etwas spät), gleichwohl aber mächtig vollendet hat, bloß durch die Lesung und das Durchstudiren Ihrer sämmtlichen Werke, aus denen insonderheit Genovefa den unauslöschlichsten Eindruck auf mich gemacht und mehrere Meisterwerke der Historienmalerei durch Führich, Fendi, Ruß und Petter hervorgerufen hat.

Sie erhalten hieneben die göttlichen Burgen des Tyrolischen Etschthales und meine, der erwünschten (alle österreichischen, fatalistischen Mißgeschicke entfernenden) Vermählungsfeier des Kronprinzen Maximilian geweihte goldne Chronik von Hohenschwangau, der Burg der Welfen, der Hohenstaufen und der Schyren-Wittelsbacher. — Nehmen Sie die geringe Gabe freundlich auf. — Der Himmel erhalte Sie für späte Zeiten, in denen Ihr üppig reicher Ruhmeskranz unverwelklich fortblühen wird. — Ihr Genius hat auch auf alle werthvollen Schöpfungen meiner mehr als fünfzigjährigen und auf anderthalbhundert Bände betragenden Laufbahn den entscheidensten und wohlthätigsten Einfluß geübt. — Ich lege hier ein Verzeichniß derselben bei, wovon ich Sie, edelster Freund, bitte, auch an den wahrhaft großen Alexander Humboldt, auch an Raumer, — Waagen, von der Hagen, Abdrücke gelangen zu lassen, die Ihnen vielleicht nicht unwillkommen und die längst von mehreren Gelehrten-Lexicis, von den Pariser Schmierern der biographies des contemporains, der gallerie des hommes illustres etc. verlangt worden sind: — eine wahrhafte Satyre auf das Horazische: — multum non multa! — Indessen, wo es sich um Entdeckung und Veröffentlichung überreicher Materialien handelt, und um deren kritische Sichtung, immer noch zu rechtfertigen! — Die in Berlin erfahrene, außerordentliche Nachsicht und Güte, (worin freilich Sie mit dem liebenswürdigsten und unvergeßlichsten Beispiele vorangingen), hat in mir den festen Entschluß erweckt, jedes Jahr gegen Ende Mai, — vier bis sechs Wochen dem Besuche Berlins zu widmen. — Meine

Frau dankt mit mir Ihnen und der edeln Frau Gräfinn von Finkenstein mit der innigsten Rührung und an die vielen schönen Stunden, namentlich an Romeo und Julie, das ihre gespanntesten Erwartungen noch weit übertraf, immer und ewig gedenkend.

Der Himmel erhalte uns in Ihnen lange noch eine der edelsten Zierden des deutschen Gesammtvaterlandes und der europäischen Dichterwelt. —

Mit ungemeiner Hochachtung und treuester Ergebenheit
Ew. Hochwohlgeboren
ganz der Ihrigste
Hormayr.

Humboldt, Alexander Freiherr v.

Mit zwei Ausnahmen vom 10. und 25. Juni 1846 und vom 10. Mai 1848 entbehren sämmtliche durch Tieck aufbewahrte Humboldt'sche Briefchen und Billete die Angabe einer Jahreszahl. Dieselben mit Bestimmtheit chronologisch zu ordnen, dünkte uns unmöglich, weil bei jedesmaligem Prüfen und Vergleichen des Inhalts immer einzelne Widersprüche hervortraten. Wir sind, um unsrerseits keinen Fehlgriff zu thun, endlich bei der Reihenfolge stehen geblieben, in welcher Tieck sie hintereinander zusammengeheftet seiner Sammlung einverleibt hatte, obgleich diese Anordnung kaum richtig sein kann, wie sich beim Lesen ergibt.

Was den Inhalt anlangt, so mußte Mancherlei weggestrichen werden. Es ist wohl noch Einiges stehen geblieben, und läßt sich Anderes aus den Lücken halb und halb errathen, was sich mit dem edlen Charakter des großen Mannes nicht gut verträgt. Doch war darauf um so weniger Bedacht zu nehmen, nachdem bereits ungleich schlimmere kleine Persibieen weltkundig geworden. Auch hegen wir die feste Ueberzeugung, daß jene oft verletzenden Worte, welche hier und da Humboldts Munde und Feder entschlüpften, niemals aus seinem Herzen kamen, sondern lediglich einer, allerdings nicht löblichen, Angewohnheit entsprangen. Er vermochte nicht, was ihm gerade Witziges, Spöttelndes einfiel, zu unterdrücken, ob es auch boshaft war. Diese Schwäche hat ihm den Ruf der Falschheit zugezogen, den er darum doch nicht verdient.

Räthselhaft bleibt es immer, wie zwei Brüder, die sich so nahe stan-

ben, die sich so innig geliebt und geachtet, dabei so verschieden sein konn=
ten. Wilhelm, der Diplomat, der Staatsmann, dessen Laufbahn recht
eigentlich durch alle Irrgewinde der Kabinets-Intrigue und unerläßlichen
Verstellungskünste geführt, wird von Allen, die jemals mit ihm in Berüh=
rung kamen, als ein Muster aufrichtigster, gradester Wahrheitsliebe ver=
ehrt; als ein Edelstein vom reinsten Wasser; als ein Gelehrter, dessen
Aeußerungen, Silbe für Silbe, die Goldprobe bestanden.

Alexander, den sein selbst erwählter Lebensweg über Steppen und
Prairieen, über himmelhohe Berghöhen und unermeßliche Meere, durch
Urwälder und Palmenhaine geleitet; der ein langes Menschenalter an
die Natur und deren Erforschung gesetzt; der bis zum Tode **Freiheit
und Wahrheit** predigte; der rothe Revolutionaire als seine „theuren
Freunde" zu bezeichnen keinen Anstand nahm; — Er gilt für falsch, und
seinen fast schmeichlerischen Artigkeiten ließ sich durchaus nicht ablauschen,
ob ihnen nicht, wenn sie in's Gesicht ausgesprochen waren, hinter dem
Rücken bitterer Hohn folgen dürfte? Wie wenig würde, was er auch
hinter Tiecks Rücken von diesem gesprochen, übereinstimmen mit den Ver=
sicherungen, die er ihm hier so freigebig ertheilt!

Wodurch lassen sich solche Kontraste erklären?

I.

Potsdam, 10. Juni 1846.

Ich eile Ihnen, zu melden mein edler Freund, daß ich im
Auftrag des Königs, (ich muß hinzusezen der Königinn, die
vor Ihrer Abreise am 15. Juli noch gern Sich Ihrer Nähe
zu erfreuen wünscht), 2 Conferenzen mit dem Schloßbaumei=
ster H. gehabt, auch vor wenigen Stunden alle Zimmer Ihrer
Wohnung unter Leitung der weinerlichen, allen Maurern und
Staubmenschen feindlichen Hausfrau inspicirt habe. Es ist
schlechterdings nichts im Inneren berührt worden, bloß in
ihrem Schlafgemach ist die Wand übermalt: ich rathe daher
vielleicht: in der ähnlichen Kammer rechts wo Schränke stan=
den zu schlafen. Der Schloßbaumeister H. wünscht, daß Sie
in 10, die Frau Kastellanin (item Hausfrau), daß Sie in
14 Tagen von heute an kommen. Die Meubles werden alle

bis dahin hereingebracht, Graf Keller, der einen herzlichen Antheil an Ihrer Rückkehr nimmt, hat in meiner Gegenwart die nöthigen Befehle an den Hofstaatssecretär wegen der Meubles gegeben. Die Gerüste werden Sie abgerissen finden. Die Communication mit dem heidnischen Tempelsitze wird erst im Spätherbst hergestellt. Das Parquettiren der scheuß= lichen Fußböden scheint mir nothwendiger als die Dorischen canellirten Säulen, die man dem Hause gegeben. Povera e nuda va la Filosofia sagen wir beide, aber auch)

Mit alter Verehrung
Ihr
A. v. Humboldt.

Die Königin von Sachsen kommt mit Carus in den lezten Tagen des Monats. Der Gemal holt sie ab, die Baiern wer= den auch wohl sich entfernen, nicht so die holländischen Medu= senhäupter.

II.

Potsdam, 25. Juni 1846.

Der König und besonders auch die Königin sehen nach Ihren Fenstern und betrüben sich. Beide möchten dem Säch= sischen Hofe (Könige reisen vermummt, fast eisig verpuppt..) zeigen, daß wir stolz sind, Sie zu besizen. Geben Sie, theu= rer Freund, der Bitte aber nur nach, wenn Sie gewiß sind, daß die Reise Ihnen nicht schade.

Mit alter Verehrung
Ihr
A. v. Humboldt.

III.

B., Donnerstags.

Wie sehr bedaure ich, daß Sie mich, verehrter Freund, gestern in meiner transatlantischen Wohnung verfehlt haben.

Diese Zeilen enthalten eine Bitte: schenken Sie einige Augenblicke einem sehr talentvollen jungen Manne, 21 Jahre alt, Uebersezer eines wunderbar nüchternen allegorischen indischen Dramas, das man zur Erholung nach dem Saul und David aufführen könnte. Der junge Mann heißt Goldstücker und will in Paris über indische Philosophie arbeiten.

Mit alter Verehrung

Ihr

A. v. Humboldt.

IV.

Donnerstags.

Erlauben Sie, theurer Freund und College, daß ich Ihrem Schuze einen sehr angenehmen jungen spanischen Litteraten, Enrique Gil empfehle, der mir freundliche Briefe von dem Dichter — Präsidenten und Minister Martinez de la Rosa gebracht. Herr Gil ist Legations=Secretär, aber hier bloß mit commerciellen und Zollsachen, nicht mit Diplomatie beschäftigt. Ich komme vor meiner nicht sehr nahen Abreise gewiß Sie, verehrter Freund, noch eingesponnen in Ihrer Winterheimath zu umarmen und der liebenswürdigen Gräfin meine herzliche Verehrung zu bezeigen.

Ihr

A. v. Humboldt.

V.

Sonntag.

Hier die wunderbare Neugier der Frau von Woltmann über die generatio spontanea p. 169, über Göthe p. 36, Planetenbildung p. 116, Eva p. 160 und Concentration im Christenthum! Malebranche ahndete die Natur=Philosophie, wenn er sagte: toute philosophie nait de ce que nous avons l'esprit curieux et la vue courte.

Ich lege Ihnen bei: in der Staats=Zeitung ein Umlauf=
schreiben von Mnr. Rochow, der die Physiognomie des
Staats zu ergründen hofft, eine Redaction voll litterarischer
Prätension, wie man sie wohl kaum je gesehen im Polizei=
Amte!

Grimms Brief geben Sie mir, theurer hochverehrter
Freund, bei Tische wieder, um den teutschen König zu heilen.
Ihr
A. v. Humboldt.

VI.

Potsdam, Sonnabend.

Ich werde, mein theurer edler Freund, mir eine Freude
daraus machen, dem Könige das romantische Drama des
Herrn Eckardt selbst zu überreichen. Lieber würde Er es gewiß
aus Ihrer Hand empfangen haben, wenn leider Ihr Unwohl=
sein Sie izt nicht von dem „historischen Hügel" entfernt hielte.
Der Dichter nennt das Publikum eine „geistreiche und gesel=
lige Dame." Als solche zeigt es sich weniger, nördlich vom
Thüringer Waldgebirge. Ich glaube mehr an einen geistrei=
chen jedem geistigen Bestreben holden König. Mit alter Ver=
ehrung und Herzlichkeit
Ihr
Al. Humboldt.

VII.

Donnerstag.

Hier, mein liber, haben Sie einige leere Phrasen wie
man sie selbst deutsch schreiben kann.

Der König hat den Johanniter Ritter ser freundlich,
lächelnd aufgenommen. „Wenn es Tiek gern sit, so thue ich
es wohl, Sie mussen es im aber allein noch sagen."

Da mich die Eckardtsche Schreibart etwas genirt, so sage
ich in gewöhnlich christlicher Weise, daß König und Königin

unbändige Freude über Ihre so schön fortschreitende Besserung geäußert haben. Da ich es sehr nöthig halte, den König an den Ritter zu erinnern, und zwar schriftlich, so bitte ich Sie mir schreiben zu lassen: ob er nicht ein Bären=Kammerherr (nach Bettina, eine heraldische Bestie) von Anhalt=Dessau ist, ob Sie wissen wer der Vater sei oder war? Solche Probleme sind zu lösen, wenn man nicht das Glük hat, ein Ulahnen=Lieutenant von der Garde zu sein und nur altenglisches Schauspiel kennt. Die Albernheiten des Lebens bannt kein königlicher Geist.

Ihr

A. v. Humboldt.

VIII.

Freitags, Oranienburger Str. Nr. 67.

Ob Sie, Verehrter Freund, mir gleich nichts über den Vater unseres Bülow in Dresden geschrieben haben (eine Auskunft, die der König wünschte) so freut es mich doch unendlich, Ihnen zu sagen, was Sie vielleicht auf anderen Wegen bereits erfahren haben, daß Herrn von Bülows Ernennung zum Johanniter=Ritter ganz gewiß ist. Der König hat mir aber befohlen, den G. C. R. Müller daran zu erinnern, was ich auch schriftlich gethan. Ich muß Sie aber nun bitten, mir recht bald zu schreiben wegen der Bezeichnung:

1) wie sein Vornahme ist?

2) ob er Herz. Anhalt=Dessauer Kammerherr ist?

Mit alter Verehrung

Ihr

A. v. Humboldt.

IX.

Potsdam, 16t. Oct.

Ich habe vorgestern (14ten) mit tiefer Rührung theure Freund, Ihren liebenswürdigen Brief erhalten und die Ein=

lage am 15t. Morgens sogleich dem König eigenhändig im
Marmorsaal übergeben. Der Brief ist hastig in meiner
Gegenwart erbrochen und von beiden Majestäten mit dem
lebhaftesten Ausdruck schmerzlicher Theilnahme gelesen worden.
Von der herzlichen Zuneigung beider brauche ich Ihnen
nichts zu sagen, es ist mehr als die Huldigung eines Geistes,
der groß und wohlthätig auf sein Zeitalter gewirkt, es ist bei
König und Königin das unverbrüchlichste unwandelbarste
Anerkenntniß der Anmuth der Sitten, der tiefen Achtung des
Charakters, der Zartheit der Gefühle, welche sich durch Gebehrde
und Stimme verkündigen. Herrn Altmann aus der Ferne
des Hallischen Thores und den violett=sammtnen brieflosen
Herrn Eckardt, der laut der Vorrede sich das Publikum als
den „Salon einer geistreichen Dame" denkt, vergesse ich auch
nicht. Was mich aber neben dem so rein menschlichen Antheil
des Königs und der Königin an Ihren Leiden im innersten
bewegt sind die erhebenden, freundlichen Worte, die Sie an
mich richten. Wie soll ich meinen Dank dafür aussprechen:
er ist enthalten in den wärmsten Wünschen, die ich zum Him=
mel schicke: Meine feste Hofnung ist Ihre herrliche kräftige
Constitution.

A. Hdt.

Meine Verehrung der vortreflichen Gräfin. In Eile.

X.

Sonnabend früh.

Sie müssen nicht glauben, mein edler Freund, daß ich Sie
verrätherisch in Sanssouci verlassen habe: ich werde vor mei=
ner sehr ungewissen Abreise nach der großen Babel, wo die
„Herrenkammer" mordet und sticht, Sie gewiß noch umar=
men. Eine plötzliche sehr heftige Erkältung und der große
Camin mit Flammfeuer in den „Neuen Kammern" hat mich
plötzlich hineingejagt, um mich hier besser zu pflegen und mei=

nen lezten Bogen, der angekommen ist, selbst noch zu corri=
giren — eine Tugend, die dem industriellen Weltgeiste sehr
gleichgültig ist.

Diese Zeilen werden Ihnen von einem jungen Officier
gebracht, den dieser Weltgeist so wenig ergriffen, daß er, bei
einem gewiß viel Hofnung erregenden, dichterischen Talente,
ganz würdig ist, Ihnen vorgestellt zu werden. Herr B. von
L., verwandt mit dem Adjutanten des Pr. Heinrich in Rom,
soll Ihnen, (darum flehe ich) eine Ode über das Weltall selbst
vorlesen, die er mir zu meinem Geburtstag (14. Sept.) ge=
schenkt. Die großen und einfachen Formen seiner Dichtung
haben etwas sehr anziehendes. Ich hatte den jungen Mann,
der schon in Sicilien an Platens Grabe stand, nie vorher
gesehen und ich kann das Lob, das er mir gespendet ihm
nicht schöner und wohlthuender remuneriren, als wenn ich
ihm freundliche Aufnahme und Rath bei Ihnen verschaffe.

Empfangen Sie und die liebenswürdige Gräfinn, die
erneuerte Versicherung meiner Verehrung und unverbrüch=
lichen Dankgefühle

Ihr
A. v. Humboldt.

Ich denke den König noch zu erwarten.

XI.

Sonnabend.

Ich komme, mein theurer Freund, wie ich versprach, um
von Ihnen Abschied zu nehmen. Ich reise morgen oder über=
morgen nach der ewigen Babel nicht über Weimar, wo die
Sphinxe am Wege liegen, sondern über Hannover, wo man
uns beide hängen möchte. „Du hast doch niemand von die
verfluchte Landstände vor Dich gelassen?" So reden sich
— — an. Ich bitte, daß Sie mir erlauben, nach 2 Uhr Sie
bei erneuertem Sonnenlichte (auch eine Naturbegebenheit!)

heute zu besuchen. Auf den Fall, daß der junge Mann aus der Caserne von Kaiser Franz, den Sie so freundlich empfangen (ohne Rache für die Langeweile des Ueberlangen Onkelgeschlechts) Ihnen das Gedicht, in dem er das Weltall und mich hat verherrlichen wollen, nicht vor seiner abermaligen gestrigen Abreise hat zu senden gewagt, biete ich Ihnen ein Exemplar dar. Härten der Sprache, fast gesuchte, und Schwierigkeit der Construction (der Relativa) abgerechnet ist doch nicht gewöhnliche dichterische Ader in so einem preußischen Exercierlieutenant! Werfen Sie doch auch einen Blick auf die ganz geognostische Mythe des Aufsteigens des Vulcans von Ischia.

Mit alter Verehrung und Anhänglichkeit

Ihr

A. v. Humboldt.

XII.

Potsdam, Donnerstag 9ten.

Da ich von Paretz nach Berlin muß zu einer Hochzeit bei dem Geh. Leg. R. Borck, so benuze ich die wenigen Augenblicke der Durchreise, um Ihnen zu sagen, theurer Freund, wie dankbar der König für „Ihren schönen herzlichen Brief" ist. Er trägt mir auf, es Ihnen zu sagen, auch hat er mir gedankt, daß ich Sie abgehalten zu erscheinen da „Ihre Gesundheit ihm und der Königin über alles theuer sei." Wir waren im langweiligen Paretz 130 Personen zu Mittag, mit den Leuten an 300 Personen!

Ihr

A. H.

Der König kommt heute Morgen und geht Sonnabend auf 1 Tag nach Berlin.

XIII.

Sonnabend.

Ob Sie mich werden lesen können?

Ich will Ihnen Reue einflößen, mein theurer, edler Freund: ich will die geistreiche Gräfin zu Hülfe rufen, damit Sie mich beschüze. Während Dr. Ruthenberg, den die Polizei verfolgt, in der polytechnischen Gesellschaft meinen Kosmos, als eine „**Naturbibel und als ein inspirirtes Erbauungsbuch**" vorliest, versagen Sie mir die Hülfe, um die ich flehe. Ich flehte um Bezeichnung durch einen symbolischen Seidenfaden, ohne allen schriftlichen Commentar (Schriftsteller schreiben bekanntlich ungern) von zwei Stellen des Calderon und eines gewissen Shakespeare, den Sie vielleicht auf dem Tische haben, in denen sich **Naturgefühl** und ein Hang zu **Naturbeschreibung** finden. Im Calderon soll dergleichen wunderschön, en boca de Segismundo, en la Vida es sueño stehen: „Los peces y las aves que gozan de la libertad son come rayos de un astro oscurecido etc." Das alles weiß man in der Oranienburger Straße, aber mein Flehen wiederholend, will ich kommen, Ihnen dehmütigst zu danken, wenn Sie den Zauber lösen wollen[1]).

Mit alter Verehrung

Oranienburger Str.   der wüthende

Nr. 67.   A. v. Humboldt.

---

[1]) In Bezug auf diese Bitte erwähnen wir eine Stelle im Kosmos, Bd. II. erste Aufl., pag. 62: „Als sich die Comödie der Spanier bis zu einer hohen Vollendung ausgearbeitet hatte" — sagt der tiefste Forscher aller dramatischen Litteratur, mein edler Freund Ludwig Tieck — „finden wir oft beim Calderon und bei seinen Zeitgenossen, in romanzen- und canzonen-artigen Sylbenmaßen, blendend schöne Schilderungen vom Meere, von Gebirgen, Gärten und waldigen Thälern: doch fast immer mit allegorischen Beziehungen, und mit einem künstlichen Glanz

Meine Verehrung der theuren Gräfin.

Meine Unterhaltungen sind jetzt: zu begraben; du armer Wach! — und zu christnen (?) in Charlottenburg (2 Stunden Ehrenberg!). Da ist der Kampf der beiden Hofprediger in der Athalie, veuve Soram, doch unterhaltender.

Ein Prediger T., einst Pfarrer bei Chemnitz, der den Heiland in meinem Kosmos sucht und ihn vermißt, mir aber doch viel langweiliges über die Kartoffel=Seuche schreibt (Dresden, Lange Gasse Nr. 10 vier Treppen) trägt mir auf Sie innigst zu grüßen. Ich thue es um mich für Ihr Stillschweigen zu rächen.

XIV.

Potsdam, Sonnabend.

Der König und auch die Königin fragen immer so ängstlich und so liebevoll nach dem Tage, wo wir endlich Sie hier besitzen können, daß ich wohl das Stillschweigen brechen und Sie, hochverehrter Freund und College, bitten muß, mir

---

übergossen, der uns nicht sowohl die freie Luft der Natur, die Wahrheit des Gebirges, die Schatten der Thäler fühlen läßt, als daß in harmonischen, wohlklingenden Versen eine geistvolle Beschreibung gegeben wird, die mit kleinen Nüancen immer wiederkehrt." — —

In dem Schauspiel: das Leben ein Traum (la vida es sueño) läßt Calderon den Prinzen Sigismund (Act. I., Sc. II.) das Unglück seiner Gefangenschaft in anmuthigen Gegensätzen mit der Freiheit der ganzen organischen Natur beklagen. Es werden geschildert die Sitten der Vögel, „die im weiten Himmelsraume sich in raschen Flügen regen," die Fische, „welche kaum aus Laich und Schlamm entsprossen, schon das weite Meer suchen, dessen Unendlichkeit ihnen bei ihren kecken Zügen nicht zu genügen scheint. Selbst dem Bache, „der im Ringelgange zwischen Blüthen hingleitet, gewährt die Flur einen freien Pfad." Und ich, ruft Sigismund verzweiflungsvoll aus, der mehr Leben hat, soll bei freierem Geiste mich in mindre Freiheit fügen!

einige vertrauliche Worte zu schreiben. Sie wissen, daß die leiseste Furcht, die Uebersiedelung könne Ihrer theuren Gesundheit oder der der Gräfin nachtheilig werden, jeder Anfrage ein Ende machen wird. Das Wetter ist warm und schön, viel schöner wird es ja in dem Scythen Lande nie. Der Hof ist freilich nicht so allein, als Sie und ich es wünschen möchten, aber Sie wissen ja, daß Sie nicht alle Tage bei Tische zu erscheinen brauchen, ja daß der Tyrann allen Freiheit läßt und Freiheit ehrt! Der König sagte heute „er glaube, Sie müßten nach Töpliz gehen." Könnten Sie denn nicht vorher einen kleinen Aufenthalt in Syracus machen? Die Kaiserin kann sich erst am 26. Juni entscheiden, es ist wahrscheinlicher, daß sie gar nicht kommt. Mit inniger Verehrung und Liebe

Ihr
A. v. Humboldt.

In dem heute angekommenen Journal des Debats steht ein Artikel von Jules Janin (?) über die Antigone voll Freundlichkeit für Sie.

XV.

Montag früh.

Ich gebe Ihnen, theurer Freund die frechen, unverständlichen, unehrlichen Aphorismen Schellings zurück. Um den „Jug" (?) (— unlesbar —) den er gemacht zu haben sich rühmt, beneide ich ihn nicht. S. XLIV lesen Sie die veruchtesten Säze über das Recht der Staatsgewalt, auch giebt es S. XLII „ein Christenthum vor dem Christenthum." Zwischen den Citationen von Luthers Tischreden und der Kirchenzeitung bin ich auch p. X citirt und des „Zurücknehmens" beschuldigt. Empfangen Sie noch meinen freundlichsten Dank für lange Geduld, die Sie mir gestern geschenkt.

Ihr
A. v. Humboldt.

XVI.

Sonntag Nacht.

Herr Tholuck, religiöse Dinge, Family Prayers, oder gar Thierquälerei, mein edler Freund, sind Dinge die **von mir kommend**, bei dem König und der Königin nur Lächeln erregen müssen. Sie können denken, wie gern ich Sie von dergleichen gern befreien möchte, aber da Briefe die nicht an den König oder die Königin gerichtet sind, ungelesen bleiben, da alles was man darüber mündlich vorbringt, spurlos verhallet, so giebt es für Sie und mich nur ein Mittel der Befreiung von solchen theologischen und thierischen Anmuthungen; das Mittel ist: Briefe zu fordern, die man **versiegelt** und **unterzeichnet** übergeben wird.

Ich lebe mit den Toten, erst B. und die Pflichten, die eine Familie von 5 Kindern mir auflegt: heute hab' ich wieder eine Leiche: Der junge talentvolle spanische Litterator, Enrique Gil, Verf. des Romans el Sr. de¹) ....., ist heute morgen 29 Jahr alt an der Schwindsucht hier gestorben. Ich bin morgen mit seinem Begräbniß beschäftigt. Das sind meine Beschäftigungen. Bülow's Dedication wird gewiß dem König angenehm sein. Der König und die Königin sind immerdar mit **Ihnen** liebevoll beschäftigt wie Ihr

unverbrüchlich
treuer
A. v. Humboldt.

Zürnen Sie mir heute nicht. Meine Verehrung der theuren Gräfinn.

---

¹) Der Titel des von H. hier citirten Romans ist aus seiner Handschrift um so weniger zu entziffern, als es ein Familienname zu sein scheint. Es kann Bambibre heißen sollen?

Ueber Enrique Gil verdanken wir der Gefälligkeit des Herrn

XVII.

Montag Nacht.

Verzeihen Sie die Unvorsicht der verkehrt angefangenen Seite!

Mein verehrter Freund!

Ich habe den König heute in Bellevue, wo man neben dem blühenden Treibhause speiste, an die „Novellen des Hrn. v. Bülow" erinnert. Er trägt kein Bedenken, die angebotene Dedication anzunehmen. König und Königinn haben mir bestimmt aufgetragen, Ihnen das innigste Bedauern auszudrücken, wieder des ganzen Wertes Ihres Umganges beraubt gewesen zu sein. Beide bitten Sie inständigst, doch ja fortzufahren, troz der Frühlingslüfte Ihre Gesundheit schonend zu pflegen. Ich arbeite trübe an dem zweiten Theil des Kosmos, von dem ich nächtlichst (denn die gesellschaftlichen, deprimirenden Störungen sind endlos gewesen) doch die Hälfte fast schon gedruckt sehe. Das tragische Unglück meiner Familie, der Tod des armen Spaniers Enrique Gil den ich pflegte, ein 4 tägiger Blutsturz von H. Ackermann, der lungenkrank Berlin und die Werke Friedrichs II. auf immer verlassen muß, die trostlosen, Unglück bereitenden Polnischen Zustände . . . haben mich so wenig aufheitern können, als der heutige litterarische Artikel der Staatszeitung, in dem man durch 16 Verse, die unter den 1660 Versen des Agamemnon ausgewählt werden, meinen Bruder zu züchtigen hofft. Die Spener'sche (?) Zeitung wird morgen meine Antwort enthalten. Ich handle nach dem

---

Dr. Max Karow, Cust. an der k. Univ.-Bibliothek in Breslau, nachstehende Notiz:

„„E. Gil ist Verfasser der Dichtungen „La gota de rocio" — „La niebla" — „A Polonia" — und war Hauptmitarbeiter des Journals „El labirinto," in welchem er höchst anmuthig seine Reise durch die Sierra de Leon beschrieb."""

Princip der Polnischen Insurgenten, die zeigen wollen, daß
sie noch existiren. Mit alter Anhänglichkeit

Ihr

gehorsamster
A. v. Humboldt.

XVIII.

Potsdam, 10. Mai 1848.

Wenn ich Ihnen, mein theurer, verehrtester Freund und
College so spät auf Ihre freundlichen Zeilen antworte, so ist
es nur weil ich erst gestern Abend von Illaire die sichere Nach=
richt empfangen habe, daß der so vielbegabte, sprachgelehrte
L. wirklich den erbetenen Geldvorschuß vom König erhalten
wird. Das Gelingen, so elend klein auch die Summe noch
ist, war wie ein Wunder, da seit dem Erd= und Staats=
beben vom 18ten Merz im Geh. Cab. alles abgeschlagen
wird und der Minister keiner die Schwachheit hat zu glauben
daß Kunst und Wissenschaft etwas noch die constitutionelle
Monarchie veredelndes haben. In einem eigenen schriftlichen
Berichte über L. hatte ich mich neben Grimm und dem hier
heilig glänzenden Namen Beckedorf ganz besonders auf Ihre
Gunst gestützt, auch wieder aus Joh. Damascenus etwas
vorgelesen. Ich sage etwas, denn außer der nüchternen
neuen Staatszeitung und den langweiligen meerumflossenen
Schleswiger Berichten (parturiunt montes!) ist in dem
zahlreichen Familienkreise, in dem allbewohnten Cellularge=
bäude, das man das Schloß nennt, an eigentliches littera=
risches Vorlesen nicht zu denken! Ueber Sich Selbst mein
theurer Freund, und die Gesinnungen, die für Sie hier herr=
schen, müssen Sie nicht irren. Ihr Name wird bei König
und Königin immer mit Zärtlichkeit genannt. Wie die Woh=
nungsangelegenheit durch Andere behandelt worden ist, weiß

ich leider! nicht, aber bei König und Königin habe ich ununterbrochen die freundlichsten Aeußerungen über Sie vernommen. Der König, den ich nach dem unbeantworteten Gedichte zum Geburtstag befragt, war tief betrübt darüber: er ist aber wirklich ohne Schuld, weder er, noch die Königin, noch Illaire haben je das Gedicht gesehen. Alle antworten: wie können Sie voraussezen, „man würde sich nicht eines Gedichtes von Ludwig Tieck erinnern?" Wer, theurer Freund, soll es übergeben haben? Schicken Sie mir ja eine Abschrift davon für die Königin: sie legt großen Werth darauf, auch der König, dessen **heiterste, sorgenlose Lie**bens**würdigkeit** dieselbe geblieben ist. Wie — — — (?) elende Wahlen! auch unser Friedrich Raumer nicht! Dazu das **erbliche** Kunstwerk von Dahlmann und den 50 Dilettanten in Frankfurth, die unberufen den Bundestag regieren und Preußen mediatisiren! Könnten Sie denn nicht einmal hier bei dem Könige speisen? Es würde große Freude machen. Man **wagt** es nicht, Sie einzuladen, in der Furcht die ich auch theile, Ihnen zu schaden.

Mit alter Liebe und Verehrung

Ihr

A. v. Humboldt.

Meine Gesundheit ist nur erträglich, aber ich habe mich eifrigst in die Arbeit geworfen. Kosmos Th. III. und eine neue (3te) sehr vermehrte Auflage der Ansichten der Natur. Ich möchte auch als **Arbeiter** Geld gewinnen, da uns noch einige unsanfte Blutungen bevorstehen mögen.

XIX.

Sonntags.

Mein theurer, verehrter Freund! Eine starke Erkältung, die mir die nothwendigen und häufigen Eisenbahnreisen zu-

ziehen, hindert mich heute wieder, Ihnen das „Hohe Lied" selbst zu bringen. Ich habe heute wieder auf mehrere Briefe und Zusendungen des vortreflichen Dr. Böttcher freundlichst geantwortet. Der Mann träumt poetische Vorlesungen, da, wo es sich um „Sein und Nicht Sein" handelt — —
— — — — — — — — — — — — — —
— — — — — — — — — — — — — —

Ich gebe unter. Sie rettet geistig Ihre Einsamkeit. Mit alter unverbrüchlicher Verehrung

Ihr
A. v. H.

Rückert's Festgedicht ist wenigstens durch mich nicht an die Königin gelangt.

XX.

Dienstag.

Ich schreibe, mein theurer Freund, diese Zeilen unbequem und also noch schiefer, als gewöhnlich, in meinem Bette, an das ich seit einigen Tagen durch rheumatisches Unwohlsein gefesselt bin. Ihr Brief hat mich tief geschmerzt, es ist der erste Kummer den ich empfunden, seitdem ich in das Vaterland zurückgekehrt bin. Woher auf einmal ein solcher Argwohn gegen mich, der, seitdem wir das Glück haben, Sie den unsrigen zu nennen, nie abgelassen hat dieses Glück zu feiern, den nie etwas getrübt hat, auch nicht der alte Tragiker (?), der mir, mit einem Unrecht, das ich Ihnen und dem König zugleich anthat, wie eine verfinsternde Wolke erschien. Ich soll Ihnen aus den schon gedruckten Bogen freundlicheres vorgelesen haben, als der Kosmos bringt. Mein Gedächtniß giebt mir auch auf das Entfernste nichts wieder, die Correcturbogen (es waren nicht Aushängebogen; denn ich lasse immer 8—10 Bogen, wie es Cotta erlaubt, zugleich abziehen und ändere durch das, was auf den Rand daneben geschrieben wird, bis zum lezten Augenblick) sind zer-

stöhrt und Professor Buschmann erinnert sich ebenfalls keiner
Veränderung, er wird sehen ob er im ältern Manuscripte,
variantes lectiones, auffinden kann. Ich rühme mich
Ihrer „edlen Freundschaft," ich rühme mich dessen was ich
dem „tiefsten Forscher alter dramatischen Litteratur" verdanke.
Habe ich vielleicht durch an den Rand zugeschriebene Worte,
die in der lezten Correctur vergessen worden sind, die Worte
„tiefster" und „edel" verstärkt, das weiß nicht ich, der ich
mein Leben mit Correctur zubringe und das Gefühl habe,
daß man die drei Heroen unseres Vaterlandes, Göthe, Tieck
und Schiller nicht zu rühmen, durch Epitheta zu rühmen unter=
nehmen darf. Die zwei Bände des Cosmos sind deutsch
stereotypirt, und es waren in der 6ten Woche vom 2ten Bande
allein 10,000 Exemplare abgezogen, aber auch in dem schon
Stereotypirten kann ich ändern lassen. Es kommt dazu mit dem
dritten Bande eine 2te Auflage der ersten 2 Bände heraus.
Wenn theuerster Freund Ihr Gedächtniß treuer, wie das
meinige ist, so beschwöre ich Sie mir die fehlenden Worte
recht einfach niederzuschreiben. Wir werden sie wieder auf=
glimmen sehen, aber bei Gott! Betrug oder Lieblosigkeit kann
nicht im Spiele gewesen sein. Mir erscheint es beängstigend,
wie ein verhängnißvoller Spuck, wie ein böses Traumgesicht,
das sich zwischen Freunde drängt.

Ich will eine Wunde ganz anderer Art nicht berühren,
den schmerzlichsten Verlust, den Sie erleiden konnten. Ich
war in Paris ernsthaft um Sie, mein theurer Freund, besorgt.
Wie vielen Dank bin ich Waagen schuldig, daß er mich so
liebevoll beruhigt hat. Es war eine Frau von einem großen
Sinn und Gemüthe.

Ich bitte innigst, daß Sie mir die Wohnung von Fr. Lenz
schreiben, damit ich Sie einladen kann, sobald ich das Bett
verlasse. Mit alter Verehrung und Freundschaft

Ihr A. v. Humboldt.

XXI.

Freitags.

Wie soll ich Ihnen lebhaft genug für Ihren freundlichen Brief danken. Ossa und Pelion bedecken längst den Spuck, dessen Lösungswort Sie, Böser, mir immer noch vorenthalten. Stand etwa in den Correcturbogen „der tiefste, geistreichste aller ....." Das wäre immer noch schwach gewesen, gegen das, was die Welt empfindet. Ich schreibe noch aus'm Bette. Es ist ein kleines Schnupfenfieber, das wie eine Natter auf dem kalten Boden schleicht. Mit dankbarer Liebe,

Ihr
A. v. Humboldt.

Jacobi, Friedr. Heinrich.

Geb. zu Düsseldorf am 28. Januar 1743, gest. am 10. März 1819 in München. —

Der Philosoph hat wichtige Werke über Spinoza und David Hume geschrieben; der Dichter sprach aus „Woldemar" und Allwills Briefsammlung; der Mensch, der Beide: den Poeten und den Weisen in sich vereinte, ist von seinen Zeitgenossen als eine der liebenswerthesten Persönlichkeiten geschätzt worden. Tieck hat seinem Gedächtniß mit ehrfurchtsvoller Liebe gehuldiget.

I.

(Ohne Datum.)

Verzeihen Sie, verehrtester Freund, daß ich, gestört durch Aretin und Sömmerring, die letzten Zeilen Ihres Briefes übersah. Ich werde heute Abend nicht zu Hause seyn, der Beleuchtung wegen, die ich mit betreiben helfen muß. Morgen Abend bin ich höchst wahrscheinlich zu Hause: das Nähere darüber laße ich Ihnen in der Frühe sagen. Wir alle empfelen uns Ihnen und Ihrer Frau Schwester bestens.

Jacobi.

II.

Mittewoche, d. 14. Dec. 1809.

Wenn Sie, mein verehrtester Herr und Freund, wohl genug und dazu gestimmt sind, so lade ich Sie ein, gegen 12 Uhr zu mir zu kommen mit dem Niebelungen=Lied, damit ich Unglückseliger, nach so langer Unterbrechung, doch einmahl wieder etwas davon genieße. Sie theilen alsdann mein ge= wöhnliches Mittagsessen mit mir, zu dem ich auch Ihren Hrn. Bruder, wenn er vorlieb nehmen will, mit einlade. Der Gebrauch der anderen Hälfte des Tages wird sich finden.

Jacobi.

Jacobs, Christian Friedr. Wilhelm.

Geb. am 6. Oktob. 1764 zu Gotha, gest. daselbst als Oberbibliothekar am 30. März 1847.

Philologe und belletristischer Autor: — Erzählungen, 3 Bände (1824—37). — Schule für Frauen (1827—29). — Vermischte Schriften, 8 Bde. (1823—44).

I.

Gotha, d. 20. Oct. 1807.

Da ich im Begriff bin, meine bisherige Stelle an der Bibliothek zu verlaßen, um einem Rufe nach München zu folgen, so nehme ich mir die Freyheit, Ew. Wohlgeb. zu bitten, die Codices, welche Sie noch in den Händen haben, nicht an mich, sondern an Herrn Rath Hamberger, zurückzusenden, etwa mit dem Zusatze auf der Adresse: für Herzogl. Bibliothek, wodurch sie für uns portofrey werden. Könn= ten Sie auch die Zurückgabe etwas beschleunigen, so würden Sie uns dadurch verbinden. Ein Bibliothekar schläft nie ohne Sorgen, wenn er die wenigen Schätze des ihm anvertrauten

Vorraths in der Ferne weiß; auch ist gerade nach diesen Hand=
schriften öfters Nachfrage gewesen.

Sollte ich an meinem künftigen Wohnort, in der Nähe
einer der reichsten und mit der Beute so vieler Klöster ange=
füllten Bibliothek, Ihnen diesen oder jenen Dienst leisten
können, so rechnen Sie auf meine Bereitwilligkeit, und seyn
Sie versichert, daß ich es mir zur Freude mache, Ihnen Be=
weise der ausgezeichneten Hochachtung zu geben, mit der
ich bin

   Ew. Wohlgeb.

        ergebenster
        Fr. Jacobs.

II.

       Gotha, d. 3ten Juli 1827.

Verehrtester Freund.

Soeben erhalte ich Ihre Zuschrift vom 30ten Jun. und
eile darauf zu antworten, um, so viel an mir liegt, Ihren
Wünschen zu entsprechen.

Herr † † † ist mir mehr durch Andre, als durch eigene
Kenntniß bekannt. Nachdem er nothgedrungen geheirathet
hatte, fing er an, bald in Göttingen, bald in Leipzig zu studi=
ren, und machte bey vorkommenden Gelegenheiten mittel=
mäßige Verse, für die er einigemal durch fürstliche Munificenz
kärglich genug, aber immer noch über Verdienst, belohnt wor=
den ist. Jetzt hält er sich, wie ich höre, in Leipzig auf.

Der Gedanke B.'s Leben zu schreiben, kann wohl nicht in
seinem Kopfe gekeimt seyn. Er ist aber ein Freund Ihres Neffen,
des jungen B., der mit ihm vor etwa 6 Wochen hierher gekom=
men, und seine Wohnung zuerst bey † † † Frau genommen
hat, um wie er mir sagte, die Bibliothek zu benutzen, die er
auch in den ersten Wochen seines hiesigen Aufenthaltes fleißig

besucht hat. Wahrscheinlich erhält † † † die Materialien zu
B.'s Leben von diesem Freunde.

Ohne Zweifel wird diese Nachricht Sie in den Stand
setzen, Maaßregeln zu ergreifen, einem Ihnen unangenehmen
Ereignisse vorzubeugen. Ich kann kaum zweifeln, daß das
ganze Unternehmen eigentlich in den Händen Ihres Neffen
liegt, ob er mir gleich nichts davon verrathen hat. Sobald
dieser von Ihnen erfährt, daß Sie dem unbefugten Unter=
nehmen Ihre Einwilligung versagen, wird er ja wohl Verzicht
darauf thun. Kann ich Etwas dazu beytragen, diese Ange=
legenheit zu Ende zu bringen, so werde ich es mit Vergnügen
thun.

Die Erinnerung an unser Zusammenseyn in München
und an die schönen Abende, die Sie meinen Freunden und
mir verschafften, ist mir immer gegenwärtig, und erneuert sich
beym Lesen jeder Ihrer Schriften auf das lebhafteste. Werden
Sie uns nicht bald mit der Vollendung Ihrer herrlichen
Cevennen erfreuen? Sie sind hier aus einer Hand in die
andre gegangen.

Erhalten Sie mir Ihr freundschaftliches Wohlwollen,
und genehmigen die Versicherung der ausgezeichneten Hoch=
achtung, mit der ich bin

Ihr

ergebenster

Fr. Jacobs.

Jagemann, Caroline.

(Geb. zu Weimar 1778, gestorben zu Dresden 1847. Erste Schau-
spielerin des weimarischen Hoftheaters, durch ihren fürstlichen Freund zur
„Frau von Heygendorf" erhoben.

Ihr Brief wurde aufgenommen, theils weil sie, sowohl durch ihr in-
times Verhältniß zu Karl August, als auch durch ihre Stellung zu jener
ewig denkwürdigen Bühne eine historische Figur geworden ist; theils aber

auch, weil er Kennern der Schauspielkunst tiefen Einblick gestattet in die leichtsinnige Zuversicht, womit wir in Deutschland die Vorstudien dramatischer Darstellung behandeln —— dürfen! Eine Künstlerin von anerkanntem Rufe, von langer Praxis und Erfahrung, dressirt eine Anfängerin, welche „nicht gehen und nicht stehen kann," binnen kürzester Frist so vortrefflich, daß selbige Schiller's Maria Stuart „auf jeder Bühne darstellen könnte!" —

Man glaube nicht, daß dergleichen Wunderwerke Ausnahmen sind. Sie tragen sich alltäglich zu, werden von enthusiastischem Beifall belohnt. — Deshalb stehts auch mit unserm Theater gar so gut!

Brückenau, d. 25t. Juli 42.

Theuerster Herr Hofrath.

Schon längst wollte ich mir die Freude machen, Ihnen zu schreiben, indem ich glaubte auf Ihre Verzeyhung rechnen zu dürfen, die Sie sich mir immer so gütig und freundlich bewiesen haben und es sogar meine Pflicht ist, Ihnen für die menschenfreundliche Aufnahme, welche die Schwabhaussen von Ihnen erfahren, meinen wärmsten Dank auszusprechen. Nehmen Sie ihn Liebster Herr Hofrath gütig auf und erlauben mir über dieselbe meine Ideen und Ansichten Ihnen mitzutheilen. Sie kam neml. zu mir und indem sie mir ihre traurige Lage schilderte — (sie hat eine kränkliche Mutter und die kleine Stadt bietet nur spärliche Erwerbsmittel), bat sie mich so dringend, ich möchte versuchen, ob sie nicht vielleicht so viel Talent hätte, um dadurch auf dem Theater ihr Fortkommen finden zu können; daß ich es für Härte gehalten haben würde, sie zurückzuweißen und ohne Prüfung ihre Hoffnungen zu vernichten. Sie laß mir die Leonore in dem Stükk gleichen Namens, und ich fand, sie laß mit Ausdruck und Verstand. Ob mehr aus ihr hervorzubringen seyn würde, mußte ich versuchen, indem ich ihr die Iphigenie in meiner Weiße vorlaß, und sie nun in der gehörigen Deutlichkeit, in steigen und fallen der Töne mich imitiren mußte. Es gieng über Erwartung gut für eine solche Anfängerin. Sie hatte mich neml. verstanden. Hieraus schöpfte ich die Hoffnung oder vielmehr den Schluß, es fehle ihr nicht an Auffassungsgabe, und da ich mir vorgenommen hatte, keine Mühe zu sparen, sie sich auch unverdrossen zeigte hundertmahl Wiederholungen dießer oder jener Stelle; so zweifelte ich nicht, es werde ein Resultat herauskommen was meinen Wünschen und meinen Bemühungen entspräche.

Weimar, d. 1ten Aug.

So lange mußte ich die Fortsetzung dießer Zeilen verschieben. Die Aufforderungen, die herrliche frische Luft zu genießen in dem wunderschönen Brückenau waren zu mächtig. Doch vorgestern hier angekommen, will ich vollenden, was ich vielleicht zum Besten meiner bisherigen Schützlingin unternommen, und hoffe Liebster Herr Hofrath auf Ihre gütige Verzeyhung.

Die Schwabh. konnte nicht stehn, vielweniger gehen. Ihr ganzes Wesen hat nicht eine Spur von der Leichtigkeit und Elegance die das Lustspiel erfordert. Ich machte also nur im Tragischen Versuche mit ihr, Studirte ihr die Tecla ein und mußte ihr zugleich die Füße setzen zu iedem Schritt und iedem Abgang. Es gelang aber zu meiner besondern Zufriedenheit, und gab mir den Muth gleich auf Maria Stuart überzugehen, eine Rolle in welcher sie mich nicht nur nach Verhältniß zufrieden stellte; sondern in einzelnen Stellungen in Ausdruck des Gesichts oft überraschte, und ich bin überzeugt, würde sie dieße Rolle so spielen, wie sie hier bey mir gethan; sie würde auf iedem Theater Glück damit machen. Eben so mit Griseldis, welches die dritte Rolle war, die sie bey mir einstudirt: Sie hatte noch die Catharine in Guttenberg gelernt, indeß dieße Rolle verlangt schon mehr Gewandtheit als die hochtragischen, und ich war mit ihr einverstanden, daß sie dießelbe erst besser würde spielen können, wenn sie etwas festen Fuß auf der Bühne würde gefaßt haben. Die Jungf. v. Orleans kann im Zimmer gar nicht einstudirt werden, denn immer tritt einem der Mangel an der Scenerie störend in den Weg, und selbst die größern Reden und Monologe gelingen vielleicht nur einer geübten Künstlerinn im Zimmer ohne die gehörigen Umge= bungen einzulernen und auf die unbekannten Verhältniße der Bühne zu übertragen. Die Jeanne d'arc ist die einzige Rolle, in die auch ich mich niemals habe finden können. Es ist zu wenig darinnen Künstlerisches zu leisten. Warum aber die Schwabh. niemals hat erlangen können, sich wenigstens durch kleine Rollen auf der hießigen Bühne einige Routine zu ver= schaffen, das hat verschiedne Ursachen, die ich Ihnen mündlich lieber erzählen möchte. Ich bin billig genug zu vermuthen, daß H. v. Spiegel gefürchtet hat, sich durch die Protection theils der meinigen, theils derer des Publicums eine Last aufzuladen, wenn er die Schwabhauffen auch nur in kleinen Rollen hätte auftreten laßen, dieß ist gewiß eins der Dinge, die sie des Glücks sich auf der Bühne bewegen zu können nicht theilhaft werden ließen. Nun aber geht sie nach Dresden, und anstatt sich in den Rollen zu zeigen, in denen sie zum wenigsten Aufmerksamkeit erregen mußte; stellt sie sich dar in denen von denen sie selber weiß sie gelingen ihr für iezt noch nicht. — Ich konnte nun weiter nichts für sie thun, als Ihnen theuerster Herr Hoffrath meine Meynung über ihre Fähigkeiten mitthei= len, im Fall daß dieß ihr von Nutzen seyn könnte. Meine Meynung aber ist, daß sie nur für das hochtragische sich eignet. Ich würde eine gute Iphigenie, L. Macbeth, Sappho auch Elisabeth aus ihr zu machen mich getrauen. — Noch einmal bitte ich Sie liebster Herr Hoffrath mir meinen langen langen Brief zu verzeyhen. Sie selbst aber sind so gut, daß Sie zum besten andrer, wohl auch etwas wagen würden. In dießer Zuversicht hoffe Sie erhalten mir Ihr Wohlwollen; und

nehmen die Versicherung gütig auf daß ich mit größter Hoch=
achtung bin

Ihre

Ergebenste Dienerin
C. v. Heygendorf.

Weimar, d. 2ten Aug. 1842.

Iffland, August Wilhelm.

Geb. am 19. April 1759 zu Hannover, gest. am 22. Sept. 1814, als
Generaldirektor der Königl. Schauspiele.

Wie hart in seinen Urtheilen Tieck über diesen Mann gewesen; wie er
erst spät, in reiferem Alter, die Gerechtigkeit dem Verstorbenen erwies,
deren der Lebende weder als Schauspieler, noch als Theaterdichter, noch
als gewissenhafter Führer der Bühnenleitung, als treuer Diener seines
Königes sich zu erfreuen gehabt, ... das ist bekannt.

In dem kleinen Briefchen vom 21. December 1799 liegt vielleicht der
Keim zu dem giftigen Unkraut, welches ein Jahr nachher schon üppig
aufgeschossen war zwischen zwei edlen Gemüthern, die sich sonst leicht
verständiget hätten.

Sprach doch der alte Tieck ungleich milder und wohlmeinender von
Ifflands Verdiensten, wie einst der junge Tieck darüber geschrieben! —

Die zwei nachfolgenden Zuschriften sind, wie wir vernehmen, bereits
in Teichmann's Berliner Theatergeschichte abgedruckt. Sie liegen uns
in der Original-Handschrift vor. Wahrscheinlich hatte Iffland, bevor er
sie an Tieck sendete, Abschriften für die Kanzelei-Akten vorsichtigerweise
zurückbehalten.

Dem sey wie ihm wolle: wir haben darin keinen Grund gesehen,
sie hier auszulassen.

I.

Berlin, am 21. Xbr. 99.

Haben Sie das Vertrauen in mich, mir auf drei Tage
nur Ihre Arbeit zu senden. Ich will dann mit Gradheit[1]),

---

[1]) Diese „Gradheit" ist es, die statt guter Früchte Zwietrachts-Aepfel
getragen. Gehässige Insinuationen sogenannter Freunde haben das
ihrige dazu gethan. Auch Tieck's begeistert'ster Verehrer muß Iffland's
Urtheil über die Undarstellbarkeit jenes Operntextes billigen.

sogleich Ihnen dieselbe zurücksenden und sagen, was wir können, was wir nicht können. Ich hoffe alles für uns davon.

Von Herzen der Ihre.
Iffland.

II.

Berlin, den 14. Novbr. 1800.

Euer Wohlgeboren haben bey Ihrem neulichen Besuch lebhafte Empfindlichkeit über eine Karikatur, ein Lustspiel Kamäleon geäußert, welches die Wirkung eines Hörensagens war, das Ihnen Verdruß gemacht hat und mir sehr leid war.

Ich habe wahre Achtung für Sie und Ihr Verdienst empfunden und stets so gut ich konnte zu beweisen gesucht, deßhalb fragte ich auf der Stelle bei Ihnen an, ob Sie das Stück ausgesezt verlangten.

Sie bestimmten Sich damals nicht darüber, verlangen es iezt nicht, wünschen das Stück wiederhohlt, woran Sie Recht haben, auch durfte ich es nicht füglich zurücknehmen.

Ich wiederhole Ihnen, daß ich mich völlig überzeugt hatte, wie weder auf Sie, noch irgend Jemand, der durch die Würde welche den Gelehrten ankündet Sich bewährt, mit dieser flachen Karikatur hat können gedeutet werden sollen, daher sehe ich auch nicht ein, weßhalb — wie Sie mir schreiben — von Ihrer Seite etwas gesagt werden müßte. Vielmehr glaube ich, daß Mißverstand, den, wie Sie sagen, Einzelne genommen haben sollen, durch jede öffentliche Erklärung allgemeines Mißverständniß geben kann.

Das von Ihnen neulich und gestern wiederhohlt zur Durchsicht verlangte Manuscript, ward von mir einzig in der Rücksicht verwilligt, damit Sie Sich überzeugen möchten, daß keine Beziehung darin vorkomme, die ein Gelehrter von gutem Bewußtsein, auf sich zu deuten Ursach habe.

Pflichten gegen den Dichter, welcher der hiesigen Schau=
bühne ein Manuscript anvertraut, versagen mir jede Veran=
lassung, daß sein Stück, an welchem er vor dem Druck ja noch
ändern kann was ihm beliebt, und wovon bis er diesen Druck
veranstaltet, durch das Sehen der Vorstellung nur, nicht durch
kaltes Lesen geurtheilt werden soll, einer Prüfung unterworfen
werde, für welche es noch der Dichter selbst nicht reif hält.

Ihr Billet an mich, droht ausdrücklich mit einer solchen
Untersuchung.

Indeß will ich zur Ehre des Ihnen unbefangen und nicht
zu einem solchen Zwecke gegebnen Wortes, mich mit meinem
ältern Freunde abzufinden suchen und Ihnen das Stück über=
senden aber auch nur Ihnen und in der gerechten Erwartung,
daß Sie solches so bald zurückschicken als Ihre Durchsicht
geendet ist und mit der unerläßlichen Bedingung, daß es in
keine andern Hände komme, als in die Ihrigen. Denn Ihnen
brauche ich ja nicht erst hinzuzusetzen, was sich von selbst ver=
steht, daß die gedruckte Bekanntmachung einzelner Szenen,
dieses von dem Dichter noch bloß für die Vorstellung bestimm=
ten Lustspiels, von mir pflichtvergessen sein würde und daß ich
solche daher auch keinem andern verstatten darf.

Mit Achtung

Ihr ergebner
Iffland.

III.

Berlin, den 22. Novbr. 1800.

Hochgeehrter Herr!

Die Thorheiten und Laster, welche durch gelungene Dar=
stellungen auf der Bühne lächerlich und abscheulich gemacht
werden, sind überall zu Hause. Einzelne Züge eines treffend
geschilderten Charakters, müssen bei einzelnen Menschen

zutreffen, wenn gleich diese Menschen dem Dichter und dem Künstler unbekannt waren, welche beide nicht individualisiren, sondern besonders ihre komischen Personen als Repräsentanten einer Gattung Narren angesehen wißen wollen. Unerhört ist es daher, einen Geitzigen, einen Verläumder, einen Intriganten auftreten zu sehen, der dem Dichter und Künstler zuruft: haltet ein mit der Darstellung des Geitzes, der Verläumdung, der Intrigue: sie paßt auf mich! Nur Molierens Tartüffe soll eine ähnliche Wirkung hervorgebracht haben.

Urtheilen Sie folglich was ich empfinden mußte, als ein Mann Ihrer Art zu mir kam, und mir klagte, der elende Schulberg werde auf ihn gedeutet. Ich konnte Sie in diesem Augenblicke nur für krank halten und wünschen, man hätte Sie lieber an einen Arzt als an mich gewiesen. Indeßen behandelte ich Sie wie einen achtungswürdigen Kranken, deßen man schont, wenn man ihn nicht zu heilen versteht. Ich fürchtete Sie durch Widerspruch ohne Noth zu reizen, ich gab Ihrer wiederhohlten Zudringlichkeit so viel nach, daß, wenn man etwas gewaltsam zu deuten entschloßen sei, gewiße übertriebne Ausdrücke Schulbergs die Sprache Friedrich Schlegels nachahmen zu wollen scheinen könnten; ich überließ es sogar Ihrem Ermeßen, ein Stück von der hiesigen Bühne auf einige Zeit zu entfernen, das freilich nur dann auf Sie angewendet werden kann, wenn man es nicht kennt. Ich sezte natürlicher Weise dabei zum voraus, daß Ihre beßere Besinnung zurückkehren, und Ihnen selbst in Kurzem sagen würde, was eigne Vernunft wohlthätiger als fremde geltend zu machen weiß.

Sie haben mich mißverstanden und Ihr lezter Brief beweiset mir, daß Sie mehr als jemals von der Stimmung entfernt sind, auf welche Nachsicht und Mäßigung heilsam wirken. Aber was ich Ihnen vielleicht nicht mehr schuldig bin, kann ich doch meiner selbstwegen nicht aus den Augen sezen.

Nein mein Herr! Sie sind nicht Schulberg und keiner Ihrer Freunde ist es. Keiner von Ihnen schmeichelt Sich für adlich zu gelten, ohne geadelt zu sein; keiner von Ihnen kriecht, schmarozt und borgt von kleinen Großen; keiner macht einem thörichten alten Weibe den Hof, um sich vor Pfändungen der Juden zu sichern, keiner von Ihnen verlebt seine Nächte in leeren Schilderhäusern und Portechaisen. Gott verhüte, daß es unmöglich werden sollte, einen pöbelhaften Schmierer und seine Rotte aufzustellen, ohne das Ideal dazu von Ihnen und Ihren Freunden zu entlehnen!

Die Bibliothek der hiesigen Schaubühne würde in einen leeren Raum verwandelt werden, wenn jeder mißtrauische Mensch das Recht hätte, alle Schauspiele daraus zu entlehnen, in welchen etwa ein einzelner Zug vorkommt, wovon er einige entfernte Aehnlichkeit mit sich zu entdecken glaubt und die theatralischen Vorstellungen würden zulezt aufhören, wenn lauter solche Gebrechen dargestellt werden sollten, die im ganzen Lande nicht zu Hause sind.

Ihre litterarische und physische Existenz vielleicht so gar Ihr Name, ist dem Verfaßer des Kameleons gänzlich unbekannt.

Ich wohne iezt mit Ihnen an einem Orte und habe nichts von Ihnen gelesen, als Ihren Sternbald und Ihre beiden Briefe an mich. Die lezten hätte ich Ihnen gern erlaßen.

Gehen Sie mit Ihrer beßeren Seele zu Rathe. Sehen Sie zu, ob Sie es für Sich verantworten könnten, den Schulberg auf sich und Ihre Freunde zu deuten.

Ich werde es für mich nie verantworten noch veranlaßen.

Iffland.

Immermann, Karl.

Geb. am 24. April 1796 zu Magdeburg, gest. am 25. August 1840 als Landesgerichtsrath in Düsseldorf.

Im Laufe von zwanzig Jahren hat dieser gewaltige Geist zur Ehre und Freude deutscher Poesie unermüdlich geschaffen, seine eigensten Wege eingeschlagen, und manches hohe Ziel erreicht. Die Prinzen von Syrakus (1821) — Das Thal von Ronceval — Edwin — Petrarca (1822) — König Periander (1823) — Das Auge der Liebe (1824) — Cardenio und Celinde (1826) — Das Trauerspiel in Tyrol (1827) — Ein Morgenscherz — Die schelmische Gräfin — Kaiser Friedrich II. (1828) — Alexis (1832) — Merlin — Die Opfer des Schweigens — Die Verkleidungen — Die Schule der Frommen — Gedichte (1830) — Tulifäntchen — Die Epigonen (1836) — Münchhausen (1838) — u. f. w. verkünden vielfache Erfolge in den Gebieten der Tragödie, des Drama's, der Posse, des Epos, der Mythe, des Romanes, der Lyrik!

Seine Briefe an Tieck sind, jeder einzeln und für sich, so wie alle sechszehn insgesammt, gleichsam fortlaufende Belege für den heiteren Ernst seines Lebens und Strebens. Deshalb haben wir alle unverändert aufgenommen; auch diejenigen worin er Verdammungsurtheile ausspricht, in welche viele seiner aufrichtigsten Verehrer schwerlich so unbedingt einstimmen möchten. Dafür war er denn eben der Immermann, und einem solchen verzeiht man wohl auch sein mitunter allzu sicheres Selbstgefühl. Wir haben nur wenige Zeilen unterdrückt, die noch lebende Personen möglicherweise hätten verletzen können. Auch diejenigen (drei?) Schriftstücke sind mitgetheilt worden, welche früher schon in dem von G. zu Putlitz herausgegebenen Büchlein: „Immermann's Theaterbriefe," mit Tieck's Zustimmung, erschienen waren.

Ein Brief, den Tieck ihm geschrieben, nach der Düsseldorffer Aufführung des „Blaubart" wurde hier eingeschoben; die Kopie desselben, von Tieck's Hand korrigirt, fand sich offenbar dazu bestimmt, unter mehreren ähnlichen Abschriften.

I.

Düsseldorf, 18. Julius 1831.

Wohlgeborner
Hochverehrter Herr Hofrath!

Ich erlaube mir, Euer Wohlgeboren beifolgend ganz ergebenst ein dramatisches Gedicht mitzutheilen, von dem ich wohl wünschte, daß es vor dem Erscheinen im Druck dargestellt werden möchte. Insofern Sie glauben, daß es für die Bühne sich eigne, würde ich daher diesen Wunsch auch in Beziehung auf die dortige hiemit ausgesprochen haben. Nach dem, was mir durch öffentliche Nachrichten über Ew. Wohlgeboren Verhältniß zum Dresdner Theater bekannt ist, hoffe ich durch die unmittelbare Ueberreichung meiner Arbeit an Sie, mich nicht zu weit von der Ordnung des Geschäfts entfernt zu haben; jedenfalls wird man wohl den Verstoß entschuldigen, wenn ich hierin irrte. Es war natürlich, daß ich mein Gedicht am liebsten in die Hände des Dichters legen mochte.

Lassen Sie mich indessen, mein Hochverehrter Herr! diesen Worten sogleich hinzufügen, daß mich ein Gefühl der Ehrfurcht vor Ihrer höchst würdigen Stellung in der Literatur der Gegenwart mehr angetrieben hat, Ihnen mein Werk vorzulegen, als ein leidenschaftliches Verlangen, dasselbe auf den Brettern zu sehn. Die Erfahrungen der letzten 15 Jahre müssen uns soweit belehrt haben, daß wir uns, selbst im glücklichsten Falle eines sogenannten Erfolges, einer ungetrübten Freude kaum überlassen dürfen, die doch nur gerechtfertigt wäre, wenn die scenische Wirkung uns den dramatischen Werth des Dargestellten noch verbürgen könnte.

Mein Wunsch bezieht sich ohnehin eigentlich nur auf die ersten beiden Theile. Obgleich ich auch den dritten dramatisch zu bilden, wenigstens beabsichtigt habe, so würden doch die Schauspieler, wie sie nun einmal jetzt sind, schon in der feierlichen Form und in den künstlichern Maaßen desselben unübersteigliche Schwierigkeiten finden. Mir ergab sich die Form aus der Natur des Stoffs.

Wenn in den ersten Theilen der Gegenstand mehr von der Seite der Abnormität gegriffen wurde, so war es die Sache des letzten, diese Anomalien unter die allgemeinen Gesetze des Daseins auch sichtlich zu ordnen, und das früherhin vorherrschende Charakteristische in die Schönheit aufzulösen. Die innere Oeconomie sowohl, als die äußere Gestaltung mußte sich daher in gewissem Sinne der Antike annähern, in welcher diese Art der Behandlung hervorsticht. Von der Geschichte

bin ich verschiedentlich abgewichen. Die sogenannte Verschwö=
rung von Susdal, welche den ersten Theil bildet, gedieh nicht
zu der abgeschloßenen Gestalt, wie sie bei mir bekommt; bei der
Katastrophe des Alexis traten die Gegensätze wenigstens sicht=
bar nicht so schroff und seltsam auf, wie in meinem zweiten
Stücke, und die Fabel des dritten Theils liegt, den Treubruch
der Katharina und die Verzweiflung der letzten Lebenstage
Peters abgerechnet, ganz im Gebiete des nur Mythischmög=
lichen.

Sie haben sich zuweilen gegen die Willkühr bei der Behand=
lung der Geschichte erklärt, auch der verewigte Solger äußerte
sich, wenn ich nicht irre, gelegentlich auf dieselbe Weise. Ich
muß gestehn, daß ich dem Dichter gern die höchste Freiheit bei
der Behandlung des historisch Gegebenen bewahren möchte.
Zeigt sich freilich in seinem Werke statt der lebenskräftigen
Idee, ein hohles verblasenes Wesen, oder ist in Erzeugnissen
höherer Art doch hie und da eine Schwäche fühlbar, dann
muß es erlaubt sein, aus dem Gedichte hinaus in die Geschichte
zu blicken, und die Befangenheit zu rügen, der vielleicht die
größten und gründlichsten Motive nicht erkennbar würden.
Immer aber wird, wie ich glaube, der Tadel von der Poesie
auszugehn haben. Und so habe ich Sie auch nur verstanden,
da Ihr Urtheil, wo es auf das Historische Bezug nahm, in
der That immer sich an die Auffindung dichterischer Mängel
knüpfte.

Macht man aber aus dem, was nur im einzelnen Falle
Geltung hat, ein allgemeines Prinzip, tritt man, wie es jetzt
wohl zu geschehen pflegt, von außen mit dem historischen
Maaßstabe an das poetische Werk hinan, so scheinen noch die
ersten Erfordernisse einer ästhetischen Erkenntniß zu fehlen.
Wozu es der Poesie noch bedürfe, wenn die Geschichte schon
Alles enthält, läßt sich nicht wohl absehen.

Der Stoff, welchen der Historiker darzureichen meint,

möchte auch wohl für den Dichter erst dann zu existiren beginnen, wenn ihn die Phantasie nach ihren ganz eigenthümlichen Gesetzen bereits ergriffen, verknüpft und umgestaltet hat. In diesem neuen vornehmen Kleide zeigt sich dann nur wieder der alte antikünstlerische Geist der gemeinen Naturbetrachtung, der im 18. Jahrhundert sich als psychologische Anforderung, Verlangen nach Wahrscheinlichkeit u. s. w. gebärdete.

Was meinen Stoff betrifft, so wurde ich in meinem Innern davon nur berührt und erschüttert, insofern er mir das Schauspiel eines großen und ungeheuren Irrthums darbot.

Vielleicht hat nie ein Mensch tiefer das Unendliche, welches im Menschen liegt, gefühlt, als Peter der Große, und vielleicht war nie Einer durch die Schranken seines Wesens und durch eine feindliche Umgebung unglückseliger gefesselt. Aus Slaven, denen von jeher das geistig Zeugende fehlte, will er ein weltbestimmendes Volk machen; er bleibt selbst ein Slave, dem die Aufgabe auf Nachahmung und Aneignung hinausläuft — die Muster aber muß er aus seiner Zeit nehmen, der schlechtesten, die es geben konnte, weil sie allen organischen Zusammenhang in Kirche, Staat und Lebensgestaltung verloren hatte.

So schafft das gewaltigste Wirken ein äußres Gehäuse von Macht und Größe, dem die Seele fehlt, und welches den Schöpfer selbst am Abend seines Lebens mit Widerwillen und Grausen erfüllt.

In diesen Gefühlen und Anschauungen ging mir der Gegenstand auf, und danach hat sich freilich alles Einzelne bei mir umgebildet. In den Bojaren zeigte sich mir der Held, unwiderstehlich siegreich, so lange er es mit dem Elemente und der auch schon in sich zerfallenen Alt=Russischen Magnatenwelt zu thun hat, Kraft gegen Kraft zerstörend geht; wo es aber, wie im Gericht von St. Petersburg, einen lebendigen, sittlichen

Act galt, da sank er mir immer tiefer in die lächerlich-fürchterlichen Widersprüche seines eignen Machwerks. Der Sohn wird geopfert um etwas, dessen Nichtigkeit der Vater selbst zu ahnen beginnt, und die schlechteste Gestalt gängelt diesen am Faden eines armseligen dürren Begriffs, den er denn aber doch nicht entbehren kann, will er bleiben, was er ist. Die Harmonie dieser Dissonanzen fand ich endlich in dem völligen Zerfallen dessen, was zu einem Scheindasein zusammengefügt worden war, wie es der dritte Theil hinstellt.

Ich muß sehr um Verzeihung bitten, daß ich, ohne das Glück Ihrer nähern Bekanntschaft[1]) zu genießen, gewagt habe, so weitläuftig zu sein. Indessen entsprang aus dem Muthe, Ihnen das Gedicht zu senden, auch nothwendig der, über den Gegenstand zu reden, der mich eine lange Zeit hindurch gefesselt hat. Ich hoffe, Sie werden mir die Ausführlichkeit meiner Bemerkungen vergeben, welche freilich gegen das Conventionelle streitet. Vor Allem wünsche ich, daß Sie in dem Gesagten keine eitle Meinung über meine Arbeit erblicken mögen. Daß ich mich lange und ernsthaft damit beschäftigt habe, weiß ich; wie aber das Resultat zu stehn gekommen ist, darüber bin ich ganz im Dunkeln. Ich benutze diese Gelegenheit, um Ihnen meinen aufrichtigsten Dank für den Genuß zu sagen, den mir der zweite Theil Ihres Dichterlebens gewährt hat. In den beiden Shakespeare-Novellen ist mir das geheimnißvolle Schaffen Ihrer wunderthätigen Phantasie am klarsten geworden, und ich kann den Eindruck, den sie auf mich gemacht haben, nicht anders bezeichnen, als indem ich sage, daß wenn es nicht so zugegangen ist, es doch nothwendig

---

[1]) Dieser Passus ist unverständlich, da wir zwölf oder elf Jahre früher Zeugen gewesen sind von der herzlichen und zuvorkommenden Aufnahme, welche der ganz jugendliche Immermann bei Tieck in Dresden gefunden.

so hätte zugehen müssen. Mögen die Zeitereignisse und die dortigen Verwickelungen Ihnen Heiterkeit und Freiheit lassen, uns ferner zu erfreuen und zu belehren.

Ich werde vermuthlich im October Dresden auf einer Reise berühren, wo es mir dann eine höchst angenehme Pflicht sein wird, persönlich meine Verehrung zu bezeugen.

Mit der ausgezeichnetsten Hochachtung
Ew. Wohlgeboren
ganz ergebenster
Immermann.

N. S. Der beigelegte Scherz wurde vor einigen Jahren geschrieben. In unsrer großen Zeit konnte Däumchen wohl auch einmal ritterlich und heldenhaft auftreten.

II.

Düßeldorff, den 28. Novbr. 1831.

Halten Sie es nicht für Undank für genoßne Güte, wenn ich Ihnen, mein Hochverehrter, erst jetzt schreibe. Theils zögerte sich meine Rückreise hin, theils habe ich hier erst eine totale Unlust zu aller Aeußrung und Mittheilung überwinden müssen. Ein Zustand, in den man wohl versinkt, wenn der Wechsel der Eindrücke mit einem stillren Lebensgange wieder zu vertauschen ist.

Leider habe ich Weimar nicht berühren dürfen, wollte ich mich nicht drei Wochen lang für die Sicherheit des westlichen Deutschlands auf der Heßischen Bergveste Arnstein zum Gesund=
heitspolizeilichen Opfer darbringen. Ich hätte Göthe sehr gern gesehn, mich dünkt, daß sein Wesen grade in diesem son=
derbaren Momente eine eigenthümliche Anschauung gewähren mußte. Auf der andern Seite tröstet mich wieder die Betrach=
tung, daß ein persönliches Zusammentreffen mir wahrschein=
lich denn doch die Figur meines Klingsor verrückt haben würde. Ich bestärke mich in der Stille immer mehr in meiner Ansicht

über ihn, die Sie eine ketzerische nennen müßen. Indeßen würde ich, wäre mir ein längeres Zusammenseyn mit Ihnen gegönnt gewesen, meine Irrthümer wenigstens haben darlegen können. Mir ist der ganze Göthe, mit Einschluß seiner Fehler, auch in seinen größten und frühesten Werken schon vorhanden, und die nachherigen Schwächen und Verkehrtheiten ergreifen vielmehr das homogene italiänische und malerische Element, als daß sie durch dasselbe hervorgerufen würden. Ueberhaupt, was sind Einflüsse? Man könnte, wenn man mit Worten spielen wollte, sagen, es seyen eher Ausflüße unsrer selbst. Es mag wie Anmaaßung klingen, aber ich kann mir nicht helfen; mir scheint es zuweilen, als ob das Gebiet der eigentlichen Poesie im höchsten Sinne erst da beginne, wo Göthe — mit wenigen Ausnahmen — aufhört. Gewiß ist es wenigstens, daß von einer so eignen, aparten Behandlungsweise, wo das Individuum sich immer seine Rechte gegen den Stoff, und gegen die Gesetze der Gattung reservirt, bei Homer, Sophokles, Cervantes, Shakespeare keine Spur ist.

Meine nächste Zeit nach dem Dresdner Aufenthalte stand zu diesem in einem herben Kontraste. In Magdeburg, wo die Krankheit so gewaltsam auftrat, verlebte ich ängstliche Tage; das halb physische, halb imaginaire Uebel, welches den Dunstkreis um die eigentliche Seuche bildet, ergriff auch mich, und zwang mich zu einer Art von Flucht. Ich hatte ein förmliches Prinz=Homburgs=Fieber zu überstehn, und ich will nur wünschen, daß ich für fernere Fälle der Noth mich nun zurechtgefunden haben mag, wie der zitternde Held.

Hier fand ich Uechtritz fleißig an einer neuen Arbeit, um welche er den Spartacus wieder zurückgelegt hat. Sie soll: Die Chaldäer in Jerusalem, heißen, und die Katastrophe des Volks unter Zedekia behandeln. Was ihr in meinen Augen den eigentlich poetischen Kern giebt, sind die Messias=Ideen, die verhängnißvoll unter dem Volke umhergehn, sich besonders im Könige und einer falschen Prophetin, die den König liebt, und dieses Gefühl für religiöse Begeisterung nimmt, ausprägen und die Katastrophe herbeiführen helfen. Ich kenne noch nichts von dem Gedichte, was mir aber U. vom Plane mittheilte, läßt mich etwas sehr Gutes und Eigenthümliches hoffen. Vielleicht sind diese orientalischen Stoffe, in ihrer mehr symbolischen und typischen Natur seinem Talente am angemessensten. — Noch von etwas Andrem kann ich Ihnen erzählen, was aus unsrem Oertchen hier hervorgehn, und Sie, wie ich meine, erfreuen wird. Ich sprach zu Ihnen dort, wie ich denke, schon von einem philosophischen Freunde, den wir hier besitzen. Er arbeitet gegenwärtig an einem Werke über Architektur und bildende Kunst, dessen Keim in Reise-Erinnerungen aus Holland und Belgien lag, welches sich aber über das ganze Gebiet jener Künste in metaphysischer und historischer Hinsicht verbreiten wird. Er hat mir jetzt einige Fragmente der Arbeit mitgetheilt, die auf mich den schönsten Eindruck gemacht haben. Hier ist einmal wieder etwas Andres, als das leere Geschwätz, oder die todte Abstraction, die uns seit Jahren auf diesem Felde ermüdet hat. Alles wird aus der Natur der Sache deducirt, und der Weg, den er geht, die einzelnen Kunsterscheinungen in ihrer historischen Nothwendigkeit nachzuweisen, scheint mir der einzig richtige und fruchtbare zu seyn. Sein Name ist Schnaase, er steht auch an unsrem Justiz-Hofe, an dem sich durch einen sonderbaren Zufall drei Leute zusammen gefunden haben, die so wenig, als ihnen nur möglich ist, an Recht und Gerechtigkeit denken.

Möchten doch meine Worte etwas über Sie vermögen, daß Sie zweierlei vollendeten, den jungen Tischlermeister und den Aufsatz über die Alt-Englische Bühne! — Je mehr ich in der Stille nachher über den Tischlermeister gedacht habe, desto eindringlicher ist mir das Feine und Schöne dieser Composition geworden. Es wird, ohne Frage, eins Ihrer besten

Werke. Die milde abendsonnenhelle Beleuchtung des Stern=
bald ist auch darin, an Originalität und Gehalt steht es aber,
nach meinem Gefühle, weit über diesem. Ich bin überaus
gespannt auf den Punkt, der durch das ganze Werk indicirt
ist, den ich aber hier nicht nennen will, weil Ihnen mein Wort
gegen die Fülle der poetischen Anschauung, nur mager und
ungenügend vorkommend könnte.

Wenn Sie uns nun durch Ihren liebenswürdigen Hand=
werker einen Gefallen thun, so ist dagegen der theoretische
Aufsatz eine Art Gewißenspflicht. Es sind viele Indizien
vorhanden, daß das theatralische Unwesen sich einmal wie=
der auf einige Zeit legen wird. Raupach stellt wirklich ein
Pessimum dar, nach menschlichem Begriff läßt sich nicht tiefer
kommen, das Korn ist in der Mühle vollkommen durchgeschro=
ten, und dieser jüngste Meister verkauft, um aufzuräumen,
noch die Kleyen in den Säcken. Selbst die Berliner Comö=
dianten fangen an, sich in seinen Rollen zu langweilen, was
doch viel sagen will. Nun aber kommt in unsrem Deutsch=
land die Praxis immer nach der Theorie, und nur erst, wenn
den Leuten einmal demonstrirt worden ist, wie schon unser
Gerüst dazu führt, das Elende und Schwache zur Evidenz
zu bringen, wird man anfangen, sich zu besinnen.

Von mir selbst kann ich Ihnen noch nichts berichten. Ich
habe mir jeden Tag vorgenommen an den Merlin die Hand
zu legen, und sie immer in einer Art von Verzweiflung sinken
lassen. Ich leide nicht an dem Zweifel, an der Dunkelheit,
was ich noch zu machen habe; im Gegentheil steht mir dieß
zu deutlich vor der Seele, und dieß eben entmuthigt mich.
Ich habe ein Gefühl, wie der Gemsenjäger, der sich zwischen
Klippen verstiegen hat; er sieht den Pfad ganz bestimmt vor
sich, aber die Füße eines Menschen sind nicht gemacht, ihn zu
wandeln. Nie habe ich eine solche Kluft zwischen dem Gegen=
stande und meinen Organen empfunden. Ob unter diesen

Auspicien noch irgend etwas Poetisches zu Stande kommen kann, oder ob ich nicht im glücklichsten Falle nur ein transcendentales Ungeheuer erzeugen werde, muß die Zeit lehren. Es wäre ein Unglück für mich, wenn ich daran scheiterte, denn ich habe bei diesem Wagniß einen bedeutenden Theil meiner Lebenskraft eingesetzt.

Von Ihren Verwandten habe ich nur die Schwägerin zu sehn bekommen. Herr Möller war nicht zu Hause. Wie ich aus den mir gethanen Aeußerungen abnehmen konnte, scheint es doch mit dem jungen Institute so ziemlich zu gehn. Nur hindert auch hier die Cholerafurcht manche Eltern, ihre Kinder aus dem Hause zu geben. Aufrichtig gesagt, ich bin wegen der Zukunft bange. Diese Pestscheu wird mit ihrem heimlichen, nagenden Einflusse noch den letzten Rest der Regsamkeit und des Muthes, der in den Menschen geblieben war, aufzehren. Ein sonderbarer Zufall ist es, daß in jeder Epidemie zu Berlin der Philosoph sterben muß; Fichte am Typhus, Hegel an der Cholera. Ist es wahr, was man sagt, daß eine Indigestion die Sache veranlaßt hat, so liegt in dem Ereignisse eine Ironie, die kein gemachter Ernst hinwegtilgen kann. Da dem Preußischen Staate nunmehr der Begriff fehlt, so möchte man ihm rathen, es einmal zur Abwechslung mit der schlichten Natur zu versuchen.

Die Tage in Dresden sind mir eine sehr theure Erinnerung. Ich habe Ihr Bild ganz rein und gut mit mir genommen, und bedaure nur, daß ich Sie für mein Bedürfniß viel zu wenig gesehn und gesprochen habe. So manches, was sich nur in einer gewißen Folge verhandeln läßt, klang bloß an; Andres, worüber ich Ihre Meinung so gern vernommen hätte, ist kaum berührt worden. Zuweilen gehn doch auch vernünftige Wünsche in Erfüllung, und so hoffe ich, daß ich mich dießmal früher, als in andern zehn Jahren, Ihnen wieder nahen werde.

Ihr Tadel, der gegen den Schluß des zweiten Theils des Alexis geht, ist ganz richtig, der Fehler steckt aber, wie ich glaube, im fünften Acte überhaupt. Dieser muß nach einem nothwendigen Gesetze (was Shakespeare überall befolgt hat) kürzer seyn, als die früheren; er soll nur die schlagenden Resultate deßen enthalten, was bis dahin mit einer gewißen Ausführlichkeit vorzubereiten, wohl erlaubt ist. — Mein 5. Act ist grade der längste, es ist viel zu viel hineingepackt worden, und so kommt es, daß die Sachen sich gegen das Ende stopfen und einander hemmen. Leider ist dieß ein Fehler, der durch die ganze Oeconomie des Stücks herbeigeführt wird, den ich also nicht mehr abzuändern vermag. Ich würde, wenn es irgend zu machen wäre (was freilich sehr schwer ist, da zu der Gerichtsszene die ganze Tiefe des Theaters genommen werden muß) für eine Aufführung vorschlagen, den vierten Act erst mit dem letzten Monologe der Katharina zu schließen. Poetischer und dramatischer wäre diese Abtheilung auf jeden Fall.

Möchten Sie diese Zeilen recht frisch und froh treffen! Wegen der Altspanischen Sachen habe ich in Cöln und Belgien Verbindungen angeknüpft, ich wünsche, daß meine Commißionaire etwas Ihnen Erfreuliches finden mögen. Alte Romanzeros und Schauspiele würden Ihnen, denke ich, am angenehmsten seyn.

Ich bitte, den Damen mich angelegentlichst zu empfehlen, und ihnen meinen Dank für die mir erwiesene Huld und Güte zu bringen. Sehr glücklich würde es mich machen, wenn ich von Zeit zu Zeit etwas von Ihnen vernähme, doch darf ich wohl nicht darauf hoffen, da Briefschreiben Ihnen unangenehm ist.

Mit aufrichtiger Gesinnung

Ihr
treu ergebner
Immermann.

Haben Sie die Morgenländischen Dichtungen von Oehlen=
schläger gelesen? Der erste Theil der Fischerstochter und
Vieles in den Drillingen von Damascus hat mir so wohl
gefallen, wie der Aladdin. Er ist in den Orientalischen
breiten, lockern und bunten Stoffen recht in seiner Sphäre,
und hätte nie nach dem Tiefen und Bedeutsamen sich abmühn
sollen.

III.

Düsseldorf, 27. Januar 32.

Ich habe neulich in der Zerstreuung vergeßen, Ihnen,
mein Hochverehrter, den Baierischen Noah, den Sie mir so
gütig mitgaben, zurückzusenden, und bin erst jetzt durch den
Anblick des Buchs an meine Pflicht erinnert worden. Mit
dem aufrichtigsten Dank hole ich das Versäumte nach, und
bitte Sie, meinen Fehler entschuldigen zu wollen.

Ich habe unterdeßen Ihren Hexen=Sabbath gelesen,
und bin davon auf eine ungemeine Weise getroffen worden.
Die Kraft der Dichtung ist sehr groß, und der Eindruck stei=
gert sich vom Leichten, Heiteren, Anmuthigen bis in das
ganz Erschütternde. Mir scheint dann immer die höchste
Gewalt der Poesie hervorzutreten, wenn sie das beschränkt
Historische auffaßt, dieß auch in seiner Begränzung läßt, und
es dennoch zur vollkommnen Gestalt zu bringen weiß. Im
Hexensabbath sind nichts als einmal so und nicht anders
dagewesene Flandrisch=Burgundische Figuren, die Zeit ist in
ihrem singulairen Kostüm ganz fest gehalten, nirgends wird
darauf hingearbeitet, das sogenannte allgemeine Menschliche
hervorzuheben, und dennoch ist Alles allgemein verständlich,
und wirkt vollkommen dichterisch.

Wie mich individuell die Sache berühren mußte, werden
Sie fühlen. In der That sind wir auf eine sonderbare Weise
in einem Punkte zusammengetroffen. Mir war Satan,

Luzifer, Beelzebub, oder wie man sonst das Wesen nennen will, welches uns auf jedem Schritt und Tritt fühlbar wird, nie das Ungeheuer mit Klauen und Schweif, oder der listige Kammerdiener, der seinem Herrn die Dirne schafft. Es ging mir vielmehr mit Nothwendigkeit aus Gottes Wesen hervor, und um die Ketzerey mit einem Worte auszusprechen: Der Teufel war mir der in der Mannigfaltigkeit geoffenbarte Gott, der durch diesen Act sich selbst in seiner Einheit verloren hatte. Weil aber dieser Zustand eodem momento, wo er geboren war, sich in Gott wieder aufheben mußte, so war mit der Manifestation als Satan, zugleich die als Logos verbunden, oder vielmehr beide fielen zusammen. Die Function des letztern war mir nun, das Vielfache, Vergängliche, in den Abgrund des Einen und Unvergänglichen hinunterzustürzen; Gott pulsirte für mich in jedem Augenblicke nach beiden Richtungen durch das Weltall. Hierdurch war mir Sünde und Tod, der Satz des Widerspruchs und das Werk der Erlösung erst verständlich. Ich wurde mit den Geheimlehren der Kirche bekannt, Spinoza kam hinzu, und so rann aus Fremdem und Eignem der Demiurgos zusammen, der im Merlin auftritt.

Sie stehn nun freilich gegen mich im großen Vortheil. Dergleichen problematische und eigentlich unaussprechliche Sachen halten sich in den Grillen eines Labitt mehr innerhalb der Grenzen der Poesie, als wenn sie, wie sie bei mir mußten, schwer, trüb und ernsthaft sich hinstellen. Ich fürchte, daß dieser Ernst meine Arbeit zu einer ganz undichterischen gemacht hat.

In den ersten Tagen des Jahrs habe ich den Merlin zu Ende gebracht. Ich hätte das größte Verlangen, Ihnen denselben mitzutheilen, es fehlt mir aber ein Schreiber, der eine correcte und schöne Copie liefern kann, und ich möchte Sie nicht durch ein häßliches Manuscript von vornherein zurück=

schrecken. Es ist daher wohl besser, daß ich Ihnen erst das
gedruckte Buch sende. Ich werde es bald publiciren, da ich
fühle, daß ich daran nichts ändern kann, und daß es durch
Feilen nur abgeschwächt werden würde.

Nehmen Sie nur nicht übel, daß ich Ihnen allerhand
unerbetne Mittheilungen mache, die sich auf dem Papier viel=
leicht sonderbar ausnehmen. Sie haben aber einen solchen
Eindruck auf mich gemacht, daß ich mich immer noch Ihrem
lieben belebten Antlitz gegenüber sehe, wenn ich auch nur den
todten Briefbogen vor mir habe.

Indem ich bitte, den Damen mich bestens zu empfehlen,
verharre ich in treuer Gesinnung

aufrichtig ergebenst
Immermann.

IV.

Düsseldorf, d. 8. October 1832.

Ich sage Ihnen, mein hochverehrter Herr und Freund,
den aufrichtigsten Dank für Ihren theilnehmenden Brief, den
ich zu meiner großen Freude und Erquickung vorfand, als
ich von einer Reise in die Ahr= und Lahngegend und durch
Hessen zurückkehrte. Mit meiner Gesundheit hat es aller=
dings im letzten Jahre nicht besonders gestanden, ich litt an
Nervenzufällen, über die ich sonst, wenn ich davon reden
hörte, nur als über schwächliche Einbildungen lachte, und
war in aller Thätigkeit und Lebensfreude sehr gehemmt.
Jetzt aber ist es besser; die Reisebewegung hat noch das
Ihrige gethan, und ich hoffe, daß der Dämon wieder von
mir gewichen ist.

Eine wahre Stärkung ist mir gewesen, was Sie über
meine Sachen sagen. Ich muß Ihnen nur gestehn, daß mich
in den letzten Zeiten bei der allgemeinen Dumpfheit und
Kälte, und bei dem Hohne ungezogner Buben, den ich bei

jeder Gelegenheit zu erdulden hatte, oft ein Verzagen über=
schleichen wollte, daß ich mehr als je das Bedürfniß fühlte,
mich in fremdem Urtheile wiederzufinden. — Ihre Worte
über den Merlin sind ganz meinem Sinne und Wunsche ge=
mäß; ich könnte Ihnen über Manches, was dunkel erschei=
nen mag, auch nichts weiter sagen, als daß es mir so in
einer Anschauung vorgeschwebt hat, und ihm kein bestimmter
Satz, oder eine besondre Wahrheit zum Grunde liegt. Die
allgemeine Anregung, von welcher Sie reden, ist also grade
die Stimmung, aus welcher wenigstens bei mir die Arbeit
hervorgegangen ist, und die ich gern überall bei Andern wie=
der sehen möchte. Ein ins Spezielle gehendes Deuten würde
meine Absicht nicht treffen.

Ich will Ihnen nun die beiden Fragen, die Sie mir stel=
len, so gut ich kann, beantworten. Der Unbekannte in der
Zueignung ist mein hiesiger Freund Schnaase, dessen ich ja
wohl schon gegen Sie Erwähnung gethan habe, und von
dem Sie vermuthlich jetzt durch Uechtritzens Vermittlung den
Aufsatz „über Genremalerei" gelesen haben werden. Das
Entstehen unsres näheren Verhältnißes fiel grade in die für
mich sonderbare und unvergeßliche Zeit, wo der Merlin in
mir zu werden begann. Er war der Erste, der von der Idee
erfuhr, und nahm auf eine Weise Theil daran, ohne welche
ich sie vielleicht nicht auszuführen vermocht hätte. Ich hoffe,
dieser schöne, vielseitige und tiefe Geist wird Ihnen nicht
lange mehr unbekannt blieben.

Bei der zweiten Frage muß ich etwas weiter ausholen.
Sie fragen: ob die letzten Worte Merlins auch die wahre
eigentliche Meinung des Autors sagen. — Anfangs verstand
ich Sie nicht, nachher habe ich mir die Sache aber so aus=
gelegt, daß Sie damit auf einen Zwiespalt in dem Gedichte
haben hinweisen, und eine Erwartung, die durch das Ende
nicht erfüllt wird, haben andeuten wollen. Habe ich Sie

recht gefaßt, so trifft Ihre Einwendung allerdings den wichtigsten Punkt, und ich muß Ihnen in gewisser Beziehung Recht geben.

Wie mir die Entfaltung der Welt durch das Christenthum vorkommt, so hat jener einfache und eigentliche Geist deßselben, der das Menschengeschlecht aus den Fesseln des äußern Naturgesetzes befreite, nur die ersten, apostolischen Zeiten beherrscht, sehr bald nahm dieses Gesetz, diese Gewalt der Mannigfaltigkeit, diese Herrschaft des Irdischen, oder wie man es sonst nennen will, wieder Besitz von den Gemüthern der Menschen, und die folgenden Jahrhunderte stellen nur den Kampf der beiden, wenigstens auf Erden unvereinbaren Dinge in Volk und Individuo dar. Die Kirche sucht sie durch einen schönen Traum zu versöhnen, die Reformation giebt dafür einen andern Traum, als könne man zu jener Schlichtheit und Einfalt des Urchristenthums zurückkehren. Er dauert aber nicht lange, bald tritt die Doppeltheit und der nie zu schlichtende Zwiespalt immer größer und gewaltiger auf, treibt auf dieser Seite zu neuen Heiden, die denn doch nichts wären ohne das Christenthum, auf jener Seite zu Christen, welche ohne die Ausstattung durch Natur und Alterthum auch zusammenschrumpfen würden, und erscheint endlich in seiner Spitze da, wo nun selbst die heißeste Andacht, die tiefste, unmittelbarste Sehnsucht nach dem Göttlichen, so von ihrer eignen irdischen Fülle durchdrungen, verdichtet und verkörpert wird, daß die Gnade von diesem Drange sich abwendet, und das Heilige vor dem Gebete erschrickt. Ich kann, um mich deutlich zu machen, hier Spinoza nennen, obgleich das Beispiel nicht ganz paßt, da seine Natur noch einen Schritt weiter gegangen ist.

Vor jenem modernen, unbeschreiblichen, in seinem Reichthume unseligen Geiste hatte auch ich in mir manchen Schauder verspürt, und Merlin wurde mir der eminente Repräsen=

tant desselben. Hier war von keiner psychologischen Unwissenheit, von keinem Unglück durch Sünde, nicht von Schuld und Buße die Rede, nein, das Elend an sich, die Andacht ohne Gott, der Untergang der vollkommnen Dinge, eben weil sie die vollkommnen sind — dieses Alles hatte mich ergriffen. Was soll also, kann man fragen, diese Unterwerfung unter Gott ohne Zweck, dieser Schluß, der nichts schließt und nichts löst, und von dem Drucke der vorangegangenen Katastrophe das Gemüth nicht zu befreien vermag?

Wirklich sollte das Ende erst ganz anders seyn. Der ganze Merlin war in seiner ersten Anlage viel bunter, figurenvoller, psychologischer. Im Nachspiele sollten aus dem Hades herauf die Gesänge der Schatten der Tafelrunde erschallen, deren Inhalt eine Art wehmüthigen Glückes war, Merlin selbst sollte als Geisterstimme das Ganze epilogisiren, sich zum weltlichen Heiland erklären, und aussprechen, daß weil nun einmal alle Freude und aller Schmerz der Erde in e i n e m Individuo durchgefühlt worden sei, der Fluch sich erschöpft habe, und jeder Künstler in der Grotte des Dulders Trost finden könne. — Ohne darüber zu reflectiren, wurde ich aber genöthigt, das Gedicht in der einfacheren, mehr symbolisirenden Form zu schreiben, und den Schluß so populair und beschränkt zu fassen, wie beides nun vorliegt.

Vielleicht war etwas, was eine Darstellung des obersten und letzten Widerspruchs seyn soll, nur durch den Widerspruch, durch die Inconsequenz dichterisch abzuschließen, ein vollerer, metaphysischerer Klang hätte vielleicht das Ganze in die Dogmatik und Philosophie getrieben. Die Kräfte des Himmels und der Hölle haben sich bewegt, das Uebermenschliche hervorzubringen, eine Figur, die die beiden Pole zusammenknüpft, und es kommt doch in letzter Instanz nur zu einem Beschränkten, Anthropologischen. Mich dünkt, der Künstler mußte sich auf diese Sphäre resigniren.

Ich wünschte, ich hätte Ihnen das Alles mündlich sagen können, ich schreibe nicht gern über meine Motive, man bekommt da immer etwas Prätiöses.

Auf Ihre Novelle freue ich mich sehr, Ihre Arbeiten, die im Herbste zu erscheinen pflegen, sind mir immer ein schöner Segen dieser Zeit, die mir die liebste im Jahre ist. Noch ist die Urania nicht hier. — Im letzterschienenen Bande des Shakespeare hat mich der Timon mächtig gefesselt, ich kannte dieses außerordentliche Werk noch gar nicht. Ich muß ihn noch mehrmals lesen, bevor ich sagen kann, daß ich ihn bewältiget habe. Auf seine eigne Weise hat S. hier wieder das Hauptmotiv: den schwärmerischen Sinn Timons für Männerfreundschaft, leicht hingehaucht, es eigentlich nur errathen laßen. Er verfährt oft so. Die Uebersetzung paßt in ihrer schweren Art sehr für den Stoff, nur hätte ich hier, wie in manchen Stücken der Sammlung eine veränderte Wortstellung gewünscht. Es ist oft nicht möglich, die richtigen Redeaccente scharf herauszuheben, wie die Worte jetzt stehn — was bei dem mündlichen Vortrage sich sehr merklich macht.

Uechtritzens Chaldäer haben mich ebenfalls ungemein beschäftigt. Nur soll mich wundern, wie er mit der motivirenden psychologischen Form den Stoff durchführen wird, der sich nach meinem Gefühle mehr zu einer lyrisch Aeschyleischen Auffassung qualifizirt hätte. Auf die gedruckte Rosamunde bin ich auch sehr neugierig. Ich habe vielleicht gegen diese Dichtung Unrecht, und sehe sie nun mit andern Augen an, da sie mir ferner und fremder geworden ist.

Die sogenannte romantische Schule der Franzosen macht freilich seltsame Sprünge. Sobald diese Art sich auszubreiten begann, hatte ich gleich die Ahnung, daß wir an unsern Verächtern nunmehr durch Ausbrüche ihres kalten Wahnsinns vollständig gerächt werden würden. Da ich von dort nie Poesie erwarte, so amüsiren mich die artigen Sachen doch, weil immer ein gewißes Geschick, eine Art von hasenfüßiger Zierlichkeit darin sichtbar ist. Louis XI. von de la Vigne z. B. ist allerliebst gemacht.

Eine curiose Neuigkeit, die Sie vielleicht noch nicht kennen, las ich vor wenigen Tagen: die mehreren Wehmüller und Hungarischen National=Gesichter von Cl. Brentano. — Das Burleske finde ich hübsch darin, das Ernsthafte ist wie immer abscheulich.

Sie erkundigen sich nach meinen Arbeiten. Ich habe im Sommer eine vollständige Revision meiner ältern und neuern kleinen Gedichte vorgenommen, manches Neue gemacht, und eine gereinigte Sammlung zusammengestellt. Jetzt liegt der Hofer vor mir, den ich umarbeiten will. Das Kleinliche und Sentimentale soll hinaus, und das Ganze wird auf ein einfaches, großes, historisches Motiv gebaut werden.

Außerdem beschäftigen mich drei neue Aufgaben — die Epigonen, ein Roman, von dem ich Ihnen aber keine Andeutung geben kann, weil diese zu weitläuftig werden würde; das mythische Gedicht: der Schwanenritter, dessen Eingangsstanzen ich im vorigen Herbste Ihnen abschrieb und dann: der Tristan, dessen Plan und Eintheilung auch bereits fertig ist. — Diese drei Stoffe sind ein wahres Unglück für mich, denn weil sie mich auf gleiche Weise anziehn, so fühle ich mich oft in ihrer Mitte völlig paralysirt.

Machen Sie nur Ihre Zusage wahr, im künftigen Jahre hierher zu kommen. Ich würde mich außerordentlich freuen, wenn ich Sie hier begrüßen dürfte. Man kann Ihnen freilich hier nichts Fertiges zeigen, aber es regt sich doch Manches, was in gutem Wetter und Sonnenschein vielleicht einmal fertig wird. Schadow, der Sie sehr verehrt, wollte Sie im October auf der Heimreise von Berlin besuchen, und freute sich sehr darauf, Sie zu mahlen.

Interessant würde es mir seyn, die Uebersetzung des

Alexis kennen zu lernen. Vielleicht macht mir der Herr, der sich damit beschäftigt, einmal wohl eine Mittheilung.

Mit inniger Hochachtung und Verehrung

Ihr

ganz ergebenster

Immermann.

V.

Frankfurt a/M., 5. September 1833.

Nur wenige Worte kann ich in der Unruhe der Reise dem Buche beifügen, welches ich Ihnen, mein Hochverehrter, als meinen Vorgänger zuschicke. Ich werde nämlich auf der Reise, die ich morgen von hier über Stuttgart, München, Tyrol und Wien weiter fortsetze, auch durch Dresden kommen, wo ich Sie etwa am 9ten oder 10ten k. M. gesund und wohl zu treffen hoffe.

Das Buch fand ich hier fertig und wünschte es Ihnen doch gleich mitzutheilen. Sagen mag ich über diese Composition nichts weiter; sie commentire sich selbst. Nur Eins: daß in den Stellen über Sie, das innigste Gefühl für Sie gesprochen hat.

In der für mich beglückenden Aussicht des Wiedersehns

Ihr

aufrichtigster

Immermann.

VI.

Düsseldorf, d. 4. Mai 1834.

Sie werden mich für sehr undankbar gehalten haben, theurer Meister, weil ich Ihnen bis jetzt nicht geschrieben,

Ihnen nicht meinen Dank sagte für die große Güte, deren ich mich abermals im verwichnen Herbst von Ihnen zu erfreuen hatte. Zum Theil bin ich unschuldig — ich durfte nach meiner Rückkehr erwarten, daß sich hier etwas begeben würde, was ich Ihnen gern mittheilen wollte und harrte darauf Tage, Wochen, Monate lang. Eine Zeit lang bin ich auch krank gewesen und zwar ziemlich ernstlich.

In Berlin lernte ich zwar Ihren Freund Steffens kennen, sah ihn aber für meinen Wunsch zu wenig, wie das in der großen Stadt, wo Jeder nur in seinem Kreise sich bewegt, bei kurzem Aufenthalte zu geschehen pflegt. Das jetzige Treiben dort hat mir wenig gefallen, ich glaube auch kaum, daß es Ihnen behagen würde. Es fehlt durchaus an einem großen durchgreifenden Interesse, sei es für Gegenstände des öffentlichen Lebens, sei es für Kunst und Wissenschaft. Was man jetzt dort Liebe zur bildenden Kunst nennt, ist auch so weit nicht her, wenigstens klagten grade die ersten Künstler, die mir über diesen Punkt ihr Vertrauen schenkten, über Mangel an erwärmenden Begegnungen in dieser Sphäre. Hier, wie in den übrigen ist nichts sichtbar als eine gewiße unruhige Lebendigkeit, eine Beschäftigung mit den Dingen ohne Glauben und Enthusiasmus. Was die sogenannten Dichter und Literatoren betrifft, so sind sie unter aller Kritik; diese Leute halten von sich und von Andern nichts; damit ist ihr Wesen hinreichend bezeichnet.

Der Sinn für Poesie und ein gewißer freierer Literaturgeist könnte sich der Natur der Sache nach nur durch ein bedeutendes Theater, welches sich wunderbare, neue, tiefsinnige Aufgaben stellte, wieder erwecken lassen. Und da ist nun, wie ich glaube, auf zwei Menschenalter hin, methodisch verwüstet worden. Die Berliner Bühne hat keine Fehler mehr, sie ist negativ geworden, sie stagnirt. Ich habe Manches gesehen, was ganz gut gespielt ward, aber Alles

war Routine, Dienst, Reglement, und nirgends konnte ich
den Funken eines Talents, welches sich auf eigenthümliche
Weise Luft machen wollte, erblicken. Einiges, wie Wal=
lenstein und Kaufmann von Venedig war so schlecht
und geistlos, daß ich mich schämen würde, es hier so mit
meinen Anfängern zu produciren. Im Kaufmann gab Rott
den Shylock, von dem er ja wohl damals bei Ihnen sagte,
er spiele ihn ganz hoch und ernst, noch mehr als zerkniffnen
Schacherjuden, als weiland Devrient.

Dieser Zustand der Dinge ist um so beklagenswer=
ther, als eigentlich die ganze Stadt ein Bedürfniß nach
einem guten Theater hat, ohne welches sie ja auch weniger
als eine andre existiren kann. Die Häuser sind voll und man
nimmt auf Berlinische Weise Theil, selbst an der gegenwär=
tigen Mittelmäßigkeit. Es ließe sich also wohl hoffen, daß
wenn die Anstalt die Sache aus dem Gesichtspunkte der
gegenwärtigen deutschen Cultur griffe, für eine Reihe von
Jahren wieder etwas Beßeres dort entstehen könnte.

Mein hiesiges Theaterproject, dessen Realisirung ich
Ihnen eben gern melden wollte, und leider noch nicht mel=
den kann, beruht grade darauf, die Literatur und Poesie
wieder mit der Bühne in Verbindung zu setzen. Es ist dieß
nicht unmöglich, wenn man die Sache leise anfaßt, und nicht
zuviel auf einmal von den Leuten verlangt. Hin und wieder
muß man sich auch accommodiren können; wenn man aber
das thut, so weiß ich durch selbstgemachte Erfahrungen, daß
die Menschen nicht so unempfänglich für Feineres und Tiefe=
res sind, als sie gemacht werden. So werde ich z. B. wenn
mein Theater zu Stande kommt, gleich im ersten Winter
Ihren Blaubart bringen und bin über den Erfolg ganz ruhig.
Ich werde mich aber nach der Lehre des Katers richten, gar
nicht thun, als ob dieß etwas Besondres wäre, es mit dem
übrigen Repertoir sacht heranbringen lassen, und die neue

Speise soll genossen seyn, ehe man noch gewußt hat, daß sie zubereitet worden ist.

Biß mir die Wirknng im Ganzen vertraut wird, fahre ich fort, hier im Einzelnen thätig zu seyn. Ich habe nach meinen Ideen Egmont, Nathan, Braut von Messina und Andreas Hofer in die Szene gesetzt, wobei mir Seydelmann aus Stuttgart sehr hülfreich war, der eine Zeitlang hier gastirte. Ich habe Sie nie von ihm sprechen hören; wenn Sie ihn nicht kennen, so thut es mir leid. Mir ist er eine neue und wahrhaft künstlerische Erscheinung gewesen, die durch harmonisches Zusammenwirken von Verstand und Phantasie, Präcision und weise Beschränkung immer etwas höchst Wohlthuendes hat. Sein Carlos in Clavigo ist nach meinem Gefühle ein Meisterstück, wie man nur eins auf der Szene sehn kann. Groß und sonderbar, abweichend von der gewöhnlichen Darstellungsweise, faßt er den Mephistopheles, und in leichten komischen oder historischen Masken ist er unübertrefflich.

Da Ihnen zu meiner großen Freude Hofer in seiner gegenwärtigen Gestalt gefällt, so wird es Sie vielleicht interessiren, wenn ich Ihnen sage, daß das Stück sich auf der Bühne gut ausnimmt, und hier eine vollständige Wirkung hervorgebracht hat. Was am meisten eindrang, war: die Mystification des Herzogs von Danzig im I. Act. Die heroischen Szenen von Hofer im II. Act. Die diplomatische Szene — Die Szene zwischen dem Vicekönig und Hofer. Der Schluß des 4ten Acts und der ganze 5te.

Obgleich dieser Erfolg in einer kleinen Stadt für mich keinen weitern Vortheil haben kann, so hat er mich doch sehr gestärkt und beruhigt. Ich kann nicht bergen, daß ich schon seit Jahren und namentlich seit dem Erscheinen des Alexis einen großen Mißmuth über die völlige Geringschätzung, womit mich die sogenannte reale Bühne bei Seite liegen läßt, empfinde. Hieran reihten sich peinigende Zweifel über meinen Beruf. Ich habe aber nun an der Aufführung des Hofer gesehen, daß es wenigstens meine Schuld nicht ist, wenn meine Sachen nicht gegeben werden.

Wie oft dachte ich der guten Stunden, die ich im Herbst mit Ihnen zubringen durfte und wünschte mir sehnlichst die Wiederkehr auch nur einer derselben! Sind Sie denn jetzt auch recht gesund? Werden Sie in diesem Jahre ins Bad gehn, und wohin? Ich könnte, wenn ich es bei Zeiten erführe, vielleicht auch dorthin auf einige Tage kommen, denn Sie hier in Düsseldorf zu sehn, ist doch wohl nur eine vergebliche Hoffnung. Ihr: „Tod des Dichters" hat überall, wo ich darüber mit Jemand sprechen konnte, einen schönen Eindruck hervorgebracht. Mit dem gestiefelten Kater gelang es mir, hier eine Gesellschaft von achtzig Personen, vor der ich wieder wie früher, im Winter einige dramatische Gedichte vortrug, in ein unauslöschliches anderthalbstündiges Gelächter zu setzen.

Ich bitte Sie, wenn Sie über Ihre Reise entschieden sind, mir ein Paar Zeilen zu schreiben, oder Fräulein Dorotheen zum Bruch ihres Gelübdes, nie etwas Schriftliches an einen Mann zu erlassen, zu vermögen. Ich sehe Sie dann, wenn es mir irgend möglich ist.

Die Handschrift des neuen Hofer habe ich nicht geschickt, weil er bald gedruckt in den 4 ersten Bänden meiner Schriften erscheint, die ich Ihnen gleich nach deren Erscheinung überreichen werde. Ich wußte doch vorher, daß er dort nicht aufgeführt werden würde.

Gegenwärtig bin ich emsig an meinem Romane: die Epigonen, und hoffe noch im Sommer diese Arbeit zu vollenden. Ich bin seit 11 Jahren damit beschäftigt; ist er also fertig, so wird mir eine große Last abgenommen seyn. —

Haben Sie die Güte, Ihrem ganzen Hause, wozu ich auch

Frau Solger zähle, mich auf das angelegentlichste zu empfehlen. Mit aufrichtigster Gesinnung

Ihr
treu ergebner
Immermann.

VII.

Düsseldorf, d. 7. Nov. 1834.

Vor etwa zehn Tagen ließ ich die ersten vier Bände meiner Schriften an Sie, theurer Meister, abgehn, und dachte mit dem nächsten Posttage an Sie zu schreiben. Das Gedränge, worin ich jetzt stecke, hat aber diese Zeilen bis heute verzögert. Unterdessen sind jene Bände bei Ihnen angelangt, und werden hoffentlich von Ihnen mit gewohnter Freundlichkeit empfangen worden seyn. Es ist viel Neues darin, noch Mehreres, was früher schon vorhanden, jetzt eine neue Form gewonnen hat. So ist namentlich Tulifäntchen in der jetzigen Gestalt knapper und präciser gehalten.

Ich betrachtete es als ein wahres Unglück, daß wir uns im Sommer verfehlten. Welchen angenehmen Tag hätten wir zusammen haben können! Wir sind wenige Meilen an einander durchgefahren, Sie über Heidelberg, ich über Mannheim; leicht wäre es mir gewesen, jene Tour zu nehmen, und mit Ihnen einen Tag in Heidelberg zu seyn. Vielleicht, daß das künftige Jahr mir in dieser Hinsicht mehr Glück bescheert.

Hoffentlich steht es in Ihrem Hause jetzt wieder wohl, oder besser doch, als damals, wo Sie mir schrieben. — Ihrer heitern Laune in der Vogelscheuche habe ich mich sehr erfreut; in diesem Mährchen ist eine unendliche Fülle des graziösesten Scherzes (trotz des verhängnißvollen Hans — im Himmel und auf Erden) und der lieblichsten Naturanschauungen.

Nur fürchte ich, werden es Ihnen unterschiedliche distinguirte
Charaktere in Literatur und Kunst, beim Militair und Civil
übel gedenken, daß Sie ihren Stammbaum von gebranntem
Leder so schonungslos enthüllt haben. Hegel und seine ganze
Schule war, wie ich glaube, ähnlicherweise aus den Erbsen=
feldern gelaufen.

Meine Tage werden jetzt ganz von dem Geschäfte für die
Bühne absorbirt; ich kann weder etwas schreiben, noch lesen.
Hätte ich auf eine augenblickliche Vergeltung der sauersten
Mühen gerechnet, so müßte mir meine Lage sehr peinlich vor=
kommen, da ich aber dieses Geschäft mit völliger Resignation
anfing, so tröstet mich nur der stille Gedanke, daß, wie übel
der Anschein der Dinge auch immer seyn möge, Fleiß und
Liebe nie ganz umsonst aufgewendet wird. Ich eröffnete die
Bühne vor etwa 14 Tagen mit einem Vorspiele von mir, und
dem Prinzen von Homburg, der vortrefflich gegeben wurde.
Namentlich wird man, das darf ich kühn sagen, die Parole=
szene, die Schlacht und den 5ten Act nicht leicht beßer sehn
können. Hätte ich Sie doch unter meine Zuschauer zaubern
können!

Von bedeutenden Aufgaben, die seit der Zeit gelöst wor=
den sind, kann ich Ihnen ferner Macbeth nennen. Ich wollte
ihn erst nach Ihrer Uebersetzung geben, aber als ich erwog,
daß für diesen Vers unsren Schauspielern zur Zeit noch die
Zunge, und unsrem Publico das Ohr gebricht, so entschied ich
mich doch für Schiller, legte aber die Hexenszenen aus Ihrer
Uebersetzung ein. Die Hexen wurden nicht als Furien, son=
dern als häßliche ekelhafte alte Weiber gespielt, wo mir denn
wenigstens die Genugthuung wurde, daß während jene Ge=
stalten in der Regel Lachen erregen, dießmal ein rohes Sonn=
tagspublicum dem alten Weiber=Gekreische so still zuhörte, als
säße es in der Kirche.

Den ersten Act schloß ich, zum Theil durch die Beschrän=

tung meiner kleinen Bühne gezwungen, mit der 4ten Szene, so daß nun der ganze Aufzug ein kurzes stürmisches Schlacht-, Zauber- und Gewitterbild war. Der zweite Act begann mit der Brieflesenden Lady, und in diesem hatte ich von Shakespeares, mir durch Sie erst klar gemachten Intentionen soviel gerettet, als möglich war. Die Szene blieb unverändert, und stellte einen engen gothischen Hof des Schlosses Inverneß mit einem Balcon und verschiednen Ein- und Ausgängen vor. Der Act begann gegen Abend, dauerte die Nacht hindurch und schloß am Morgen. Freier Himmel, der Mond hinter schwarzen Wolken, Sturm und Regen spielten mit.

Das Arrangement war so:

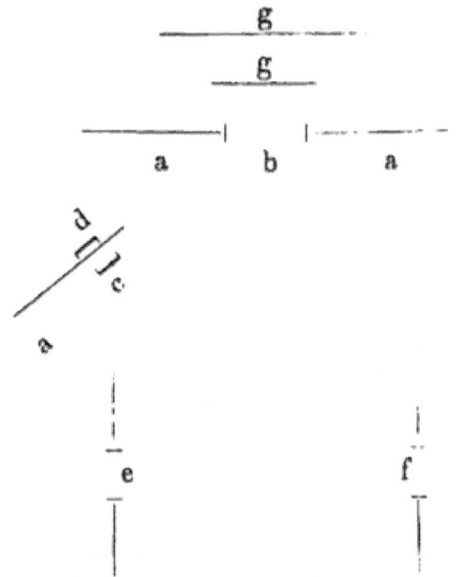

a. a. a. Hauptgebäude des Schlosses mit einem seitwärts hervorspringenden Vorbau.

b. Pforte, durch welche die Lady Brief lesend, und am Morgen nach dem Morde auftritt.

c. Eine Treppe mit einem Balcon an dem Seiten-Vorsprunge des Hauptgebäudes. In diesem Seitenvorsprunge wurde der Speisesaal, das Schlafzimmer Duncans und der Prinzen angenommen. Duncan führte die Lady über diese Treppe durch die Thür d ab. Die Lords gingen durch die untre Thür b und kamen aus derselben.

e. Seitenpforte zu äußern Schloßgebäuden, worin die Schlafzimmer der Lords angenommen wurden. Sie gingen also am Abend von b nach e und stürzten am Morgen aus e.

f. Seitenpforte zu der Pförtner=Wohnung und Wirth=schaftsgebäuden, woher am Abend die Speisen getragen wurden.

g. g. Hintergebäude, Zugbrücken, Thürme, Gebüsch.

Durch diese Anordnung bekamen nun die Szenen, welche sonst trotz des in ihnen waltenden Uebermaaßes von Poesie kalt vorübergehn, ein außerordentliches Leben. Die winklichte Mondbeschienene Architectur hatte schon etwas Geheimes, Grauenvolles, und nun das Gehn und Kommen von ver=schiednen Seiten, aus 4 Thüren, das Hinauf= und Hinunter=steigen! Wahrhaft sublim machte sich der Moment, wo die Lady unten an der Balcontreppe lauschend kauert, flüstert, und Macbeth eben auf den Balcon mit den Paar entsetzten Worten hinaus= und gleich wieder zurückstürzt. Sehr schön baute sich auch bei dieser Einrichtung das Tableau des Mor=gens. Von allen Seiten kamen Gruppen zu Stande, und den Gipfel bildeten die beiden Prinzen, die oben auf dem Balcon blieben.

Reußler, den Sie in Baden kennen gelernt haben, spielte den Macbeth. Roh, verworren, halbverrückt von Stolz und Zaubersprüchen, nach meinem Gefühle nicht unwürdig des großen Werks, freilich nicht in dem Sinne unsres Publicums, welches hier, wie aller Orten verlangt, daß der Held, wenn er auch seinem Könige die Kehle abschneidet, von Liebenswür=digkeit glänzen soll. Herrlich wurde Macduff gegeben, nie habe ich die Reden des 2ten Acts mit so grandiosem Pathos vortragen hören; ich wurde an Aeschylus erinnert. Schenck heißt der Schauspieler, der ihn gab. — Die Nachtwandelszene ließ ich ohne allen Accent, und scharfes Einschneiden der Rede, was sonst üblich ist, sondern nur so leise tonlos hinflüsternd sprechen.

Zunächst habe ich von großen Sachen: Hamlet, Stella, Minna v. Barnhelm, Schule der Alten, vor mir. Von ganz ungangbaren Werken, deren Darstellung ich in diesem Winter versuchen will, nenne ich Ihnen den Blaubart, König Johann, Richter von Zalamea, Coriolan, Alexis. Mein Repertoir ist wunderbar componirt, ich suche mir durch Auftischung des Gewöhnlichen Raum und Vergunst für meine Lieblinge zu gewinnen.

Die Gesellschaft ist gut zusammengesetzt. Mehrere hübsche, frische Talente, kein einziges exorbitantes Genie, kein einziger Dummkopf. Noch zeigen sie Lust an dem Neuen, was ich mit ihnen, und durch sie versuche.

Aber alles dieses kann, wie man die Hand umdreht, sich ändern. Ich bin daher auch jetzt bei gutem Fahrwasser und Winde schon auf Schiffbruch gefaßt.

Mögen diese Zeilen Sie gesund und heiter treffen! Ihrem ganzen Hause mich bestens empfehlend, bin ich unverändert

Ihr
treu ergebener
Immermann.

VIII.

Den 23ten April 1835.

Wie ich Ihnen vor einigen Tagen schrieb, benutze ich gegenwärtig die Gelegenheit Ihnen noch einiges Nähere über die Aufführung des Alexis durch Hrn. Weymar mitzutheilen, den ich Ihnen zu gütiger Aufnahme bestens empfehle. Er selbst hat sich in der Rolle des Alexis recht gut aus der Sache gezogen, und das Einzelne, was ich noch hin und wieder in der Auffassung vermißte, würde wohl auch kein anderer Darsteller in dieser schwierigen und verwickelten Rolle gleich bey der ersten Aufführung besser als er geleistet haben.

Die beiden Theile wurden, wie die beyliegenden Zettel besagen, an zwei Abenden hinter einander gegeben. Es war eine gewaltige Arbeit, diese 10 Acte in wenigen Wochen in die Scene zu setzen. Die Hauptschwierigkeit, welche sich bey dem Geschäfte zuerst aufthat, war, daß fast alle Rollen sich als Charakter=Rollen zeigten, und eigentlich keine in der hergebrachten Bühnenweise zu spielen war; eine fernere Schwierigkeit lag in dem Laconismus der Expositionen und historischen Töne, so daß die Schauspieler nun wieder gezwungen waren, von ihrer Gewohnheit abzuweichen und diese Dinge mit einer Präcision vorzutragen, welche sie allein für die Zuschauer deutlich machen konnte. Dies waren die wahren Schwierigkeiten, alle übrigen, welche Direction und Intendanzen aus dem Scenischen hervor gesucht haben, ließen sich bey dem ernsten Angriff der Sache nicht entdecken.

Indessen sind auch jene zu überwinden gewesen. Die Darstellung des ersten Theils hatte noch hin und wieder etwas Unsicheres, Unfertiges, Ueberladenes, die Aufgabe war für die Vorstellenden noch zu neu, doch ging alles im Ganzen mit Geist, Kraft und Energie vorwärts. Die meiste dramatische Wirkung entwickelte sich in den Bojaren=Scenen des ersten Aufzugs, in den Scenen des Alexis im zweiten Aufzug, in der für undarstellbar ausgegebenen Schiffscene, in den Bauer=Scenen des 4ten Aufzugs, und in der Schlußscene zwischen Vater und Sohn. Wie ich die Schiffscene arrangirt, wird Ihnen Hr. Weymar noch näher sagen.

Im zweiten Theile war nun alles zu Hause, und diese

Vorstellung rollte mit einer Kraft und Gewalt ab, wie man gewiß selten ein dramatisches Werk produzirt sieht; ich kann sagen, daß ein Jeder darin mit Begeisterung spielte, man mußte diese Vorstellung eine vollendete nennen. Die todte Form, an welcher der lebendige Czar zerbricht, gewann durch charakteristische Darstellung des Tolstoi selbst ein furchtbares Leben.

Die Erscheinung des Gerichts hatte ich so imposant als möglich gemacht, auch hierüber wird Ihnen Hr. Weymar näheres sagen.

Was mir sehr zu statten kam war, daß der Schauspieler, welcher den Czar spielte, ganz in meine Absichten eingegangen war, und wirklich etwas Großes leistete. Der Effect auf die Zuschauer war denn so, daß der erste Theil wie ein Prolog wirkte, sie in Spannung und Aufmerksamkeit erhielt; der zweite Theil aber sie fortriß. In diesem Theile wechselten nur die untrüglichen Zeichen der vollendeten Wirkung ab, nemlich Todtenstille und lebhafter Applaus.

Da ich Ihren Antheil an diesen Sachen kenne, so bin ich so weitläuftig gewesen und fürchte nicht, Sie damit ermüdet zu haben.

Manche trübe Zweifel, welche die Vernachläßigung meiner Arbeiten seitens der sogenannten realen Bühne in mir hervorgebracht hatte, sind durch die Aufführung des Alexis und durch die des Hofer im vorigen Jahre niedergeschlagen worden. Ich weiß nun, daß diese Stücke dem deutschen Theater angehören, und über Kurz oder Lang über dasselbe ihren Gang nehmen müssen, wie sehr man sich auch dagegen sperren mag. (?)

Jetzt bin ich am Blaubart und habe heute die erste Leseprobe davon gehalten, bei welcher Hr. Weymar auch noch zugegen war.

Ich leide an einem Augenübel und muß mich deßhalb

fremder gütiger Hand bedienen, um mich mit Ihnen unterhalten zu können. Das Verdrießlichste bey diesem Umstand ist mir, daß sich dadurch die Aufführung des Blaubarts vielleicht verzögert.

Ihr Freund Löbell ist hier und hat sich vorgenommen, letztere abzuwarten.

Mit treuer Gesinnung der Ihrige.

Immermann.

IX.

Düsseldorf, 4. May 1835.

Ich übersende Ihnen, mein Hochverehrter, den Zettel der gestrigen Aufführung des Blaubart, welche ein sehr erfreuliches Resultat gegeben hat.

Das Erfreulichste war mir, daß das Stück sich wirklich, wie ich beständig geglaubt hatte, als völlig dramatisch=theatralisch bewährt hat. Die sonderbaren maskenartigen Figuren der ersten Szenen beschäftigen und fesseln und bringen bei dem überhaupt für Poesie Empfänglichen sogleich die gehörige Stimmung hervor. Nach und nach tritt der Ernst heran, die Spannung steigert sich gelinde, und wächst bis gegen das Ende zum tragischen Affect, auf welchem Gipfel sich das Werk wieder durch Scherz gelinde beruhigt. Kurz, es sind in diesem freien Gebilde der Phantasie zugleich alle Requisite des materiellen Theaters vorhanden. Das wußte ich freilich längst von diesem, wie von manchem andern Ihrer oder Andrer Werke, allein es ist doch erfreulich, dieses isolirte Wissen nunmehr durch die Praxis bewahrheitet zu sehn. Mein Glaube steht fester als je, daß unsre Bühne nicht verarmt ist, vielmehr auf der Stelle reich dastehn würde, wenn wir nur uns entschließen könnten, die unbenutzten Schätze, welche wir noch haben, hinauf zu fördern.

Die Darstellung war eine gute zu nennen; ich glaube, daß Sie mit derselben nicht unzufrieden gewesen seyn würden. Obgleich Vieles in den Händen größerer Künstler (denn das Stück verlangt bis in die kleinen Rollen hinein eigentlich bedeutende Talente) noch schärfer, origineller, markiger ausgefallen wäre, so kann man doch dreist behaupten, daß der Sinn und Humor keiner einzigen Szene verloren gegangen ist. Selbst bis zu den Handlangern herab war es gelungen, den Geist des Ganzen ihnen beizubringen. Und das Stück zeigte sich so leicht behandelbar, daß ich mit geringen Vorbereitungen dessen mächtig geworden bin. Eine Vorlesung, zwei Lese- und drei Theaterproben genügten, den Blaubart in die Szene zu setzen. In besonders guten Händen waren Agnes, Simon, Winfried, Rathgeber — auch der Blaubart und der Narr waren nicht schlecht. Mechthilden muß ich ebenfalls noch lobend erwähnen. Sublim machte sich die Erzählung des Mährchens, die ich tableauartig hatte arrangiren lassen. Im Ganzen ließ ich die Farben dreist und keck auftragen, auch was Costum, Maske, Apparat u. s. w. betrifft.

Da wir beide den schändlichen Zustand unsres heutigen Theaterpublicums kennen, so werden Sie sich nicht wundern, wenn ich Ihnen sage, daß ich mit stiller Resignation ins Theater ging, auf eine völlige Niederlage gefaßt, wobei indeßen, wie jener französische König sagte, die Ehre nicht verloren gegangen wäre. Nun war aber der Erfolg ein ganz andrer, angenehmerer. Von vorn herein herrschte die größte Aufmerksamkeit im ganz gefüllten Hause (NB. beim schönsten Maiwetter). Alles Lustige, Humoristische wurde belacht, die tiefsinnigen Unterhandlungen zwischen Simon und dem Arzt, diesem und dem Blaubart erregten die größte Lust, tiefe Stille bei den tragischen Szenen, häufiger Applaus, endliches Hervorrufen von Agnes und dem Blaubart — kurz, alle Zeichen eines vollständigen Erfolgs. Ich habe nach diesem Abende die Hoffnung, den Blaubart förmlich dem currenten Repertoir einverleiben zu können. Das ist sehr wenig und sehr viel, wie man es nimmt.

Aus dem Zettel ersehen Sie, daß ich Abänderungen und Einrichtungen vorgenommen habe. Sie trauen mir den lächerlichen Dünkel nicht zu, Sie verbessern zu wollen, allein man muß durchaus, will man bei gewagten Sachen noch einige Chancen des Gelingens für sich behalten, sich gegenwärtig zu Manchem verstehn.

So ist es mir ein Erfahrungssatz geworden, daß bei solchen Productionen, je weniger Zwischen-Acte sind, desto mehr noch an einen Erfolg zu denken ist. Die poetische Stimmung verfliegt bei der barbarischen Menge den Augenblick wieder, wenn sie nicht möglichst condensirt zusammengehalten wird. Mit der Zusammendrängung der Stella in 3 Acte war es mir schon gut gelungen, und nun ist dieselbe Operation, wie ich glaube, auch dem Blaubart zu Statten gekommen. Ich habe aus Act 1 und 2 den Ersten aus Act 3 und 4 den zweiten Act gemacht, und der 5te Act ist der dritte geworden.

Manches habe ich gekürzt. Dann war es für das Theater durchaus nothwendig, die secundaire Handlung (Morloff, Reinhold, Brigitte, Leopold) völlig zum Abschluß zu bringen, bevor die tragische Katastrophe der Haupthandlung eintrat, weil das Eintreten der zweiten Handlung, nachdem die Haupthandlung zum Ende gediehen ist, für unser nicht mit einem Male von dem Gelüste nach starken Effecten abzubringendes Publikum eine longueur gewesen wäre, welche vielleicht den ganzen Schluß umgeworfen hätte. Ich ließ also schon im finstern Wald den alten Morloff seine Tochter wiederfinden, ihr vergeben, und diese ganze Gruppe nur zum Schluß mit einigen auf Agnes bezüglichen Worten wieder eintreten.

Die Szenerie Ihres Werks zum Schluß hätte eine bedeutende tragische Handlung auf einen engen Raum zwischen

Podium und Soffiten ängstlich zusammengepreßt, welches, wenigstens auf unsrer kleinen Bühne, die ganze Wirkung vernichtet haben würde. Ich nahm also das ganze Theater zum Altan, ließ hinten das Podium aufnehmen, Luft und vorragende Gebirgsspitzen hinhängen, um die Höhe zu versinnlichen, und Alles von unten und hinten auf den Altan kommen.

Winfried schloß das Ganze mit einer gereimten Captatio benevolentiae an die Zuschauer.

Wenn es Sie interessirt, will ich das Buch, wornach hier gespielt worden ist, übersenden.

Das Liebste wäre mir nun, wenn Ihnen diese Sache auch einige Freude machte. Ist dieß der Fall, so würde ich Sie bitten, Ihre Abneigung gegen das Schreiben zu überwinden, und mir einige Zeilen zu senden, die ich meinen Schauspielern mittheilen könnte. Das Wort des Dichters würde sie außerordentlich erfreun, und es ist wohl gewissermaßen jetzt nöthig, wenn diese verkommenen Menschen einmal sich zum Ungewöhnlichen aufraffen, das Edlere in ihnen auf jede Weise zu bestärken.

Mit herzlicher Gesinnung

der Ihrige.

Immermann.

N. S. Eine im Gebäude verirrte Katze erschien munter hin und herspringend in mehreren Szenen auf der Bühne, als wollte sie an der Handlung Theil nehmen. Wenn man Ihrer Neigung zu dieser Thierart sich erinnert, so hat das Ereigniß wirklich etwas Mystisches. Dieser ungestiefelte Kater störte übrigens nicht, da er nur in lustigen Szenen kam und von Winfried sogleich zu einigen Lazzi verbraucht wurde. Mehrere Zuschauer haben wirklich geglaubt, die Katze gehöre zum Stück.

X.

Ludwig Tieck an Immermann.

Dresden, d. 10ten Mai 1835.

Mein theurer, geehrter Freund!

Wie unendlich tief bin ich nun schon in Ihre Schuld gerathen und wie viel glühende Kohlen haben Sie auf mein Haupt gesammelt. Statt zu klagen und Ihre Verzeihung zu erbitten, will ich, so gut ich kann, nach der Ordnung die Punkte berühren, auf welche ich Ihnen Antwort schuldig geblieben bin. Sie erhalten dieses Blatt durch einen wackern, von mir sehr hochgeschätzten Schauspieler, Herrn P., der sich auch Ihrer Bekanntschaft erfreut. Ich glaube, dieser Mann hat, seitdem Sie ihn gesehn haben, noch bedeutende Fortschritte gemacht; er hat hier mit vielem Glück die beiden Cromwells von Raupach und dessen Friedrich II. und seinen Sohn (er Friedrich) gegeben. Das Publikum hier bezeigt ihm so, wie ich, die Hochachtung, die er verdient.

Wie habe ich auf Sie vorigen Sommer in Baaden gewartet! da Sie mir Ihre Ankunft eigentlich mit Gewißheit versprochen hatten! Ich weiß nicht einmal mit Gewißheit, ob Sie bis Frankfurt gekommen sind, und den Brief erhalten haben, den ich Ihnen dorthin schrieb. Es wäre so schön gewesen, wenn wir uns dort im grünen Laube in dieser so aufthauenden Sonnenhitze gesprochen hätten. Es lebt sich anders dort, als in einer Stadt, und Spatziergänge, Natur, alles hätte uns wohl noch näher gebracht. Nachher ängstete ich mich, Sie möchten doch noch nach meiner Abreise hingekommen sein, denn die Krankheit meiner Frau zwang mich, viel früher abzureisen, als ich sonst wohl gethan hätte. Diese fand ich hier sehr bedenklich und im Winter fast sterbend. Die

Wassersucht macht stets wiederkehrende Operationen nöthig, und die zweite, die noch im Herbst erfolgte, brachte sie dem Tode ganz nahe. Seitdem hat sie sich, obgleich diese Operationen wiederholt werden, auf eine fast wunderbare Art gebessert: ihre Kräfte, die schon ganz geschwunden waren, stellen sich wieder her, und sie ist jetzt eine bessere Fußgängerin als ich, so daß sie wenigstens, wenn auch immer leidend, noch auf einige Lebensjahre rechnen kann.

Den Dank für die 4 Bände Ihrer gesammelten Werke bin ich Ihnen auch noch schuldig, herzlich gebe ich ihn, wenn auch spät. Mein Freund, immer wieder habe ich Ihren Alexis gelesen, und oft auch Hoch und Niedrig, Vornehm und Gering, Dumm und Klug vorgelesen, und er hat immer allen Menschen und allen Temperamenten auf wunderbare Weise gefallen, die meisten hingerissen und erschüttert. Das Werk bleibt mir immer neu und wird mir mit jeder wiederholten Lesung lieber. Mir däucht, das ist die beste Kritik, sowie der ächte Prüfstein. Diese politische Weisheit in Anlage und Durchführung, diese feine, eble Ironie, die von diesem Standpunkte aus so wehmüthige Blicke mit Recht auf alles menschliche Treiben wirft, diese Doppelheit der Charaktere, alles begeistert mich, und ich gestehe Ihnen wieder, daß diese beiden Stücke mir unter Ihren dramatischen Arbeiten die liebsten sind. Mit großer Freude habe ich es nun erlebt, daß diese großartigen Gemälde unter Ihren Augen und nach Ihrer Anordnung sind dargestellt worden. Herr Weymar, der hier mit ganz ungewöhnlichem Glück Gastrollen gespielt hat, hat mir alles recht weitläufig erzählen müssen. Ich hoffe, von Ihrer Bühne aus betreten diese kräftigen Tableaux auch die übrigen Theater. Hier und auch vielleicht anderswo ist eine zu gereizte Zartheit für Rußland eine Hemmung und peinliche Rücksicht: ich hoffe, aber kein Hinderniß.

Wie oft habe ich Ihr bezauberndes Tulifäntchen wieder

in größern und kleinern Gesellschaften vorlesen müssen! Diese
neckische Schaltheit und bunt geflügelte, leichte Poesie scheint
sonst außer Ihrem weit verbreiteten Reiche zu liegen. Von
Russen zu Elfen ist ein weiter Sprung! Nur das Tüpfchen
auf dem J. wünschte ich fort und etwas anderes an die Stelle;
sonst dünken mich alle die Aenderungen Verbesserungen; hier
haben Sie verschmäht, etwas anderes einzuführen. Ich kann
Ihnen nicht ausdrücken, welchen Widerwillen es mir erregte,
daß der Heine Sie so lobt und preiset! Die Schriften dieses
Zigeuners kenne ich erst, d. h. seine späteren, seit vorigem
Sommer. So bin ich immer hinter meinem Jahrhundert
zurück.

Was Sie mir über Macbeth schreiben, hat mich interessirt
und gefreut. Wie viel hat Ihre Energie und Einsicht schon
in kurzer Zeit geleistet. Im Wesentlichen bin ich gewiß mit Ihrer
Einrichtung der Bühne einverstanden. Was könnte geschehen,
wenn man allenthalben den guten Willen hätte, und die
Herrn Comödianten trotz des ewigen Kunstgeschwätzes ihre
eigne kleine Person nicht weit höher als Shakespear und Göthe
schätzten; von Garrick und Schröder kann bei diesen verwöhn=
ten Eitelkeiten schon gar keine Rede sein. Nur daß Sie bei
dem schwachen Text von Schiller haben Hülfe suchen müssen,
thut mir leid. Wenn Sie einmal Zeit haben und vergleichen,
werden Sie finden, daß dort (ganz nach Eschenburg gearbeitet)
der Sinn in den größten Momenten und bedeutendsten Stel=
len ein ganz anderer ist; Sie werden finden, daß ich auch von
den Engländern in der Erklärung großer Poesie=Worte ab=
weiche. Auch haben wir uns bemüht, die Verse selbst sprach=
fähig zu machen: sie klingen, wo es sein muß, rund und voll.

———

Nach so manchen Anmahnungen und Geschenken von
Ihrer Seite erhalte ich nun auch noch zu meiner Beschämung

die Nachricht von dem glücklich durchgebrachten Blaubart. (Nicht durchgebracht im sprichwörtlichen: durch die Gurgel gejagt.) Mich rührt es, daß Sie Ihren Fleiß auch dieser meiner Jugend-Produktion zugewendet haben. Nur Ihrem Enthusiasmus, welcher wohl die Spielenden auch entzündet hat, konnte es gelingen.

Vor vielen Jahren wollten Wolff und Devrient in Berlin auch schon den Versuch mit diesem Mährchen machen: Wolff, glaube ich, hatte sich den Simon zugedacht und Devrient sich den Narren und den Arzt, Lemm sollte den Blaubart spielen. Die Rollen waren schon ausgetheilt und die Leseprobe gehalten, als irgend etwas die Sache hemmte und die Lust zum Wagstück wieder dämpfte. Um so mehr Ehre mir, und Dank Ihnen, daß Sie es nach so vielen Jahren möglich gemacht haben. Ich bin ganz mit Ihnen einverstanden, daß man so vieldeutige poetische Produkte, die, wie die Forellen, nur im stets erschütterten Wasser am Leben bleiben, mit so wenigen Unterbrechungen als möglich geben muß. Aus dieser Ursach habe ich auch hier den Kaufmann von Venedig nur in drei Acten geben lassen. Ich kann Ihre Aenderungen mit dem Mährchen und alle Einrichtungen nur billigen. Der Kater hat meinen ganzen Beifall. Er ist klug, daß er die Stiefel nicht anzog, und sich doch, da er diese bereitwillige Gutmüthigkeit von Direktion, Schauspielern und Publikum sah, so früh meldete, um anzudeuten, wie er wünsche, daß man auch ihm sein Recht widerfahren lassen möge: denn auf einer solchen Bühne mag auch wohl diese parodirende lustige Katze scherzend hinüber laufen; ich glaube nicht, daß ihre Späße schon veraltet sind, und als ich sie damals niederschrieb, hatte ich recht eigentlich das wirkliche Theater im Sinn. Nur muß die Anordnung, das Praktikable, das spielende Publikum 2c. auch spashaft und parodirend genommen und eingerichtet werden. Wie denn dies wahrscheinlich auch bei Aristofanes geschah, und nicht mit steifem Ernst.

Und so sage ich auch allen den Damen und Herren, die Ihren Wunsch und meine Phantasieen mit so großer Anstrengung verwirklicht haben, meinen herzlichen Dank. Denn daß es eine große Anstrengung ist, sich einmal so ganz vom Hergebrachten entfernen zu müssen, weiß ich. Hier reicht beim Phantastischen und Seltsam-Humoristischen, bei dieser Mischung von Ernst und Scherz das Angelernte und der gute Wille nicht aus; der Schauspieler muß die Linien und Zirkel überspringen können, in welchen er sich sonst mit Beifall bewegte, und diesen selbst mit Großmuth und Aufopferung auf's Spiel setzen, um ein Ungewisses, Zweifelhaftes zu gewinnen. Sehr vergegenwärtigen konnte ich mir die Art und Weise, so ziemlich das ganze Spiel der Dlle. Lauber (jetzt Madam W.), da ich hier in Dresden ihr schönes Talent, ihre persönliche Liebenswürdigkeit und ihren gebildeten Verstand habe kennen lernen. Ich hoffe, sie erinnert sich meiner ebenfalls noch und auch, wie sehr ich damals ihre Vorzüge anerkannt und auch laut ausgesprochen habe. Auch den Blaubart (Herrn Reußner) kann ich mir ziemlich deutlich vorstellen, da ich das Vergnügen hatte ihn im vorigen Jahr oft in Baaden zu sehn. Das Tückisch-Freundliche, Auffahrende und Seltsam-Burleske der Hauptperson wird ihm gewiß in vorzüglichem Grade gelungen sein. Ich kann mich nicht erinnern, ob ich schon sonst einer der Damen oder einem Ihrer Schauspieler auf meinen Wanderungen durch die Theater begegnet bin. Sehr wäre ich begierig gewesen, zu sehn, wie der alte Hans und sein Caspar ihre sonderbaren Scenen durchgeführt haben: daß es dem Publikum nicht zu lang geworden ist, beweiset, daß sie gut gespielt haben. Sie sagen mir, mein Freund, daß Mechthilde ihr Mährchen vortrefflich erzählt habe; das hat mich sehr gefreut, denn diese fremde Erzählung, während welcher die Handlung eine bedeutende Weile stille steht, habe ich immer gerade für die allergrößte Schwierigkeit in der Aufführung gehalten. Sehr begierig wäre ich auch, eine Anschauung zu erhalten, wie der Narr und der Rathgeber ihre sonderbare und sehr schwierige Aufgabe gelöst haben. Auch Heymon und Conrad Wallenrod, obgleich nur Introduction, wollen, sowie der Arzt, mit Kunst und eigenthümlichem Humor gespielt sein. Bei einem so kapriciösen Gedicht kommt auch das Tempo sehr in Betracht, was hervorgehoben und gleichsam in den Vordergrund des Gemäldes tritt, stark gefärbt, accentuirt, oder was in den Mittel= oder gar den Hintergrund gestellt und abgeschwächt, verblasen, fast verschwiegen wird. Ist dies ebenfalls gelungen, wie ich glauben muß, so hat diese Gesell=schaft bei Ihnen in Düsseldorf wohl Ursache, das Haupt eini=germaßen empor zu heben, denn ich weiß nicht, ob dies eben allenthalben gelingt. Das war eben einer der größten Fehler des ehemaligen Theaters in Weimar, daß im Wallenstein, Maria Stuart u. s. w., alles auf einer Linie stand: ohne jene dramatische Perspective, die errathen läßt, beruhigt, zer=streut, um die größten nothwendigsten Effecte unendlich kräf=tiger und greller herauszustoßen. Etwas, worauf schon manche neue Dichter zu wenig achten, wo der Vorhang, welcher fällt, die Pause des Zwischenactes eine zu große Rolle spielt, und die Gedichte selbst jene zerstreuenden Ruhepunkte zu wenig haben, die ich hier und da im Blaubart habe anbringen wollen.

Geliebter Freund! theilen Sie einiges aus diesem Blatt oder das ganze Blatt ihren Schauspielern, die sich so redlich bemüht haben, mit, und vielleicht habe ich dadurch zum Theil Ihrem Wunsch genügt. Aber glauben Sie mir, die allgemein

Anerkannten dieser Profession, die Bewunderten sind heut zu
Tage die unerträglichsten, an welchen Hopfen und Malz ver=
loren ist. Sagen Sie einem dieser: er sei mehr als Garrick,
Schröder, Talma, Baron, Fleck ꝛc. — er dankt mit Kopfnicken
und meint, das verstehe sich von selbst; ersuchen Sie denselben,
er möge das Knie weniger krümmen, oder den Federhut in
die linke, statt in die rechte Hand nehmen, so ist er Ihr unver=
söhnlicher Feind. Die minder großen nehmen noch Lehre an.

Nun noch eine Bitte.

Unser hiesiger sehr braver Schauspieler und Regisseur
Dittmarsch wünscht, daß seine junge Tochter etwas lerne, was
sie kann, wenn sie unter verständiger Aufsicht und ächter Kri=
tik viel spielt. Da hat er sein Auge auf Sie, theuerster Freund,
geworfen, und ersucht mich, Ihnen dies muntre, gutgeartete
Kind zu empfehlen. Sie hat hier, nicht ohne Beifall, naive
Bauernmädchen z. B. **Rosine in Jurist und Bauer** ge=
spielt und noch mehr muntre Rollen. Das Neckische, Possier=
liche, Gutmüthige, Heitre und ganz Natürliche des Lustspieles
scheint ihr Talent; aber sie kommt hier zu nichts, weil die
Concurrenz bei unsrer Bühne zu groß ist. Viele Rollen dieser Art
hat die Devrient hier, und will sie nicht abgeben, weil sie darin
noch immer gefällt; nun ist die Bauer engagirt, eine Virtuosin
in diesem Genre: die Berg, die Herold sind noch hier, noch
einige aufkeimende, alles will spielen, viele haben ältere An=
sprüche und da ist das arme liebe Kind fast ohne Beschäftigung.
Ich, und der Vater mit mir, glaubten, daß unter Ihrer Lei=
tung das Mädchen wohl etwas Vorzügliches leisten könnte,
wenn sie nur recht viel beschäftigt würde. Können Sie sie
irgend brauchen, so schlagen Sie meine Bitte und Empfehlung
nicht ab: die Geldforderung würde auf keinen Fall bedeutend
sein. Herr P. wird Ihnen das Nähere sagen.

Herr Dittmarsch, der Vater, hat nicht das Talent, die Tugend und das Laster der meisten Regisseure, daß er seiner Tochter, wie er oft beim Intendanten könnte, Rollen erschliche oder erbäte; er ist zu ehrlich und verlangt, man soll ihm entgegenkommen. Da er so schweigsam ist, geschieht dies zu wenig, und wir nehmen Sie also in Anspruch, geehrter Freund!

Wie viel hätte ich noch zu sagen; ich muß endigen. Kommen Sie, setzen Sie die Ausgabe Ihrer Werke fort, bewahren Sie mir Ihre Liebe, so wie ich bin und bleibe

Ihr
wahrer aufrichtiger Freund
L. Tieck.

XI.

Düsseldorf, 13. April 1836.

Ich weiß nicht, mein hochverehrter Freund, wie ich mein langes Schweigen auf Ihre werthe Mittheilung, die ich im vorigen Frühjahre von Ihnen empfing, rechtfertigen soll, wenn Sie nicht die Entschuldigung wollen gelten lassen, daß ich das ganze Jahr hindurch in angestrengter literarischer Arbeit steckte, außerdem aber noch von dem Theaterwesen oder vielmehr — unwesen occupirt war. Dieses allein kann, wie Sie aus Erfahrung wissen, einen sonst mittheilsamen Menschen um alle Lust und Fähigkeit zu reden oder zu schreiben bringen.

Zuvörderst danke ich Ihnen auf das verbindlichste für den Rückschub des Desertours J...., woran Ihre Güte und Gefälligkeit gewiß Antheil hat. Vorigen Sonntag ist er, Kummer im Herzen und den Trotz Cains auf der Stirn, hier wieder einpassirt. Dieser Mensch kam hieher und konnte nichts spielen als den Barbierer Schelle; unablässige Mühe, die ich mir mit ihm gab, brachte es endlich dahin, daß er in Calderon und Shakespeare producirt werden konnte, und noch zuletzt einen recht hübschen Mercutio lieferte, und als ich ihn soweit hatte, lief er zum Dante dafür weg. Ihnen hat er, wie er mir vorrenommirte, viel von meiner Strenge und Härte gesagt. Streng und hart nennen sie Einen, wenn man darauf hält, daß sie wie Menschen reden, stehn und gehn sollen, und daß sie den Dichter nicht zu Fetzen zerreißen. Dieses Geschlecht will aber immer auf dem Seile tanzen, ehe es noch zu ebner Erde sich grade halten kann. Die Elemente der Kunst sind vergessen, das ist das Haupt= und Grundübel; die Schüler meinen, bei dem beginnen zu können, womit der Meister aufhört. — Wie oft summen mir Ihre warnenden Worte, die Sie mir vor zwei Jahren schrieben, in den Ohren! So viel auch in Romanen, Novellen und Dramaturgieen über Schauspieler beigebracht worden ist, so hat doch noch Niemand das eigenthümliche Larven= und Maskenartige dieser Zunft darzustellen gewußt. Goethe kommt der Sache einigermaßen nahe, wenn er sagt, daß Serlo, je versteckter und künstlicher er im Leben geworden, desto mehr Natur und Wahrheit auf den Brettern gewonnen habe.

Hiebei lege ich Ihnen denn eine Arbeit vieler Jahre, die Epigonen, vor. Sie entsprang aus einem kleinen Keime, wuchs aber mir selbst zum Erstaunen unter den Händen und lebte gewißermaßen mein Leben mit. Früh fühlte ich mich mit der Zeit und Welt in einem gewißen Widerspruche, oft übertam mich eine große Angst über die Doppelnatur unsrer Zustände, die Zweideutigkeit aller gegenwärtigen Verhältniße, in diesem Werke legte ich denn Alles nieder, was ich mir selbst zur Lösung des Räthsels vorsagte. Dieß ist die Genesis desselben, die freilich Viele den leichten Geschichten nicht ansehn werden. Ein Urtheil habe ich nicht darüber; möge mir es so gut werden, daß ich zu seiner Zeit einmal von Ihnen vernehme, wie es auf Sie gewirkt hat. Blicke ich in das Publikum, so kann ich nur zweifeln und zagen. Die Rahels und Bettinen und absterbenden Stieglitze sind nebst einigen Jun=

genS Deutschland, Atheismus und aufgewärmtem Baron Holbach wohl die einzige mundende Kost der Gegenwart.

Ihre Novelle habe ich im vorigen Herbste mit großem Antheil gelesen. Ich fand, daß sie mehr in den Gesetzen der Gattung sich bewegte, als manche andre Ihrer letzten Dichtungen dieser Art. Der Witz und die Lehre, überhaupt die Idee des Ganzen steckt ganz in der Handlung und in den Situationen, und das ist mir nun einmal cardo rei bei der Novelle. In dieser Beziehung haben Sie wirklich etwas Außerordentliches darin geleistet, auch finde ich bei der Anlage, die sie ihr gaben, durchaus nichts Hartes und Grelles in den Verknüpfungen und Katastrophen. Aber freilich — sagt Zettel — einen Löwen — Gott behüt' uns — unter Damen zu bringen, ist eine gräuliche Geschichte! —

Wie ist es denn mit den Cevennen? Haben wir nun wirklich Aussicht dazu?

Im verwichnen Winter habe ich hier Calderons Richter von Zalamea in die Szene gehn lassen. Ich erinnere mich, bei Malsburg gelesen zu haben, daß Sie das Stück — welches auch wirklich etwas ganz Besondres, eine Art Spanischer Iffland ist — vorzüglich interessirt, und so wird Ihnen diese Nachricht auch nicht ohne Interesse seyn. Meine Bearbeitung theilte das Stück in 4 Acte, mancher Luxus war hinweggeschnitten, auch fehlte der närrische Junker und sein Diener, welche zu ihrem Nachtheil an Don Quixote und Sancho erinnern, und heut zu Tage wohl nicht mehr populair gemacht werden können. So eingerichtet, kräftig und präcis gegeben, that es seine volle Wirkung; das atroce Verbrechen des letzten Acts choquirte auch weniger, als ich selbst gedacht hatte, weil das Verletzende vor der Tragik und Delicatesse der Behandlung verschwand. — Auch Terenzens Brüder wurden einmal hier wieder auferweckt. An solchen und ähnlichen Abenden kann man denn sich einbilden, man verzettle seine Zeit nicht unverantwortlich mit der Bühne, was Einem sonst nur zu oft in den Sinn kommt.

Ich wünsche nun nichts sehnlicher, als daß mir Muth und Stimmung kommen möge, den Blaubart noch in dieser Saison wieder anzufassen. Die gehören freilich zu solchem Unternehmen. Wenn er gegeben wird, erhalten Sie von mir Nachricht.

Herr v. Uechtritz, mit dem ich mich nach einigen Mißverständnissen, welche uns eine Zeit lang von einander hielten, wieder sehr gut und freundlich zusammengefunden habe, ist mit den Vorbereitungen zu einer großen Novelle beschäftigt. Sie soll die ersten Zeiten der Reformation und deren Wirkungen in Italien darstellen, und er ist zu der Arbeit wohl durch Rankes Buch angeregt worden. Er wird Sie im Herbst besuchen. Wie gern nähme ich denselben Weg, doch werde ich wohl hier hausen bleiben müssen.

Ihrem ganzen Hause mich angelegentlichst empfehlend, bin ich mit unwandelbarer Gesinnung

der Ihrige
Immermann.

XII.

Düsseldorf, d. 8. August 1836.

Der anliegenden Einladung der Gräfin Ahlefeldt für Sie, mein theurer Gönner und Freund, und Gräfin Finkenstein, bei ihr zu wohnen, kann ich meinerseits nur den Wunsch hinzufügen, daß Sie das freundlich gemeinte Erbieten annehmen mögen. Ich freue mich sehr auf Ihr Hierseyn, und um so mehr, wenn mir in der Stille und Ruhe eines Privathauses die Gelegenheit wird, recht ungestört mit Ihnen mich auszusprechen. Schlagen Sie also gütig ein.

Wenn es Ihnen möglich ist, so wäre es sehr gut, Sie kämen etwas früher, als Sie sich vielleicht ursprünglich vorgesetzt haben, und träfen spätestens am 20. d. M. hier ein. Die Gemälde-Ausstellung wird kaum bis zum 24. oder 25. dauern, mehrere Künstler verlaßen den Ort gegen Ende August, um ihre Herbstreisen zu machen, auch Uechtritz und Schnaase wollen fort, der Eine nach Berlin, der Andre nach München. So wäre es leicht möglich, daß Sie das leere Nest fänden, wenn Sie erst in den letzten Tagen des August hier einträfen. Ueberhaupt müssen die Ressourcen unsres kleinen Orts beisammen seyn, wenn Sie sich hier unterhalten sollen. Kommen Sie aber bis zum 20ten, so kann Alles recht hübsch werden. Sie haben wohl die Güte, mir vorher noch einmal zu schreiben, und den Tag Ihrer Ankunft zu bestimmen?

Den jungen Tischlermeister habe ich gelesen, und mich sehr daran erfreut. Man fühlt, daß darin ein Stück Ihrer glücklichsten Jugend aufbehalten ist, es ist Manches so frisch, wie in den Mährchen des Phantasus. Zugleich ist die Idee, daß der Mensch, um zur Reife der Männlichkeit und der häuslichen Verhältniße zu gelangen, erst noch manche vorbehaltne Jugendsünde und Jugend-Thorheit nachgenießen muß, sehr schön und wahr durchgeführt. Als ich das erste Fragment von Ihnen in Dresden vorlesen hörte, meinte ich, der Baron werde dem jungen Meister in seinem Hause bei der Frau allerhand Leid verursachen, oder zu verursachen suchen, und war einigermaßen überrascht, als der zweite Theil hiervon nichts besagte. Außerordentlich glücklich und fein ist die ganze Führung des Theater-Abenteuers. Ja, dieß ist wirklich die Geschichte aller Theater in Deutschland, oder des deutschen Theaters überhaupt. Erst mißverstandne Versuche vor Puppen und Perücken, dann ein glücklicher Moment, wo Zufall, Begeistrung, Laune und Empfänglichkeit einander die Hände reichen, und gleich darauf der jähe Fall in einen wüsten Spek-

takel von Crethi und Plethi. Unsre hiesige Bühne steht auch
schon hart an der Grenze dieses letzten Stadii, der Einfluß des
Pöbels auf das deutsche Theater ist einmal nicht abzuwehren,
und ich werde binnen Kurzem nur eben noch für meine Per-
son im Stande seyn, mich von der Sache abzuthun, bevor
Hinz und Kunz ihr liebliches Wesen treiben auf den Brettern,
die wenigstens mir meine Welt nicht bedeuten, wie sie sind.

Was Sie mir über die Epigonen sagen, hat mich sehr
erfreut, da es mir beweist, daß die Production doch einen spe-
zifischen Eindruck auf Sie gemacht hat, der bei jeder Arbeit
immer das Hauptsächlichste ist. Daß gerade über eine solche,
wie die Epigonen sind, die Meinungen besonders Anfangs
differiren, liegt in der Natur der Sache, und so muß ich Ihnen
gestehn, daß mir selbst die Eigenschaften, welche Sie hervor-
heben, nicht so einleuchten wollten als das Charakteristische
des Werks. Doch hierüber vielleicht mündlich, wenn Sie Lust
haben, mit mir über das Buch zu sprechen.

Wegen Schlegels glaube ich doch ein ganz reines Gewißen
zu haben. Solche Scherze sind ja von jeher in der Literatur
erlaubt gewesen; blickt aus ihnen keine traurige und feindselige
Absicht, schwirren sie, wie hier, rasch ohne lastendes Gewicht
vorüber, so kann man dem Urheber wohl nicht den Willen
beimeßen, das Große und Gute einer Persönlichkeit zu verun-
glimpfen, von welchem Willen wenigstens meine Seele, wie
ich versichern kann, sehr fern war. Ich empfinde dankbar, was
ich mit allen übrigen Deutschen Schlegeln schuldig geworden
bin. — Wäre das angefochtne Capitel ohne rechten Grund
willkührlich geschrieben worden, so stände die Sache wieder
anders. Allein in einem Buche von universeller Tendenz wie
die Ep. mußten nothwendig an einem Punkte die Figuren der
deutschen Gelehrtenwelt repräsentirt werden, und es hätte
ohne jene Gestalt eine bedeutende Nüance in dem Tableau
gefehlt, so daß ich daher nicht nur sage, sondern auch davon

überzeugt bin, daß dieß, wie es zu stehen gekommen ist, mit Nothwendigkeit aus der Oeconomie des Ganzen hervorging[1]).

Die Schlegels haben zu ihrer Zeit Niemand geschont; ihre Scherze ergingen sich frei an Voß, Niebuhr und Schiller, die doch gewiß auch ihre bedeutenden Verdienste hatten; warum es einem Späteren verargen, wenn eine scherzhafte Nemesis durch ihn redet?

Doch genug hievon. Es lag mir daran, mich bei Ihnen zu rechtfertigen, und das war mit zwei Worten nicht wohl abzuthun. Ich bitte um meine gehorsamste Empfehlung an Frau Gräfin v. Finkenstein, und sehe mit Ungeduld dem Augenblicke entgegen, wo es mir vergönnt seyn wird, in Ihr liebes Antlitz zu schauen. Treuergeben

Ihr
Immermann.

XIII.

Düsseldorf, d. 22. Januar 1837.

Theurer Freund und Gönner!

Erlauben Sie mir, Sie nach langer Pause wieder einmal mit diesen Zeilen zu begrüßen. Wie schmerzlich war es mir, Sie im vorigen Sommer hier nicht sehen zu können, und wie mußte mich dieser Grund des Entbehrens erschrecken und betrüben! Doch alle Nachrichten geben uns die tröstliche Versicherung, daß die Folgen des bösen Falls glücklich überstanden sind, und so habe ich denn auch die freudige Aussicht, daß, was das vorige Jahr versagte, dieses bringen und Sie uns hieher führen wird.

---

[1]) Mit Freude läßt sich aus dieser klugen und befriedigenden Vertheidigung entnehmen, daß Tieck, bei all' seiner Werthschätzung Immermanns, und gerechtfertigten Vorliebe für den jüngeren Freund, die Anhänglichkeit für den älteren treu bewahrt, und dessen Parthei redlich ergriffen hat.

Ich bin um eine Verwendung bei Ihnen angesprochen worden, wozu ich mich auch mit gutem Gewißen verstehen kann. Unsre Bühne geht mit dem 31ten März d. J. aus Mangel fernerer Subsistenzmittel wenigstens vor der Hand ein. Eines ihrer Mitglieder, der Komiker Jencke, wünscht nun auf das lebhafteste, wenn es möglich, in Dresden placirt zu werden, wo er sich namentlich von Ihrer Einwirkung die besten Folgen für seine fernere Ausbildung verspricht. Er hat gehört, daß sein Fach noch immer dort erlediget sei, und es würde ihm daher äußerst lieb seyn, wenn ihn die Intendanz zu Gastrollen im April verstatten wollte. Er glaubt, daß Ihrer freundlichen Vermittlung dieß ein Leichtes seyn werde, zu bewirken, und hat mich gebeten, Ihre Güte in dieser Hinsicht anzurufen.

Ich habe Herrn Jencke seinen Fehltritt vom vorigen Jahre — oder vielmehr seine Fehlfahrt nach Dresden — vergeben, da er sich seit der Zeit tadellos betragen hat, und manche Umstände ihn damals entschuldigten, obgleich ich im Interesse des von mir verwalteten Instituts streng zu verfahren verpflichtet war. Als Komiker kann ich ihn nun wirklich durchaus nur empfehlen. Er besitzt natürliche Laune, charakteristische poetische Auffassungsgabe, weiß seine Rollen vor allem Gemeinen sehr glücklich zu bewahren, und hat das regste Streben, sich noch viel weiter zu bringen, als wo er jetzt steht. Aus der Sphäre des ordinair Komischen, womit sich die gute Deutsche Bühne von Tag zu Tag hinhilft, ist es ihm schon gelungen, einigemale jenes höhere Gebiet der Heiterkeit zu erreichen, worin Sie mit Calderon und Shakespeare walten. Er lieferte mit entschiednem Erfolge den Junker Winfried im Blaubart, den Syrus, Mercutio und noch jüngsthin den Chinto in der Tochter der Luft, so wie den Clarin im wunderthätigen Magus. — Ich lege Ihnen daher sein Gesuch an das Herz und bin überzeugt, daß wenn er zum Spiel kommt, er sich selbst am besten empfehlen wird.

Unsre Bühne lieferte in diesem Winter von bedeutenden Werken, Othello, den wunderthätigen Magus, die Tochter der Luft (den 2ten Theil, mit einem aus dem 1ten Theile entnommenen Vorspiele. Semiramis und Ningas ließ ich von einer Darstellerin geben).

Noch stehen bevor Kleists Schroffensteiner, Iphigenie, Richard der Dritte, Cäsar. Auch mein Alexis wird in nächster Woche wieder an 2 Abenden gegeben werden.

Es ist Schade, daß die Anstalt untergeht. Denn ohne sie oder mich zu überschätzen, kann ich doch sagen, daß sie eine poetische Bühne war, und daß immer neue schwierige Aufgaben alle Kräfte in Spannung erhielten. Was hätte noch Alles hier möglich werden können, wenn sich ein großgesinnter Fürst der Sache angenommen hätte!

Doch das sind Dinge, die in Deutschland sich immer wiederholen. Das Geistige pflegt doch in seinen Nachwirkungen nicht ganz verloren zu seyn; damit muß ich mich trösten.

Mit herzlicher Liebe und Anhänglichkeit
der Ihrige
Immermann.

XIV.

Düsseldorf, 3. August 1837.

Verehrtester Freund und Gönner!

Ich habe heute an Herrn v. Lüttichau das Manuscript eines Trauerspiels mit der Bitte, die Vorstellung auf dortiger Bühne zu veranlassen, abgesendet. Es heißt: Die Opfer des Schweigens, und der Plan dazu entstand vor ungefähr 10 Jahren, seinen rohesten Umrißen nach, aus der Novele 1 des Giornata IV. des Decamerone; der geistige Inhalt ist freilich etwas Anderes geworden und basirt sich auf manche Anschauungen, die ich von den Entfaltungen der Liebe insbesondre bei Frauen gehabt habe.

Es schien mir räthlich zu seyn, nicht vom hergebrachten Geschäftsgang abzuweichen, und deßhalb habe ich das Stück an die eigentliche offizielle Behörde gesendet, Ihnen aber, mein Theuerster, lege ich das Schicksal meiner Dichtung ans Herz, sofern sie Ihre Zufriedenheit erhält. Ich schrieb das Stück in diesem Frühjahr in kurzer Zeit in der Reconvalescenz von einem heftigen Fieber, nachdem ich die Direction der hiesigen Bühne niedergelegt und vermeint hatte, mich für immer theatralisch und dramatisch resignirt zu haben. So wenig halten unsre Stimmungen und Entschlüsse Stich.

Wie sehr bedaure ich, Sie in diesem Jahre nicht zu sehen. Noch immer hatte ich die leise Hoffnung darauf genährt, als Uechtritz, der seit einigen Wochen wieder hier ist, sie mir bestimmt raubte. Wann und wo werden wir doch wohl einander wieder einmal begegnen?

In den letzten Tagen las ich mit großem Erstaunen Ben Johnson und seine Schule. Noch habe ich von diesen höchst sonderbaren und ausgezeichneten Werken keinen Begriff, ja kaum eine klare Vorstellung, da sie von allen mir bis dahin bekannt gewesenen Gattungen des dramatischen Styls abweichen; ich werde mir aber daraus ein eignes Studium machen. Wenn ich der Structur der Massinger'schen Sachen erst recht inne geworden bin, und einsehe, was davon seiner Zeit angehört, und was auch heutigen Augen und Ohren noch verständlich seyn möchte, so werde ich vielleicht eine Bearbeitung vom Herzog von Mailand für die jetzige Bühne machen.

Leben Sie, mein Verehrtester, recht herzlich wohl und erhalten Sie mir auch ferner ein gutes Andenken. Mit der treusten Gesinnung

der Ihrige

Immermann.

XV.

Halle, d. 21. September 1839.

Diese flüchtigen Zeilen, mein hochverehrter Gönner und Freund, werden an Sie aus den Händen Düsseldorfer Freunde — einer Familie von Sybel — gelangen, welche sich sehr beglückt fühlen würden, wenn mein Wort es ihnen vermittelte, sich Ihnen und Ihrem gastlichen Hause nahen zu dürfen, was schon lange ihr inniger Wunsch war. Sie bringen Ihnen meine herzlichsten Grüße, denen ich selbst vermuthlich bald nachfolgen werde. Ich denke nämlich nach meiner Verheirathung, welche am 2ten October seyn wird, mit meiner jungen Frau auf einige Tage nach Dresden zu kommen. Wie ich mich freue, Sie wiederzusehen, kann ich nicht sagen, da ich über Tausend und mehrere Dinge mit Ihnen reden möchte.

Ich habe Ihnen einen gedruckten Brief vor dem Publico geschrieben. Hoffentlich war es Ihnen nicht unlieb. Ich kann sagen, es war eine glückliche Stunde, als ich Ihnen so unumwunden meinen Dank und meine Verehrung öffentlich aussprechen durfte. Baron Friesen, den ich in Leipzig sprach, sagte mir, die letzten Theile des Münchhausen seien Ihnen auch lieb geworden. Das erfreut mich außerordentlich, denn als ich das Buch zu schreiben anfing, hatte ich noch keinen Begriff davon, daß ich so etwas auch machen könnte.

Mit bekannter treuer Anhänglichkeit

Ihr
Immermann.

XVI.

Düsseldorf, den 29. März 1840.

Theuerster Gönner!

Wollte ich Sie quälen, so könnte ich, Ihren drei Nummern entsprechend, sagen

1) 2 Theile Hafner sind verloren gegangen; schießen Sie nun wie Bassanio zu Antonio sagt, noch einen Pfeil desselben Weges, d. h. theilen Sie mir ein zweites vollständiges Exemplar mit, so finden Sie vielleicht das erste wieder;
2) Johnson ist mir auf der Herreise abhanden gekommen;
3) Münchhausen ist vergriffen, der Verleger scheute aber dennoch das Risico einer zweiten Auflage, ich kann daher mit Tom. I. u. II. nicht dienen.

Allein

ad 1. Ich habe nach Hafner in Weimar redlich gesucht, jedoch nichts gefunden. Der Kanzler v. Müller theilte mir nun die Vermuthung mit, der verstorbene Großherzog könne ihn (nämlich Hafner, nicht v. Müller;) vielleicht in eine Soirée zur Heigendorf geschleppt haben und erbot sich, danach zu recherchiren. Ich mußte nun meinen Substituten, den mitgebrachten Theil zur Legitimation da lassen. Gestern habe ich an Hrn. v. Müller geschrieben und ihn gebeten, Ihnen im glücklichen Falle beide Theile, im nichtglücklichen Nichtfindungsfalle aber wenigstens das Depositum zu remittiren.

ad 2. 3. Johnson und Münchhausen erfolgen. Ersterer mit schönstem Danke, letzterer auch mit Dank für gütige Erinnerung.

Ich hätte Ihnen längst geschrieben, allein ich wollte gern mein neues Buch beilegen, welches schon im Herbst herauskommen sollte. Nun ist es noch nicht da. Sobald es erscheint, sende ich es Ihnen. — Obgleich Sie mir nur ein

Paar Zeilen zugewendet haben, so bin ich doch sehr dadurch erfreut worden

Sie sehen, daß Sie mich in die Numeromanie getrieben haben.
}
1) weil es ein Meerwunder ist, daß Sie überhaupt schreiben und man sich über jedes Wunder in einer rationalistischen Zeit freuen soll;
2) weil Sie in einer so allerliebst heitern Stimmung geschrieben zu haben scheinen. —

Das ist hübsch von Ihnen, Sie alter, lieber Herr, bleiben Sie uns fein lange heiter und frisch.

Mir ist es den Winter über wohl ergangen. Ich danke Gott und der Natur, daß ich endlich einfache, solide Verhältnisse habe. Man fühlt sich dadurch erst als Mensch und Bürger, und auch mit den Studien und der Poesie soll es nun, denk' ich, erst recht angehen. Am Tristan wird fleißig geschrieben, der 2te Gesang ist fertig, der 3te wirds in dieser Woche. Ich habe sehr lange daran gesonnen, nun fließt es nur so, Gott gebe, nicht wie Wasser. Ich bin während der Arbeit ganz frei geworden über das Thema. Das conventionell Ritterliche oder Romantische, wie man es nennen will, würde mich geniren und kein Leben unter meiner Hand gewinnen; nun dichte ich ihn mir um in das Menschliche und natürliche Element, und mache mir einen übersprudelnden Liebesjungen zurecht, wie er mutatis mutandis auch allenfalls heut zu Tage noch zur Welt kommen könnte.

Dann machte ich eine Arbeit: Düsseldorfer Anfänge, worin ich eine neue schon abgewichene Jugendperiode unserer hiesigen Zustände zu schildern versuchte. Lesen Sie sie doch, wenn sie Ihnen vorkommt. Sie erscheint in der deutschen Pandora, welche das Literaturcomtoir in Stuttgart herausgiebt. Viel beschäftigte ich mich dabei mit Aristophanes und Platon, den ich noch so gut als gar nicht kannte. So ging denn ein Tag nach dem andern rasch hin. Außerdem brachte ich mit hiesigen Malern und Dilettanten etwas ganz Curioses zu Stande, was aber noch eine Ueberraschung für Sie bleiben soll.

Recht von Herzen dankbar sind wir Ihnen — meine Frau und ich, für die guten Tage geblieben, die wir bei Ihnen verlebt haben. Es ist eine schöne Erinnerung! — Meine Frau denkt mit großer Liebe an Sie und Ihre väterliche Güte, sie empfiehlt sich Ihnen, der Frau Gräfin und Dorotheen angelegentlichst. Ist es Dorotheen lieb, so sagen Sie ihr, daß sie meiner Frau ganzes Herz gewonnen hat, und daß diese oft das größte Verlangen empfindet, mit Ihrer Tochter zusammen zu seyn. — Jetzt sind hier bei mir allerhand kurze Waaren eingerückt, als da sind Wickelbänder, Jäckchen und Mützchen, ich weiß nicht, was die Bescherung bedeuten soll. Von Nechtritz die schönste Empfehlung und die Nachricht, daß er Sie im Herbst besuchen werde. Er schreibt an seinem zweiten Theile und ich höre, daß dieser noch im Sommer herauskommen soll.

Die deutsche Bühne fährt fort, zu jedem Tage ihr Scherflein Unsinn beizusteuern. Otto III. hat begonnen auf seinen Stelzen als großes Meisterwerk die Runde durch Deutschland zu machen, in Berlin geben sie Schwärmereien nach der Mode, worin ein pietistischer Bösewicht durchgehechelt wird, nachdem man einen harmlosen Scherz über den Gegenstand, die Schule der Frommen, den ich vor einigen Jahren schrieb und der sich auf der Bühne ganz gut macht, zurücklegte „weil die Zeitumstände die Darstellung verböten." — Ich bin froh, daß der Theaterteufel mich verlassen hat.

Haben Sie Wilhelm v. Schütz „Maria Stuart" gelesen. Ich hätte nicht geglaubt, daß Ihr alter Freund solche Advocatenstreiche machen könnte. Maria und Bothwell sind ein

Paar platonisch Liebender, bis ganz zuletzt, wo das Dritte, was nach Pater Brey zu jeglichem Sacrament gehört, hinzugekommen ist. Unter Andrem erfährt man auch aus dem Buche, daß Shakespeare's ganze dramatische Laufbahn ein Abfall vom Katholicismus war. Es wäre zu wünschen, daß der Herr uns mehr dergleichen Apostasieen beschert hätte.

Leben Sie wohl, mein theurer Gönner! Ich lasse diesen Brief doch den Büchern vorangehen, damit Sie in einigen Tagen wenigstens Antwort bekommen. Die Bücher schleichen hinterher mit Buchhändler=Gelegenheit. Nochmals Lebewohl und die Bitte, daß Sie lieb behalten mögen

den
   Ihrigen
   Immermann.

XVII.

Düsseldorf, d. 15. Juli 1840.

Hiebei, theurer Freund und Gönner, sende ich Ihnen die Rolle, welche die Ueberraschung enthält, wovon mein letzter Brief redete. Es wird Ihnen, denke ich, Freude machen, daß Ihre gelegentlich geäußerte Idee Thatsache geworden ist, und ich kann meinem gedruckten Texte nur noch privatim hinzufügen, daß er keine gedruckte Lüge ist, vielmehr eher zu wenig als zu viel sagt in Beziehung auf das Factum, daß ein Shakespeare'sches Gedicht auf dem Alt=Englischen Gerüste selbst durch Dilettanten ein Leben und eine drastische Anschaulichkeit gewinnt, die ich nie bei den Aufführungen in unsern Theatern wahrgenommen habe.

Ich hätte Ihnen die Blätter schon weit früher gesendet, allein die erste nur für die Festgenossen abgezogene Auflage war vergriffen und so mußte ich die zweite abwarten, die erst in diesen Tagen erschienen ist.

Wollen Sie mein eingerichtetes Buch kennen lernen, worin alle szenischen Arrangements eingezeichnet sind, so kann ich es Ihnen bei Gelegenheit schicken.

Es wäre gut, wenn über die Thatsache, daß ein Werk Shakespeare's auf „seiner Bühne" dargestellt worden, einmal etwas im größeren Publico verlautete. Wir leben hier in Beziehung auf solche Notizertheilungen im Zustande klösterlichster Abgeschiedenheit. Vielleicht finden Sie selbst einmal Gelegenheit dazu, oder Einer Ihrer vielen hundert literarischen Gäste übernimmt es, davon zu reden.

Wie gern hätte ich von Ihnen gehört die Zeit her! Es ist mir aber nicht so gut geworden. Auch die Anwesenheit der Solger, die hier einen Tag verweilte, hat nicht dazu geführt, denn sie hat mir keine Veranlassung gegeben, mit ihr zusammenzutreffen, warum? Das weiß sie vermuthlich allein, ich wenigstens weiß es nicht. Ganz fabelhaft klingt die Nachricht, daß Sie in tiefster Stille einen Roman in zwei Bänden geschrieben haben, wovon der verehrte Autor trotz achttägigen Zusammenseyns im vorigen Herbste mir kein Wort sagte.

Mein Memorabilien=Buch ist noch immer nicht heraus, doch nun zum künftigen Monat versprochen. Sobald es da ist, werde ich ein Exemplar übersenden.

Der Canzler Müller schrieb mir vor einigen Wochen, Hafner I. sei Ihnen remittirt, diesen wiedergekehrten Sohn drücken Sie also wenigstens an Ihre väterliche Brust, wegen seines Bruders ist nun freilich nichts weiter zu machen.

Von Tristan habe ich eilf Gesänge geschrieben, d. h. den ersten Theil. Der zweite wird neun enthalten und soll nun ungesäumt folgen, denn ich will das Gedicht mir vom Herzen haben. Hoffentlich ist das Ganze gegen Ende des Jahres fertig. Es wird mir bei dieser Arbeit so gut, daß ein Paar Enthusiasten sie ohne alle Kritik von Gesang zu Gesang begleiten, was bei einer Production die fast über *eines* Menschen Kräfte geht, beinahe nothwendig ist.

Sonst lebe ich still und friedlich fort. Ich wollte, es würde mir noch einmal so gut, Sie an meinem Heerde sitzen zu haben. Meine gute Frau empfiehlt sich Ihnen und Ihrem ganzen Hause. Sie sieht ihrem Stündlein in einigen Wochen entgegen, ist hoffnungsvoll, froh und kräftig. Geht Alles gut, so werde ich wohl im Herbst einen Abstecher nach Belgien machen, Brüssel, Gent, Brügge, Antwerpen sehen.

Friedrich Wilhelm IV.! Welche Constellationen, Combinationen und Figuren des Schicksals! Ist Ihnen auch so wunderbar bei diesem Thronwechsel geworden? Gott gebe dem neuen Herrn recht gesunden nüchternen Menschenverstand! Das Andre hat er wohl Alles.

Können Sie mir denn gar keine sichere Notiz über die Gestalt (d. h. die Architektonik des Gerüstes) der ältern Spanischen Bühne nachweisen? Ich brauche sie so nöthig. Meine freundlichste Empfehlung allen Ihren Angehörigen, und behalten Sie lieb

Ihren
Immermann.

Auf der Adresse: Hiebei eine Rolle in grauer Leinwand Sign. H. T. à Dresden enthaltend einen Kupferstich.

Immermann, Marianne.

Der letzte Brief Immermanns an Tieck ist einige Wochen vor seinem unerwartet raschen Tode geschrieben; am 15. Juli hatte er noch einmal mit seinem theuren Meister und Freund vertraulich aus der Ferne geplaudert, — am 26. Aug. lag er auf der Bahre. An diese seine letzte Zuschrift schließt sich, obgleich beinah ein Jahr dazwischen, doch recht unmittelbar die erste der zurückgebliebenen Wittwe, die einen ganzen Reigen nachfolgender beginnt, jede voll von Geist, Seele, wahrhaft weiblichem Gemüth. Wie Marianne Immermann zu ihrem Verstorbenen steht; wie sie gleichsam nur in ihm, durch ihn, mit ihm fortlebt; wie dies aus jeder Zeile hervortritt — das verklärt seine dichterische und menschliche Bedeutung mit mildem, wohlthuendem Glanze.

Wir haben, obgleich schweren Herzens, das Opfer gebracht, diejenigen Briefe zu beseitigen, die nach irgend einer Seite hin hätten verletzen können; weil sich gedruckt bisweilen kränkend zeigt, was eine edle Frau dem väterlich-vertrauten Freunde offen und rücksichtslos mittheilen durfte, ohne Furcht, ihrer redlichen Gesinnung für andere Freunde treulos zu werden. Doch schon die vier aufgenommenen Episteln thun genugsam dar, welch' eine Lebensgefährtin in dieser Frau der Himmel Tieck's edlem Freunde zugeführt!

I.

Düsseldorf, den 27. April 1841.

Wie oft und seit wie langer Zeit habe ich Ihnen in Gedanken geschrieben, mein theuerer, innig verehrter Freund! Ihr schöner Brief, Ihre liebevoll gütige Aufforderung, und mein eigenes Herz trieben mich zu Ihnen, und doch fehlte mir der Ausdruck, der Ihnen gesagt hätte, was ich empfand, die Kraft von dem Nächstliegenden zu reden, und der Muth bei andern Dingen anzuknüpfen. Es giebt Stimmungen, die sich in Worte nicht fassen lassen, wenn auch das Herz zu brechen droht an der stummen Last, mit der sie es erfüllen, denen man geduldig still halten muß, bis die himmlische Gnade uns mit leiser Hand auch über sie wegführt. Es waren die meinigen in der verflossenen Winterzeit und sie ließen mich lange nicht zu Ihnen kommen. — Vor einiger Zeit war ich nun wirklich im Begriff Ihnen zu schreiben, da vernahm ich Ihr Geschick und wollte nicht mit Worten an Ihren Kummer rühren. Ich weiß zu wohl an meinem eigenen Herzen, wie die treuste Meinung in ihrer Aeußerung oft Mißklänge in den Saiten des

bewegten Inneren hervorbringt, weil unser Gefühl augenblick=
lich nicht mit des Andern Stimmung harmonirt, und wollte
um Alles in der Welt Ihre Betrübniß nicht schärfen. Drum
sag' ich auch heute nichts weiter. Sie wissen, welches schöne
reine Bild Ihre Tochter in meiner Seele gelassen, wissen, wie
meine innige Liebe und Verehrung Ihren Tagen das Schönste
und Heiterste gewünscht hätte, und fühlen, daß der Schmerz,
an dem ich trage, mich jedes andere Leid tiefer mitempfinden
läßt, als es ein vom Kummer unberührtes Herz vermöchte.
Möge des Himmels gnädigster Beistand über Ihnen und
über Ihrem Hause seyn! —

Und nun lassen Sie mich Ihnen danken, mein verehrter
Freund, recht innig und von ganzem Herzen danken für die
Güte, mit der Sie meine Zeilen aufgenommen und erwie=
dert haben, mit der Sie meinen Wünschen entgegengekommen
sind. Sie haben mir eine große Liebe erwiesen, die ich immer
gleich lebhaft anerkennen werde, selbst wenn die nun ein=
getretenen Umstände Ihnen die Erfüllung Ihres gütigen Ver=
sprechens unmöglich machten, wie mich mein Gefühl fast
fürchten läßt. — Ich komme mir recht unbescheiden vor, wenn
ich heute Sie wieder an dasselbe erinnere, und ständen die
Sachen nicht so, daß ich Andern Unrecht thäte, wenn ich meine
Scheu nicht überwände, so würde ich den Muth zu meiner
heutigen Bitte und Anfrage nicht finden. Als Sie mir im
November schrieben, gaben Sie die Hoffnung, daß das Werk
mit Ihren Zusätzen zu Ostern erscheinen könnte. Der Verle=
ger, der Immermann bereits einen Theil des Honorars bezahlt
hatte, trieb zur Herausgabe, und der Druck, der um Weih=
nachten begonnen, ist so weit vollendet, daß ich heute den letz=
ten Gesang „Branyane" nach Leipzig geschickt habe und die
nächste Woche bis auf Ihre Beigaben alles zum Erscheinen
bereit seyn wird. Von allen Seiten fragt man darnach, der
Buchhändler erinnert unaufhörlich, so daß ich gar zu gern von

Ihnen baldmöglichst wüßte, ob Ihr Versprechen Ihnen überhaupt nicht leid ist, und ob es vielleicht möglich wäre, mir vor Ihren Sommerreisen aus der Verlegenheit zu helfen? Es thäte mir und Allen, die sich mit mir über Ihren Vorsatz freuten, unendlich leid, wenn wir das Buch ohne Ihre Ausstattung in's Publikum geben müßten, und es wäre gar schön, wenn Sie den Gedanken, etwas über J.'s Talent und Bestreben hinzuzusetzen, ausführten, doch will ich gewiß nicht unbescheiden dazu drängen, und werde begreiflich finden, wenn Ihnen die Arbeit jetzt unmöglich seyn sollte, so betrübt es mir auch wäre. Denn freilich geht einerseits dem Gedichte viel verloren und dann wäre die Meinung eines Freundes wie Sie über J. ein wahrer Schatz neben manchem Verkehrten und Unerschöpfenden, was über ihn laut geworden. Doch lassen Sie mich davon aufhören, mein Wunsch möchte mich immer unbescheidner machen, und es ist doch meine ernste Absicht, Sie nicht zu quälen, sondern nur Sie zu bitten, Ihren Entschluß mich irgend wie in einer Zeile wissen zu lassen, damit wir uns darnach richten können. Darf ich darauf wohl hoffen und darf ich vor allen Dingen hoffen, daß Sie mir nicht böse sind?

Wenn ich Ihnen nun noch Einiges über unsern hiesigen Zustand, über den Kreis sagen soll, der Ihnen zum Theil bekannt, so haben Sie leider nicht viel Frohes zu hören. Ich glaube zwar wohl, daß mir der Blick für Manches geschwächt ist, seit ich nicht mehr mit befriedigtem Herzen an den Dingen Theil nehme, indessen, daß es anders geworden ist, als es war, empfinden auch wohl meine Freunde. Das Leben geht seinen stillen Weg, Jeder nimmt Theil an dem Schönen, das es bietet; aber es fehlt oft die Kraft, die es uns schuf oder wenigstens belebend nahe brachte, und weil man verwöhnt war, fühlt man den Mangel desto drückender. Mir wenigstens tritt er immer näher, und je mehr ich wieder Kraft gewinne, mit dem äußern Leben anzuknüpfen, desto tiefer empfinde ich die Mißstellung, in die mich mein Geschick versetzt hat. Das macht mich gewiß nicht undankbar gegen den Himmel, ach nein, je ärmer mir Anderer Leben um mich erscheint, gegen das was ich genossen, desto jubelnder freue ich mich meiner heiligen Erinnerungen und desto muthiger fühle ich mich, in ihnen die Gegenwart zu ertragen; aber eiskalt überläuft es mich dazwischen, wenn ich über heute und morgen wegsehe, und immer das Unvermögen in mir finde, durch mich selbst anzueignen, was, eine Himmelsgabe, mir die Liebe bescheerte. Was im Glück uns Frauen der höchste Segen ist, das eigene Daseyn nur in einem Zweiten zu empfinden, das macht uns so tief unglücklich, wenn uns das Geschick allein in das Leben schickt, und wir Alles nur um unsrer selbst willen thun können. Warum ich Ihnen das Alles schreibe? Weil ich ein unbeschreibliches Vertrauen habe, von Ihnen auch in dem verstanden zu werden, was Andere leicht für Hochmuth oder Prätension halten könnten, und weil das Vertrauen so wohl thut. Ich weiß gewiß, daß mir noch Vieles Gute tagtäglich zu Theil wird; aber ich kann den Schmerz nicht hindern, mit dem ich nach dem Schönen sehe, was vielleicht nur ein so hohes Dichtergemüth, wie mir nahe war, in unendlicher Fülle uns zu reichen vermag. Weinen und klagen kann der Schmerz selten; aber er macht, daß alle Gegenwart sich nur durch die Erinnerung beleben kann. —

In voriger Woche war Ihr Freund Loebell bei Schnaajes. Das gab manchen Verkehr unter den Freunden, und daß Ihr Name oft genannt ward, können Sie denken. Besonders haben wir uns noch gemeinsam mit Ihrer Vittoria beschäftigt, denn das schöne Gedicht hatte uns Alle hoch erfreut, und je mehr wir uns damit in Gedanken beschäftigten, desto tiefer empfanden wir den Reichthum und die unendliche Fülle der Poesie, von der Alles in dem Buche durchweht ist. Sie haben den Deutschen ein herrliches Geschenk gemacht, und die schnelle zweite Auflage zeigt Gott sei Dank einmal, daß auch das größere Publikum es so begriffen. — Mir hat es außer der allgemeinen Erhebung, die Poesie uns giebt, in mancher bangen Stunde Kraft gegeben, denn oft, wenn Alles um mich her zu verschwinden schien, habe ich mir einige gar zu schöne Stellen wiederholt, in denen Sie Vittorias Schmerz und ihre Haltung schildern und daran mich selbst zu stärken gesucht. —

Vielen Dank habe ich Ihnen außerdem im Stillen gesagt. Ich habe den ganzen Winter sehr häufig Novalis Schriften, durch Sie uns zugänglich, gelesen; und mich zu keinem Anderen immer aufs Neue so innig hingezogen gefühlt. Alles habe ich freilich nicht verstanden; aber Vieles ist mir unendlich nahe getreten. Da fand ich oft in Worten wieder was mich durchzog, und mit dem schmerzerfüllten Dichter konnte ich auch von den Klängen der Wehmuth mich zu heitereren Gebieten wenden und mich darin erquicken. —

Hier beschäftigt man sich bereits mit Festgedanken für den erwarteten Besuch unseres Königs. Schadow wird in Bildern die Geschichte der deutschen Poesie darstellen. Mir ist das Ganze noch nicht recht klar, nur das habe ich als etwas Bestimmtes gehört, daß den Beschluß die Aufführung Ihres Gartens der Poesie machen soll. Uechtritz hatte an Bilder aus der deutschen Geschichte gedacht, jetzt aber den Plan für hier aufgegeben und beabsichtigt ein ausgeführtes Festspiel daraus zu machen, was etwa in Berlin gegeben werden könnte, gelegentlich. Der Plan hat uns Alle sehr angesprochen. Den 3ten Theil seines Buches über Düsseldorf scheint er vorläufig aufgegeben zu haben; wenigstens wünscht er einen Aufsatz über Schiller und dessen Nachfolger unter dem Titel, Beitrag zur Geschichte des deutschen Theaters, in Raumers historisches Taschenbuch zu geben, und läßt einen kleinen Aufsatz über Immermann, der für jenen bestimmt war, in den

Blättern für literarische Unterhaltung drucken. Letzterer hat mir bis auf einige Einzelnheiten sehr wohl gefallen.

Wenn Sie es noch nicht wissen, freut es Sie vielleicht, daß vom Münchhausen nächstens die 2te Auflage erscheint. Es wäre ein wahres Glück gewesen, wenn es J. erlebt hätte, denn es würde ihm Muth und Zutrauen zu sich und der Welt gegeben haben, was ihm noch bis zuletzt oft fehlte; nun ist es für mich auch immer eine große Freude.

Mein Töchterchen ist, so klein es ist, schon ein treues Abbild des Vaters und giebt mir unzählige Freuden, und neben allem Trüben was auch Ihre Verlassenheit in mir weckt, die einzige Aussicht in der Zukunft, an der ich mich halten kann. Möge der Himmel sie mir erhalten!

Was werden Sie zu meinem langen Briefe sagen? Böse dürfen Sie nicht über das viele Schwatzen seyn, denn Sie haben mir erlaubt, mit vollem Vertrauen zu Ihnen zu reden, und deßhalb schrieb ich weiter, als mir unter dem Schreiben wohl wurde. — Nun bitte ich nur noch, mich der Frau Gräfin und Ihrer lieben Tochter zu empfehlen, wünsche Ihnen von Herzen ein Lebewohl und bitte mir die Gesinnungen zu bewahren, die mich so sehr erfreuen.

Mit innigster Verehrung
Die Ihrige
Marianne Immermann.

II.

Düsseldorf, den 21. Sept. 1841.

Indem ich Ihnen, mein innig verehrter Freund, beifolgend ein Exemplar des Tristan übersende, lasse ich mir das Vergnügen nicht nehmen, es mit einigen Worten zu begleiten, die Sie nöthigen, sich einen Augenblick mit mir zu beschäftigen. Das Glück, mich Ihnen nahen zu dürfen, ist mir zu lieb und bedeutsam, als daß ich eine Gelegenheit dazu

unbenutzt vorüber gehen lassen könnte, und es ist keine
Redensart von mir, wenn ich sage, daß ich es recht eigentlich
unter die unschätzbaren Hinterlassenschaften meines geliebten
Mannes rechne. Die Tage, die wir in Ihrem Hause zubrach=
ten, sind mir unvergeßlich, und so frohe Stunden, wie ich
durchlebte, wenn Sie und Immermann in ewig lebendigem
Gespräch überall das Feinste und Höchste der Dinge berühr=
ten, kommen wohl für mich auf dieser Erde nicht wieder.
Darum such ich mein Glück in der Erinnerung, und bin
bedacht, alle ihre Bilder mir frisch vor der Seele zu erhalten;
und wenn ich, wie im Gespräch mit Ihnen, mich der Segnun=
gen bewußt werde, die nicht mit den flüchtigen Minuten ver=
schwinden, so sind das meine besten Stunden.

Den Tristan erhalten Sie in der Gestalt, die ihm nach
Ihrem letzten Bescheide allein zu geben war. Als uns Loebell
in Ihrem Namen mittheilte, was ich längst erwartet und
natürlich gefunden hatte, war Schnaase so gut, die wenigen ein=
leitenden und beschließenden Worte zu schreiben, und rieth
bringend, das was ich im Herbst an Notizen für Sie gesam=
melt, ohne Weiteres drucken zu lassen, wie es nun auch gesche=
hen. Es war mir anfänglich ängstlich, indessen tritt das
Geschriebene so anspruchslos auf, daß es dem Buche nicht viel
schaden kann, wenn es ihm auch nicht viel nützt, und es war
mir daher immer noch weniger bedenklich als eine sorgsamere
Ausführung, die dem Geiste des Dichters vielleicht nicht ganz
entsprochen hätte. Das Gedicht selbst wieder zu lesen, habe
ich noch nicht vermocht, besonders in diesen Tagen und Wochen,
wo ich die Schreckensstunden des verwichenen Jahres wieder
mit neuer Lebendigkeit vor mir sehe, und mich vor Aufregung
zu hüten habe. Andere Stimmen aus dem Publikum sind
mir auch noch nicht zugekommen über den Eindruck des Gan=
zen, weil man hier in Düsseldorf nie seine Theilnahme allzu
lebhaft zeigt.

Während Sie in Baden waren, haben wir uns mit der leisen Hoffnung getragen, Sie möchten einmal den Rhein bis zu uns herab befahren, und haben sie nicht eher ganz aufgegeben, bis uns die Zeitungen meldeten, Sie seien in Berlin angekommen. Seitdem suche ich nun immer zuerst nach den Artikeln aus Berlin und nach Ihrem theuern Namen, und freue mich herzlich, wenn ich auf's Neue höre, wie man Sie dort liebt und ehrt, und wie Ihnen das Leben in so mancher geistiger Anregung und Aufmunterung gut thun muß. Ich wollte, Sie blieben recht lange dort, vielleicht immer; es müßte sich Ihnen nur so recht allmählig machen, daß Sie den Uebergang nicht viel empfänden, den Entschluß alte langjährige Gewohnheiten und Umgebungen gegen neue zu vertauschen, der freilich immer schwer ist. — Vor einiger Zeit sah ich bei Uechtritz dessen Cousine Frau v. Buttlar aus Dresden, die ich auch die Möglichkeit nach Ihnen und den Ihrigen ausgefragt habe, die aber leider besonders aus der letzten Zeit nicht viel wußte. Sie unterhielt uns hübsch mit ihren anmuthigen kleinen Bildchen, die aber freilich alle weichen mußten, sobald wir Dorotheens wohlgelungnes Portrait sahen, das ein gar schöner Spiegel Ihres Wesens ist. — Außer diesem Besuch haben wir den ganzen Sommer nichts von Fremden gesehen. Düsseldorf liegt schon gar zu sehr am Ende von Deutschland und kriegt wenig ab von den gewöhnlichen Rheinreisenden. Die Sommermonate sind daher für das gesellige Leben sehr unangenehm, denn da ein großer Theil der Einheimischen abwesend ist, so giebt es überall Lücken, und da keine Veranlassung von außen hinzutritt, sehen sich die Zurückgebliebenen denn eben auch nicht. — In diesem Augenblick sind von meinen Freunden eigentlich nur Uechtritzens hier, mit denen der Verkehr bei seiner Kränklichkeit und Beider Aengstlichkeit für ihre Gesundheit auch nicht ganz leicht ist. — Solche absolute Einsamkeit hat freilich ihre Schattenseiten, und man durchlebt manche Stunde trüber als sonst, indeß hat sie auch ihre Vortheile und ich suche durch fleißige Beschäftigung sie möglichst daraus zu ziehen. — Für die Bände zurückgelaßner Schriften Immermann's giebt es mancherlei zu ordnen und abzuschreiben, woran ich fleißig bin, und außerdem habe ich in allen Gebieten der Literatur noch so wenig Kenntnisse, und bin auch in andern Dingen so schlecht unterrichtet, daß ich viel nachzuholen habe, wenn ich meiner Tochter künftig einmal in irgend einer Sache nützlich seyn will. Mein Vater sagte immer, ein Mädchen brauche nichts zu lernen, man gab mir also wenig Unterrichtsstunden, und ich lernte eigentlich nur, wozu mich bisweilen eigner Eifer und Lust trieben. Daß das aber bei einem jungen unruhigen Mädchen nicht viel, am wenigsten etwas Geordnetes war, können Sie wohl denken. So lange Immermann lebte, habe ich diesen Mangel oft drückend empfunden, weil ihm das ewige Fragen und Antworten mitunter lästig seyn mußte, jetzt sehe ich auf die unbekannten Gebiete mit mehr Ruhe und freue mich sogar der Schätze, die mir über manches Schwere forthelfen werden durch die Bereicherungen, die sie mir geben müssen. — Besondere Erquickung geben mir häufig gute Geschichtswerke, und in dieser letzten Zeit hat mir keine Unterhaltung die Stunden angenehmer verkürzt, als die Lectüre von Rankes Päpsten. Es war das erste Werk dieses Schriftstellers, was ich las, und ich wählte es vorzugsweise, weil es mich in die Zeit führte, die mir durch Ihre Vittoria so nah und anders belebt erscheint als manche sonst.

Durch weiteres Reden über mich und meine Angelegenheiten darf ich aber Ihre kostbare Zeit gewiß nicht in Anspruch nehmen, und so will ich nur noch im Allgemeinen zufügen, daß mir der Himmel mein süßes Kind wohl und kräftig erhält, und mir in dem Gedeihen und geistigen Entwickeln des kleinen Engels unzählige Freuden schenkt. Sie ist äußerlich auf wunderbar auffallende Weise das Bild des Vaters, und wenn ich einst sehen werde, daß er ihr seine Seele und einen Funken seines Geistes vererbt hat, so erfüllt sich mir Alles, wonach mich noch auf Erden verlangt. — Der rechte Lebensmuth und Lebenslust will mir nicht wiederkehren, und unendlich oft zieht mich die Sehnsucht gewaltig dem geliebten Manne nach. Doch blicke ich getrost zum Himmel, der mir noch immer geholfen, und denke er wird mir auch ferner beistehen. — —

Uechtritz hat mir freundliche Grüße für Sie aufgetragen, im nächsten Jahre denkt er wieder nach Berlin und Schlesien zu gehen, jetzt ist er sehr mit dem Plan zu einem Roman beschäftigt, den er, glaube ich, schon seit Jahren mit sich herumträgt. Schnaase ist mit seiner Frau im Harz. Daß Ihr Freund Loebell vor einigen Tagen seine Reise nach Italien angetreten, wissen Sie vielleicht auch noch nicht.

Der Frau Gräfin bitte ich mich zu empfehlen, und Fräulein Agnes freundlich zu grüßen. Wenn ich sie auch nicht persönlich kenne, habe ich doch so viel von ihr gehört, um mich ihr bekannt zu fühlen. Und nun sage ich Ihnen Lebewohl, mein theuerer verehrter Freund und Dichter, möge es Ihnen recht recht wohl ergehen, und Sie immer eine freundliche Erinnerung bewahren

Ihrer

innig ergebenen

Marianne Immermann.

III.

Düsseldorf, d. 2. September 45.

Als ich mich im vergangenen Winter von Ihnen trennte, mein theuerer, innig verehrter Freund, da glaubte ich nicht, daß ich so lange gegen Sie schweigen würde, als nun geschehen. Mein Herz war so voller Dankbarkeit, für alles Schöne, was mir im Umgange mit Ihnen geworden, daß ich meinte, Ihnen diese wenigstens bald aus der Ferne aussprechen zu müssen. — Da kamen Unruhen und Unwohlseyn mancher Art, mein Gefühl blieb dasselbe; aber der ruhige Ausdruck desselben wollte sich nicht finden. Hoffentlich habe ich durch mein spätes Kommen nicht in Ihren Augen das schöne Recht, mich Ihnen vertraulich zu machen, eingebüßt, das Ihre Freundlichkeit mir bisher einräumte, und das ich so gern unter die kostbaren Vermächtnisse meines geliebten Mannes rechne. — Die Trennung von Ihnen trug recht eigentlich im vorigen Winter dazu bei, mir den Abschied von Berlin schwer zu machen, und ich würde es für ein gar großes Glück achten, wenn mir vergönnt würde, noch einmal längere Zeit in Ihrer Nähe zu weilen. Sie sind der einzige Dichter, dem ich außer Immermann im Leben begegnete, und Ihnen gegenüber finde ich so Vieles wieder, was sonst mit ihm für mich begraben ist. Was das ist, das wissen Sie selbst am Besten, in der Klarheit des Besitzes, mir ist es ein unsäglich, ewig Schönes mich erquicklich Belebendes, das ich mit durstiger Lippe trinke — die Poesie. Es ist ein Stück des göttlichen Schaffens, vom gütigen Genius in des Dichters Brust gelegt, womit er uns gestaltet wiedergiebt, was wir ahndend zu ihm tragen, womit er nicht allein uns immer Neues zum Geschenke reicht, sondern auch in uns selbst zu wecken weiß, was irgend Bestes die Natur in uns versenkt. Mir wenigstens ist immer so dem Genie gegenüber gewesen, was mich nicht einschüchterte, weil ich seine Größe so gern anerkannte, und in seiner Nähe Schwingen an den Schultern fühlte, während das Gewöhnliche und Dumme mich leicht zu seiner Kleinheit herabzog. Die Natur hat mir Vieles versagt, womit sie Andre freundlich ausstattet, namentlich alles ausübende Talent, mich dafür aber mit einer lebhaften Empfänglichkeit beschenkt, durch die ich das Glück einer reichen und spendenden Natur, wie der Ihrigen, zu begegnen, voll und ganz zu wür=

bigen weiß. Darum bitte, nehmen Sie mich immer gütig auf, wenn ein freundlicher Stern mich zu Ihnen führt, und lassen Sie mich Theil nehmen an Ihrem Reichthum, an dem ich mich auch in der Ferne immer aufs Neue herzlich erfreue. Sie haben mich schon vor Jahren einmal freundlich aufgefordert mich Ihnen, wie einem alten längst gekannten Freunde zu nahen, so daß ich dadurch noch immer ein Recht an Sie zu haben meine und dieses in Anspruch nehme, bis Sie es mir ausdrücklich entziehen. Drum rede ich auch heute unbefangen von meinen kleinen Erlebnissen, weil längst das Herz mich zu Ihnen trieb.

Es war um Weihnachten, als ich Berlin verließ, mit der Hoffnung dahin zurückzukehren, ehe ich im Frühling wieder an den Rhein ging. Vorher sollten aber in Magdeburg, Halle und der Umgegend Familienbesuche gemacht werden, und während derselben rührten sich die, seit meinem Wochenbett nie ganz überwundnen Nervenleiden auf eine Weise, die mich nöthigte, den lieben Plan aufzugeben. Gegen Pfingsten reiste ich nach Düsseldorf, mit großem Verlangen nach häuslicher Ruhe, fand aber gleich manchen Trouble durch die Vorbereitungen zum Rheinischen Musikfest, das wir in diesem Jahre hier feierten. Die Musik an und für sich ist nun schon angreifend, man setzt sich jedoch der Ermüdung, die sie bringt gern aus, wo sie durch ihre Vollkommenheit wahren Genuß bringt, bei diesen Pfingstfesten hat sie aber das böse Gefolge vieler gleichgültiger Menschen. Der Uebersetzer der spanischen Dramen, die ich einmal auf Ihrem Tische sah, Dohrn, war unter diesen der Einzige, der durch eine frische, volle Persönlichkeit und den wunderhübschen Vortrag von Volksliedern für sich interessirte.

Wäre nun wenigstens nach dem Musikfeste Ruhe gekommen! Aber nie habe ich so viel Fremde hier gesehn, nie bin ich so viel von Kleinigkeiten in Anspruch genommen worden, als diesen Sommer. Da war es denn nicht zu verwundern, daß die Gesundheit auf keinen grünen Zweig kam, und die schon gereizten Nerven mir keine Ruhe ließen, und ich mußte mich entschließen, einem oft wiederholten ärztlichen Rathe zu folgen und ein Seebad zu gebrauchen. Die Reise nach Ostende, die als die leichteste erschien, ist mir sauer genug geworden, denn sie nöthigte mich zu Ausgaben, die meine Verhältnisse übersteigen, und es war das erste Mal, daß ich mich in der Fremde selbst beschützen mußte. Aber da ich zu oft empfunden, wie ich nur gesund das Schwere meines Lebens ertragen und mich des Guten freuen kann, so überwand ich Alles, und machte mich mit meinem Kinde auf den Weg. Die Bäder haben mich gestärkt, und jetzt denke ich gern an den Verkehr mit dem köstlichen Elemente, das ich habe kennen lernen, so wie an die mancherlei Anschauungen, die mir das interessante Land bot. Das Meer hat mich mit unendlichem Zauber umfangen, und manche stille Stunde habe ich in lautlosem Gespräch mit den schäumenden Wogen zugebracht, obgleich der erste Eindruck fast eine Enttäuschung war. An einem stillen sonnigen Tage, bei vollständiger Ebbe betrat ich zuerst den Quai, und die ruhige Wasserfläche, deren Endlosigkeit mein kurzsichtiges Auge nicht weit verfolgen konnte, imponirte mir viel weniger, als ich vermuthet hatte. Aber immer wachsend hat sich mir die eigenartige Pracht erschlossen, die mich lange Zeit wachend und träumend schaukelte, und mich bei meiner Rückkehr ganz sehnsüchtig stimmte. Je öfter ich der brausenden Fluth Anschwellen beobachtete, oder die sanften Kreise des scheidenden Wassers verfolgte, dem tobenden Sturm zusah, oder die Sonne in die klaren Fluthen sinken sah, desto andächtiger, größer ward mir zu Muthe.

Auf der Rückreise hielt ich mich 8 Tage bei Freunden in Brüssel auf, und lernte durch diese Gent, Antwerpen und das Schlachtfeld von Waterloo kennen, auf dem Immermann vor meiner Geburt in den Reihen der Kämpfenden gestanden, und wo sich ein mächtiges Blatt der Geschichte vor meinem Geiste aufrollte. — Sonst waren natürlich die Eindrücke, die ich durch die alte Niederländische Kunst, besonders Rubens, erhielt die bedeutendsten, indessen interessirte mich auch Manches, worin sich die Verschiedenheit des Landes und der Menschen von uns, ihren Nachbarn zeigte, die sonderbare politische Stimmung u. s. w. Bei meiner Rückkehr hatte ich Muße zum Ausruhen, denn im Herbst fliegt hier Alles auseinander, und man hat so gut wie keinen geselligen Verkehr, der sich erst seit einigen Wochen wieder consolidirt hat. Für mich hauptsächlich durch die Rückkehr von Schnaases und Uechtritzens, obgleich ich durch meine jüngste an einen hiesigen Maler verheirathete Schwester, jetzt mehr als sonst in den Künstlerkreisen lebe, in denen ich mich ganz wohl fühle. Diese Künstler sind ein eigner Schlag Menschen, und eigentlich nur genießbar, wenn sie ganz unter sich, und dadurch ganz unbefangen sind. So wie sie mit Andern, besonders bedeutenden Persönlichkeiten zusammentreten, werden sie entweder schweigsam oder ästhetisch, und Beides steht ihnen schlecht, denn bei den Meisten stehen glückliche Anlagen in gar keinem Verhältniß zu ihrer Ausbildung.

Daß Schnaases in Oberitalien waren, wissen Sie wohl durch Uechtritz. Sie sind Beide befriedigt, aber nicht sehr wohl zurückgekehrt, und augenblicklich etwas unruhig durch die Aussicht zu einer Versetzung nach Berlin, die ihm sehr erwünscht seyn würde. Für uns Hiesige wäre das ein großer Verlust, freilich aber das längst Erwartete. Auf der Reise hat er viel Studien zur Fortsetzung seines Buches gemacht, klagt aber, daß die Erschöpfung ihn jetzt an kein eigentliches Arbeiten denken lasse, auch wenn er amtlich weniger in Anspruch genommen wäre, als es leider der Fall ist.

Uechtritz spricht gern und angenehm von seinem Berliner

Aufenthalt, lobt besonders das Theater, und hat mir von Ihnen, verehrter Freund, erzählen müssen, was er nur irgend konnte, wodurch ich denn lebhaft an die schöne vorjährige Zeit erinnert ward. Leider fand er Sie zuerst unwohl; aber bei seiner Abreise so entschieden auf der Besserung, daß Sie sich hoffentlich jetzt, unterstützt von den schönen frühlingswarmen Tagen, ganz gut befinden. — Durch Ue. habe ich gehört, daß Sie sich mit der Redaction einer Briefsammlung beschäftigen, ja fast damit fertig sind, und ich freue mich sehr auf dies interessante Geschenk. Die Briefe von Dorothea, die Sie zu lesen wünschten, läßt Uechtritz jetzt abschreiben, und Sie werden sie nächstens erhalten, ich lernte schon vor einigen Jahren etwas davon kennen, und kann nicht sagen, wie es mich ergriffen und erfreut hat. Es ist ein so durchaus schöner, ernster, edler Sinn, der überall durchgeht, und uns erfasst, auch wo man einzelne Stimmungen nicht in der Weise theilt, z. B. in den religiösen Ansichten, in denen mich die Natur einen andern Weg geführt hat, worüber ich mich neulich mit Uechtritz förmlich gestritten habe, weil er meinen Standpunkt als unweiblich angriff. Das kann ich nicht beurtheilen, es kann mich aber auch nicht ändern, denn ich muß vor allen Dingen erfassen, was für mich wahr ist, und wenn das nicht weiblich ist, so kann ichs nicht ändern. Uebrigens brauchen Sie meine Ansichten nicht in abstracten modern philosophischen Begriffen, oder in wüstem Pantheismus zu suchen, ich glaube, sie als durchaus christliche vertreten zu können, nicht grade als Uechtritzsche, und mein Hauptverbrechen war Strauß Leben Jesu gelesen zu haben, von dem ich nicht durch die wiederholte Versicherung frei gesprochen wurde, daß ich des Verfassers Consequenzen durchaus nicht durchgehend theile, im Gegentheil sehr häufig gegen ihn sei. Er verlangte, ich müsse jetzt Feuerbach und Gott weiß was lesen, ohne zu hören, daß ich darnach keinerlei Verlangen habe, sondern eben jetzt nach Dingen ver=

lange, in denen etwas für mich Positives läge. Uebrigens kann man vieles von ihm lernen, und ich schätze seine Kenntnisse in vielen Dingen sehr hoch, und wünsche mir sehr oft wenigstens einen Theil seiner Geschichtskenntnisse zu besitzen, zu deren Erlangung mir mein Gedächtniß wenig behilflich ist. — Es ist ein wahres Unglück, so schlecht unterrichtet zu werden, als ich es bin, und in spätern Jahren sich an dem zu plagen, was einem so leicht hätte können in der Kindheit gegeben werden. Davor mein Töchterchen zu bewahren, strebe ich redlich nach Erweiterung meines Wissens, und freue mich am meisten der ruhigen Zeiten, in denen mir das Glück des Lernens wird, wie die jetzige eine ist. Freilich entbehre ich auch dabei unausgesetzt der leitenden Hand, die mir Jm. bot, und an der mir oft zuflog, was ich jetzt mühsam suchen muß: aber auch dies Suchen hat sein Gutes, und wenn mir bisweilen ist, als ob ich in dieser oder jener Erkenntniß einen Schritt weiter gethan, so trage ich diesen Segen dankbar zu der Erinnerung an den, der mir meinen Weg gezeigt, und auch nach seinem Scheiden mein höchstes Glück bringt.

Mein Brief ist länger geworden, als ich vermuthet, es ward mir so wohl mit Ihnen, mein theurer Freund. Nun muß ich Ihnen noch eben sagen, daß mich Ihre dramaturgischen Blätter und Shakespeares Vorschule nach Ostende begleiteten, und mich sehr erfreut haben. Ganz vorzugsweise beschäftigt und interessirt hat mich die Vorrede zu Sh. V. und fast unwillkührlich drängt sich da eine Frage nach dem Werke über den großen Dichter hervor. — Nun genug für heute. Ich denke die nächste Pause ist nicht so lang. Möge es Ihnen wohl und heiter ergehen, und mögen Sie, verehrter Freund, bisweilen einen Gedanken freundlicher Erinnerung schenken

Ihrer
Sie innig verehrenden
Marianne Immermann.

IV.

Düsseldorf, d. 31. Oct. 46.

Sie wissen, verehrter Freund, wie hoch ich das Recht halte, Ihnen vertraulich zu nahen, und werden daher nicht verwundert seyn, wenn ich auch ohne besondere Veranlassung einmal wieder zur Feder greife, um mich wenigstens im Geist in Ihre unmittelbare Nähe zu versetzen. Sie haben mir einmal gesagt, daß Ihnen meine Briefe immer angenehm wären, und was man gern hört, das glaubt man auch gern, und so schreibe ich weil die Aussicht, Sie einmal wieder persönlich zu begrüßen, sich in stets weitere Ferne schiebt. Es ist recht lange her, daß ich nichts Näheres von Ihnen gehört habe, denn was mir Ihr Freund Waagen vor einigen Wochen in Frankfurt mittheilte, gründete sich doch auch nicht auf persönliches Sehen. Aber im Frühling brachte dieser uns gute Nachrichten von Ihnen und freundliche Grüße, die mit großer Freude empfangen sind. Möchte es Ihnen doch auch ferner so wohl gehen, als ich es von Herzen wünsche, und wir uns noch lange Ihrer schönen geistigen Frische erfreuen können. Ueber das, was Sie Ihren Freunden und dem Publikum im Allgemeinen noch zu geben denken, hört man bisweilen lockende Gerüchte, besonders versprach Uechtritz im vorigen Herbste mit einiger Sicherheit eine Briefsammlung, die Sie im Begriff seien, zu arrangiren; aber leider ist es vorläufig bei dem Versprechen geblieben, und wir sehen noch immer hoffend aus. Nun freilich haben Sie ein Recht zu ruhen, und wenn die Rückkehr zu den köstlichsten Quellen Ihrer Poesie auch den Wunsch nach immer Neuem aus Ihrem reichen Geiste sehr natürlich erweckt, so ist doch das Gefühl der Dankbarkeit für das Gegebene immer das Vorherrschende. — Dies Gefühl habe ich besonders lebhaft empfunden, als ich im Frühling mich einmal wieder in die wundersame Welt des Cevennenaufstandes vertiefte, der mir immer als eine Ihrer eigenartigsten Schöpfungen erscheint.

Jetzt sind es fast zwei Jahre, daß ich so glücklich war, Sie in Berlin zu sehen. Einige ruhige Stunden des Gespräches in denen mir der ganze Vorzug einer Dichternatur reich entgegentrat, die wunderschöne Vorlesung des Octavian, der ich beiwohnen durfte, werden mir unvergeßlich seyn. Früher rechnete ich darauf, in diesem Winter meine damalige Rundreise zu wiederholen; aber die Verhältnisse in meinen beiden Heimathstädten Halle und Magdeburg, werden immer weniger anziehend für mich, und doch kann ich nicht daran denken, in die dortige Gegend zu kommen, ohne an beiden Orten einen mehr als flüchtigen Aufenthalt zu machen. Dennoch würde ich wohl gereist seyn, wenn nicht im Juny dieses Jahres meine gute Schwiegermutter gestorben wäre, welche fortgesetzt die lebhafteste Sehnsucht nach meinem Töchterchen hatte. Nun habe ich mich hier in Düsseldorf für die nächsten sechs Monate gefesselt, und werde während dieser Zeit die 14jährige Tochter einer Freundin bei mir haben, mit der ich mich ein wenig geistig zu beschäftigen versprochen habe. Das ist freilich in vielen Beziehungen eine Gene; aber es füllt das Leben auch wieder aus, und die äußern Verhältnisse sind hier allmählig so dürr und unerquicklich geworden, daß man sich fast gänzlich auf das eigne Haus und seine Beschäftigungen angewiesen sieht. Im vergangenen Winter nahm mir der Tod meine geliebte Freundin, die auch von Ihnen anerkannte Frau v. Sybel, mit ihr die Hauptstütze meines hiesigen Lebens. Da trat einen Augenblick der Wunsch mir nahe, Düsseldorf zu verlassen; aber er verlor sich in der Frage: Wohin? und in der Furcht vor allen eigenmächtigen Entschlüssen, die uns Frauen nun einmal schwer fallen. Hier denke ich, hat mich die Hand des Schicksals hingeführt, und trage in diesem Gedanken leichter die Entbehrungen, die mich treffen, als in

selbstgewählter Umgebung. Auch hat der Rhein einen unsäg=
lichen Reiz für mich, und viel heimathlichern Klang in mei=
nem Herzen als mein philiströser Geburtsort. Hier habe ich
gelebt und geliebt, schon das allein macht mir die Wege lieb,
durch die ich wandre, auch wenn sie meinem Auge nur grüne
Hecken und Saatfelder bieten. Ueberdieß lernt man ja immer
mehr sich selbst Freude verschaffen, und wenn ich nicht grade
mich unter langweiligen Leuten quälen muß, so bin ich in
meinem eignen Hause, mit meinem lieblich heranwachsenden
Kinde, und meinen Beschäftigungen ganz zufrieden. Der
Reiz des Lernens ist ein immer frischer, immer wachsender, je
mehr man sich in die gewaltigen Blätter der Geschichte ver=
tieft und den großen Zusammenhang aller Dinge übersehen
lernt, je mehr die Natur uns in ihr geheimes Walten blicken
läßt und die Poesie ihre ewige Jugend in alten und neuen
Schöpfungen ihrer Lieblinge offenbart, desto mehr empfindet
man den Reichthum des Daseyns, auch wenn das Leben uns
frühe Entbehrungen zutheilte. Der kurze Liebeslenz, mit dem
der Himmel meine Jugend schmückte, ist freilich schnell ver=
klungen; aber wir verlieren ja Nichts, was wir einmal wahr=
haft besessen, und obgleich die Sehnsucht nach dem Vergang=
nen nicht mehr heftig in den Frieden meiner Seele schneidet,
so lebe ich doch mit meinem geliebten Manne fort, wie mit
der Luft, die mich umgiebt, und erkenne in Allem, was mich
erfreut, dankbare Frucht des von ihm in meine Seele gestreu=
ten Samens. — Was hier entschieden fehlt, sind Anschauungen
der Kunst, und nach einem guten Schauspiel, nach Werken der
bildenden Künste, die dem Geiste wirklich Nahrung geben, habe
ich allerdings häufig Verlangen. Als ich vor einigen Wochen
das Städelsche Institut besuchte, fühlte ich recht lebhaft, wie
ein einziger der dortigen schönen Abgüsse mehr für mich war,
als was ich hier in der Dauer vieler Monate zu sehen bekomme.
— Den Schätzen Berlins sende ich auch manchen Gedanken

zu; aber den Wunsch, dort zu leben, der eine Zeitlang durch meine Seele zog, habe ich ganz aufgegeben, und könnte ich jährlich mit Bequemlichkeit dort einige Wochen zubringen so wäre ich ganz zufrieden.

In diesem Sommer habe ich ganz neue Zustände kennen lernen, indem ich einige Monate in Marburg im Hause des Prof. v. Sybel zubrachte, wo man meinen Beistand für ein zu erwartendes Wochenbett wünschte. Da ist man in vieler Beziehung noch in der Kindheit, besonders bewegt sich das gesellige Leben in Formen, vor denen man sich hier am Rhein entsetzen würde, die aber dennoch viel Gemüthliches, und darum mir Ansprechendes haben. Freilich mögen sie sich im Winter, und in den unschönen Räumen der alten winkligen Häuser weniger gut ausnehmen, als während der Sommer sich in der überaus lieblichen Gegend erging, und einen reizenden Rahmen um Alles zog. Ich war nie so dauernd in einer schönen Gegend wie jetzt, und habe den Segen derselben recht voll genossen. Nun ist aber auch die Marburger Umgebung besonders anziehend, denn sie stellt sich nirgend in prätentiöse Ferne, und verlangt Anstrengungen für den Umgang mit ihr. Nein, in jedes Fenster schaut sie vertraulich herein, wie ein Freundesgesicht, und wo man den Fuß aus der Thüre setzt, tritt sie in immer neuen Ansichten dem Auge entgegen. Einen besondern Schmuck erhält sie überdieß durch die schöne Kirche, die man von allen Seiten in neuen Umgebungen wiederfindet. Mit Vergnügen lernte ich manchen Anhänger Immermanns kennen, und fand die Freude am Münchhausen, der erst kürzlich bis in diese Hügel gedrungen war, ganz allgemein. Unter den Professoren sind wenig bedeutende Persönlichkeiten. Mir am interessantesten war die Bekanntschaft eines jüngern Theologen, des Prof. Thiersch, ein Sohn des Münchner Philologen, den ich auch habe kennen lernen. Ich bin ihm durch die Beschäftigung mit einem kürzlich von ihm erschienen Buche nahe getreten: Vorlesungen über Katholicismus und Protestantismus. Es ist von ganz orthodoxem Standpunkte aus, aber so wenig aus abgeschlossenem Protestantismus hervorgegangen, daß man dem Verfasser den Vorwurf des Katholisirens gemacht hat, gewiß mit Unrecht, denn er übersieht nur mit unbefangenem Auge die Mängel und Vorzüge beider Confessionen, und sieht eine letzte und höchste Entwickelung der Kirche in der Einheit Beider. Man sagt, unsere Königin interessire sich sehr für ihn, und es soll davon die Rede gewesen seyn, ihn an Marheinecks Stelle nach Berlin zu rufen; aber er ist ein wenig Antiberliner, und ich fürchte auch, daß er sich dort nicht ganz wohl fühlen würde, denn es würden ihn manche als den ihrigen betrachten, zu denen er nicht eigentlich gehört. Er ist eben so duldsam in Betreff fremder Meinungen, als von der eignen durchdrungen, und weit entfernt sich im Verkehr oder Urtheil durch die herausgekehrte Seite irgend eines Bekenntnisses bestimmen zu lassen. Wenn man übrigens eine Zeitlang gesehen hat, was in Hessen die Kleinlichkeit der Polizei und Verwaltung, trotz der Constitution hervorzubringen vermag, so freut man sich, wenn man wieder in die Staaten seiner Preuß. Majestät gelangt, trotz manches Geschreis, was in denselben laut wird.

Es wird Sie wohl interessiren, ein Wort von Uechtritz zu hören, verehrter Freund. — Ich habe viel Sorge für ihn gehabt, und finde seinen Zustand noch immer wenig erfreulich. Den vorigen Winter hat er viel gelitten, und war geistig oft auf die beängstigendste Weise absorbirt und zerstreut. Nun hat er Marienbad gebraucht, und das Gespräch mit ihm ist wieder viel leichter. Er holt mich bisweilen gegen Abend zum Spazirengehen ab, und da habe ich mannichfache Gelegenheit, mich seines vielseitigen Wissens und seines feinen Verständnisses gewisser Dinge zu erfreuen. Das letzte Mal war er ganz voll von Ihrem jungen Tischlermeister. — An seinem Romane arbeitet er fort. Könnte man ihm ein drei Mal schnelleres Schaffen anwünschen, so wär es gut, und er würde hier vielleicht das Beste leisten, dessen er fähig ist. Aber wann wird er fertig werden, oder wird er's überhaupt vollenden? Schnaase war im Herbst in Holland und Belgien, wohl nicht ohne bestimmte Kunstabsichten. Die Fortsetzung seines Buches ist etwas hinausgeschoben, denn er ist sehr unzufrieden mit dem, was er dafür gethan hat, und will Alles noch einmal umarbeiten. Jetzt hat er einen Freund bei sich, der beschäftigt ist, das Vollendete ins Französische zu übersetzen, eine Arbeit, deren Anfänge Schn. für sehr gelungen erklärt. Ich habe diesen Sommer erst seine Niederländischen Briefe kennen lernen, und sie mit ungemeinem Vergnügen gelesen. Bisweilen ist für meinen Verstand der Gegenstand nicht faßlich genug behandelt; aber man wird immer für die Mühe belohnt, und erkennt recht, mit welchem fein organisirtem Geiste man zu thun hat.

Ehe ich schließe, muß ich Ihnen noch erzählen, daß mein Carolinchen nun schon ein ganz großes Mädchen wird, und ihre ersten Studien begonnen hat. Wir malen mit nicht geringer Anstrengung verschiedne Buchstaben auf die Tafel und lesen ohne Kopfbrechen einzelne Worte. Leider ist das Kind sehr träge, so wenig sie dumm ist, und ich weiß nicht, wofür mich der Himmel mit dieser bedenklichen Anlage strafen will, denn Faulheit ist nicht mein schlimmster Fehler. Uebrigens ist die Kleine doch sehr liebenswürdig, gesund und kräftig und die Quelle unsäglicher Freude für mich.

Nun finden Sie nur nicht, daß ich allzu geschwätzig war, mein theurer und gütiger Freund, sondern nehmen Sie mich freundlich auf, die ich mit immer gleicher Verehrung bin

Ihre
herzlich ergebene
Marianne Immermann.

Ingemann, Bernh. Severin.

Dieser dänische Poet, geb. am 28. Mai 1789, trat mit seinen „Gedichten" zuerst 1811—12 hervor, und hat sodann eine große Fruchtbarkeit in romantischen Erzählungen, epischen Dichtungen und dramatischen Werken glücklich entfaltet. Auch vaterländisch-historische Romane hat er geschrieben.

Wie allerliebst sind diese zwei Briefe an Tieck! Der herzliche Ton derselben erregt wehmüthige Empfindungen, durch den Vergleich vergangener Zustände mit den gegenwärtigen. Wie nahe stand doch die dänische Litteratur der unsrigen; wie anhänglich zeigten sich ihre berufensten Vertreter dem deutschen Wesen! Und wie sinnig gingen sie darauf ein! — Ist nicht, was Ingemann über Hoffmann sagt, so wahr und klar, als ob's Einer unserer würdigsten Kritiker geschrieben hätte? —

Dieses einträchtige Miteinanderstreben scheint für immer zerstört, seitdem Dänemarks unselige Tyrannei deutsche Männer zwingen wollte dänisch zu werden.

I.

Copenhagen, d. 16. Septbr. 1820.

Theuerster Tieck!

Sie haben glühende Kohlen auf meinem Haupte gesammelt (ich weiß nicht ob es Deutsch ist), ich habe mich recht geschämt, meine ich nur, daß ich nicht früher alle Scham überwunden habe, und ohne Scheu ihre edle Sprache gerädert, um Ihnen zu sagen (was Sie doch gewiß nie bezweifelt hätten) daß ich oft in der Ferne Ihnen recht nah und herzlich zugesellt gewesen — und jetzt beschämt mich ihre Liebe noch mehr, als ich den Brief durch den Prof. Molbech empfange. Zwei freundliche Grüße sind mir schon früher vorbeigeflogen und haben mir wohlthuend zugeflüstert: der Tieck gedenkt Dein noch; ich habe dann auch gleich die Feder ergriffen, was ich aber sagen wollte ist auf Dänisch in meiner Seele geblieben. Vor einiger Zeit hat mir eine Zeitung erzählt, daß Sie nach Berlin gerufen und nach Ihrem Wunsche da angestellt wären. Darüber habe ich mich schweigend gefreut; jetzt halte ich aber nicht länger ein Blättchen von den vielen großen Briefen zurück, die ich fast alle Posttage im Geiste Ihnen geschrieben habe. Wäre ich indessen gestorben, hätte ich gewiß bey Ihnen spuken müssen, um mein Versprechen zu erfüllen und Ihnen — freilich zu spät — zu erzählen, daß ich glücklich und gesund nach Hause gekommen. Die Braut hat mich gesund und liebreich empfangen, und in heimathlicher Ruhe habe ich im Winter am Ofen Abentheuer gedichtet, und mir dadurch die schönen Abentheuer-Abende in Dresden zurückgerufen.

Jetzt durchlebe ich noch einmahl das seltsame Reiseleben, und wie es sich jetzt für mich gestaltet, muß ich es lyrisch und immer wie gegenwärtig auftreten lassen. — Noch bin ich weder angestellt noch verheirathet; beides möchte ich recht gern, aber ich fürchte mich erstaunlich ein Philister zu werden. Sagen Sie mir doch, wie man den Philistergeist vom Leibe hält, wenn man ein Amt kriegt und Hausvater wird! — Doch das ist wohl die Dichterliebes-Probe, und wer die nicht hält, war schon zum Philister geboren.

Der Oehlenschläger hat uns eine neue nordische Tragödie gegeben und die nordische Mythologie in einem Epos behandelt. Der Baggesen schweigt und auf unserm Parnaßchen scheint Friede zu sein. Von mir ist erschienen außer Tassos Befreiung (Tod) ein Band „Erzählungen und Abentheuer" und „die Reiseleier" (Reiselgren), wovon der zweite Theil jetzt gedruckt wird. Im ersten Theil habe ich die schönen romantischen Rheinländer mit ihren Ritterburgen und Mittelaltersagen, und das herliche Schweitzerland mit der Leier durchgepilgert, der zweite handelt von bella Italia und Rom, wo ich mit dem Carneval endete, das ich dramatisch wie ein lustiges Fastnachtsspiel behandelt habe. — In der Buchhandlung habe ich oft nach Ihrem lieben Tischler gefragt: ist er noch nicht erschienen? Auf die letzten Theile des Sternbalds warten wir recht mit Schmerzen, ihr Phantasus kann uns nie zu korpulent seyn, er bleibt immer der nehmliche leichte und liebliche Genius. Den Hoffmann in Berlin traf ich leider nicht; er saß immer auf dem Richterstuhle gegen die politischen Umtrieben gewafnet, und hatte keine Zeit für den poetischen Umtrieber.

Grüßen Sie die liebe Frau und die Gräfin tausend Mahl! und sagen Sie den holden Dichter=Töchtern daß sie zu den lieblichtsten Erinnerungen meines Reiselebens gehören. Erinnern Sie noch, wie sie mir Alle einen Tag entgegen gekommen und mich für einen alten guten Freund genommen? — es war leider Täuschung, möchte es doch niemahl — wenigstens im Lande der Enttäuschung — so mir wahr und wirklich begegnen! Gott segne Sie und Alle die Ihrigen!

Ihr innigst ergebener
B. S. Ingemann.

II.

Copenhagen, d. 10t. Septbr 1822.

Theuerster Freund!

Das Jahr hat jetzt seinen dreifaltigen Vergessenheitsschleier zwischen uns ausgespant, ihr liebes freundliches Antlitz sehe ich doch immer noch durchleuchten, und, irre ich mich nicht, lächelt es mir noch herzlich und väterlich entgegen. Wie oft traume ich mich noch in ihre Mitte zurück: zwischen der lebhaften Dorothea und der stillen Agnes sitze ich da, im Kreise der freundlichen Hausfrau und der guten Gräfin; wir hören Ihnen zu, und der große herrliche Shakespeare lebt und dichtet uns aus Ihrem Munde. Der Falstaf steht uns wieder vom Wahlplatze auf, und der gestiefelte Kater macht dazwischen seinen genialischen Meistersprung. Ihr schönes Familienleben ist mir ein wahres Vorbild geworden. Jetzt bilde ich selbst eine kleine angehende Familie, bin auch Hausvater und Gatte, ich möchte plötzlich alt werden, um gleich zwei erwachsene liebenswürdige Töchter zu haben, und ein Leben voll Dichtung und ein Alter voll Jugend und heiterer Ruhe. Erinnern Sie oder die Töchter noch mein Versprechen, Ihnen voraus meinen Hochzeitstag anzukündigen, daß Sie meiner und der Braut zur rechten, astronomisch berechneten Stunde gedenken möchten? ich habe den freundlichen Scherz nicht vergessen, und würde pünktlich Wort gehalten, wäre der Tag nicht zu spät bestimmt, um so weit voraus mitgetheilt werden zu können. Es war der 30. July d. J. und im gesegneten Stande des ächten Lebens bin ich nun fast anderthalb Monat alt.

In diesen Tagen gedenke ich Copenhagen zu verlassen um meinen neuen Wohnsitz in Sorös einzunehmen, wo ich bey der Academie als Lector in dänischer Sprache und Litteratur eben angestellt bin.

Der Ueberbringer dieses Briefes Hr. Studiosus Hoyer ist ein junger Liebhaber der Kunst, und eifriger Beflissener der Kunstgeschichte und der Philosophie des Schönen, doch Gottlob noch mehr Enthusiast als Kenner. Er theilt meine Verehrung für Sie als Dichter, und sehnt sich recht inniglich nach Ihrer persönlichen Bekanntschaft. Er wird einige Zeit in Dresden die Meisterwerke der Kunst genießen und studiren: möchte ihr Geist bisweilen mit ihm und über ihn seyn und das Göttliche der Kunst sich ihm recht klar und herlich entschleiern!

Das mitfolgende Gedicht ist schon voriges Jahr erschienen. Seitdem habe ich Nichts ausgegeben und nur Weniges gedichtet. Die glückliche Unbefangenheit, womit ich mich vorher dem Reize der Dichtung ganz rücksichtslos hingegeben ist mir in den letzten Jahren theils von unsern überlauten Realisten gestört, theils auch für eine ernstere Selbstkritik gewichen; doch daraus komt Nichts als unfruchtbare Reflexionen.

Ueber Vieles möchte ich mich mit Ihnen recht vertraulich aussprechen; mit dem Schreiben aber, wie Sie sehn, will es nicht recht gehn, und Dresden ist mir leider zu fern, um jetzt eine Zusammenkunft hoffen zu können. Doch ist Ihnen mein vorüberfahrendes Bild, wie ich hoffe, nicht auch aus dem Gemüthe entfallen — so theilen Sie mir recht bald Etwas mit von Ihrem Ueberflusse des Geistes, und von Ihrem heiteren Muthe zum Leben und Würken im göttlichen Reiche des Schönen!

Ich bedaure das frühzeitige Ableben ihres genialischen Hoffmann; doch ein innerlich zerrissenes Gemüth scheint sich fast immer in seiner tiefen Ironie des ganzen Erdenlebens, selbst mitten in seinem glücklichsten Humor, zu verrathen, und Ruhe zum Leben hat diese sonderbare phantastische Seele wohl nie genossen; seine Originalität hat mich mannigfaltig angezogen, und wäre er nicht in Manier verfallen und in seinen barokken Caprizien von den Ideen verwildert, er würde gewiß unter ihren größten Geistern, wie jetzt unter ihren sonderbarsten erkannt gewesen.

Der Walter Scott ist hier, wie bey Ihnen der Lieblingsschriftsteller der ganzen Lesewelt. Zwar vermisse ich oft bey ihm eine durchgehende große Totalidee, wie er überhaupt mir größer in Colorit als in Composition erscheint, und das historische Leben uns mehr in Stücken darstellt, als es im Ganzen mit Bedeutung und Zusammenhang vorspiegelt, doch meisterlich weiß er Situationen und Charakteren zu schildern, und er ist mir ein großes Phänomen in der poetischen Welt. Gern möcht ich Ihre Ansicht von diesem merkwürdigen Geiste kennen.

Ihre neue angekündigte Samlung von Novellen seh ich mit freudiger Sehnsucht entgegen: fahren Sie noch lange fort uns mit Ihren geistreichen Gaben zu ergötzen! Die herliche Malernovelle im letzen Musenalmanach hat mir einen schönen genußvollen Abend geschenkt.

Und nun tausend Lebewohl und Grütze an die ganze Familie, die ich oft mit Freundschaft und Sehnsucht erinnere.

Ihr innig ergebener Freund und
Verehrer
Ingemann.

Verzeihen Sie mir alle die Sprechfehler, könnte ich nur meine Gesinnungen Ihnen so äußern, daß ihr Herz mich verstände, möchte ich mich gern in den Formalien ein wenig prostituiren.

Julius, Nik. Henrich.

Geb. den 3. Oktober 1783 in Altona. Daß dieser menschenfreundliche Mann sein thätiges Dasein dem Gefängnißwesen gewidmet, und von der preuß. Regierung auf jede Weise gefördert, unendlich viel zur Aufklärung und Verbesserung in jenen düsteren Regionen irdischen selbstverschuldeten (und darum desto traurigeren) Elendes gethan, ist allbekannt und dankbar gewürdiget. Minder bekannt dürften im Allgemeinen seine Bestrebungen schönwissenschaftlicher Art auf litterar-historischem Grund und Boden geblieben seyn: Er hat auch eine vortreffliche Uebersetzung geliefert, des Buches: „Geschichte der schönen Litteratur in Spanien;" ein Werk des Amerikaners Ticknor, von welchem letzteren wir unter T. einen Brief an Tieck bringen.

Berlin, 25. Febr. 1834.

Verehrtester Herr Hofrath!

Dem im umgekehrten Verhältnisse mit seiner Dauer stehenden unvergleichlichen Genusse, den mir vorigen Herbst Ihre so lang ersehnte persönliche Bekanntschaft gewährt hat, möchte es, wie ich wünsche, Ihre Güte zuschreiben, wenn ich meinen liebsten Freunden ein Gleiches verschaffen will.

Aus diesem Gesichtspunkte wollen Sie es auch freundlichst erlauben, daß ich durch diese Zeilen Lord Cantelupe (Sohn des Grafen v. Delaware) und Hrn. Wordsworth (Neffen von Wm. Wordsworth, dem englischen, meines Bedünkens Tiek am nächsten tretenden Dichter) bei Ihnen einführe. Die Bekanntschaft dieser Herrn, welche 4—6 Wochen in Dresden zu bleiben gedenken, wird Ihnen hoffentlich nicht unerfreulich seyn.

Nun ersuche ich Sie noch um die Erlaubniß, Ihnen in meinem und zahlreicher Freunde Nahmen, für den unbeschreiblichen Genuß zu danken, den Sie uns durch Ihren Camoens gewährt haben. So wie durch ein wunderbares, und wahrlich nicht zufälliges Zusammentreffen, der Untergang Don Sebastians und seines Heeres den düstren Hintergrund bilden mußte, auf dem die Verklärung der Lusiaden desto herrlicher hervorleuchtet, so der schreckliche Bruder- und Bürgerkrieg an den Gestaden des Tejo und Mondego, während durch Sie in Deutschland diese Apotheose des so wenig gekannten Dichters, unvergänglich für unser Volk, und hoffentlich auch für fremde Nationen, heraufsteigt.

Portugall, wenn es nach den Zuckungen, in welchen die pyrenäische Halbinsel und deren edle und ritterliche Bewohner ein bisher ungekanntes Daseyn zu führen beginnen, noch in Zukunft ein solches giebt, wird, wenn auch erst nach Menschenaltern, dem deutschen Dichter danken, der es erkannte und verherrlichte, als es sich selbst aufzugeben begann. — —

Das Herz blutet mir, wenn ich an die Ströme des edelsten castilischen und portugiesischen Blutes denke, die aus diesen von begeistertem Leben durchrollten Adern, fließen werden, wenn die leichtsinnigen, tückisch das Holz zum ungeheuren Brande herbeitragenden Buben, schon längst wieder bald diesem, bald jenem, monarchischen oder republikanischen, stets aber ihrer Eitelkeit und Genußsucht fröhnenden Trugbilde, nachgejagt haben werden.

Doch ich werde bitter, das soll man aber nie seyn, am allerwenigsten Angesichts des Dichters, der Freude und Liebe um sich verbreitend, und alle welche sein geflügeltes Wort erreicht, beseeligend, auch nichts als Freude, Liebe und Seeligkeit um und an sich sehen sollte.

Leben Sie wohl, und sein Sie so glücklich, wie Sie es verdienen.

Ihr dankbarer Bewunderer
Julius Dr.

Kadach.

K. war Prediger in Ziebingen, und während Tieck's mehrjährigem Aufenthalte daselbst fanden sich die beiden Männer. Wie würdig ihr freundschaftliches Verhältniß gewesen und geblieben ist, und wie selbstständig der „Landprediger" dem Poeten gegenüber sich benommen, geht aus dem Tone dieses (leider ganz vereinzelt vorgefundenen) Schreibens hervor. Späterhin ward er zum Mitglied der dortigen Regierung als Konsistorialrath nach Frankfurt a/O. berufen, und vermählte sich daselbst in reiferen Jahren zum zweitenmale mit der Tochter des Vice-Präsidenten von R. Diese Ehe führte denn im Verlaufe der Zeit durch mannichfache Familienverbindungen dahin, daß die Tochter seines Ziebinger Freundes zur Pflegemutter und liebevollen Erzieherin der von ihm hinterlassenen Waisen geworden ist. Und so dauert das vor länger als einem halben Säkulo gestiftete Seelenbündniß, über Tod und Grab hinaus, lebendig fort.

(Ohne Datum.)

An den Königl. Sächsischen Hofrath und 2ten Theaterdirektor
Herrn Dr. Tieck.

Mein herzlichgeliebter Freund!

Die Nachricht von Ihrer Standeserhebung, Ihrem neuen Amte und der damit verbundenen Dotation hat uns hier als die größte Neuigkeit des neuen Jahres ganz außerordentlich angenehm überrascht und bey Marie und mir eine so große und theilnehmende Freude verursacht, daß ich mirs nicht versagen kann, Ihnen davon ein schriftliches Zeugniß zu schicken und Ihnen zugleich zu Ihren neuen Titel und Würden, so wie zu Ihrem Amte und Gehalte von Herzen Glück zu wünschen. Denn das letztre, denk ich, werden Sie bei all Ihrem Talent, Ihrer Kenntniß und Ihrer Liebe fürs Theater doch wohl gar sehr brauchen und dessen nicht leicht zu viel oder genug haben können. Möge Ihnen denn bei Bildung des Theater= und Künstler=Volks und bei Leitung desselben zu einem schönen und edlen Ziele Fortuna aufs günstigste seyn und es Ihnen besser als Göthen und Lessing gelingen, uns ein wahrhaft deutsches National=Theater zu geben, oder doch näher dazu zu verhelfen, als es jenen gelungen ist. Jetzt ist für Sie die Zeit gekommen, Ihre deutschen Tragödien zu schreiben und Ihr Vorbild Shakesspeare, nachzuahmen und wie ihn, so auch Ihren eigenen patriotischen Genius auf die Bühne zu stellen. Was würde Deutschland auf der Dresdner Bühne hören, was sehen, wenn es Ihnen gefallen wollte, die Hand an die Feder zu legen, durch sie Ihre jugendliche und männliche Begeisterung aussprechen zu lassen und Ihr ganzes amtliches Ansehen vereinigt mit Ihrer Kunstkenntniß, für gediegene Darstellung desselben einwirkend zu verwenden. Wie will ich mich freuen über alles Gute, das durch Ihren Einfluß in diesem Gebiete der Kunst hervorgebracht wird, wenn auch das wünschenswertheste und beste nicht erreicht werden könnte. Unter Ihnen wird sich doch wieder eine Schule bilden, wo die Acteurs und Actricen reden, gehen, stehen und agiren lernen, und wo das eigentliche Talent sich bilden kann, ohne verbildet zu werden aus eigner Schuld oder fremder! Mögen Sie nur dazu recht lange die Lust behalten und recht viele angenehme Erfahrungen machen, die die natürliche Lust und Liebe zum Dinge in Ihnen verstärken; und möge zu Ihrem Wirken für diese Kunst Ihnen nur niemals die Gesundheit fehlen. Bei Ihrer alten Vorliebe, bei der freien Gunst, die Sie bisher schon der Dresdner Bühne geschenkt hatten, bei dem Ansehen, in dem Sie schon standen und das jetzt durch das amtliche noch viel mehr zunimmt, bey der schon vorbereiteten Geneigtheit des Theaterpersonales, des Publikums und der Direktion, Lehre, Rath, Beispiel gern anzunehmen und aufs beste zu benutzen, darf jedermann etwas ausgezeichnetes Gutes und Schönes erwarten, und Ihre Freunde und Freundinnen dürfen sich Ihrer neuen Thätigkeit, Ihres belebenden Eifers und Ihres — neuen Ruhmes freuen, den Sie dem schriftstellerischen beifügen. Freilich ist nicht zu erwarten, daß jener überall ganz rein glänzen werde; ebenso wenig als dieser ganz fleckenlos erscheint und überall anerkannt wird. Vielleicht wird jener grade im Vaterlande eben so angefochten als es diesem seit Ihren letzten Werken, den Novellen, ergeht, die viele kaum wollen dafür gelten lassen, aus keinem andern Grunde, als weil sie sich mit denen des Cervantes und andern ältern gar nicht in Vergleichung stellen ließen. Soll ich Ihnen, damit Sie ja nicht bei Ihrem neuen Glücke übermüthig werden, eine Probe der einheimischen Kritik geben, welche Sie wohl demüthigen könnte, wenn Sie sich davon wollten demüthigen lassen? Aus Frankfurth schreibt man mir: „Tieks Novelle, das Landleben, haben wir gelesen;

aber unter allen Erzählungen dieses geistreichen Mannes hat sie uns am wenigsten gefallen. Das Zopfwesen wird doch zuletzt ein abgehetzter Haase, an dem weder Fell noch Fleisch zu brauchen ist. Eine ächt humoristische und wahrhaft witzige Situation abgerechnet, ward uns zuletzt der Zopf nach allen seinen politischen, moral= und martialischen Beziehungen sehr langweilig. Kein einziger der aufgeführten Charaktere ist uns recht klar in sich selbst begründet und poetisch und psychologisch wahr genug vorgekommen. Auch kommen und gehen die Personen wie in einem Puppenspiele und damit die Geschichte sich fortbewege, bekommt sie immer durch einen deus ex machina einen äußern Anstoß. Man begreift nicht, wie die zum Theil albernen Menschen zu einem so tiefen, wahrhaften und wunderbaren Gespräch über Friedrich II., das preußische Volk, Lessing, Klopstock, Voltaire, den rel. Unglauben seiner Zeit u. s. w. kommen! — Welche gehaltvolle, gediegene Worte! welch ein tiefes, festbegründetes Urtheil, in dem jedes Wort gewichtig ist, haben wir da gefunden, aber wie kommt und geht es mit den übrigen Figuren der Novelle zusammen? Sonst ist alles, was von Tieck kommt, ein wahres Kunstwerk, wo alles zu einem schönen Ganzen in einander gewebt ist; aber dieß ist kein Kunstwerk, sondern — (erschrecken Sie nicht!) — Aphorismen und Rhapsodie. — Wir müßen den herrl. Geist, dem Shakespeare zur Aufgabe seines Lebens geworden ist, beklagen, daß er seine Kraft in solchen details minutieux versplittert. Nicht als wenn wir die Novelle gering achteten. Es hat uns im Gegentheil oft verdrossen, daß wir Deutsche auf die lyrische Poesie so viel Fleiß verwandten und die Erzählungen wie von der Bank gefallene Kinder in die Findelhäuser des Morgenblattes, der Abendzeitung, des Gesellschafters ꝛc. absetzen, aber Tieck kann sie anders schreiben als die geschriebenen sind. Höchst gespannt sind wir auf das Dichter=

leben und den Aufruhr in den Cevennen, von denen Sie uns
so viel gesagt haben; bedauern aber um so mehr, über das
Landleben nicht Ihrer Meinung seyn zu können!" und so kann
ich mich Ihnen denn mit keiner bessern zu freundl. Andenken
empfehlen; verbleibe aber

Ihr getreuer
Kabach.

Gern schriebe ich mehr, aber ich kann nicht — die Briefe
müssen endlich fort! Leben Sie wohl!

Kaufmann, Alexander.

Ueber die Lebensverhältnisse dieses Gelehrten wissen wir leider nichts
Näheres zu sagen. Von seinem gediegenen Wirken geben die beiden
Briefe das beste Zeugniß. Während er in Berlin verweilte, schien Kränk-
lichkeit häufig den Arbeitsfleiß des tüchtigen Mannes zu hemmen, und
aufmunternder Förderung dürfte er sich eben auch nicht besonders erfreut
haben. Die Uebertragung, welche er vom Lear geliefert, ist ein vorzüg-
liches Werk, dessen praktische Brauchbarkeit wir durch selbst eingeübte
Darstellung schätzen lernten. Einem so gründlichen, nach Wahrheit
ringenden Kenner Shakespeare's sind die, vielleicht allzu harten, Urtheile,
die er einer etwas übereilten Bearbeitung des „Caesar" entgegenstellt,
gern zu verzeihen; wenn wir auch einzugestehen wagen; daß uns die im
vierten und fünften Akte jener Tragödie angebrachten Berliner Kürzun-
gen nicht so tadelnswerth erscheinen, wie Kaufmann sie findet. Denn
ableugnen wollen, daß mit Caesars Ermordung, und mit den Reden des
Brutus und Antonius, die dramatische Wirkung abnimmt — das heißt
der Erfahrung widersprechen; in welchem Widerspruche sich allerdings
viele Theoretiker ausnehmend gefallen.

I.

Berlin, d. 4ten Juli 1829.

Hochgeehrtester Herr!

Mit der innigsten Freude habe ich die Bemerkungen gele-
sen und immer wieder gelesen, die Ew. Wohlgeboren die

Güte hatten, meiner Uebersetzung des Macbeth beizufügen. Ihre Theilnahme an meinen Bestrebungen, die Bemühungen, deren Sie meine Arbeit gewürdigt, so wie Ihre gütige Beurtheilung derselben, zeigen mir, daß Sie meine Richtung im Ganzen nicht mißbilligen, und diese freudige Ueberzeugung ermuthigt mich zu neuem Eifer. Es war mir daher schmerzlich, Ihnen nicht sogleich bei Empfang des Manuscripts, den herzlichen Dank, von dem ich mich durchdrungen fühlte, sagen zu können, aber eine hartnäckige Krankheit, die mich kaum verlaßen hat, hielt mich Anfangs, und später der Wunsch, Ihnen durch die That zu zeigen, wie ich Ihre Anweisungen beherzigt habe, bis jetzt davon ab. Wenn ich gleich nur zu gut fühle, daß es mir unmöglich wird, jetzt schon die hohen Anforderungen, die Sie (und gewiß auch ich selbst) an einen Uebersetzer des großen Dichters machen, überall zu befriedigen, so kann ich doch schon jetzt bemerken, welchen wohlthätigen Einfluß, das immer wiederholte Streben nach diesem Ziel auf meine Arbeit übt. Aus der beiliegenden Probe des König Lear, die in den letzten Tagen ganz umgearbeitet wurde, werden Sie, gewiß mit Freude, bemerken, daß Ihre Saat nicht ganz auf unfruchtbaren Boden gefallen ist, daß dieselbe im Ganzen, der, wegen ihrer Worttreue gerühmten Voßischen Uebersetzung von 1819, in dieser Hinsicht nicht nachsteht, und zuweilen noch wörtlicher ist, ohne der Sprache jene Gewalt anzuthun, die dem Voßischen Shakspeare so sehr schadet. Ich halte es für die erste Pflicht des Uebersetzers, den Sinn, die Intention im Ganzen, die Totalwirkung einer Stelle, namentlich ihr eigenthümliches Leben in Sprache und Rhythmus wiederzugeben, und erst für eine zweite, dies soweit es die Natur unserer Sprache zuläßt, mit denjenigen Worten und Stellungen zu thun, wie sie das Original hat; und bin der Meinung, daß man sogar unermüdet streben müsse, beides zu erreichen, daß aber im Collisionsfalle die letztere Rücksicht der ersteren weichen müsse. Es kann, wenn ich hier von Nachahmung des Rhythmus im Ganzen rede, natürlich nicht meine Ansicht sein, daß man sclavisch Alles nachahmen müsse; denn es giebt natürlich eine Menge Stellen, wo auf den bestimmten Rhythmus kein großes Gewicht gelegt werden kann, wo ein anderer ebendieselbe Wirkung hervorbringt, und der eben gewählte mehr aus der Beschaffenheit der Sprache, als aus dem Gegenstand oder einer besondern Intention des Dichters hervorgeht. Noch weniger aber konnte mich bei der Arbeit die schülerhafte Befolgung eines hergebrachten Versschemas verleiten, an die Stelle einer genialen Unregelmäßigkeit des Originals, die oft so höchst wirksam ist, jene nüchterne Regelmäßigkeit treten zu lassen: Denn bei Shakspeare wie bei jedem wahren Dichter entscheidet nur der Gegenstand über die Form, er gibt sich gleichsam von selbst dasjenige Gewand, das ihm am besten paßt; Gebrauch der Prose und des Verses im Allgemeinen sowohl, als die Behandlung jeder dieser Formen insbesondere folgt lediglich jener höheren Rücksicht, dem Character des Sprechenden, dem Inhalt seiner Rede, der Situation, der Gemüthsstimmung; und grade dieses innige Verwachsen der Form mit ihrem Gegenstand zeichnet neben so vielem Andern den großen Dichter vor Allen aus, und muß vorzüglich vom Uebersetzer nachzuahmen gesucht werden. Es hat mich daher sehr gewundert, daß Schiller die ganze erste Scene des 5ten Actes im Macbeth, die für das Erwähnte den augenscheinlichsten Beweis giebt, dadurch ihrer Wahrheit beraubt hat, daß er sie in regelmäßigen Jamben wiedergab. Dies, wie manches Andre machte mich glauben, daß er wohl nur der prosaischen Uebersetzung gefolgt ist, und dieselbe für den Gebrauch der Bühne eingerichtet und versifizirt habe, ohne dabei das Original genau zu vergleichen. Denn sonst hätte er gewiß gefühlt, wie sehr hier die mannichfaltig wechselnde Form motivirt ist, wie die leichte Conversationsprose der den

Act beginnenden Reden des Arztes und der Kammerfrau durch
den Gegenstand bedingt sind, wie sich aber auch dieselbe, wenn
der Arzt aus den Erforschungen des Zustands der Nacht=
wandlerin allgemeine Bemerkungen zieht, hebt, und mehr
rhythmischen Klang erhält, und namentlich, welchen Contrast
hierzu die Reden der Lady Macbeth bilden. In unruhigen,
abgebrochenen, heftig hervorstürzenden Lauten, einzeln rhyth=
misch, aber zerrissen, wie ihr Gemüth, und scheinbar ohne
Verbindung wie im Traum, malt sich ihre ganze Seelenqual;
dann wieder dazwischen die ruhig beobachtenden Bemerkungen
und Fragen des Arztes, und die theils gewählteren Antworten
der mehr in das wahre Geheimniß eingeweihten Kammerfrau,
und endlich die rein rhythmische Schlußstelle der Lady Mac=
beth, wo ihre Seele durch den einen Gegenstand des
Königsmords ganz in Anspruch genommen ist, und ihre Rede
zusammenhängend wird, und nach ihrem Weggehen die allge=
meinen Betrachtungen des Arztes, wegen des gehobenen Ge=
genstandes in Versen und in vollem Reim schließend. Das
ist kein Zufall, und noch weniger, wie vielleicht manche der
Hrn. Editoren glauben, „an extreme negligence in numbers."
Nein das ist die Freiheit des Genius, der mit dem Kunstwerk
zugleich seine Regel schafft. — Es bedarf übrigens nicht so
auffallender Stellen, um das Gesagte zu beweisen, die Belege
sind im ganzen Shakspeare zerstreut, oder vielmehr der ganze
Shakspeare ist nur ein Beleg dazu. Sie verzeihen mir gewiß
diese Ausführung, da Sie ihr Motiv wohl durchschaut haben.
Aus meinem unfertigen Manuscript konnten Sie zwar sehen,
was mir gelungen war, und was nicht; aber nicht, wonach ich
strebte, und selbst viele der Mängel, die Sie mir in diesem
Manuscript anmerkten, waren in meinem eignen Manuscript,
das ich zurückhielt, schon verbessert, und sehr leid war mirs,
diese Besserungen wegen der schnellen Abreise des Hrn. Pro=
fessor von Raumer nicht beischreiben zu können. Ihren Rath,

mich mit Shakspeares Zeitgenossen bekannt zu machen, habe ich sogleich befolgt, während meiner Krankheit den größten Theil der in der „Continuation of Dodsley's old plays VI. vol. L. 1816" enthaltenen Stücke von Marlowe, Lyly, Marston, Decker, Chappmann u. A. gelesen und daraus manches Schätzbare für den Shakspeare gelernt und mir gesammelt. Jetzt studire ich Ben Jonson in der trefflichen Gifford'schen Ausgabe, und werde mit diesen Studien immer fortfahren, da ich sehe, wie nothwendig sie sind. Ich hätte dies gewiß schon früher gethan, wären mir nicht in Potsdam alle diese Werke, so wie überhaupt auch für den Shakspeare aller kritische Apparat abgegangen. Ich konnte dort bei meiner Uebersetzung nur die Fleischersche Ausgabe benutzen, da ich leider keine andere besaß; was also dieselbe an schlechten Lesearten und Emendationen in ihrem Text hat, das ging in meine Uebersetzung über, nicht aus eigner Wahl, und weil ich den Editoren zu sehr vertraute, (denn die ertappt man ja, wie ich mich schon aus früheren Studien überzeugt hatte, überall auf Verkehrtheiten,) sondern weil mir die Lesearten der alten Ausgaben fehlten, und mir also nichts übrig blieb, als meiner Ausgabe zu folgen. Ich hatte mir jedoch die Vergleichung der alten Ausgaben und die Erforschung des Urtextes, sowie die Abänderung meiner Uebersetzung nach diesem Resultat bis zu meiner Ankunft in Berlin vorbehalten, und habe mir nun die Varianten der ersten Folio von 1623 von Macbeth und Lear schon gesammelt. Die andern alten Ausgaben jedoch konnte ich nicht bekommen, und auch in den neuern englischen Ausgaben, die ich bis jetzt verglichen, fand ich keine vollständige Angabe der Varianten. Die meisten derselben haben gar keine, und auch diejenigen, die welche haben, sind mehr bedacht, die gewählte Leseart zu vertheidigen, als dem Leser zur eignen Wahl und Beurtheilung einen vollständigen Apparat zu geben. Die Baseler Ausgabe scheint mir noch die voll=

ständigste, aber auch hier vermisse ich die Angabe der abweichenden Versabtheilung, und selbst, wo ich sie verglichen habe, oft die Angabe der Lesearten der Folio. Es würde mir höchst erfreulich sein, wenn Sie mir hierin Ihren gütigen Rath ertheilen wollten. Ihr durch Herrn von Raumer mir mitgetheiltes Anerbieten, auch meine übrigen Uebersetzungen Ihrer Durchsicht und Beurtheilung würdigen zu wollen, war mir die liebste Kunde, die ich seit lange erhielt, und nicht weniger war ich und mein Verleger darüber erfreut, daß Sie auch zu meinen Stücken in der Ausgabe Ihre Erläuterungen geben wollen. Mein sehnlichster Wunsch wäre, Ihnen auf irgend eine Weise bei dieser Arbeit Dienste leisten zu können; ist dies der Fall, so bitte ich, mich die Art und Weise wissen zu lassen, und verspreche im Voraus, daß es an meinem Eifer nicht fehlen soll. Wenn es mir irgend möglich wird, so bin ich gesonnen, im Laufe dieses Sommers einige Wochen in Dresden zuzubringen, um aus Ihren mündlichen Mittheilungen einen größeren Nutzen für die Sache, die mein Heiligstes ist, zu ziehen. Schließlich bitte ich Sie, mir ferner Ihre Theilnahme zu schenken, und verbleibe Ihnen zu innigem Dank verpflichtet, hochachtungsvoll

Ew. Wohlgeboren

ergebenster

Kaufmann.

II.

Berlin, d. 31ten März 1830.

Verehrter Freund und Gönner!

Was müssen Sie von mir denken, daß ich all' die Liebe und Freundschaft, die Sie mir geschenkt, die überaus gütige Aufnahme, die ich bei Ihnen fand, Ihre Theilnahme und

Belehrung, all' die herrlichen Stunden, die ich Ihrer großen
Güte verdanke, so sehr vergessen konnte, Sie zwei Monate auf
einen Brief warten zu lassen, und, wie ich nun durch Becker
erfahren, Sie durch die verzögerte Uebersendung der verspro-
chenen Manuscripte förmlich in Verlegenheit zu setzen. Bei
mir selbst kann ich das durch nichts verantworten, aber in
Ihren Augen hoffe ich durch ein offenes Bekenntniß Gnade
zu finden. Gleich nach meiner Rückkehr machte ich mich mit
dem erhöhten Eifer, den mir mein Aufenthalt bei Ihnen ein-
geflößt, über den Macbeth her, mit dem festen Entschluß, ihn
Ihnen zur versprochenen Zeit einzusenden. Aber da häuften
sich Schwierigkeiten auf Schwierigkeit. Ich fand wieder
recht, wie viel schwerer es ist, etwas umzuarbeiten und aus-
zufeilen, als es neu zu übersetzen, und je strenger meine An-
forderungen an mich in Bezug auf das Einzelne des Ausdrucks
und die Eigenheiten des im Macbeth herrschenden Tones
waren, desto schwerer wurde es mir, sie mit der Abrundung
und Vollendung des Ganzen, und namentlich mit den Eigen-
heiten der Rhythmen zu verbinden; was ich auf der einen
Seite besserte, verschlimmerte ich auf der andern, und konnte
mir's nie zu Dank machen. Ich verzweifelte fast, als ich die
mir gesetzte Zeit verstreichen sah, und noch mit dem ersten
Act nicht in's Reine kommen konnte; und doch durfte ich auch
wieder die Sache nicht leicht nehmen, da ich mir fest vorge-
nommen hatte, nicht eher mit der Arbeit wieder vor Ihren
Augen zu erscheinen, bis daß ich das mir Möglichste daran
gethan. So entstand in mir ein doppeltes Gewissen, eins,
das mich zur Eile trieb, und ein anderes, das mich beim Zau-
dern hielt; mit leeren Händen wollt' ich auch nicht kommen,
und so schwieg ich lieber ganz. Wenn aber mein Zögern den-
noch strafbar ist, so hab ich's gewiß durch das quälende Gefühl,
Ihnen zu mißfallen, genugsam gebüßt; und wenn das noch
nicht genügt, so bitte ich, ein bedeutendes Opfer, das ich durch

mein Zögern meiner Pietät gegen unsern großen Dichter ge=
bracht, mit in die Schale zu legen, und dann werden Sie mir
gewiß verzeihen. Es war doch gewiß für einen jungen, unge=
nannten Schriftsteller der stärkste Antrieb zur Eile, wenn er
dadurch hoffen konnte, in ganz kurzer Zeit unter den Auspicien
seines verehrten Meisters seine Arbeit auf die Bühne gebracht,
und sich selbst so gleichsam eingeführt zu sehen. Das alles
gab ich dran, um meine Uebersetzung auch nur einiger Maßen
dem Original näher zu bringen, und die Aufschlüsse, die Sie
mir gegeben, daran nach Kräften zu realisiren; wie wenig
mir das auch gelungen ist, so werden Sie doch den guten
Willen daran erkennen, und sich gewiß darüber freuen. Das
andre Stück, die Nebenbuhler, habe ich vor mehreren Jahren
schon übersetzt und hatte damals keine Absicht damit, als mich
im dialogischen Ausdruck zu üben, woher ich es denn mit der
Wörtlichkeit eben nicht genau nahm; können Sie indeß, so
wie es ist, irgend Gebrauch davon machen, so steht es gern zu
Diensten. Beide Stücke übergebe ich ganz Ihrer freien Dis=
position, daraus und damit zu machen, was Sie gut finden;
und ich hoffe bald die Freude zu erleben, durch Ihre gütige
Mitwirkung eines der Stücke auf der dortigen Bühne zu sehen.
Hier werde ich mit Hoffnungen und glatten Worten gefüttert,
und der König Lear bleibt unaufgeführt, während man alles
mögliche Schlechte zusammensucht, um nur was Neues zubrin=
gen. Der F.'sche Julius Cäsar ist auch zweimal über die Bühne
gegangen, das zweite Mal bei sehr leerem Hause, und wird,
da ihm die Recensenten sehr die Zähne weisen und vor der
dritten Aufführung nicht beißen dürfen, wohl nicht wieder
gegeben werden. Sie kennen glaub ich das Machwerk schon,
sonst könnt ich Ihnen viel von der Lächerlichkeit und Frivo=
lität dieser Bearbeitung erzählen, bei der man nicht weiß,
ob man die Leichtfertigkeit der Auslassungen oder die freche
Selbstgefälligkeit der höchsteignen Zusätze und Aenderungen

mehr bewundern soll. In einem eignen Aufsatz hat dieser Herr darzuthun gesucht: da doch Cäsar einmal der Held des Stückes sei, so höre mit seinem Tod das Interesse auf, und die Abkürzung der letzten Acte, bei denen es überhaupt dem Shakspeare auf ein Paar Scenen nicht angekommen, werde nothwendig. Der saure mürrische Casca und der politische beredte Decius sind eine Person geworden, und um die Widersprüche zu versöhnen, läßt der Bearbeiter an der bekannten Stelle des Brutus: „Was für ein plumper Bursch ist dies geworden," den Cassius antworten: „ja, doch wenns gilt, so weiß er auch zu reden" u. s. w. und dann überredet Casca den Cäsar aufs Capitol zu kommen. In der bekannten Rede läßt er den Anton ungefähr Folgendes sagen: „Er

> überwand an jenem Tag die Parther,
> Und damals wars, als er das große Wort,
> „„„Ich kam, ich sah, ich siegte"" heimgesandt," u. s. w.

Doch genug — Sie sehen, der Neid spricht aus mir.

Becker ist gestern Abend zum ersten Male im Opernhause, bei vollem Hause, als Fiesco aufgetreten, und hat eine sehr gute Aufnahme gefunden. Anfangs zwar opponirte das Publicum, (das gern gleich vorn herein weiß, wie es mit seinen Helden dran ist, und keine Halbheit, kein zweideutiges Betragen an ihnen leiden mag) dem Beifall Einiger, die es wagten, die fingirte Rolle zu beklatschen; dafür entschädigte es ihn aber auch nach Erzählung der Fabel bei den Worten: „aber es war der Löwe" mit desto rauschenderem Beifall, und wiederholte denselben ungewöhnlich oft und allgemein bis zum Schluß, wo der Gast gerufen und mit lebhaftem Beifall empfangen wurde. Sein feines Spiel und die Grazie seiner Bewegungen, mit einem Wort das Vornehme, das er ausdrückt wird allgemein anerkannt. Noch muß ich Ihnen melden, daß, als ich nach meiner Rückkehr von Dresden den Herrn Grafen v. Redern besuchte, und ihm Ihre Grüße überbrachte, er

sonst noch Aufträge von Ihnen an ihn zu erwarten schien,
und mich danach fragte, überhaupt so genaue Kundschaft, als
ich sie eben geben konnte, von Ihrem Wirken bei der dortigen
Bühne und den sichtbaren Früchten desselben bei mir einzog,
und darauf lebhaft den Wunsch aussprach, Sie hier bei der
Bühne angestellt zu sehen. Obgleich er mir Stillschweigen
auferlegte, so kann ichs Ihnen doch nicht verschweigen.

Nehmen Sie schließlich nochmals meinen herzlichsten Dank
für all die Liebe und Freundschaft und all die unvergeßlichen
Stunden, die ich in Ihrem Kreise verlebt; haben Sie die
Güte, mich der Frau Gemahlin und werthen Familie, der
Frau Gräfin von Finkenstein und den übrigen Freunden, zu
empfehlen, und leben Sie recht wohl.

Hochachtungsvoll

Ihr ergebenster

Kaufmann.

Die beiden Manuscripte schickte ich mit der fahrenden Post.

Nochmals bitte ich, mir mein Schweigen zu verzeihen,
und, wenn auch nur mit einer Zeile mich deßhalb zu beruhigen.
Nach Wien und München habe ich ebenfalls den Macbeth
abgeschickt.

Kerner, Justinus.

Geb. den 18ten Sept. 1786 zu Ludwigsburg, gestorben 1860.

Romantische Dichtungen (1817). — Gedichte (1826). — Die Seherin
von Prevorst, 2 B. (1829). — Bilderbuch aus der Knabenzeit (1839). —
Der letzte Blüthenstrauß (1853).

Es erweckt eigenthümliche Betrachtungen, hier zu lesen, wie vertraulich und hoffnungsvoll der liebe, sanfte Mensch sich an Tieck wendet, mit einem Herzen voll Wehmuth, wegen seiner „Somnambüle," wegen all' des Hohnes, der ihn jenes Buches halber getroffen; — und dann zu bedenken, daß Immermann, Tiecks vertrauter Freund, diese wunde Stelle am weichen Justinus gerade so verletzend berührte! Wie stand Tieck zwischen beiden? Auf wessen Seite neigte er sich, seinem innersten Wesen nach? — Das bleibt eine schwer zu beantwortende Frage, für Alle, die ihn bei verschiedenartigen Seelenstimmungen beobachtet haben. Wir meinen nicht zu irren, wenn wir muthmaßen: Tieck hat Beiden Recht gegeben, weil er Jeden von Beiden nahm wie er war!

I.

Weinsberg, d. 18ten Feb. 30.

Verehrungswürdigster!

Sie werden Sich vielleicht meiner nicht mehr — aber wohl des Stuhles erinnern, auf dem Sie auf dem alten Thurme zu Weinsberg saßen und auf die Gebirge sahen. —

In diesen ist nun das Grab jener unglücklichen Frau, die Sie damals mit Ihrem Besuche erfreuten. Ihre Geschichte, aus der ich Ihnen damals einige Blätter vorlas, ist inzwischen auf dem Markte erschienen. Außer Eschenmayer, Schubert und Friedrich v. Meyer will diese in Deutschland kein schreibender Mensch verstehen.

Ich hätte sie Ihnen zugesandt, allein ich denke, Sie können sie in Dresden häufig finden. Ich denke mir, daß Sie sie gelesen. Ich muthe keinem Menschen zu, den zweyten Theil so zu nehmen, wie ich und Eschenmayer ihn nahmen — aber sehr schmerzhaft müßen mir so verschrobene, entstellende Urtheile seyn, wie Sie sie in Hrn. Dr. Menzels Literaturblatt von ihm und einem Hrn. Carové aus Frankfurth, lesen können und inzwischen durch alle Tageblätter Deutschlands hindurch.

Ich liebe Sie unsäglich und ich traue auf Sie. Wäre es Ihnen nicht möglich, nur ein Wort über diese Geschichte öffentl. zu sprechen?? Nur den Eindruck zu bezeichnen, den diese Frau auf Sie machte. Darum bitt' ich auch Ihre Tochter, die auf uns alle tiefen Eindruck hinterließ, — sie soll den

Vater darum bitten. Sagen Sie ihr, daß die verstorbene
Frau nach ihrem Weggehen noch vieles von ihr gesprochen,
was ich ihr gern sagen möchte. Ich gebe die Hoffnung nicht
auf, Sie und Ihre Lieben einmal im Leben wieder zu sehen
— wie glücklich würde mich das machen! — Dann mündlich,
was ich nicht schreiben mag!

Ich will auch nichts mehr schreiben, Sie nicht von Besse-
rem abzuhalten. Ihre lieben Hände mit den kurzen Fingern
drücke ich herzlich und wir alle in dem kleinen Hause grüßen
Sie und die Lieben, die mit Ihnen in ihm waren, innigst,
vertrauensvollst!

Ewig

Ihr Verehrer und Freund
Dr. Justinus Kerner.

b. 16ten April 30.

Dieser Brief blieb 3 Monate lang liegen, weil ich immer
dachte, es seye unbescheiden von mir, Sie mit ihm zu beschwe-
ren. Inzwischen mehrten sich recht sehr die Gegner wie die
Freunde der Seherin von Prevorst. Unter letztern zeichnet sich
Görres hauptsächlich aus, auch der Sohn Fichtes schrieb
über sie günstig. Durch die Schrift, „das Bild zu Sais,“
wird diese Frau für wahnsinnig erklärt. Das will ich gelten
lassen: denn es giebt auch einen göttlichen Wahnsinn, in
dessen Kreisen vor allen auch Sie leben. So mein ich es.
Der Verfasser (ein junger Mann in Stuttgardt) zeigt zu sei-
nem Lobe überall einen Brief von Ihnen. Er kennt mich
nicht, sah diese Frau nie und schwatzt wie ein Blinder von der
Farbe.

Von Eschenmayer erscheint in den nächsten Wochen
eine eigene Schrift über die Seherin und die Einwürfe, die
die Verstandesherren dem Buche machen, und das bin ich so

frey, Ihnen zuzusenden, wofern Sie Sich meiner noch erin=
nern. Wachend und in Träumen sehr oft bei Ihnen!

Ihr Kerner.

II.

Weinsberg, d. 24ten Feb. 41.

Verehrungswürdigster!

Sie werden sich meiner wohl noch als des Wunder= und
Geistersüchtigen erinnern, der Ihnen doch wenigstens einigen
Spaß machte? Ich wage Ihnen hier einen jungen Lands=
mann zuzusenden, der aus Hegels-Schule ist und an keine
Geister glaubt. Er bringe Ihnen meine innigsten Grüße und
die Versicherung meiner Verehrung und Liebe.

Ihr ergebenster
Dr. Justinus Kerner.

III.

Weinsberg, d. 14. Juny 41.

Verehrungswürdigster!

Sie hatten die Liebe mir zu erlauben, Ihnen nach Baden=
Baden schreiben zu dürfen.

Von Mörike erhielt ich einen Brief, in welchem er
schreibt: „So innig ich beklage, den herrlichen Tieck damals
nicht haben sprechen zu können, so ganz unmöglich war es
durch mein Uebelbefinden. Empfehlen Sie mich demselben,
sagen Sie ihm, wie wohl die günstige Meinung, die er von
mir zu hegen scheint, mir thue. Ach! wäre ich gesund und
nicht von außen immer so gehetzt und beengt, wie viel zufrie=

dener sollten meine Freunde mit mir seyn. So aber muß ich ihnen öfters undankbar, als ein launischer Hypochonder erscheinen. Ich weiß das Alles anders und kann es doch nicht ändern." —

M. dauert mich unendlich. Er schreibt auch noch: daß das Schicksal seines ältesten Bruders ihn ganz niederdrücke, sowie auch ökonomische Dinge nach dem Tode seiner Mutter. Denkt man sich dabey nun seinen zerrütteten Nervenzustand, die schlechte Pfarrey, auf der er noch einen Vikar, die Brüder und eine Schwester, zu erhalten hat, — so sieht man leicht ein, wie ihm nach und nach alle Saiten von der Leyer springen müßen. —

Ich weiß für ihn nur einen Trost und der sind Sie und Ihr Erkennen seiner. Ich bitte innigst — das auszuführen, wovon Sie so gütig sprachen, — ein paar Blätter über Mörikes poetische Leistungen zu schreiben. Es wäre Ihnen gewiß auch ein Kleines, eine Quelle zu finden, durch die er unsrem König empfohlen würde, durch Nennung Ihres Namens, was allein Gewicht hätte. Durch Münchs Tod, der in Stuttgardt für — nichts einen großen Gehalt bezog, fiel eine gute Besoldung in die Finanzkasse zurück, die Hälfte davon würde hinreichen, diesen vortrefflichen Menschen für immer aus seinem Jammer zu retten und wieder für die Kunst zu gewinnen.

Kämen Sie nach Ems und träfen Sie dort die Töchter des Königs (die von der Catharina), die Gräfin Neipperg, die jetzt dort ist und die Prinzessin von Oranien, die später dahin kommt, — so vergessen Sie nicht, zu ihnen ein Wort von M. zu sprechen. Ich that es bey der erstern schon früher mit gutem Erfolg, aber Ihr Wort hat größeres Gewicht. —

Und nun muß ich Ihnen noch meinen unsäglich innigen Dank sagen für die große Liebe, die Sie mir und meiner ganzen

Familie in Heilbronn erwiesen und die ich nicht verdiente. Wir leben alle in freudiger Erinnerung Ihrer, der gütigen Frau Gräfin und der herrlichen Tochter. Für letztere lege ich, nebst den herzlichsten Grüßen von uns Allen, hier ein paar schwache Gedenkblättchen bey.

Ich wünsche nur, daß Ihnen und der verehrten Frau Gräfin die Bäder recht gut bekommen und die Wetterveränderung, die sich inzwischen so schlimm einstellte, keinen Schaden bringen möge!

Verlassen Sie mich nicht ganz — Gedenken Sie meiner auch zuweilen noch in Ihrem reichen Geist und Herzen!

Der Himmel schenke Ihnen Gesundheit und inneren Frieden!

Ewig mit der innigsten Verehrung und Liebe

Ihr ganz ergebener

J. Kerner.

Killinger, K. A. Freiherr von.

Geboren 1802 zu Heilbronn, Sohn eines früher beim Regiment Hohenlohe in Breslau gestandenen, nachmals (1809) als badischer Major auf dem Schlachtfelde gebliebenen Vaters, studirte Jurisprudenz, machte das Staatsexamen, — trat jedoch nicht in die Praxis, sondern widmete sich, in Karlsruhe lebend, den Wissenschaften ganz und gar; wobei er hauptsächlich neben dem Studium verschiedener Litteraturen, die englische sich auf's Innigste vertraut machte. Unter dem Autornamen K. v. Kreling hat er sich und seinen Arbeiten im Inlande wie im Auslande hohe Achtung erworben. („Among the most intelligent of the Germans who had favoured us with their acquaintance at Carlsruhe, was Herr von K....... His mastery of our langage was perfect; his knowledge of its modern literature greatly beyond that of most of my countrymen" etc. New Monthly-Magazine, April 1855.)

Auf diesem mit Fleiß und Glück verfolgten Wege gewann Hr. v. K. auch Tieck's Zuneigung und Achtung; jede Reise des Letzteren nach Baden-Baden gab Gelegenheit in Karlsruhe zu verweilen, und ihr freundschaftliches Verhältniß durch persönlichen Verkehr auffrischend zu beleben.

Englische Bibliothek, 6 Bde. (1834—38.) Diese bringt Bearbeitungen erzählenden, lebensgeschichtlichen, reisebeschreibenden Inhaltes, von ihm allein verfaßt. — Erin, 6 Bde. (1847—49) Lebensgeschichten irischer Schriftsteller, Erzählungen derselben u. s. w. Mährchen, Legenden und Sagen. (Zu dieser Sammlung, über welche Grimm im 3ten wissenschaftl. Theil der Kinder- und Hausmährchen pag. 393—95 redet, gab Herrn v. K.s naher Verwandter und vieljährig vertrauter Freund Ludw. Uhland die Anregung.) —

Harris' Gesandtschaftsreise nach Schoa, 2 Bde. (1845.) mit wissenschaftl. Erläuterungen begleitet. — Ausgewählte Englische Synonymen, (1854.) — als Beigabe dazu: Englische Etymologieen; eigene Forschungen über die Ursprünge und Ableitungen der engl. Sprache. — Auch war Hr. v. K. thätiger Mitarbeiter am großen Hilpert'schen Deutsch-Engl. Wörterbuch und alleiniger Verfasser des „Nachtrags" (1857) zu demselben; ebenso am Londoner Athenäum, und an andern Zeitschriften.

I.

Karlsruhe, 1. September 1837.

Verehrter Herr und Freund,

Ich habe mich den ganzen Frühling und Sommer mit der Hoffnung getragen, Nachricht von Ihrem Kommen nach Baden zu erhalten oder aufs Freudigste durch Ihre Gegenwart in Karlsruhe überrascht zu werden: allein ich sehe und fürchte, ich werde auf Beides für dieses Jahr verzichten müssen. Muß ich glauben, daß Ihre Gesundheit so angegriffen ist, daß sie eine Reise nach Süddeutschland nicht erlaubt, oder darf ich mit dem herzlichsten Vergnügen — ein Vergnügen, dem ich selbst meinen eigensüchtigen Wunsch, Sie wieder bei uns zu sehen, gern opfere — annehmen, daß Ihr Wohlseyn eine solche Auswanderung aus Ihrem freundlichen Dresden gar nicht nöthig machte? Beruhigen Sie mich über jene Besorgniß oder bestätigen Sie mir diese tröstliche Vermuthung, wenn auch nur mit einer Zeile; aber bald!

Ihre kurze und eilige, mir aber darum doch überaus werthvolle Zuschrift vom 27. März ist mir erst mehrere Wochen nach diesem Datum zugekommen; mein Unstern wollte, daß mich der Ueberbringer, Hr. v. Bernburg, den ich literarisch schon kannte und achtete und deßhalb um so mehr auch persönlich kennen und lieben zu lernen gewünscht hätte, nicht zu Hause traf und ich ihn bei wiederholtem Vorsprechen in seinem Gasthofe ebenfalls jedesmal verfehlte.

Wenn ich nicht aufs Ueberzeugteste fühlte, daß ich den Inhalt jener Zuschrift, insoweit er die Verdienstlichkeit der Engl. Bibl. betrifft, vielmehr Ihrem freundschaftlichen Wohlwollen für mich, als der ernsten Uebung Ihres allgeachteten und — verdientenfalls — allgefürchteten kunstrichterlichen Vermögens zu verdanken habe, so könnte ich über Ihre beifällige Aeußerungen fast stolz werden; ich habe indessen die aufsteigende Hoffahrt niedergedrückt und mich an Ihrem gütevollen Lobe so weit zu erfreuen und zu erstärken mir erlaubt, daß ich neue Lust und neuen Muth zur Fortführung eines — wie ich aufrichtig gestehen will, mir liebgewordenen — Unternehmens gewann, welches mir mancherlei Umstände zu verleiden geeignet sind; dahin gehören vor Allem: der Unfug, der mit dem Uebersetzen mehr als je getrieben wird und jedem Uebersetzer in einer Verdammung gewissermaßen eine levis notae macula anhängt; ferner: die ganz seltsame Art, mit welcher diejenigen Zeitschriften, welchen altem Herkommen nach ein Exemplar der Engl. Bibl. zur Beurtheilung zugesendet zu werden pflegt, verfahren, indem sie die Zusendung entweder gar nicht einer öffentlichen kritischen Bemerkung werthhalten oder mit einer blosen Inhaltsaufzählung abfertigen, und dessenungeachtet, jedoch mit Verschweigung der benützten Quelle, zu Auszügen in ihre eigenen Spalten verwenden; endlich: die Unzahl jener freibeuterischen Unterhaltungsblätter, welche ein kaum erschienenes Heft der Engl. Bibl. auf eine Weise plündern, die in pekuniärer Beziehung einem solchen Unternehmen nur schaden muß. —

Doch genug und übergenug mit solchen Beschwerden und Klagen, die ein Altmeister in der Literatur einem literarischen Neuling, der eine Lieblingsidee, und wäre sie auch nur auf so Unbedeutendes wie der Plan der Engl. Bibl. gerichtet, ungern verkümmert und aufzugeben sich genöthigt sieht, mit freundlicher Nachsicht zu gute halten wird.

Ich habe dieses Blatt so unverantwortlich in den lieben Egoismus ausschießen lassen, daß ich mir zur Buße, und Ihnen gewiß zur erwünschtesten Erleichterung, das Vergnügen versage, Sie noch länger anzuplaudern, und mit dem herzlichsten Wunsch für Ihr körperliches Wohlergehen und die Fortdauer Ihrer, mir sammt allen Ihren Freunden so hochschätzbaren, geistigen Schaffenslust schließe.

Ihr Sie innigst verehrender
K. A. Frhr. v. Killinger.
Stephanistraße Nr. 10.

II.

Karlsruhe, 14. Januar 1842.

Verehrter Herr und Freund!

Es drängt mich, was sich in mir seit Ihrem letzten Hiersein an neugesteigerten Gefühlen der Dankbarkeit, Liebe und Verehrung gesammelt hat, Ihnen in geschriebenen Worten, da mir mündliche leider unmöglich sind, auszusprechen; ich nehme dazu das neue Jahr, zu dessen Beginn ja selbst lästige Wünsche geduldig hingenommen zu werden pflegen, der Ausdruck ächter Anhänglichkeit und Hochachtung aber eben durch die Jahreswende und deren Bedeutsamkeit wie am Erlaubtesten so am Angemessensten erscheinen dürfte.

Die stolze Freude, mit der ich Sie im Geiste und mit dem Herzen auf Ihren Feierzügen der Heimreise durch Heidelberg, Darmstadt u. s. f. begleitete, wird nur durch den Gedanken

getrübt und gebemüthigt, daß nicht auch hier in Karlsruhe
Ihnen eine huldigende Aufmerksamkeit hatte dargebracht wer=
den können; allein Ihr kurzbemessener Aufenthalt vereitelte
die kleine Festlichkeit, mit der es von einer Anzahl „bekannter
und unbekannter Freunde und Schätzer Tieck's" auf Sie
abgesehen war, und so sind Sie denn glücklich und unbewußt
mit der blosen Nachricht in der hiesigen Zeitung weggekom=
men, daß Ihnen ein Festmahl bereitet werden sollte, was
übrigens in der, in der Mehrzahl der Mitglieder seiner s. g.
gebildeten Klassen hinsichtlich des Genusses dichterischer
Schöpfungen und der begeisterten Würdigung der Dichter
noch ziemlich böotischen oder beamtlichen, „fächergebaueten
Sandstadt" ein „Ereigniß" gewesen sein würde, da man hier
wol einen neuen Bürgermeister oder Stadtdirektor oder Land=
tags=Abgeordneten oder fürstlichen Namenstag befestmahlte,
einen Dichter aber noch nicht seit Serenissimus der höchstselige
Markgraf Karl=Wilhelm von Baden=Durlach Anno 1715
den Grundstein zu hiesiger Stadt legte. Uebrigens ist Ihnen
die gedrohte Verherrlichung (kurios, daß man Poeten — diese
Ambrosiaesser und Idealreichsbewohner — so gern durch ein
Speisefest feiert und ihnen den Lorbeer, statt um die Schläfe,
in einer Wildschweinsauce reicht) nicht geschenkt, sondern nur
aufgehoben; lassen Sie sich nur wieder dieses Jahr in Baden
finden! ja, hätte ich Ihnen nicht gerade zum Beginn eben die=
ses Jahres nur gute Wünsche darzubringen, so möchte ich fast,
Sie hätten einen recht rheumatischen Winter durchzumachen, um
desto gewisser wieder die „balsamischen Lüfte" und das „weiche
warme Wellenspiel" in der von einem schriftstellernden Eng=
länder so benannten „City of the Fountains" aufsuchen zu
müssen; so aber will ich, aus der Fülle meines Herzens, Ihnen
ein geistig und körperlich recht behagliches Verbringen dieser
nordischen (aber nicht meiner) Lieblings=Jahreszeit und noch
recht vieler Lenze und Badereisensommer und fruchtreicher

Herbste (stehen Sie ja doch selbst erst — was auch der
31. Mai 1773 dawider aufbringen möge — im Lebensherbste
und müssen, uns Lesern und geistigen Feingenüßlingen zu lieb
und zum Frommen, noch mehr Früchte geben so reif und
so schön und so erquicklich wie Ihre letzte, aber hoffentlich
nicht letzte, Ihre Südfrucht, Ihre Vittoria) wünschen.

Aus den kümmerlichen und wol auch mitunter unrichtigen
Korrespondenznotizen der Zeitungen habe ich mir über Ihr
seitheriges Befinden und Thätigseyn doch manches Erfreuliche
zusammengelesen, besonders über Ihren Aufenthalt in Pots=
dam=Berlin; die Feier, die Ihnen dort veranstaltet worden,
habe ich nachbegangen, Ihre Mühwaltung um die Aufführ=
rung der „Antigone" getheilt, den Genuß der Anschauung
dieses erhabenen und erschütternden Spiels Ihnen beneidet,
die Auszeichnung und Freundschaft, die Ihnen ein König
bewies, über den man hier, wo man häufig entweder hitzig=
liberal oder, infolge gewisser Einflüsse, österreichisch=dirigirt
denkt und ist, die seltsamsten und zweifelndsten Urtheile hören
muß, den ich aber als einen Fürsten voll der reinsten und hell=
sten An= und Absichten für die allerdings nicht französisch=über=
eilte Förderung des Volksbesten und als einen Mann von
tiefem, aber eben darum dem gewöhnlichen und oberflächlich
blickenden Auge nicht breit offen gelegten Gemüthe und von
reichem feinem Geiste ansehe und hoch halte, herzlich gegönnt.
Verzeihen Sie mir diese, in einem freundschaftlicher Ergie=
ßung bestimmten Briefe, vielleicht unangemessene Hereinbrin=
gung meiner Ansicht über den Herrscher Preußens; allein wie
überflüssig und werthlos sie an sich auch sein mag, so hat sie
doch das Verdienst, die eines Mannes zu sein, der sich einer
ächten freien Gesinnung bewußt und unabhängig genug ist,
um nicht einen Bierbank=Liberalismus oder den Servilismus
der Kriecher und Hungerleider sich andenken oder anheucheln
zu müssen, und zudem drängte es mich, gerade Ihnen, dem

von mir so Hochverehrten und hier vor so vielen zum zuständigsten Urtheil Befähigten, das meinige darzulegen.

Von meinem Leben, Thun und — Lassen (denn ich Kleiner leide wie gewisse viel viel Größere auch an der Bequemlichkeitssünde) werden Sie wol keinen Bericht verlangen und ich Ihnen wahrhaftig auch keinen geben; zwischen den Freuden und Genüssen des Familienkreises und meiner Bibliothek — den besten, die ich kenne — einerseits und the usual routine of newspaper-writing and dictionary-making und just so vieler Theilnahme an freundschaftlichem Verkehr und öffentlichen Vergnügen, als nöthig ist, um nicht für einen Menschenfeind oder Pedanten sich ansehen lassen zu müssen, andrerseits, runs the smooth course of my life, den selbst der Aerger über die immer materieller werdende, in Fabrikenwuth und Fabrikennoth sich verrennende Welt nicht zu stören vermag. Einen besondern Genuß gewährt mir allsonntäglich Abends das Lesen (versteht sich im Original) und Besprechen Shakespeare's gemeinschaftlich mit dem Hofbibliothekar Gentz hier, einem tüchtigen Sprachenkenner, und dem Ministerialrath Zell, der Ihnen wol noch von Ihrem letzten Hierseyn in freundlichem Andenken ist, jedenfalls sich Ihnen dazu wieder empfiehlt. Wir gedenken bei diesem Shakespeare-Kränzchen oft Ihrer; allein lieber noch, als im Geiste, möchten wir Sie leiblich bei uns haben zum Vorlesen, was Ihnen aber auch, sobald wir Sie wieder in Karlsruhe bekommen und festhalten können, sicherlich nicht soll erlassen werden. — Ein Wunder hat Hr. M. R. Zell hier gewirkt, das Sie ebenso erstaunen als freuen wird: angeregt durch die ebenso eigenthümliche wie schöne Idee jener Wiederauferweckung der altgriechischen Tragödie und die vielbesprochene Aufführung der sophokleischen Antigone in Potsdam hat er über Beides eine Reihe freier Vorträge in dem hiesigen Museum gehalten, welche mit der lebhaftesten Theilnahme und stets, selbst von

Seiten der zahlreichst anwesenden Damenwelt, gespannter Aufmerksamkeit angehört wurden und mich und andere Freunde geistiger Anregungen und Genüsse hoffen lassen, daß letztere wenigstens neben dem Tanzen und Geigen noch ihre Stelle in jenem gesellschaftlichen Vereine erhalten und Wurzel fassend erfreuliche Blüten treiben und wohlthätige Früchte tragen werden; es war etwas Unerhörtes, Niegeschautes, Nimmererlebtes, Hunderte und Hunderte diesen Vorträgen zuziehen zu sehen, und mag schon Manche der Umstand, daß sie (natürlich) umsonst gehalten wurden, gelockt oder die Mode hingeführt haben, so ist doch in Viele der Same eines bessern Geschmacks und einer reineren Genußrichtung gestreut worden und das Verdienst Hrn. Zell's gewiß auch in Ihren Augen nicht unbedeutend. Doch ich merke mit Schrecken, wie ich mit unsern Herrlichkeiten kleinstädtisch groß thue und breit werde, und nehme Ihre Nachsicht und Augen nur noch für ein paar erklärende Worte über die Inlage in Anspruch. Sie rührt von einem jungen hiesigen Handwerksmeister her, der — ein ächter, kräftiger, schlichter, kluger, allgemein geachteter hiesiger Bürgersmann — neben seinem Gewerbe, das er tüchtig treibt, in arbeitsfreien Stunden sein unverkennbares Talent zur Dichtkunst als Erholung und vom inneren Drang bewegt, walten läßt und pflegt, manches, ja vieles recht Hübsche und Ansprechende in Versen schon geleistet und geliefert hat (ich glaube, es würde den Mann und Naturdichter glücklich machen, wenn Sie ihm erlaubten oder ihn einladen, Ihnen das 1840 gedruckte Bändchen seiner Dichtungen zu senden?) und gelegentlich mich über seinen literarischen Bedarf oder dieses und jenes von ihm gelesene gute Buch zu Rathe zieht; so kam er letzthin ganz im Feuer zu mir, erzählend, wie er so eben mit inniger Lust Ludwig Tieck's „jungen Tischlermeister" gelesen, in ihm die herrlichste, einsichtsvollste Anerkenntniß des Bürger= und Handwerker=Standes gefunden und sich an dem

Buche ordentlich aufgerichtet und aufs Tiefste erquickt habe; wie er bedauere, daß ihm jede Gelegenheit mangele, dem Verfasser selbst sein Entzücken und seine Verehrung auszusprechen u. s. w. Auf meine Bemerkung, daß Sie mich mit Ihrer Bekanntschaft und Freundschaft beehrten und ich überzeugt sei, daß jene seine Aeußerungen, brieflich an Sie gerichtet, von Ihnen freundlich würden aufgenommen werden, hat er mir denn das Beiliegende zur Beförderung an Sie, verehrter Herr, zugestellt. Ich bin gewiß, seine — wenn schon manchmal überschwänglich gesetzten — Worte werden Ihnen wohler thun, als Dutzende zierlich gedrehter oder gewöhnlicher Rezensionen.

Indem ich Sie bitte, Ihren Reisebegleiterinnen den Ausdruck meiner Ehrfurcht und meiner Freude, ihrer Bekanntschaft wenn auch leider nur kurz gewürdigt worden zu sein, darzulegen, hoffe ich, daß Sie mir — und meiner Frau, die sich Ihnen bestens empfehlen läßt — Ihre freundliche Zuneigung auch ohne briefliches Zeichen, um das ich Sie bei Ihrer so viel in Anspruch genommenen Zeit anzugehen kaum wagen darf, immergleich bewahren und vor Allem in diesem Jahre mich, auf Ihrer Badefahrt, mit Ihrem Besuche wieder beehren und beglücken werden.

Mit Hochachtung und Anhänglichkeit

Ihr

v. Killinger.

N. S. vom 15ten. Eben da ich meinen Brief für die Post siegeln will, kommt mir die neueste Nummer des londoner Athenaeum vom 8. Januar und damit der Prospektus einer bei Whittaker & Comp. in London erscheinenden, neuen Ausgabe von Shakespeare's Plays and Poems zu, welche der Ihnen sicherlich wohlbekannte unermüdliche und vielfach auch recht scharfsinnige Sammler und Forscher aller, Shakespeare und seine Werke betreffenden Notizen und Bücher, Hr. J. Payne Collier, auf acht Demioktavo-Bände (zu 12 Schillings der Band) berechnet, vorbereitet, und wovon der erste Band die Lebensbeschreibung, die Geschichte des engl. Drama's u. s. w. enthalten soll. Wenn die Ausführung nur die Hälfte von dem leistet, was der Prospekt verspricht, so giebt's wirklich an unique and the most complete and correct edition of all Shakespeare's. In Bezug auf die von ihm den einzelnen Stücken beizugebenden Anmerkungen sagt der Verfasser u. a.: „What may have been well and justly said by German critics, especially by such men as Tieck and Schlegel, will also be brought unter the reader's notice, taking care, however, not to obtrude the rhapsodical outpouring of their extravagant and ignorant imitators, whether abroad or at home." Collier hat übrigens ein, auf diese seine Unternehmung bezügliches, um eine Bagatelle bei jeder londoner Buchhandlung zu habendes Druckschriftchen u. d. T. „Reasons for a New Edition of Shakespeare's Works (London 1841|42 bei Whittaker)," vorausgehen lassen.

Doch diese meine Notiz ist wol für Sie eine spätkommende und überflüssige, da Sie wol bereits von dieser literarischen Entreprise Kenntniß und den rechten Maßstab der Würdigung haben.

v. Kr.

III.

Karlsruhe, 4. Oktober 1845.

Hochverehrter Herr,

Ich wollte, ich könnte Ihnen das Gefühl meines Dankes für den Gruß gütiger Erinnerung, welchen mir Fräulein von Böckh bei ihrer Rückkehr nach Karlsruhe von Ihnen gebracht hat, inniger als durch kalte Briefzeilen, und bedeutender, als durch die beigelegte (materiell allerdings ziemlich „gewichtige") Weihgabe ausdrücken. Jener Gruß und was mir die Ueberbringerin von dem wohlwollenden Andenken sagte, daß Sie mir, der Ihnen durch so gar kein Verdienst als das der herzlichsten Verehrung für Sie empfohlen sein kann, bewahren, — hat mir den Anlaß und den Muth gegeben, Ihnen einmal wieder mit einer Zuschrift beschwerlich zu fallen und den soeben herausgekommenen ersten Band einer Arbeit anzubieten, für welche ich wenigstens das an der großen Mehrzahl unserer modernen Uebersetzer (schmählicherweise) seltene Verdienst großer Sorgfalt ansprechen darf. Es ist — seit meiner „Englischen Bibliothek" und außer einem von mir mitbearbeiteten unlängst und endlich (in der G. Braunschen Hofbuchhandlung hier erschienenen) „großen Deutsch-Englischen Wörterbuche" — wieder das erste von mir erschienene Buch, indem meine literarische Thätigkeit in der Zwischenzeit, und nach der Niederlegung der von mir versuchten, aber vorzüglich dem Verleger gegenüber für unmöglich befundenen, selbstständigen und anständigen Redaktion der „Karlsruher Zeitung," auf Beiträge in's Cotta'sche „Ausland" und einige englische Artikel in londoner Zeitschriften sich beschränkte oder — zersplitterte.

Kann Ihnen das (leider mit Druckfehlern stark durchsetzte) Harris'sche Reisewerk in seiner Erzählung von mannigfaltigen und eigenthümlichen Erlebnissen in einer, gewissermaßen erst seit einem Jahrfünft wieder — nach jahrhundertelanger Abgeschiedenheit — den Europäern erschlossenen Erdgegend ein kleines Interesse abgewinnen, und erlauben Sie mir daraufhin, Ihnen den (wahrscheinlich um Neujahr herauskommenden) zweiten Band zu übersenden, so würde ich mich ebenso beglückt wie geehrt finden. Die Beschäftigung mit dieser — wie des Uebersetzers natürliche Vorliebe meint — ebenso unterhaltenden als belehrungsreichen Arbeit hat mir inmitten des wirren und unerquicklichen politischen und religiösen (?) Treibens im deutschen Vaterlande eine wohlthuende Ableitung und Wehr wider das mit Uebermacht sich aufdrängende und anschwellende lügenreiche (und geistarme) Zeitungengewäsch und kannegießernde dünkelvolle Rednerwesen gewährt; denn ich mag wohl sagen „I am sick of politics" — und Gott verzeih mir's, fast hätt' ich geschrieben „religion too"—„and all that sort of thing," satt und ekel der Politik, wie sie jetzt nnter dem Aushängschild und Deckmantel der Staatsverbesserung und Volkserhebung von verdorbenen Literaten und vorlauten Judenbuben in den meisten s. g. Organen der öffentlichen Meinung getrieben wird, ohne Herz, ohne Wahrheit, um's Geld im hochfahrenden Uebermuthe der Unwissenheit, in Liederlichkeit und im Straßenjungengelüst an Unfug und Durcheinander, jener Politik, die den Parteien zum Tummelplatz und zum Blendwerk des nichtsdenkenden Volkstheils dient, der nicht begreift, daß — wie der politisch so erfahrene, so gediegene, und so besonnen freie Engländer weiß und sagt — party „is the madness of many for the gain of a few."

Empfinde schon ich, ein Mensch, der zwar tief und lebhaft für Poesie fühlt, aber doch ihren Drang und ihre Herrlichkeit aus eigenem Schaffen nie gelernt hat, das Prosaische und Entnüchterte unsrer Tage und Literaturrichtung, wie im Dampf der Eisenbahnen der vom Aktienfieber bethörte Sinn für die Stralen und Genüsse der Dichtung sich trübt und unlustig wird, wie in den von unbedachten Schwärmern oder schlauberechnenden Böswilligen aus dem üppigen aber trüglichen Boden der Theorien und Lehren vom „Musterstaate" und von der „Glücksgleichheit Aller" aufgetriebenen Dünsten die Köpfe sich verwirren und wie selbst Viele der s. g. gebildeten Klassen den gesunden, klaren, keuschen Born ächter Poesie zu verkennen und zu verschmähen beginnen, um begierig aus dem nur zu häufig mit französischem politischem und moralischem Schmutz noch mehr verunreinigten, unlauteren Quell politischer Dichtung oder liedermachender Politik zu trinken, — vergegenwärtige ich mir dann Sie, hochverehrter

Mann, der als der letzt= (und hoffentlich noch recht lange lange) lebende Vertreter einer Poesie=reichen und =freudigen Zeit wie die Abendsonne über die Sturmwolkenmasse eines vom Parteihader verdüsterten und von der maßlosesten und grobstofflichsten Geld= und Genuß=Sucht und =Jagd bewegten Deutschland herleuchtet, so möchte ich fast bedauern, daß Ihre jetzige Stellung so mildgeborgen, so heiterumglänzt ist, daß Sie sich wohl nicht versucht oder gedrungen fühlen werden, den alten mächtigen Blitz der Ironie wieder im Dichterzorn und in einer neuen Dichterschöpfung in all' das konfuse und prosaische Wesen hineinzuschleudern. Während ich aber, mit dem Reich=thum und Reiz der Hervorbringungen, die wir — Ihre Ver=ehrer — von Ihnen haben und genießen, noch nicht begnügt — den „Gewaltigen der Ironie" zu einer frischen, und Allen hochwillkommenen, Lebensäußerung aufrufen möchte, erbitte ich mir ganz stille von Ihnen eine gnädige Verschonung mit eben jenem mächtig wirksamen Element für diese etwas wunderlichen Herzensergießungen.

Meine Frau, welche die Ehre und Freude eines wieder=holten Besuchs Tieck's in unserem Hause unwandelbar leb=haft in dankbarem und beglücktem Herzen trägt, empfiehlt sich durch mich Ihrer wohlwollenden Erinnerung, wie der Fort=dauer Ihrer Freundschaft.

Ihr aufrichtigst ergebener
v. Killinger.

IV.

Karlsruhe, 30. November 1846.
Beghuinenstraße Nr. 14.

Hochverehrter Herr und Freund,
Ich habe ordentlich mit Ungeduld dem (durch überhäufte Arbeiten der Druckerei bedeutend verzögerten) Fertigwerden des zweiten Bandes meiner Uebersetzung der Harriß'schen

Reise entgegensehen, weil ich dadurch eine hochwillkommene Gelegenheit, ja gewissermaßen ein Recht erhalten, mich Ihnen, wenn auch leider nur mit einigen kalten Zeilen, anstatt des warmen Wortes, und mit einer an eigenem Geistesverdienst trotz ihrem stofflichen Gewicht gar leichten Gabe nähern zu können; denn da Sie A gesagt, d. h. den ersten Band nicht ausdrücklich zurückgewiesen (also der Regel qui tacet consentit sich unterworfen) haben, so müssen Sie auch B sagen, d. h. den zweiten ebenfalls, wohl oder übel, annehmen — übrigens ohne Verbindlichkeit ihn zu lesen oder gar gegen bessern Geschmack und Ueberzeugung ihn zu loben. — Die zahllosen Fallgruben der Druckfehler, die ich noch mit einem geschriebenen und beigelegten Verzeichniß weiter ins Licht gestellt habe, bitte ich mir auf keinen Fall zur Last zu legen. —

Es hat mich schon lange gedrängt, wieder einmal aus wahrem aufrichtigem Herzen Ihnen zu versichern, wie Sie in meiner Erinnerung ohne Wandel und ohne Nachlaß geliebt und verehrt fortleben, und in letzter Zeit mehr als je, anzufragen und — wenn auch nur in kürzesten Worten — Beruhigung von Ihnen selbst zu erhalten, inwiefern an der Zeitungen Nachricht von Ihrer bedenklichen Erkrankung, „infolge einer übelgebrauchten Traubenkur," etwas Gegründetes (oder, hoffentlich, Nichtgegründetes) gewesen sei? und ob Sie fortwährend, oder wieder, sich des Wohlseyns erfreuen, welches die innigen Wünsche Ihrer zahlreichen Freunde Ihnen „anewigen" möchten. Und so hätte ich denn, in meinen Zweifeln und Besorgnissen, auch ohne die nun eben noch zu rechter Zeit gekommene, dieses mitgehende Schreiben gewissermaßen deckende, „nothwendige" Buch=Sendung noch vor dem Schlusse des alten Jahres durch ein leises briefliches Anklopfen bei Ihnen den Versuch gemacht, ob Sie durch eine freundlich bereite Antwort mich über Sie beruhigt und froh in das neue Jahr hätten eintreten lassen wollen. —

Da ich nichts, auch gar nichts, mitzutheilen habe, was Sie von hier interessiren könnte, so muß ich, um nicht ganz neuigkeitenleer vor Ihnen zu erscheinen, ächt=deutsch mit interessantem Fremdem mir helfen: Die Lind ist hier, singt hier, hat schon zweimal gesungen, und wird noch zweimal singen. Da Sie den Lind=Taumel in Berlin und eines Berliner Theaterpublikums in seinen ungeheuerlichen Ausbrüchen ohne Zweifel erlebt und überlebt haben, so brauche ich Ihnen keine Beschreibung vom hiesigen zu machen, den Sie sich gefälligst, nur natürlich im Verhältniß von 24,000 (s. g. Seelen) zu 400,000, in seiner Gewaltigkeit und Ueberschwänglichkeit selbst vorstellen wollen. Ich habe sie noch nicht gehört, da ich meinen theuer bewahrten 1 Sperrsitz und den ersten und zweiten Kunstgenuß oder die Befriedigung der Neugierde beim ersten und zweiten Auftreten der Sängerin wie billig meiner Frau überließ, und erst in ihrer dritten Rolle der Vestalin sie, wo möglich in Ekstase, zu bewundern vorhabe: denn ich will die „schwedische Nachtigall" doch lieber im Granaten=, Lorbeeren=, Pinien= und Eichen=Haine dieser Spontinischen Musik schlagen hören, als in den trübseligen und saftlosen Cypressen einer Bellini'schen Nachtwandlerin oder in den ganz marklosen und unsinnig ausgeschnitzten Kinderspiel=Gehölzen und Kirchhofsbäumchen einer Donizetti'schen Lucia di Lammermoor — ihren bisherigen Gesangsproduktionen, die übrigens in der That, wie mir selbst strenge Kenner und Freunde der Tonkunst versichert haben, der Bewunderung würdig gewesen seien.

Vom „Auslande" komme ich auf etwas, das mir „am Nächsten ist," nämlich auf mich „Selbst." Meine Carlsruher Mitbürger haben mich nämlich zum Bürgermeister der Residenz wählen wollen, was ich zwar als einen Beweis ihres Vertrauens, daß ein Bücherwurm und „Uebersetzer aus dem Englischen" auch für praktische Zwecke und strenge Geschäfts=

thätigkeit noch brauchbar sei, recht erfreuend gefunden, aber natürlich abgelehnt habe, da ich aus dem Staatsdienst aus= getreten bin, weil ich nicht der unbedingt gehorsame Diener des Staats d. h. der Regierung sein wollte, also noch viel weniger Lust haben konnte, meine Unabhängigkeit aufzugeben, um der Diener einer Stadt oder der Sündenbock zu werden, auf den ihre Bürger gar zu leicht den Verdruß, den ihnen häusliche oder gewerbliche Bedrängniß vielleicht verur= sacht, abzuladen geneigt sein dürften. Darauf wollten sie mich zum Deputirten machen. Da ich aber keine Geduld und kein Spezifikum wider die ungeheure Langeweile und den unend= lichen Aerger besitze, welche das Anhörenmüssen zwei= drei= vier= stündiger Vorträge und Abhandlungen selbstliebiger und ehr= süchtiger radikaler Kammer=Redner jedem wohlorganisirten Menschen bereiten muß da ich ferner, weder unbedingt mit der Regierung hätte stimmen können oder stumm sein mögen, noch den oft unmöglichen und unsinnigen oder hinterlistigen For= derungen der Ultraliberalen resp. Radikalen mich anzuschlie= ßen vermocht hätte, zur Behauptung einer Stellung in der Mitte aber, (wo nach meinem Gefühl und nach meiner Denkart oder Anschauungsweise die Wahrheit, die Möglich= keit einer Ausgleichung und Verwirklichung der widerstreiten= den, von oben herunter und von unten hinauf gehenden, f. g. Rechtsforderungen und die schön menschliche, jede treuge= meinte Gesinnung achtende, jedes neue Gute fördernde und jedes vielleicht einst Gutgewesene aber mit der Zeit zum Un= guten gewordene schonlich entfernende Billigkeit liegt), — weder in mir die zur tüchtigen Wirkung nach Außen erfor= derlichen Anlagen und Gaben fand, noch in der Kammer zur Unterstützung eine hinlänglich große Anzahl Unbefange= ner und Ungezwungener hätte erwarten dürfen, so lehnte ich auch diese „Auszeichnung" ab.

Daß ich nun so viel von der Lind und von mir geredet

habe, haben eigentlich Sie selbst verschuldet: denn thäten Sie
Ihre Schuldigkeit und schrieben mehr Bücher oder auch nur
wieder eine kleine liebenswürdige und geistvolle Erzählung,
zur Erbauung und zur Freude ihrer vielen Freunde und
Verehrer und zur Beschämung und zum Aerger Ihrer wenigen
Feinde und Neider, so hätte ich einen unendlich weit anziehen=
deren und bedeutenderen Stoff der Besprechung Ihnen gegen=
über gehabt, als selbst schwedische Nachtigallen oder gar pro=
jektirte Oberbürgermeister und Volksvertreter!

Indem ich die Bitte meiner Frau, sie Ihrem gütigen
Andenken zu empfehlen, hiemit erfülle, bin ich stets mit den
herzlichsten Wünschen für Ihr Wohlergehen,

Ihr treu ergebener
K. A. Frhr. v. Killinger.

V.

Karlsruhe, 30. Juli 1847.

Verehrter Herr und Freund!

Sie sehen, daß ich schon wieder versuche, mich in Ihr
Andenken zurückzurufen, und zwar durch eine Darbringung
wieder aus einer andern Gegend der Welt, als die letzte war.
Nachdem ich Sie voriges Jahr mit zwei ziemlich schwerfälligen
Erinnerungszeichen aus Abyssinien (d. h. durch 1 Ex. mei=
ner Bearbeitung der Harris'schen Reise dahin) heimgesucht
habe, nahe ich mich Ihnen jetzt aufs Neue mit zwei aller=
dings leichtern Gedächtnißbüchern aus Irland, die Sie
übrigens so wenig zu lesen verpflichtet sind wie die vorige
Zusendung: denn schon, daß Sie einem (allerdings fleißigen
und gewissenhaften) Dilettanten in der Literatur stillschwei=
gend erlauben Ihnen seine Arbeiten vorzulegen, ist mir eine
Gunst wie meiner ergebenen Freundschaft einige Befriedigung,
daß sie mit solchen wenn auch geringen und aus der Ferne
dargebrachten Gaben im Geiste sich an Ihr Herz legen

und von ihm vielleicht einer freundlichen Aufnahme sich getrösten darf.

Da ich Ihre Augen und Geduld für mein Geschriebenes noch viel weniger als für mein Gedrucktes unbescheiden in Anspruch nehmen möchte, so erlaube ich mir, wenn Sie letzteres irgendwelcher Beachtung würdigen wollten, in Bezug auf das, was ich mit und in dem Erin beabsichtige, Ihnen die Vorrede des ersten Bändchens als hinreichende Auskunft zu empfehlen und außerdem die fertiggedruckten ersten zwölf Bogen des dritten Bändchens (bis ich dieses vollständig, Text und Erläuterungen, Ihnen zu überreichen im Stande bin) beizulegen, welches den 1sten „Theil" der eigentlichen „Märchen und Sagen" enthält. Diesen nebst den weitern Theilen der eigentlichen „Märchen und Sagen" entweder durch eine Einleitung von Ihnen geschmückt und gewerthet zu erhalten oder doch wenigstens mit einer Widmung meiner anhänglichen Verehrung an Sie zu begleiten, ist mir längere Zeit ein lebhafter und lieber Wunsch gewesen; allein vom Erstern hat mich minder mein Zweifel in Ihre Güte als die Aeußerung und das Bedenken Cotta's, der selbst einen hohen Werth auf einige Einleitungsworte von Ihnen für diese Sammlung gelegt hätte, „daß Sie ähnliche Anliegen abzulehnen pflegten und so auch das meinige schon aus Rücksichten auf Ihre, jede Arbeit verbietende, Gesundheit würden unerfüllt lassen müssen," abgeschreckt und vom Letztern die Besorgniß, Ihnen aufdringlich oder gar dem Publikum als unverdient nach Ihrer Gunst haschend oder mit Ihrem Wohlwollen prahlend zu erscheinen. Glücklich würde es mich machen, sähen Sie die Sache anders an!

Selbst auf die Gefahr hin, Sie mit weitern Zeilen zu langweilen oder zu plagen, möchte ich die mir so liebe Unterhaltung mit Ihnen verlängern; allein eine heitere Stimmung — und in der bliebe ich doch gern Ihnen gegenüber —

kann ich auf die Dauer nicht aufbringen und mit meiner trau=
rigen Sie selbst zu verstimmen, würde ich mir nicht getrauen
noch vergeben. Zu recht tiefer Trauer und schwerem Gemüths=
leid habe ich aber den schmerzlichsten Grund; denn zu Anfang
Juni's ist mir, nach einer mehrmonatlichen und peinlichen
Lungenkrankheit, meine Frau gestorben. Wir hatten uns in
gegenseitiger Jugendliebe versprochen, erst nach siebenjährigen
Schwierigkeiten und Ausharren heirathen können und auf's
Allerglücklichste mit und für einander gelebt — —. Ich ver=
lor in ihr mein bestes Lebenstheil und meine treueste Lebens=
stütze, unsere Kinder die sorglichste aufopferndste Mutter und
Sie, wie jeder Schöpfer, Pfleger und Vertreter des Schönen,
Guten und Rechten, eine warme und eifrige Verehrerin.

Ueber Ihren jetzigen Lebensgang und Ihr körperliches
Befinden muß ich mich leider stets nur aus den zerstreuten
Nachrichten in öffentlichen Blättern, die ich freilich mit der
lebhaftesten Begierde und dem innigsten Antheil aufsuche und
lese, unterrichten, und sah soeben aus einem Berliner Briefe
in der Allgemeinen Zeitung vom 27. d. M., daß Ihre Gene=
sung von Ihrer letzten Krankheit nur langsam vorrücke: möge
sie um so nachhaltiger und ungestörter seyn — dies ist mein
heißes Hoffen und Wünschen — und aus ihr Ihnen erfrischte
Lust zu geistiger Schaffensthätigkeit erblühen.

Mit unwandelbar freundschaftlicher Verehrung

Ihr ergebener

K. A. Frhr. v. Killinger

Kleist, Maria.

Vergeblich war das Suchen nach einem Blättchen von Heinrich
Kleist's Handschrift. Damit der theure Name, für dessen lebendigen
und vollen Nachklang unser Tieck so viel gethan, in diesem Buche
wenigstens nicht fehle, geben wir ein Briefchen seiner Anverwandten,
welches der Schreiberin nicht weniger zur Ehre gereicht wie dem Em-
pfänger.

Auch zwei andere, auf Heinrich von Kleist's Person und Werke bezüglich, hielten wir für die Mittheilung sehr geeignet.

Von dem unglücklichsten aller großen deutschen Dichter kann nie zuviel geredet, sein Gedächtniß kann nicht oft genug gefeiert werden.

I.

? den 3ten März 1817.

Ganz wunderbar ist mir zu Muthe, indem ich heute die Feder ergreife, um an Tieck zu schreiben, an Tieck mit dem ich seit so vielen Jahren gelebt und geliebt. Mit einem mahle stehen mir eine ganze Reihe von Gefühlen und Genüssen im Geiste und im Herzen — ich weiß nicht mit welchen Worten ich einen so lieben alten Bekannten begrüßen soll? Ohnmöglich kann ich Ihnen wie einem Fremden schreiben. Sie sind ja mein alter Freund Tieck, mit dem ich ganz intim bin, mit dem ich froh, traurig, fromm, heilig war. Daß eine solche Intimität stattfinden kann, so ganz von einer Seite, ohne daß der Andere sie ahnet ist wunderbar. Noch wunderbarer, daß ein Buch den Menschen lebendiger ergreift, als alle Sterbliche die ihn umringen; mehr zu seinem Innern, aus seinem Innern spricht, als Alle die er genau kennt, und die ihn genau kennen; daß manches Buch den Menschen, der es lieset, deutlicher ausspricht, als er sich selbst auszusprechen vermag!

Ach, wenn dem armen einsamen Sterblichen Dieses begegnet, soll er sich gleich aufmachen, Pferde bestellen, und mit Extrapost den Schriftsteller aufsuchen, um durch seinen Anblick die Fäden, die sie so unbewußt an einander binden, fester und fester zu verweben. Solche Reise zu Ihnen hätte ich schon lange unternehmen müssen! Außerdem sind Sie noch der Geistes=Verwandte meines Vetters Heinrich Kleist, den er oft selbst für seiner Nächsten Einen erklärte. Jetzt wollen Sie noch seine Werke herausgeben: wie viele Fäden zu einem

Seelenbündniß! — Werde ich Sie denn einmal sehen? sprechen? — — —

Ueber die Details der Herausgabe habe ich mit Schützen geredet; ohnmöglich kann ich diese Sachen gegen Sie berühren. Das wäre mir eine unleidliche Störung. Auch abschreiben kann ich diesen Brief nicht; auch das würde mich Ihnen entfremden. Ach, und leider fühle ich mich so fremd, daß es mir recht wohl thut, mich Ihnen ganz unzierlich und bequem darzustellen. Ich drücke Ihnen recht herzlich die Hand.

Maria Kleist.

II.

L., den 26. Nov. 1816.

Ew. Wohlgeboren

bin ich von meiner Mutter beauftragt, Alles zu senden, was ich noch aus dem poetischen Nachlaß Heinrich von Kleist's besitze. Leider besteht mein ganzer Reichthum in einer Abschrift seiner Penthesilea, die ich Ihnen hiebey mit Vergnügen überschicke, da als sie geschrieben wurde, nur einige wenige Abschriften in den Händen vertrauter Freunde davon existirten und ich, schon seit acht Jahren aus jedem litterarischen Kreis herausgerückt nicht weiß, ob sie schon einmal gedruckt worden ist. Ich will sie daher lieber Ew. Wohlgeboren umsonst schicken, als mir den Vorwurf machen, die Gelegenheit versäumt zu haben, zur Verherrlichung eines der edelsten Menschen und genialsten Dichter unsrer Zeit etwas beyzutragen, der in beiden Eigenschaften so vielfältig verkannt worden, mir aber in beiden ein Hauptlehrer gewesen ist, zu der Zeit, als ich in dem interessanten Kreise aufwuchs, dessen Hauptzierde er mit war. Leider vermuthet meine Mutter auch „die Geschichte seiner Seele" bey mir; bey unsrer Tren=

nung behielt sie aber dieselbe und macht mir durch ihre Nach=
frage sehr bange um die Wiederauffindung dieses unschäz=
baren Werkes, welches wahrscheinlich in dem Getümmel der
lezten Zeit verloren gegangen ist, ohne welches aber Kleists ganze
Schriften nur ein Fragment bleiben dürften, wenigstens für
die, welche ihn gern ganz kennen und würdigen, vorzüglich
seinen lezten Schritt gern entschuldigen möchten. Warum
sparte er doch die unglückliche Kugel nicht mindestens so lange
noch auf, um sie, wie Körner aus dem Gewehr des Feindes
zu empfangen und wie ein ächt deutscher Sänger unter den
Tönen einer vaterländischen Siegeshymne zu fallen! — —
Sollte sich „die Geschichte seiner Seele," noch finden lassen,
so wäre sie wohl am sichersten bey Herrn Obrist Rühle von
Lilienstern zu suchen, für den sie ursprünglich geschrieben
war. Noch hatte meine Mutter mehrere Hefte von seiner
eignen Hand „Fragmente" überschrieben. Es waren wirk=
lich nur solche; ausser der Novelle Josephe und Jeronimo
und der Erzählung vom Roßkamm — (den Namen habe ich
vergessen) enthielten sie nur einzelne hingeworfne Ideen und
Bemerkungen, die aber gröstentheils voll tiefen Sinns waren
und die gleichfalls mehr zur Anschauung „seiner Seele"
dienen, als seine eigentlichen Dichtungen. Auch von diesen
weiß ich nicht, wo sie hingekommen, noch ob sie im Druck
erschienen sind, daher nenne ich sie Ihnen wenigstens. Hat
Ihnen meine Mutter, ein Gedicht „an die Kamille" und
das „an den König" geschickt, das für seinen im Früh=
jahr 1809 in Berlin erwarteten Einzug bestimmt war?
Beides waren nur Gelegenheitsgedichte, aber wie alles von
ihm doch von Bedeutung; er dichtete das erste für meine
Mutter, die sich einst über die Dichter beklagte, welche alle
Blumen nur die Kamille nicht besängen, die doch denen so
heilsam sey die, wie sie, an Krämpfen litten. Ihr und mei=
ner kleinen Person zu Ehren, wurden sie denn nebst den

Vergißmeinnicht und Veilchen im Traum des Käthchen erwähnt. Das Gedicht an den König wäre jezt als erfüllte Prophezeihung doppelt interessant. Die Sünde die er an seinem herrlichen Robert Guiscard begangen hat, möge ihm Gott wie die an sich selbst begangne verzeihn! Wohl dem jüngern Dichter, dem ein alter Meistersänger ein Denkmal sezt, wie Sie ihm! Möge Ihnen Ihr eignes Bewußtsein lohnen und der inniggefühlte Dank Derer, die sich gern an dem Schönen erfreuen, sey es auch wie hier der Fall, oft nur ein schönes Streben und die Ihnen, da Sie selbst jezt so karg sind, doppelt danken, daß Sie uns mit etwas Fremden die Lücke ausfüllen, die der Verlust älterer Meister und der Mangel würdiger Schüler uns in der Litteratur unsers Vaterlandes zu machen drohen. Wann werden sich doch die guten frommen Jünger endlich überzeugen, daß eine Genoveva und ein Sternbald nur einmal geschrieben werden kann und daß alle Nachahmungen davon nur Schattenbilder sein können? — — Haben Sie die Güte unter die, welche Ihnen ganz vorzüglich Kleists Werke danken werden, auch zu rechnen

Ew. Wohlgeboren

ergebenste

Johanna v. H.

III.

Chemnitz, d. 12. April 1832.

Hochgeehrtester Herr Hofrath!

Das große Interesse, welches ich stets an den classischen Erzeugnissen Ihrer Muse, andern Theils aber auch an den Werken der Autoren, durch deren erneuerte Herausgabe Sie Sich ein bleibendes Verdienst erwarben, insbesondere an denen Heinrich's von Kleist, genommen habe, so wie vornämlich die Hoffnung, daß Ihnen ein kleiner Beitrag zur Biographie des ebengenannten Dichters nicht unwillkommen sein wird, mögen mich und meine Dreistigkeit, Ew. Wohlgeboren mit einer Zuschrift zu behelligen, entschuldigen.

Im Anfuge finden Sie die Copie zweier Original-Briefe von Kleist, welche ich behufs der Einsendung an Ew. Wohlgeboren habe nehmen lassen und die ich Ihnen sonach zuständig mache.

Ich glaube annehmen zu dürfen, daß Ihnen Reliquien eines Schriftstellers, wie Kleist, und besonders eines Mannes, der in so naher litcrarischer Beziehung zu Ihnen stand, nicht ganz unangenehm, vielleicht sogar interessant sein dürften, zumal da die angefügten brieflichen Mittheilungen in eien Periode fallen, welche, indem der Dichter seinen Stand änderte und die Gelehrten-Laufbahn betrat, vielleicht die Folie zu Kleist's späterem lit. Ruhme war, — Mittheilungen, welche einen tiefen Blick in die Fühl- und Denkweise des Dichters gewähren und die Ihnen wenigstens als eine Privat-Ergänzung zu den biographischen Umrissen, welche Sie den Schriften Kleist's vorangeschickt haben, dienen können.

Die Mittheilung dieser Briefe, (deren Originalia mir vor Kurzem, beim Durchsehen unterschiedlicher Manuscripte, wieder aufstießen und bei welcher Gelegenheit mir der Gedanke einkam, Ihnen Abschrift davon einzusenden) verdanke ich einem Preußischen Geistlichen (jetzt Consistorial-Rath), der drei Jahre lang auch mein Erzieher war. Derselbe hatte in der letzten Hülfte der 80er Jahre vorigen Jahrhunderts in Frankfurt a. O. studirt, war der Familie Kleist's befreundet und wurde, nach beendeten Studien (er erhielt eine interimistische Anstellung alldort), von derselben zum Hauslehrer Heinrich's und eines Vetters desselben, eines von P., bestimmt.

Der Lehrer genoß der Liebe und des Vertrauens seiner

Zöglinge in hohem Grade, die ihm auch von Seiten Kleist's, wie aus beifolgenden Briefen erhellet, für spätere Zeit verblieben.

Da Sie Kleist nahe befreundet waren und mit den früheren Verhältnissen desselben eben so wohl, wie mit den späteren, gewißlich genau bekannt sind und genauer, als ich nach den — obgleich sehr ausführlichen — mündlichen Mittheilungen des vorgedachten Geistlichen: so enthalte ich mich zwar des Weitern, bitte Sie jedoch bescheidentlichst, nachfolgender Notiz — welche ich einfließen lasse, da Ihnen deren Inhalt vielleicht nicht bekannt sein dürfte — einige Aufmerksamkeit zu schenken.

Jener Geistliche versicherte mich, daß ihm nichts interessanter gewesen wäre, als seinen Scholaren, Kleist und P. Unterricht zu ertheilen und sie zu beaufsichtigen, indem sie einander ganz entgegengesetzte Charactere waren: K. ein nicht zu dämpfender Feuergeist, der Exaltation selbst bei Geringfügigkeiten anheimfallend, unstät, aber nur dann, wenn es auf Bereicherung seines Schatzes von Kenntnissen ankam, mit einer bewundernswerthen Auffassung=Gabe ausgerüstet, von Liebe und warmem Eifer für das Lernen beseelt; kurz der offenste und fleißigste Kopf von der Welt, dabei aber auch anspruchslos. — P. war ein stiller, gemüthlicher Mensch, sehr zum Tiefsinn geneigt. Er stand zwar dem genialen Vetter Heinrich an Lust und Liebe zum Lernen, an ausdauerndem Fleiße nicht im Geringsten nach; aber ihn hatte die Natur in geistiger Hinsicht stiefmütterlich behandelt; er vermochte, so sehr er sich auch Mühe gab, nur schwer zu fassen, während K. spielend lernte und zur Fortstellung der Gegenstände beim Unterrichte eifrigst trieb.

Daß der Stand des Lehrers, bei der großen Verschiedenheit der geistigen Anlagen seiner Zöglinge, deren verschiedenen Temperamenten, ein fast mißlicher war, läßt sich denken. —

Was K. in einer Lection loskriegte (um mich eines acad., aber passenden Ausdrucks zu bedienen), dazu bedurfte P. deren mehre, weshalb sich auch der Lehrer des letztern um so mehr annehmen und den Eifer des erstern zu zügeln suchen mußte. Er enthielt sich daher auch jeder Austheilung von noch so verdienten Lobsprüchen zu K.'s Gunsten und zwar auf eine Weise, welche der Eitelkeit desselben nicht zu nahe trat und dessen Lernbegierde nicht schwächte, und ließ dem wackern Streben P.'s (wenn gleich nicht mit dem von beiden Seiten gewünschten Erfolge nur einigermaßen gekrönt) stets gerechte Anerkennung widerfahren und lobte P. in K.'s Gegenwart, statt daß es eigentlich der umgekehrte Fall hätte sein sollen. — Doch gaben die ungewöhnlichen Fortschritte, welche K. machte, die tagtäglichen Beweise seiner ausgezeichneten Geistesfähigkeiten, der Schwermuth des sich überaus unglücklich fühlenden und mit sich schon fast zerfallenden P.'s Nahrung. — Nach beendeter Lection und auch außerdem warf sich P. oft, bitterlich weinend, an die Brust des Lehrers und schluchzte: Ach, warum hat mich gerade, der ich es mir so angelegen sein lasse, etwas zu lernen, die Natur so stiefmütterlich behandelt? Warum wird mir Alles so schwer, während dem Vetter Heinrich das Schwierigste so leicht? — und so klagte er fortwährend. — Der Lehrer that alles Mögliche, den Unmuth des geliebten Zöglings zu scheuchen und ließ es an Zuspruch, Rath und Anerkennung der äußerst=möglichen Anstrengungen P.'s nicht fehlen.

Die Schwermuth hat P. indeß nie verlassen, sondern schlug noch fester Wurzel und durch sie fand er auch später einen freiwilligen Tod. Das Glück ist ihm auch späterhin, als Zögling der Milit. Acad. und als Officier, nie hold gewesen.

Irre ich nicht, so hörte ich auch, daß K. und P. in der Folge auch einmal schriftlich (persönlich) sind Beide nie wieder zusammengetroffen) die Verabredung getroffen hatten, beide eines freiwilligen Todes zu sterben. Verbürgen läßt sich dieß freilich nicht.

In dem ersten der beiliegenden Briefe wendet sich K. (er that es späterhin, schriftlich und mündlich wiederholentlich und führte einen langen Briefwechsel darüber) an seinen ehemaligen Lehrer, um dessen Meinung über eine Standesänderung, unter obwaltenden Umständen, einzuholen. — Der Geistliche, an den sich K. dabei inniger schloß, als an seine Verwandten und Freunde, that natürlich sein Möglichstes (gleich diesen), um den exaltirten Jüngling von seinem Vorhaben abzubringen.

K. hatte weiterhin, unter des Conrector's Bauer in Potsdam Leitung, die Maturität zur Univ. erlangt und war, nach mannichfachem Mühsal, so glücklich gewesen, den so ersehnten Abschied zu erhalten. —

Das Concert in Frankfurt a. O. war zu Ende, der mehrberegte Geistliche, der es auch besucht hatte, schickte sich an, zu gehen, als er plötzlich hinterrücks einen traulichen Schlag auf die Schulter erhielt. Er erschrickt, sieht sich um und gewahrt Kleist, der in einen großen Reitermantel gehüllt ist. Dieser ist in großer Aufregung und theilt ihm (dem Geistl.) Holter di polter mit, daß er nun endlich seinen Abschied erhalten habe und in Frankf. studiren wolle.

K. war, seinen Abschied in der Tasche, wie im Fluge von Berlin geritten, hatte den ehemal. Lehrer in dessen Behausung aufgesucht, aber gehört, daß derselbe im Concert sei, und war nun stante pede, wie er war, in dasselbe geeilt, um den Freund sofort von dem Gelingen des Plans in Kenntniß zu setzen. Der Referent verschwand eben so hastig, wie er gekommen. —

So weit meine Mittheilungen. Ob die Schwester und bekannte Reisegefährtin Kleist's, Ulrike, die früherhin Directrice eines Erziehung=Instituts für adelige Fräulein in Frankf. a|O. war, noch lebt, ist mir nicht bewußt.

Wenn ich mir nun schmeicheln darf, Ew. Wohlgeboren eben so wenig durch die Einsendung der Beilagen, als durch vorstehende Mittheilungen, lästig gefallen zu sein: so glaube ich mich wol zugleich nicht der Bemerkung enthalten zu dürfen, daß es mir höchst schmeichelhaft sein würde, wenn Ew. Wohlgeboren Veranlassung nähmen, mich durch einige gelegentliche Antwortzeilen zu erfreuen.

Mit ausgezeichneter Hochschätzung hat die Ehre zu beharren
Ew. Wohlgeboren
ganz ergebenster
C. Eduard Albanus.

Koberstein, A.

Professor am alt-ehrwürdigen Gymnasium zu Schulpforte, hochbegabter, geistreicher und gründlicher Gelehrter. Sein Hauptwerk: „Grundriß der deutschen National-Litteratur" gilt bei allen Kennern für eines der umfassendsten und wissenschaftlich-bedeutendsten in diesem Fache. Was er als Lehrer thut, verkünden seine dankbaren Schüler mit lautem Munde aller Orten. Wir haben aus mehreren Briefen von seiner Hand gerade diesen ausgewählt, weil er den ganzen Charakter des vortrefflichen Mannes so schön und vollständig zur Anschauung bringt. Seiner Notiz, die Erwähnung des Cabanis von W. Alexis in einem Zeitungs-Artikel betreffend, möchten wir unsererseits die Anmerkung beifügen, daß von einer solchen Zusammenstellung jenes Buches mit dem „Phantasus" Niemand schmerzlicher betroffen gewesen sein kann, als Wil. Alexis, Tiecks anhänglicher Schüler und Verehrer.

Pforta, d. 14. Novbr. 1839.
Höchstverehrter Herr Hofrath!
Mehr als ein Vierteljahr ist seit meiner Abreise von Dresden vergangen, und noch immer haben Sie kein Wort

des Dankes von mir für die überaus große Güte und Freund=
lichkeit vernommen, die ich wieder bei Ihnen gefunden.
Schreiben Sie dieß nicht einem Mangel an gutem Willen zu.
Gott weiß, wie mein Herz an Ihnen hängt, und wie kein
Tag vergeht, an dem ich Ihrer nicht in innigster Verehrung
und, warum soll ich es nicht sagen, in kindlicher Liebe ge=
denke, sei es für mich allein, sei es im Gespräch mit meiner
Frau. Und da hat es mich denn oft gedrängt, mich gegen
Sie auszusprechen und Ihnen für die unvergeßlichen Stun=
den zu danken, die Sie gütig genug waren, mir, wie früher
so auch diesen Sommer wieder zu bieten. Allein wie oft
müssen wir uns das versagen, wozu das Herz uns zieht!
In den ersten Wochen nach meiner Rückkehr wartete ich auf
das Buch, welches mir mein Freund v. Mühlenfels zur
Uebersendung an Sie einzuhändigen versprochen hatte und
das er erst aus England mußte kommen lassen. Dann brach
eine solche Fluth von Amtsgeschäften und Störungen aller
Art auf mich ein, daß ich bis vor wenigen Tagen nur selten
Herr einer Stunde gewesen bin. Jetzt aber, wo ich wenig=
stens auf eine kurze Zeit freier athmen kann, will ich auch
nicht länger säumen, mich einmal wieder in Gedanken ganz
zu Ihnen zu versetzen und zu thun, als säße ich Ihnen gegen=
über und hätte die Erlaubniß, mich frei gegen Sie auszu=
sprechen. Ich weiß wohl, wie unendlich gering der Gehalt
dessen immer gewesen ist, womit ich Ihre goldenen Worte
einzutauschen gesucht habe; aber ich müßte Sie gar nicht
kennen, wenn ich nicht glauben sollte, daß es Ihnen doch
auch etwas gilt, wenn Sie in ein volles Herz schauen können,
das Ihnen so aufrichtig ergeben ist und das aus Ihren Wor=
ten, aus Ihren Schriften die schönste Nahrung zu ziehen sich
nun schon so lange gewöhnt hat. Gegen keinen Mann, so
viele ich deren auch kennen gelernt habe, ist mein Vertrauen
aber je so groß gewesen, gegen keinen habe ich mich so ganz

rückhaltslos über die tiefsten und heiligsten Bedürfnisse meines Innern, über das, was mich freudig und schmerzlich bewegt, aussprechen mögen, wie gegen Sie. Leider hat mir die Sprache nie in dem Maaße zu Gebote gestanden, daß ich Ihnen Alles hätte sagen können, was in mir vorging, wenn ich mich in Ihrer Nähe befand; doch Sie werden es schon herausgefühlt haben, was ich empfand und sagen wollte.

Den letzten Abend in Dresden brachte ich im Theater zu. Man gab die Geschwister von Raupach, wie es mir schien viel besser, als es das unsittliche Stück verdiente. Ich glaubte Sie öfter durch die Gitter einer kleinen Loge neben dem Theater zu erkennen; nach der Vorstellung sah ich beim Heraustreten aus dem Hause eine Sänfte dem Schlosse zu tragen; ich vermuthete Sie darin, eilte nach, um Ihnen nochmals Lebewohl zu sagen, aber die Träger waren zu schnell, und ich mußte mit meinem kleinen Begleiter betrübt in den Gasthof wandern. Am nächsten Morgen kam ich bei Zeiten in Leipzig an; von da ging es langsam mit einem Lohnkutscher nach Naumburg. Aber noch ehe ich es erreichte, gleich diesseits Weißenfels, erfaßte uns ein Gewitter und Regen, wie ich beides noch nie erlebt. Rechts und links sahen wir die Blitze einschlagen, der Sturm brach die Bäume an der Straße wie kleine Gerten und das Wasser schoß, wo der Weg sich aus der Tiefe in die Höhe zog, in Strömen entgegen. Dabei konnte ich mir nicht verbergen, daß die allergrößte Gewalt des Unwetters über unser Thal eingebrochen sein müßte: die Sorge um die Meinigen war groß, und Sie können sich denken, daß der Augenblick des Wiedersehns, der erst spät Abends eintrat, um so beglückender für mich war, als Frau und Kinder den Nachmittag in Kösen zugebracht hatten, wo ganz in ihrer Nähe der Blitz ein Haus, in welchem sich die Badegäste zu versammeln pflegen und worin die Meinigen leicht hätten sein können, in Brand gejetzt hatte. Zum Glück für meine Frau hatte sie mich den Tag noch nicht erwartet, sonst würde sie in Todesangst um mich gewesen sein.

Seitdem hat sich das Leben denn so in gewohnter Weise abgesponnen. Nur Zweierlei Bedeutendes ist mir in diesen letzten Monaten begegnet. Das erste war der Besuch des Geh. Rath Heß aus Darmstadt, der über Naumburg nach Dresden ging, wo er Sie aufgesucht haben wird, die schönsten Grüße von uns mitbringend, wenn er sein Wort gehalten hat. Er war leider nur ungefähr eine Stunde in Pforta, aber ich habe hier nicht leicht eine genußreichere verlebt, so klug, so verständig sprach er und so wurde es einem ums Herz, als er auf unsre öffentlichen und literarischen Zustände die Rede lenkte. Es sollte mich recht betrüben, wenn ich mich in ihm geirrt hätte: in der kurzen Zeit, die er in meinem Hause verweilte, schien er mir ein Mann zu sein, dessen Gleichen man jetzt nicht auf allen Wegen findet. Das andre war die Feier zum Andenken der vor hundert Jahren erfolgten Aufnahme Klopstocks in unsere Schule, die wir gestern vor acht Tagen begangen haben. Sie erinnern sich, wie viel ich Ihnen über die Schlaffheit unsrer Jugend, über den gänzlichen Mangel an Enthusiasmus und Schwung in ihr vorgeklagt habe. Ich glaubte, daß sich hier eine Gelegenheit darböte, ihr wieder einmal ans Herz zu klopfen und brachte diese Feier in Anregung, die in der Weise statt fand, wie Sie es in dem der Mühlenfelsschen Schrift von mir beigegebnen Programm lesen können. Es war wirklich etwas Erhebendes in dem Ganzen. Die Primaner hatten sich fast alle in deutschen und lateinischen Gedichten versucht, wovon die besten zum Vortrage auserlesen wurden, wobei sich denn wunderlich genug ereignete, daß alle deutschen, zum Theil recht guten Gedichte, in Formen gekleidet waren, die der selige Herr sehr verabscheut haben würde: Terzinen, Octaven, affonierende Trochäen, Sonette ꝛc. Ich hatte das Mögliche aufgeboten, in meiner Rede Klopstock in seiner Einwirkung auf die Poesie unsers Volkes in der Zeit von 1748 bis 1773 zu lebendiger Anschauung zu bringen. Sie wissen, daß ich eben keinen hohen Begriff von seinem absoluten poetischen Werthe habe; aber ich glaube, daß Sie es beifällig aufnehmen werden, wenn ich meine Ueberzeugung dahin ausspreche: er habe zu seiner Zeit nächst Lessing doch das Meiste gethan, unsre Poesie aus dem Sande und Schlamm herauszuheben, in welchem sie lange Zeit ein klägliches Dasein gefristet hatte. Ich habe an dieser Rede wirtlich mit Liebe gearbeitet. Klopstocks Größe erschien mir wahrhaft Ehrfurcht gebietend, wenn ich den Blick von ihm auf die Geister lenkte, die heutiges Tages die Meister spielen und den Markt beherrschen. Es schien auch, als hätte ich nicht ganz umsonst gesprochen. Mittags hatten wir Lehrer und Beamten der Schule mit einer Anzahl geladener Gäste aus Naumburg uns zu einem Festmahle vereinigt, bei dem es so froh zuging und ein so frisches Leben herrschte, wie ich es hier nie erlebt habe. Unter den vielen Toasts wurde von Mühlenfels, der mir darin zuvorkam, unter lautem Jubel der Ihrige als des ersten und größten Meisters der Gegenwart ausgebracht. Ich gedachte dann in wenigen Worten unsers großen Lessing, gegen den ich, je mehr ich mich mit ihm vertraut mache, mit um so größerer Ehrfurcht erfüllt werde. Doch genug von diesem Feste; eine länger ausgesponnene Beschreibung dürfte Sie nur langweilen.

Wir haben vor Kurzem einen uns sehr nahe gehenden Verlust erlitten. Ein Assessor beim O.L.Gericht in Naumburg, Gottheiner, ein geistvoller Mann und ausgezeichneter Jurist ist als Rath an's Kammergericht versetzt und hat uns vor vierzehn Tagen verlassen; seine liebenswürdige, für alles Schöne höchst empfängliche Frau folgt ihm binnen Kurzem.

Dieß waren die letzten Jahre hier unsere liebsten und nächsten Bekannten. Mit ihnen gehen die beiden einzigen Menschen aus Naumburg fort, die sich frei von den abscheulichen und wüsten Ansichten zu erhalten suchten, die jetzt immer mehr über Kunst, Litteratur, Leben und alles, was diesem einen höhern Gehalt verleiht, zur Herrschaft gelangen. Es ist doch recht traurig, daß man sich immer vereinsamter fühlen lernt. Was muß ich hier in der sogenannt besten Gesellschaft alles hören! Ich komme immer mehr zu dem Glauben, daß dem Menschen nicht fünf, sondern sechs Organe von Gott gegeben sind: das sechste befähigt uns die Schönheit zu empfinden und in unser Bewußtsein aufzunehmen. Dieses Organ ist aber bei den meisten Menschen durch mancherlei künstliche Mittel in unsrer jetzigen Zeit entweder ganz zerstört oder bis zur Unempfindlichkeit abgestumpft worden, und daher erkläre ich mir, daß sonst ganz verständige und einsichtsvolle Menschen von dem wahrhaft Schönen nichts wissen wollen, und für das Unschöne, Gemeine, Niedrige oder Fratzenhafte schwärmen können. Wenn ich mitunter Urtheile über unsere Dichter, über Shakspeare, Cervantes und andere Heroen der Dichtkunst hören muß, die mich zur Verzweiflung an der ganzen Zeit und an unserm ganzen Volk treiben wollen, so bleibt mir nur ein Trost und das ist das Bewußtsein, daß Sie uns noch angehören und nach Gottes gnädiger Fügung uns noch lange angehören sollen. Ich fühle dann immer das Weh gelindert, das mein Herz zusammenpreßt, und kann wieder mit unbefangenem Sinne die großen Dichter lesen, an denen ich bei dieser babylonischen Verwirrung irre werden könnte, fände ich nicht in Ihren Schriften, Ihren mir unvergeßlichen Worten die Zuversicht, daß ich mich jenen Meistern unbedingt hingeben darf.

Gestern habe ich eine recht herzliche Freude gehabt, als ich auf einige Augenblicke den vierten Band von Immer=

manns Münchhausen in die Hand bekam. Ich konnte nur
ganz flüchtig die Zueignung an Sie durchlaufen, aber ich
fühlte mich durch diese Worte erquickt, da sie Zeugniß von
einem Geiste ablegten, der Sie erkannt hat. Ich werde erst
in einigen Tagen diesen und den dritten Theil des Buchs er=
halten, worauf ich mich nach dem, was mir die ersten gebo=
ten und was mir Frau Gottheimer von diesen beiden letzten
gesagt hat, recht herzlich freue. Ich hatte gehofft, Immer=
manns Bekanntschaft vor einigen Wochen zu machen, da ihn
einer meiner Collegen, sein alter Bekannter, auf seiner Rückreise
nach Düsseldorf erwartete; aber er ist an uns vorübergereist.

Mit recht großer Sehnsucht sehen wir dem Erscheinen
Ihrer neuen, bereits angekündigten Novellen entgegen. Es
ist immer ein Fest in unserm Hause, wenn der Buchhändler
etwas schickt, das von Ihnen kommt. Sie mögen einsichts=
vollere, tiefsinnigere Verehrer Ihrer Schriften haben, als
uns; wärmere und treuere gewiß nicht. Ich werde den
schönen Sommertag nie vergessen, an dem ich 1819 zu Ber=
lin zum ersten Male Ihre Genoveva las. Es war das erste
Buch von Ihnen, das ich kennen lernte, und die Wirkung,
die es in mir hervorbrachte war unbeschreiblich und entschei=
dend für mein ganzes inneres Leben. Kurz vorher hatte ich
die Nibelungen auch zum ersten Male gelesen. In ihnen
athmete ich eine neue Welt, die wahre deutsche Natur, inso=
fern sie durch das Gedicht uns offenbar wird; Ihre Genoveva
riß wie einen Schleier von meiner Seele fort, ich fing an zu
begreifen, was mir die Nibelungen, was mir die deutsche
Poesie, sofern sie in unsrer Vorzeit wurzelt, aus ihr erwachsen
ist und in neuerer Zeit wieder Blüthe getrieben hat, werden
könnte und warf mich nun mit dem vollen Feuer der Jugend
unserem dichterischen Alterthum in die Arme. Und das ist
mir immer als das Höchste und Herrlichste an Ihnen, ver=
ehrter Mann, erschienen, daß Sie so durchaus nur deut=

scher Dichter haben sein wollen und sind, und daß Sie, was
unserm Göthe leider nicht nachgerühmt werden kann, das
Vaterland so warm im Herzen getragen haben. Darum
glaube ich auch fest und inniglich, daß wenn die Stunde
unsers Volks noch nicht geschlagen hat, was Gott verhüte,
und wenn es sich der gegenwärtigen Trübsal und Wirrniß
wieder entwindet, in Deutschland die Ueberzeugung immer
tiefere und breitere Wurzeln schlagen und treiben wird, daß
Göthe und Sie die beiden Gipfel unserer neueren Poesie
sind und nicht Göthe und Schiller, dessen jetzige abgöttische
Verehrung spätere Geschlechter mit gesunderem Sinne kaum
werden begreifen können.

Doch ich muß schließen und Sie nur bitten, mir nicht
zu zürnen, daß ich schon soviel und ziemlich bunt durchein=
ander geschrieben habe. Meine Frau grüßt Sie allerschön=
stens und empfiehlt sich mit mir der Frau Gräfin und Ihren
Fräulein Töchtern ganz gehorsamst. Sie wird nächstens auch
an Fräulein Dorothea schreiben. Gott erhalte Sie gesund
und uns noch recht, recht lange am Leben. Von ganzem
Herzen

Ihr

treuer Verehrer
Koberstein.

Mein Herz ist immer und unwandelbar bei Ihnen und
Ihren Lieben. Lina.

NS. Sollten Sie die Leipziger Allgem. Zeitung nicht
lesen, oder das Blatt vielleicht übersehen haben, so verschaf=
fen Sie sich doch die Beilage des Stücks vom 9. oder 10. Nvbr.
Darin steht ein Artikel aus Berlin, der eins der unzweideu=
tigsten Zeugnisse davon ablegt, wie viel wir bereits in der
Barbarei vorgeschritten sind. In vollem Ernst heißt es da=
selbst: Ihre Genoveva und Ihr Phantasus hätten in Ver=
gessenheit sinken müssen sammt Allem, was die romantische

Schule geschaffen, von dem Augenblick an, wo die echte
vaterländische Poesie eines Wil. Alexis' Cabanis aufgetaucht
sei, an den sich dann als weitere Manifestationen dieses echt
vaterländischen Geistes der Eckensteher Nante, Glasbrenners
Darstellungen des Berliner Volkslebens und anderes der Art
angeschlossen hätten. Das klingt toll: ich finde darin aber
nur die nothwendigen Consequenzen der Lehren unserer
neuen Philosophen.

Köchy, Karl.

Es ist eine poetisch-jugendliche, für aufstrebende Talente hoffnungs-
reiche Zeit gewesen, da noch wenig Verkehr von einem Ort zum andern
auf schlechten Straßen existirte; da auch in größeren Städten Wander-
Truppen wechselten; da der Mangel an Manuscripten reisende Unter-
nehmer veranlaßte, sogenannte „Theater-Dichter" anzustellen, welche
ihr Repertoir mit neuen, oder umgearbeiteten älteren Stücken versahen,
und zugleich den Platz eines dramaturgischen Berathers ausfüllten.
Damals fanden junge Männer von Geist, Wissen, Erziehung, deren
Seele theaterkrank war, ohne daß sie für ihre Person den Trieb ge-
fühlt hätten selbst als Darsteller aufzutreten, immer noch, wo sie ihr
Haupt auf ein Weilchen niederlegen mochten, und brauchten darum
nicht dem Wesen und resp. Unwesen der Coulissenwelt mit Haut und
Haar zu verfallen. — Man denke nur an Zschokke: an Abällino, Zau-
berin Sidonia — an dessen spätere Werke! Mit Chausseen, guten
Postverbindungen, stehenden Bühnen, Gastrollen, kurz mit Allem was
die neuere Zeit an Verbesserungen und Verschlimmerungen (erstere für's
Leben, letztere für die Kunst) gefördert, verflachten sich poetische Träume
in reale Prosa. Das haben diejenigen empfunden, deren Sehnsucht
sie um ein halbes Jahrhundert zu spät auf Lessings Spuren trieb.
Auch Köchy hat es in Mainz (siehe den 2 Brief) empfinden und er-
fahren müssen. Glücklich genug, daß ihm in Braunschweig eine sichere
Anstellung als Intendanturrath des Hoftheaters zu Theil wurde. —
Tieck schätzte in ihm den feinen, liebenswerthen Menschen, den ursprüng-
lichen Poeten; wie seine (Tiecks) Dresdener Gönnerin und Freundin
par excellence sich in einem französischen Schreiben an eine in Berlin
lebende Jugendgenossin äußerte: „il en fait grand cas." Und das

mit vollem Rechte. Karl Köchy ist ein wahrer Dichter; er ist es für
Jeden, der ihn und seine Dichtungen kennt. Daß dieser Kreis nicht
größer wurde, mag wohl an ungünstigen Umständen liegen; doch
liegt es auch an und in ihm. Er ließ es von jeher an sich kommen.
Er verschmähte in vornehmer Bequemlichkeit jenes „Klimpern," wel=
ches heutigen Tages nicht allein „zum Handwerk" gehört, sondern
leider auch zu der Kunst.

Eine der lieblichsten Blüthen neuerer Lyrik hat Köchy gespendet in
dem Büchlein: Garten, Flur und Wald (Berlin 1854).

I.

Braunschweig, d. 15ten Dec. 1827.

Verehrtester Herr,

Unsere Correspondenz ist sehr früh und auf lange Zeit
unterbrochen worden; die Geschäfte, die mir mein bürger=
liches Amt giebt, und zum Ueberfluß Krankheit führten mich
bald nachdem ich Ihre gütige Antwort erhalten hatte, von
Literatur und Poesie ab. Vielleicht mußte auch manches in
mir erst zur Auflösung und Entwicklung kommen, damit ich
die Heiterkeit wieder gewönne, ohne die uns die Kunst den
Eintritt in ihr Geheimniß zu versagen scheint. Das, hoffe
ich, wird mich bei Ihnen entschuldigen, wird mich rechtfer=
tigen, als ob ich Ihre Freundlichkeit nicht in ihrem ganzen
Werth empfunden hätte. Ich habe in diesem Jahre einige
neue Theaterstücke, ein Schauspiel und zwei Lustspiele, ein
Paar Novellen u. a. m. geschrieben. So sehr ich mich dieser
Fruchtbarkeit freuen kann, und eine gewisse Munterkeit mei=
ner Geisteskräfte alles in mir schnell emportreibt, so bin ich
doch mit diesen Arbeiten nichts weniger als zufrieden. Sie
erhalten sie wohl ein ander Mal zur Durchsicht, wenn Sie
nicht gleichgültig geworden, und das Vertrauen zu meinem
Talent verloren haben. Ich überweise Ihnen einstweilen nur
die ersten Nummern der Horen, einer Zeitschrift, die ich von
1828 an redigiren werde. Finden Sie den Geist und das

Streben, die sich in der Vorrede und den wenigen bis jetzt
gedruckten und noch nicht beschlossenen Mittheilungen ankün=
digen, Ihrer Achtung werth, so bitte ich Sie recht herzlich, die
Unternehmung durch Ihren Ruf und Ihre große Bekannt=
schaft zu fördern. Das Schicksal der Zeitschrift hängt von
ihrer ersten Aufnahme ab, und schon muß ich von einem Angriff
Müllner's hören, der sie in der Geburt sogleich tödten soll.
Es wird mir aber eine Quelle des Muths und der Begeiste=
rung werden, wenn ich die edleren Männer der Nation mir
gewogen weiß, und wenn ich die Ueberzeugung habe, daß ich
meine Kräfte nicht an einen bloßem Versuch verliere.

Mit wahrhafter Hochachtung
Ihr
ergebenster
K. Köchy.

II.

Mainz, d. 30sten Mai 1831.

Verehrter Herr Hofrath!

Die wenigen, aber schönen und bedeutenden Stunden, die
ich vor einem Jahre in Ihrem Umgang und in Ihrem Hause
gelebt habe, werden niemals aus meinem Gedächtniß kom=
men. Ich wünschte, daß auch Sie sich zuweilen an mich erin=
nerten, aber ich hoffe es nicht. Das Gedicht, das ich Ihnen
eben zurücklassen konnte, mag wenig dazu geeignet sein, mir
eine solche Theilnahme bei Ihnen zu gewinnen, und was
könnte ich in unsern Gesprächen Ihnen gezeigt haben, als
Enthusiasmus und Empfindung, die doch erst die Bedingun=
gen sind, unter denen ein Mensch etwas werden und leisten kann.

Seit dem Anfang des Winters lebe ich in Mainz, und
in einer Verbindung mit dem hiesigen Theater. Ein Freund,
der Schauspieler Haake, ein liebenswürdiger Künstler und
Mensch, dirigirt dasselbe, und hat mich auf jede Weise hier

festzuhalten gesucht, weil er glaubt, ich könne mich dem Institute nützlich machen, und zugleich das, was von theatralischem Dichtertalent in mir sein mag, nur so, im Umgang mit der realen Schaubühne, und aller andern Geschäfte und Lebenssorgen entledigt, zur glücklichen Ausbildung bringen. In dem einen Stücke setzt er wohl zu viel Vertrauen auf mich. Ich habe jedoch angefangen, dramaturgische Blätter zu schreiben, von denen ich mir Ihnen eine Probe zu senden erlaube, und einige ältere gute Theaterstücke neu zu bearbeiten. Im nächsten Sommer, den ich auch meiner Gesundheit wegen, und um die Heiterkeit meines Gemüths ganz wiederherzustellen, in Wiesbaden zubringen will, hoffe ich nun auch eine Tragödie „Rochester" zu vollenden, wozu der Plan während des Winters so ziemlich reif in mir geworden ist. Da wird es sich denn zeigen, was die Kunst und ich von mir zu erwarten haben. Ihnen theile ich das Werk zuerst mit, und bitte Sie im Voraus herzlich, mir freimüthig und streng Ihr Urtheil zu sagen. Einige Lustspiele, die ich mit schneller Hand in einer Anwandlung von komischer Laune zu Stande gebracht habe, getrauen sich nicht zu Ihren Augen, und mögen auch nur wie Kinder unserer Sünden, wenn auch nicht weniger geliebt, im Dunklen bleiben. Wollen Sie mir jetzt schon einen wichtigen Dienst erweisen, und zugleich dem hiesigen Theater, so nennen Sie mir gefälligst Einiges von der älteren deutschen Schaubühne, oder der ausländischen, was der Wiedererweckung würdig ist; ich hatte selbst Lust, das Spanische noch zu lernen, (das Italienische lese ich, wie das Englische ziemlich fertig) könnte ich mir von dem in Deutschland noch ungekannten Lope de Vega Ausbeute versprechen. Werke, mit deren Aufführung wir uns jetzt beschäftigen, sind außer dem Wallenstein, der an drei aufeinanderfolgenden Abenden, unverkürzt, gespielt werden soll, Ihr Blaubart, der Sturm, Richard II., Calderon's Richter von Zalamea, und Arnim's Befreiung von Wesel. Im nächsten Jahre kann ein Mehreres geschehen; Haake denkt mit seinem Theater eine Schauspielerschule zu verbinden, worüber Sie das Nähere in meinen Blättern erfahren sollen.

Herr von Wehlmann, der Ihnen diese Zeilen bringt, ist im Begriff abzureisen, und ich kann nichts weiter hinzufügen, als meine Wünsche, daß Sie mich zu lieben und mit dem freundlichen Sinn eines Lehrers und Meisters auf mich zu wirken fortfahren mögen. Empfehlen Sie mich Ihrem verehrten Hause, und glauben Sie mir, wenn ich sage, ich bin mit der innigsten Verehrung und Dankbarkeit
Ihr
ergebener
K. Köchy.

N. S. Ich wünschte, Sie hätten eine Reihe Romanzen von mir gelesen, die im Januarheft des diesjährigen Gesellschafters erschienen sind; auf diese Dichtungen lege ich selbst einigen Werth.

III.

Braunschweig, den 7ten Februar 1834.

Verehrter Herr Hofrath,

Mit der gestrigen Post habe ich an die Intendantur der Dresdner Hofbühne ein dramatisches Gedicht „Rochester" eingesandt, welches nun bald auch in Ihre Hände kommen wird. Nehmen Sie es so freundlich auf, wie einst mich selbst und frühere poetische Versuche von mir; was Sie für mich thun mögen, ist an keinen Undankbaren verschwendet, und wird, wenn es anders möglich ist, die Liebe und Verehrung, die ich seit Jahren für Sie als meinen Meister und Gönner empfinde, noch erhöhen. Damit es Sie nicht befremde, neben meinem Namen einen zweiten auf dem Titelblatt zu finden, muß ich bemerken, daß ich mich mit einem Freunde verbunden habe, um dem deutschen Theater rasch genug eine Reihe von ernsten und heiteren Stücken zu liefern, wie das englische sie einst durch Beaumont und Fletscher erhielt. Dürfen unsere Arbeiten auch nicht sich mit dem Besten in einen Rang stellen, so behaupten sie doch gewiß Vorzüge vor den alltäglichen Theatererscheinungen, ja ihr eigentlicher nächster Zweck ist, diese und besonders die Masse von Uebersetzungen, die uns jetzt überdrängen, aus der vaterländischen Scene zu entfernen. Die heroische und politische Tragödie ist leider durch widrige Zeitumstände, durch das Mißtrauen der Regierungen dem Theaterdichter jetzt völlig verschlossen, aber vielleicht läßt das bürgerliche Trauerspiel sich dadurch, daß eine Seite der ganzen Menschheit in ihm zur Darstellung gebracht wird, durch die Kraft der Charactere und Leidenschaften und durch eine hinzugegebene Ironie an jene höhere Dichtart näher heranführen, so wie auch Sie das gewöhnliche Leben in der Novelle erst zur Poesie erhoben haben. Von diesem Glauben bin ich bei unserem ersten Versuche ausgegangen; mir gehört die Idee und der ganze Plan des Stücks, meinem Freunde diesmal nur die Ausführung einzelner Scenen an. Wenn Sie unserem Unternehmen Beifall und Ermunterung geben, so werden wir bald ein paar Lustspiele folgen lassen; das eine behandelt die Anecdote von Beaumont und Fletscher, wo beide, ein Trauerspiel im Wirthshause erfindend, als Staatsverräther und Mordanstifter ergriffen werden, das andere stellt die Situation aus Ariosts Leben dar, da er unter die Räuber geräth. Es wird uns auch ein leichter Entschluß sein, einmal nach Dresden hinüberzukommen, um unter Ihrer besonderen Leitung einig fertig liegende Entwürfe auszuarbeiten. Später, wenn das Glück gut ist, und unser Muth sich gestärkt hat, können wir uns vielleicht ganz niederlassen in Dresden, wo uns mit allen Vortheilen Ihrer Nähe zugleich ein vortreffliches Theater zur Hand ist. Der Winter, die günstigste Zeit

für neue Theaterproductionen, neigt sich schon zum Ende, mit
Ihrer Hilfe aber kann Rochester noch immer zur Aufführung
kommen; wir hoffen darauf, und sehen mit Ungeduld einem
Urtheil von Ihnen entgegen. Mein Freund läßt sich Ihnen
unbekannterweise empfehlen, und ich nenne mich, mein theuer=
ster Meister und Lehrer, mit der aufrichtigsten Verehrung,
Ihren ergebensten

Köchy.

IV.
Braunschweig, den 9ten September 1840.
Verehrtester Herr Hofrath!

Es trifft sich seltsam, daß ich eben jetzt, wo ich in voller
Bewunderung Ihres Genius Ihre jüngste Dichtung lese, von
einer Freundin, die nach Dresden zu reisen gedenkt, ersucht
werde, sie durch einige Zeilen bei Ihnen einzuführen. Dieses
Anliegen wie die Lectüre der Vittoria Accorombona erregt mir
selbst den leidenschaftlichen Wunsch, nach so manchen Jahren
wieder in Ihrer Nähe sein zu können; ich werde ihn befriedi=
gen müssen. Nehmen Sie mich dann gütig wie früher auf,
und gönnen Sie jetzt der Dame, die Ihnen meinen Gruß
bringt, das beneidenswerthe Glück, Sie von Angesicht zu
sehen.

Madame des Marrès gehört nicht allein zu Ihren begei=
stertsten Verehrerinnen, sie ist auch eine begabte Dichterin, ob
sie gleich ihr schönes, bescheidenes Talent vor der Welt ver=
birgt, und nur im Kreise ihrer vertrautesten Bekannten sicht=
bar werden läßt. Sie und ihr Gatte, ein Mann voll Sinn
und Geschmack, werden Ihnen unendlich verpflichtet sein,
wenn Sie ihnen erlauben, einer jener Vorlesungen beizuwoh=
nen, wodurch Sie Ihren Zuhörern einen so einzigen Genuß
verschaffen, daß sich ihm nichts, selbst nicht die vollkommenste
scenische Darstellung eines Dichterwerks, vergleichen kann.

Wie wohl thut es mir schon, an Sie zu schreiben! Bald hoffe ich, Ihnen gegenüber zu stehen.

Mit unwandelbarer Liebe und Verehrung

Ihr

ergebenster

Köchy.

Koenig, Heinrich.

Geboren den 19. März 1790 zu Fulda. Die besten und zuverläßigsten Aufschlüsse über diesen — einen unserer beliebtesten und vielgelesensten Schriftsteller, und über sein Inneres Werden findet man in dem Buche: „Auch eine Jugend" (1852.) — Sein erstes Werk: Die hohe Braut, 2 Bde. (1833) sicherte ihm gleich den Antheil der Verständigen. und diesen hat er, Schritt für Schritt, sich erhalten, bis heute immer nur gesteigert.

Die Waldenser (1836) — Williams Dichten und Trachten (1839) — Regine (1842) — Veronika (1844) — Die Klubbisten in Mainz (1847) — König Jeromes Karneval (1855) — Seltsame Geschichten (1857) — Georg Forsters Leben (1858) — Ein Stillleben (1861) — u. a. m. sind sprechende Belege für seine vielseitigen Verdienste.

Daß in nachstehendem Briefe Heinrich Koenig auch als Theaterdichter erscheint, macht denselben doppelt interessant. Wir wissen nicht, was Tieck in dieser Sache gethan haben mag? fürchten jedoch sehr, die Berufung auf Müllners günstige Beurtheilung möge keinen guten Erfolg gehabt haben. Es würde uns nicht Wunder nehmen, wenn Zuschrift und Dramen stillschweigend ad acta gelegt worden wären. In derlei Dingen leistete Meister Ludwig bisweilen das Unglaubliche. Carl Maria Weber sagte einmal in seiner bezaubernd-scherzhaften Weise einem jungen Schriftsteller, der sich beschwerte, daß er keine Entscheidung erhalten habe über Schauspiele, welche er der Dresdener General-Direktion eingeschickt: „Ja, sehen Sie, Lieber, die Manuskripte bekommt der Tieck zur Ansicht, und der hat sich unter seinem Schreibtische eine Spalte in den Fußboden machen lassen, die führt durch einen langen Schlund tief in's Kellerloch hinab, dort steckt er sie hinein, und weg sind sie!"

Hanau, 25. Merz 1827.

Hochverehrter Herr Hofrath.

Ein gänzlich Unbekannter entblödet sich, Eure Wohlgeboren mit Brief und Pack zu behelligen. — Ich würde nur die Wahrheit sagen, wenn ich mich damit entschuldigte, daß es mich längst gedrängt habe, Ihnen meine herzlichste Verehrung an den Tag zu legen.

Schwerlich würde ich aber sobald aus manchen, Eurer Wohlgeboren wegen, gerechten Rücksichten und Bedenklichkeiten gekommen seyn, hätte sich der Eigennutz nicht zum Vorspann gefunden. — Dieser Vorspann liegt, blau eingebunden, vor Ihren Augen. — Beide Hefte waren für die Direction des Dresdener Hoftheaters bestimmt, und ich überredete mich gern, daß ich solche auch an Sie, als Mitglied jener Direction senden könnte, um so auf einem Wege zwei Ziele zu erreichen, da mir ja doch an Ihrer Meinung von meinen Stücken noch mehr, als an deren Aufführung gelegen war.

Das gedruckte Heft ist eine Abkürzung jenes Schauspiels, dessen im Mitternachtblatte (No. 136 v. J. 1826) von Herrn Müllner rühmlich genug gedacht ist. In dieser Umarbeitung ist das Stück von der frankfurter Bühne zur Aufführung angenommen worden.

Das Mspt. wäre als Lustspiel einer Bühne vielleicht willkommener, wenn es überhaupt zur Aufführung geeignet sollte gefunden werden. Ich biete es der Dresdener Bühne vor allen andern an. Es ist die Fortsetzung jenes gedruckten Schauspiels, auf welche dann, zum Schluß einer Art Trilogie, ein Trauerspiel: „Kaiser Ottos (3) Bußfahrt" — wiewol in anderm Sinn, als das Raupach'sche Stück, folgen soll.

Uebrigens ist an das Lustspiel die letzte Hand noch nicht gelegt worden, und es erscheint in vorliegender Abschrift aus Rücksicht auf eine Bühnendarstellung gekürzt. Daher manche zerriß'ne Versziele und selbst auch die Rolle des Herzogs Udo, der den Abt von Fulda vertritt, welchem in ein Theater keine Eintritts=Karte würde zu verschaffen gewesen seyn.

Sollten Sie nun, verehrtester Herr Hofrath, beide Stücke selber durchsehen können, so wäre mir ein großer Wunsch erfüllt. Sollten Sie es nicht können — und um Alles möchte ich Ihre kostbare und fruchtbare Zeit nicht verkürzen! — so wird es Sie doch nicht beschweren, die Stücke an die Behörde abzugeben, wo solche ihr Glück versuchen mögen.

Noch einmal bitte ich um Vergebung meiner Zudringlichkeit. Ein berühmter Name wird ja so gern für eine offene Zuflucht von denen angesehen, die sich eines höhern Beistandes bedürftig fühlen.

Mit besonderer Verehrung verharret
Ew. Wohlgeboren
ergebenster Diener
Koenig,
Finanzkammer=Sekretär.

Körber, Gottfried, Wilhelm.

Geboren am 5ten Febr. 1775 zu Breslau, gestorben am 16ten November 1827 zu Hirschberg in Schlesien, wohin er 1800 als Prorector des damaligen Lyceum's berufen, daselbst 1808 Rektor dieser Anstalt ward und die ehrenvolle Freude genoß, im Jahre 1816 dieselbe zum Gymnasium und sich zu dessen Königl. Direktor erhoben zu sehen. Der besonders gute Ruf jener gelehrten Anstalt darf zuvörderst seiner segensreichen Wirksamkeit zugeschrieben werden.

Er war verheirathet mit Christine Hermes, einer Tochter des Verfassers von „Sophiens Reisen von Memel nach Sachsen," aus welcher Ehe gegenwärtig zwei Töchter und ein Sohn noch seinen Namen führen.

Körber war ein gründlich=gelehrter Linguist, Historiker und Philosoph. Was er sprach und schrieb trug ein geistreiches Gepräge. Gleichwohl hat er, pflichtgetreu an die Berufsgeschäfte gefesselt, für größere literarische Leistungen keine Zeit gewonnen, sondern nur in Schulprogrammen, Reden und in originellen Gelegenheitsdichtungen die Fülle und Eigenthümlichkeit seines geistigen Wesens bekundet. Im geselligen Verkehr sprudelte er von witzigen, schlagenden Einfällen, deren viele durch treffende Wahrheit geradezu populair geworden sind. Und Gneisenau, der mit ihm in vertraulichem Verhältnisse lebte, und ihn oft in Erdmannsdorf zu sehen liebte, pflegte ihn „den zweiten Lichtenberg" zu nennen.

Ausführlicheres über ihn bietet die Schrift von Balsam: De vita G. G. Koerberi (1829.)

Hirschberg, 20ten Nov. 1812.

Hochgeehrter Herr.

In einer Sache, wie die folgende, werden Sie mir wohl die „Wohlgeborenheit" ꝛc. erlassen, mit der sich männiglich ohnehin zum Ueberdruß beschleppen muß.

Die Sache ist weiter nichts als — ein inniger Dank für Ihren Phantasus. So ein Dank von mir hat freylich Ihnen so wenig zu bedeuten als mein Urtheil, objectiv gesprochen. Aber wenn nun der Mund überfließt, wes das Herz voll ist?

Ich riß mich 1½ Tage vom Amte los, um am dritten Orte Fessern (den Sie ja kennen gelernt haben, Kgl. Gerichts=Kanzler in Grüssau) Ihren Phantasus vorzulesen. (Hätten wir ihn von Ihrem Munde hören können!) Sie haben uns Einen der schönsten Tage gegeben, dergleichen sich nur irgend einem überladenen Geschäftsmenschen (juristischen oder scholastischen, gleichviel) entwinden lassen. Wie lebhaft dachten wir an Ihre Gegenwart in Warmbrunn und Grüssau zurück! Und wie genußreich wirkte der Geist des Symposions auf Manfreds Schlosse auf unser einsames! Dürfen Lehrlinge den Meister zu guter Stunde irgend einmal fragen: Meister, wie meinst du dieß oder jenes? oder: warum thust du das? so dürfen wir vielleicht uns auch Belehrung ausbitten,

ob nicht das Malen der Wasserfälle damit noch zu ver=
theidigen sey, daß die ewig rege Phantasie das ewig suc=
cessive Leben der Natur im Tanzen, Sprudeln, Mur=
meln, Rauschen ꝛc. von selbst supplire;

wie denn wohl die Erzählung des Tannhäusers mit der
Geschichte zu reimen sey, die Sie erzählen — war das
nur ein Phantasma und Wahnsinn, daß er den Freund
gemordet und daß Emma im Kloster gestorben, welcher
Glaube bleibt uns für die eodem tenore erzählte Wirk=
lichkeit der Ereignisse im Venusberge? —

ob es nicht zu herzangreifend sey, daß Emil's Seufzer
zur Madonna und Gott, das Vertrauen, die ewige Liebe
werde ihn schützen, so wenig erhört wird, daß er vielmehr
wirklich in den Zauber verstrickt wird und untergeht;

ob es nicht noch herzergreifender sey, daß der unschuldige
Friedrich von Wolfsburg (soll ihm seine Freundschaft
mit dem Tannhäuser zum Vorwurf gereichen?) um des
brennenden Kusses willen auch hinunter muß — so etwas
kommt freylich in Volkssagen vor, aber spielt hier nicht
das dunkle Verhängniß mit einer zu grausamen Will=
kühr, die über alles Tragische hinausliegt? —

wie doch wohl Emil's Geliebte, die in allem Uebrigen
untadelig erscheint, zu der gräßlichen Verbindung mit der
Alten im rothen Leibchen kommt, da man doch von ihr
vermuthet, sie werde gut und fromm seyn — daß sie ihrer
Liebe sogar das Leben des Kindes und ihr Seelenheil
zum Opfer bringen werde, erscheint nicht ganz motivirt
und ist fast gar nicht angedeutet. Sollte sie in diesem
mystischen Dunkel bleiben? und liegt dieses Dunkel nicht
viel mehr in der Composition, als in der Sache? (Daß
sie nach dem Morde von Reue, Bekenntniß, Rettung ꝛc.
fern bleibt, ist sehr natürlich.)

ob wohl die Deduction, wirkliche Vorfälle von der Art,

wie z. E. Urbain Grandier's Martern im Pitaval, seyen eben so grauenhaft als der Runenberg und der Liebes= zauber, völlig treffe. Sollte wohl das Bewußtseyn des Nichtwirklichen (welches Bewußtseyn ja ganz cryptisch wird) mildern und trösten können? Das Individuelle ist es ja nicht, was uns erschüttert, sondern die in einem fingirten Paradigma dargestellte Wahrheit der wirklichen Menschennatur. Auch ist der Schauder bei Grandier's Geschichte, der mich freylich ein wenig beschlich, als ich sie im Pitaval las, doch anderer und, daß ich so sage, traulicherer Art; er ist zusammengesetzt aus physischem Grauen und sittlichem Unwillen, zweyen Mißgefühlen, deren Gegenstände uns täglich vorstoßen. Aber in den Crescendo=Mährchen des Phantasus greift die übersinn= liche Welt gespenstisch in das Leben hinein und da halte Einer dagegen aus, wem Gott eine Phantasie gab. Nicht als wollte ich das Recht dieses Genre, zu existiren, nicht anerkennen. Auch ein schauderhaft Schönes ist schön und schauderhaft ist noch nicht häßlich. Aber die Gründe, mit welchen die holden Recensentinnen geschla= gen werden, dünken mir zum Theil Vexirwaffen zu seyn (wenn gleich die Hiebe auf Kotzebue, Iffland ꝛc. treffend sind, denen Gott von ihrem dramatischen Unwesen eine fröhliche Urstäte verleihe!) Eine wahrhaft gebildete Frau sagte mir, sie habe Ihre Grauengebilde immer noch lieber als Jean Paul's. Das finde ich auch; Sie mar= tern uns doch nicht, sondern bestreichen die lanx satura nur mit einer guten Dosis Asa foetida, die freylich den Mund mit verzieht, aber doch nachher wohl bekomint (si ventri bene est pedibusque u. s. w., denn nerven= schwachen Leuten möchte ich den Runenberg und Liebes= zauber nicht rathen). Die weichliche, zerfließende Qual im Jean Paul ist — des Teufels implicite mehr als irgend etwas und man möchte immer hinterher eine Dosis de la Motte Fouqué oder noch lieber classisches Alterthum zur Cur nachtrinken, so gern ich auch sonst in den Toast auf Jean Paul in dem Manfredschen Schlosse einstimme und so unsterblich er ist. — Daß Christian wieder kommt, das ist besonders entsetzlich; sowie im Liebeszauber, daß wir mitten im socialen, modernen Leben von dem Ungeheuren so überfallen werden, wobei vorzüglich das grüne, schielende Auge des Drachenfelses trefflich secundirt: äußere Angst zur inneren (sittlichen) gesellt. Emil fällt bewußtlos nieder, und ich, der ich jenes Mährchen zwischen Geschäften zu Hause still für mich ganz munter gelesen, der ich noch dazu dem Freunde, der an Christian schon mit Grauen gesättigt war, den Liebeszauber absichtlich recht schlecht voraus erzählt hatte, um das schauderhafte Interesse der Neuheit wenigstens abzuschwächen, las dennoch dieses Mährchen, in banger Erwartung schon, zitternd schlecht vor, und bei der ersten und zweiten Catastrophe, besonders bei der ersten, schlich mein Blut zum Herzen zurück, ich wurde blaß, die Hände erkalteten mir und ich war im Daseyn angegriffen. Es war Abend, Leser und Hörer frey von aller Störung und ganz dem Mährchen hingegeben. — Im Grunde aber möchte ich doch den wiederkehrenden Christian den Gipfel des Grauens nennen; wenigstens ich als Mann (ein Weib setzt vielleicht den Liebeszauber eine Stufe höher, wie es auch Ihre Manfredischen Damen thun). Ob ein Rest von Krankheit Sie in diese schauderhafte Gebilde hinein vibrirt hat? oder ob Sie nicht vielleicht auf dieses Anklopfen an den Gränzen des Menschengeistes etwas krank geworden? so habe ich fragen hören.

Doch genug des Lehrlingsgeschwätzes. Wie könnten Sie überhaupt es zu beantworten sich abmüßigen!? Ich darf es wenigstens nicht erwarten. Denn wenn Sie jeden unreifen Zweifel schriftlich heben wollten, wo nähmen Sie die Zeit her! Aber beweisen wollte ich Ihnen wenigstens, wie aufmerksam ich das Buch gelesen und wie sehr ich (wie Fesser) Sie verehre und wie glücklich uns Ihre Nähe machen würde. Dürfen wir Sie nicht im Sommer 1813 hoffen?

Phantasus II. soll bald erscheinen, höre ich. Möge es wahr seyn! Und wie sehne ich mich nach Ihrem „Frauendienst, 1813," den ich noch nicht habe erhalten können.

Mit der reinsten Hochachtung

der Ihrige.

Körber.

Körner, Christ. Gottfr.

(Geb. zu Leipzig 1756, gest. zu Berlin am 13ten Mai 1831. — Der würdige Mann steht uns nahe; denn seine hohen Eigenschaften sind uns vollkommen bekannt worden durch den „Briefwechsel mit Schiller," 4 Bde. (1847).

Mögen diese drei Blätter, an Tieck gerichtet, sich auch in den Kranz verschlingen, der ein Haupt ziert, welches uns an und für sich schon theuer seyn müßte, wäre der von der größten deutschen Dichter inniger Freundschaft und Achtung Ausgezeichnete nicht zugleich Theodor Körners Vater.

Befremdend scheint es, daß in dem zweiten Schreiben (von 1814) Theodor's mit keiner Sylbe gedacht ist.

I.

Dresden, am 9. Oct. 1807.

Ueber das Aussenbleiben des Manuscripts habe ich von Zeit zu Zeit den Bibliothekar Daßdorf beruhigt, weil ich die Ursache vermuthen konnte, warum Sie es nicht abschickten. Ihr Herr Schwager kam erst vor Kurzem und Daßdorf hat keinen Groll auf Sie. Die Abschrift des Rosengartens hat er aber entweder vergessen, oder er hat hier niemand, den er zum Abschreiben eines solchen Manuscripts gebrauchen könnte. Aber er bot sich an, Ihnen das Original zu schicken, wenn Sie in einer Zeit von etwa Vier Wochen es zurückschicken könnten. Sie möchten ihn daher nur wissen lassen, wenn Sie gerade sich mit diesem Werke beschäftigen wollten. Ich erwarte hierüber Ihre Erklärung.

Das Manuscript wollte ich gern bald an die Behörde abliefern und hatte nur Zeit, die Bilder anzusehn. Als eine piquante Situation gefiel mir besonders, wie ein Riese den Kopf eines Mädchens im Rachen hat, während er mit einem Ritter — vermuthlich ihrem Liebhaber ficht. Wird er besiegt, so braucht er nur zuzubeißen.

Ihr Herr Schwager sagte mir, daß er nicht über Ziehingen zurückgehen würde; ich konnte ihm also das verlangte Buch nicht mitgeben. Es fragt sich, ob ich es Ihnen auf der Post zuschicken soll. Eigentlich hätte ich keine Lust dazu, damit Sie einen Antrieb mehr hätten, bald hieher zu kommen, wozu Sie uns Hoffnung mochten.

Von Oehlenschlägern weiß ich unmittelbar gar nichts. Aber daß er in Paris wenigstens gewesen ist, lese ich in öffentlichen Blättern. Ob er noch dort, oder vielleicht jetzt in Italien ist, habe ich nicht erfahren können. In Italien wird er schwerlich lange bleiben. Er hatte eine Art von Abneigung dafür und schien eine Furcht zu haben, daß ihm das Clima nicht bekommen würde. Seinen Aladdin erwarte ich sehnlichst, und begreife nicht, warum er nicht erscheint.

Ich habe jetzt den Calderon zu lesen angefangen. Die Autos Sacramentales waren unter meiner Erwartung. Ich fand schöne Verse, eine gewisse Pracht in der Ausführung, viel Beachtbares für Musik, aber wenig Phantasie. Nach ein Paar Proben gieng ich zu den Comedias über, die mich mehr anziehen. Vorjetzt hat mich besonders ein Stück interessirt: Das

Leben ist ein Traum. Ein kraftvoller junger Mann, durch üble Behandlung verwildert, wird durch die grellsten Contraste zwischen Thron und Gefängniß dahin gebracht, daß er nicht mehr weiß, ob er wacht oder träumt. Dieß wird bey ihm ein daurender Zustand, er handelt in diesem Glauben und wird dadurch gemildert. Vielleicht hätte diese Idee in der Ausführung noch mehr benutzt werden können. Ueberhaupt finde ich in den Comedias oft eine gewisse Flüchtigkeit der Behandlung, aber die Kühnheit der Ideen hat einen großen Reiz. Shakespear scheint mehr mit Liebe gedichtet zu haben, und bey Calderon mehr die Kraft zu prävaliren. Er trotzt allen Forderungen von Wahrscheinlichkeit und schaltet unumschränkt in seiner Welt.

Der neue Meß=Catalog ist einer der magersten selbst für die Michaelismesse. Die Buchhändler scheinen sich fast bloß auf Anecdotenkram und politische Kannegießereyen einlaßen zu wollen.

Bey Herrn von Burgsdorf und seinen unvergeßlichen Nachbarinnen erhalten Sie unser Andenken. Die Meinigen empfehlen sich Ihnen bestens.

Körner.

II.

Dresden, am 23. Jan. 1814.

Die übersendeten Bücher und Musikalien, theuerster Freund, habe ich richtig erhalten. Der Farquhar ist mir sehr lieb, da ich längst mit ihm genauer bekannt zu werden wünschte, ob er wohl in seiner zügellosen Manier sich eigentlich unter honetten Leuten nicht sehen laßen darf. Ich habe aber jetzt sogar Amtshalber eine wahre Sehnsucht nach dem Aechtkomischen. Man hat mir eine Aufsicht über das hiesige deutsche Theater

aufgetragen, und das Geschäft ist nicht undankbar, da ich mehr
Eifer bey den Schauspielern und mehr Empfänglichkeit bey
dem jetzigen Publikum wahrnehme, als ich erwartete. Mein
Wunsch ist nach und nach den „nassen Jammer" von dem
hiesigen Theater zu verdrängen, und das Publikum nach und
nach an eigentlichen Kunstgenuß zu gewöhnen. An Tragö=
dien fehlt es uns nicht, aber gute Lustspiele sind äußerst selten.
Inmittelst müssen sogenannte Spektakelstücke, Zaubereyen und
dergleichen mit aushelfen, die mir immer lieber sind, als
Ifflands platte Moral. Vielleicht finde ich jemand, der einen
Farquhar'schen Stoff nach dem Bedürfniß der Zeit behandelt.

Neulich war im Vorschlage, den Sommernachtstraum ein=
zustudiren, und das ganze Feenvolk mit Innbegriff von Oberon
und Titania durch Kinder zu besetzen. Die Idee ist gewagt,
und ich möchte wissen, was Sie darzu sagten. Wahr ist's,
daß wir jetzt einige sehr brauchbare Kinder bey dem Theater
haben.

Andere Stücke von Shakespear habe ich auch für die Zu=
kunft in petto, und gern möchte ich mit Ihnen darüber berath=
schlagen. Nur kann nicht alles auf einmal geleistet werden,
da jetzt noch manche Schwierigkeiten zu heben sind.

Der Gräfin Henriette bitte ich mich bestens zu empfehlen.
Mit großer Freude vernehme ich ihre Wiederherstellung. Von
meinen Musikalien steht ihr alles zu Diensten, was sie ge=
brauchen kann.

Die Meinigen lassen Ihnen viel Freundschaftliches sagen.
Leider haben wir uns in Berlin seltner gesehen, als ich ge=
wünscht hätte. Bey Burgsdorf bitte ich mein Andenken zu
erneuern. Leben Sie recht wohl!

Körner.

III.

Berlin, den 28. May 1816.

Es freut mich, daß ich im Stande gewesen bin Ihren Wunsch, so viel den Waston betrifft, zu erfüllen. Dieß Werk war in der Partheyischen Bibliothek, und ich konnte es Ihnen daher verschaffen. Von den andren Schriften aber, die Sie erwähnen, habe ich keine gefunden. Massingers Werke besaß der Hauptmann von Blankenburg in Leipzig, der die Zusätze zu Sulzers Theorie geliefert hat, aber ich weiß nicht wohin sie nach seinem Tode gekommen sind.

Im Meß=Catalogus finde ich unter den künftig zu erwartenden Schriften ein altdeutsches Theater von Ihnen in sechs Bänden aufgeführt. Sind dieß eigne dramatische Arbeiten oder Bearbeitungen fremder ältern Produkte? Ich erinnere mich aus einem Gespräche mit Ihnen, daß Sie geneigt waren, Stoffe aus der deutschen Geschichte dramatisch zu behandeln. Nur hätte ich geglaubt, daß diese Dramen nach und nach einzeln erscheinen würden.

Hier haben kürzlich Wolff und seine Frau aus Weimar Romeo und Julie nach Göthens Bearbeitung gegeben. In beyden bemerkt man viel Studium und Göthens Schule, der auf das Plastische, die Ruhe und den Totaleindruck der Darstellung den vorzüglichen Werth legt. Ein Theil des hiesigen Publikums kann sich hieran noch nicht gewöhnen, und die ganz Ungebildeten verlangen jüngere Gesichter für diese beyden Rollen. Indessen hatten sie unter den Anwesenden die Mehrheit für sich und wurden herausgerufen.

Meine Frau und Schwägerin sind wohl und lassen Ihnen viel Freundschaftliches sagen. Bey uns allen ist der Wunsch recht wieder rege geworden, einmal wieder von Ihnen etwas aus dem Shakesp. zu hören.

Leben Sie recht wohl!

Körner.

Koester, Hans.

Geb. in Mecklenburg-Schwerin; seit seiner Verheirathung ganz in Preußen, zuerst in Breslau, dann auf seinem Landgute, später in Berlin, jetzt in Weimar lebend. Die Bühnen beider Städte haben mehrere seiner dramatischen Dichtungen zur Aufführung gebracht.

K.'s poetische Thätigkeit war immer auf große Vorwürfe gerichtet, wie schon die Titel der Stücke: Conradin — Maria Stuart — Lucia Amadei — Ulrich von Hutten — Hermann der Cherusker — der große Kurfürst ꝛc. bekunden. In neuerer Zeit scheint er sich der Erzählung zuwenden zu wollen, wofür er mit dem in Tieck'scher Novellenform gehaltenen Buche: „Lieben und Leiden" einen schönen Beruf entwickelt.

Von seiner Zuschrift an T., welche durch ihre klare und sichere Weltanschauung bei einem Jüngling, wie er damals gewesen, gewiß frappiren darf, haben wir uns genöthiget gesehen, beinah die Hälfte wegzulassen, weil sich in derselben, mit allerdings recht interessanten litterarischen Notizen, Familiennachrichten verbanden, zu deren Veröffentlichung wir uns nicht berechtigt glaubten.

Paris, 7. September 1841.

Hochwohlgeborner,
Hochgeehrtester Herr Hofrath!

Sie erlaubten mir bei meinem Abschiede von Baden, Ihnen fernere Nachrichten von mir geben zu dürfen; es war mir der frohste Trost, den die trübe Stunde überhaupt bieten konnte. Die Abreise des Königs nach Schlesien führt Sie gewiß bald nach Dresden zurück; — so bin ich denn vorschneller da, als ich vielleicht sollte; — wenn es mich nicht mit ganzer Seele zum Schreibtische zöge, gewiß, ich würde Sie nicht belästigen!

Sie glauben nicht, mit welcher Gewalt gerade mein Aufenthalt in Paris die Erinnerung vergangener Zeit in mir zurückruft. Das Gewühl, welches mich umgiebt, greift oft so betäubend in meine Sinne ein, daß ich fast glauben muß, ich sei erst hier zur Wirklichkeit erwacht und habe sonst nur in der Stille meiner Träumereien gelebt. So gehe ich fremd dem Lande, fremd den Menschen, umher und suche voller Sehnsucht alles auf, was mich auf Augenblicke wenigstens die Leere und Unbehaglichkeit der Gegenwart vergessen läßt. — Ich ging ungerne nach Paris und meine Ahnung hat mich nicht betrogen; mein hiesiger Aufenthalt ist kaum etwas anderes für mich, als eine lange, lange Sprachstunde. Das hiesige Leben entbehrt gewiß nicht großartiger Elemente und es liegt wohl nur in meiner jetzigen Stimmung, daß ich nicht geschickt bin, sie mit Gerechtigkeit aufzufassen und zu würdigen. Wie überall, so auch hier ein rubloses Ringen und Jagen nach einer mehr oder minder wohlhäbigen Existenz; nur scheint es mir hier mehr hervorzutreten, als in irgend einem Lande, wo ich bisher war. Die Franzosen nennen es „Fortschreiten der Civilisation;" mir scheint der Ausdruck verfehlt. Wenn Civilisation Geld und Genuß im Gelde und durch das Geld ist, so schreitet man allerdings in Frankreich fort; — giebt es aber eine Civilisation ohne jene Vorzüge der Frömmigkeit, der bürgerlichen Tugenden, der Vaterlandsliebe? muß das alleinige Vorwiegen des Interesses nicht die Völker in eine Barbarei zurückführen, die wohl wilder und gefühlloser sein dürfte, als die mittelalterliche, die man so gerne im Munde führt? Wenn man untersucht, wo denn eigentlich die Keime der Revolutionen in Frankreich stecken, so kommen wir in neuerer Zeit gewiß mehr auf selbstsüchtige, als auf politische Gründe; sie finden sich im Ganzen nur in der Klasse, die mit ihrer gegenwärtigen Existenz unzufrieden ist; — von jener Treue der Meinung aber, von wahrer Gesinnung, die in der Ueberzeugung wurzelt und ohne egoistische Rücksicht nur für diese strebt, kann ein für allemal nicht die Rede sein. Es ist Schade, daß der tüchtige Kern, den das Volk noch immer in sich trägt, nicht besser genährt und gepflegt wird; es fehlt den Franzosen nicht an einem gewissen Edelmuthe, an einer Aufopferung, die zu großen Dingen geschickt macht; Napoleon aber hat diesen Nationalvorzügen in der gloire eine für die Ruhe von ganz Europa gefährliche Richtung gegeben und so die Zeit der Selbsterkenntniß in eine Ferne gerückt, die allein die harten Lehren der Geschichte vermindern können, unter deren Gewichte Frankreich jetzt schon lange seufzt.

Mit der neuern Kunst scheint es hier zu gehen, wie in Italien; man dient der Mode, weil man zu keinem selbstständigen Geschmack kommen kann. Die letzten Anlagen reihen sich im buntesten Wechsel des Stils an einander; der Concordienplatz übertrifft darin selbst noch die Münchner Mustercharte. Jetzt ist das Griechische an der Tagesordnung, vor einigen Jahren glaubte man gothisch zu bauen. Von wahrer Liebe zur Sache, von jener ernsten und innigen Durchführung, die uns bei mittelalterlichen Bauten so begeisternd hinreißt, findet man keine Spur. Ich war oft beim ersten Anblick von dem Umfang und von der Pracht der neuern Anlagen überrascht; wenn man aber anfängt sich in sie hineinzudenken, so wird man nur zu bald seine Täuschung gewahr; sie gleichen jenen Menschen, die viel und mancherlei gelernt haben, ohne etwas zu wissen: — alles ist leidiger Effect ohne inneres Bewußtsein. Der Architect hat Riß und Anschlag gemacht, die Entrepreneurs ihre Pflicht nach dem Buchstaben des Contractes erfüllt; — wie soll uns das aber Hingebung abgewinnen, was ohne Hingebung aufgefaßt und ausgeführt ist? —

Ich besuche ziemlich regelmäßig die Theater, besonders das théâtre français. Beim Drama kommt mir Ihre Kritik der Georges — ich weiß nicht, ob ich den Namen recht schreibe —

nicht aus dem Sinne. Ich glaube kaum, daß Talma der sogenannten classischen Tragödie einen sonderlichen Dienst geleistet hat, indem er Puder und Perrücke verdrängte; der Zopf ist geblieben, ob er nun vorne oder hinten hängt, ist am Ende einerlei; — man muß den Fleiß und die Schule bewundern, das Ganze bleibt am Ende aber doch nur eine Caricature der lieben Menschheit. — Das Lustspiel hingegen hat mich wahrhaft erfreut. Man darf freilich in den neuern Producten keine Poesie suchen, die kalte Frivolität der Salons aber versteht man in der That vortrefflich nachzuahmen. Und wie gut sprechen die Leute! trotz meiner mangelhaften Kenntniß der Sprache, entgeht mir wenig; den Franzosen mag es in Deutschland nicht so gut werden. — Dann der Reichthum des Repertoirs auf dem théâtre français; — ich sah während meines Hierseins vieles von Corneille, Racine und Voltaire und fast sämmtliche Stücke von Molière. Dabei spielte man nicht vor leerem Hause, wie es bei uns zu sein pflegt, wenn man die Meisterwerke unserer Dichter aufführt; — um einen Platz im Parterre zu erhalten, muß man queue machen und die Ränge sind meistentheils vollständig besetzt. Der Vorwurf der Veränderlichkeit, den wir den Franzosen so gerne machen, möchte wenigstens in dieser Beziehung auf uns zurückfallen.

Ich empfehle mich viel tausendmal der Gräfin Finkenstein und Ihrer Fräulein Tochter. Ich habe Ihnen ohne Umschweife mein ganzes Herz ausgeschüttet, verehrter Herr Hofrath; Ihre Güte hat mich verwöhnt und man glaubt so gerne Rechte zu haben, wo man sein Herz hat! — Mit den innigsten Wünschen für Ihr Wohlsein, mit warmer Verehrung

Ew. Hochwohlgeboren

ganz gehorsamster

Rue St. Pierre Mont=Martre 15.   Hans Koester.

Koreff.

Ein Musenjünger, ein „Serapionsbruder;" ein Mediciner, Mann der positiven Wissenschaft, und nichts desto weniger Magnetiseur; einflußreicher Leibarzt des Staatskanzlers Fürsten Hardenberg; nach dessen Tode in Paris heimisch geworden, und dort wie zu Hause; ein wahrer Allerweltsmann stellt sich zu Tieck's Festtage mit wenigen Zeilen ein, die mailich dufteten. Worin das von ihnen begleitete Geburtstaggeschenk bestanden haben könnte, ließ sich nicht errathen.

Dresden, 31. Mai 1822.

Mein hochverehrter Freund!

Ihr heutiger Morgen war voll Blüthen und reizenden Gestalten. Vergönnen Sie es Ihrem Freunde, daß er die heitre Wassergöttin beschwöre, auch Ihren Abend und Ihr schon in Schlummer getauchtes Augenlied mit dem Zauber der Schönheit zu berühren. So möge dies auch zum Symbol meinem Wunsche dienen, daß es keiner Tageszeit im Leben des Musen=Lieblings an Blüthen und erquickender Schönheit fehlen dürfe.

Ihr

Koreff.

Kratter, Franz.

Geb. 1758 zu Obernborf am Lech, Kassierer in Lemberg, — Sekretair in Wien, — Direktor des Theaters in Lemberg, — Gutsbesitzer — gestorben . . . ?

Der Augarten, Gedicht. — Der junge Maler am Hofe. — Das Schleifermädchen aus Schwaben, Romane.

Ueber seine dramatischen Arbeiten dürfen wir billig schweigen, da der Leser durch den Autor im nachstehenden Briefe genügend davon unterrichtet wird. Der Brief hat wirklich um seiner Form willen wenig Anspruch auf öffentliche Mittheilung zu machen, und wäre die darin enthaltene Bitte an irgend einen andern Menschen gerichtet, so wäre gar nichts Besonderes dabei.

Daß aber Herr Kratter sich mit seinem Ansuchen zu Tieck wendet, übersteigt die Grenzen kindlicher Naivetät. Ludwig Tieck soll ihm einen Verleger für alte, längst von den Brettern verschwundene Dramen auftreiben, die gerade von den Kritikern, zu denen sich damals T. so heftig gesellte, ohne Erbarmen und Schonung perhorrescirt worden sind? Es wäre zum Todlachen — wär's nicht zugleich wahrhaft rührend! Man erinnere sich nur des A. W. Schlegel'schen Sonettes aus der „Triumph- und Ehren-Pforte" für den aus Sibirien zurückkehrenden „Theaterpräsidenten:"

„ꝛc. Und wie ein Jeder kann, so fei'r' ihn Jeder:
Du fraß' das Herz mit Höllenfratzen Kratter,
Du siede neue Zauberinnen Zschokke,
Du laß' die Bestien tanzen Schikaneder!"

Was ihm wohl Tieck geantwortet haben mag? — Je nun, wir denken, das ist leicht errathen. Gar nichts!

Lemberg, den 16ten April 1829.

Hochzuverehrender Herr!

Einer der vorzüglichsten Verehrer Ihrer litterarischen Verdienste ist so frei, aus dem fernen Norden Ihre Güte in Anspruch zu nehmen. Man hat mir so viel Rühmliches von der Humanität Ihres Charakters gesagt, daß ich kein Bedenken trage, mich mit einer Bitte an Sie zu wenden, deren gefällige Gewährung für mich von großer Bedeutung wäre.

Der Buchhändler Wallishauser in Wien übernahm den Verlag der Ausgabe meiner sämmtlichen dramatischen Arbeiten. Allein die Wienerzensur verboth von den ersten sechs zum Drucke eingesendeten Schauspielen zwei der Interessantesten, und verstümmelte die Uebrigen so unbarmherzig, daß sie mir diese Ausgabe in den Oestreichischen Staaten platterdings unmöglich machte. Da diese Schriften durchaus reine Moralität zum Zwecke haben, so ist mir die zwecklos übertriebene Strenge dieser Zensur unerklärbar.

Da ich seit vielen Jahren nichts in den Druck gegeben habe, so sind alle meine litterarischen Verhältnisse mit dem Auslande nach und nach gänzlich erloschen. Ich wage es daher, Sie in meiner Angelegenheit um Ihren gütigen Beistand zu bitten. Ihre vielfältigen Verhältnisse würden es meiner Meinung nach Ihnen nicht schwer machen, mich in Hinsicht des Verlages besagter Schriften mit irgend einer soliden Buchhandlung in Verbindung zu bringen. Deuten Sie mir es nicht ungütig, wenn ich mich dann unterfange, Ihre Bemühung im Falle eines guten Erfolges erkenntlich zu honoriren.

Verzeichniß der zum Drucke fertigen Schauspiele.

1. **Der Weise im Unglück.** Sch. in 5 A. von der Zensur verbothen. Ob es gleich vor vielen Jahren unter dem Titel: Der Vizekanzler auf dem K. K. Hoftheater sehr oft mit grossem Beifall gegeben worden ist. Als eine jugendliche Arbeit verwarf ich es nun, und gründete auf den sehr anziehenden Stoff ein ganz neues Schauspiel unter der obigen Benennung.
2. **Das Mädchen von Marienburg**, ein fürstliches Familiengemählde in 5 A. nach der neuen Verbesserung von der Zensur verbothen, nachdem es auf dem K. K. Hoftheater mehr denn hundertmal dargestellt worden ist.
3. **Die Pflegesöhne**, ein Trauerspiel in 5 A. Noch ungedruckt. In Jamben. Es war mehrere Jahre hindurch auf dem K. K. Hoftheater ein Repertoirstück. Ich glaube nun, daß es durch eine fleissige Umarbeitung an Werth gewonnen habe.
4. **Athenais**, Sch. in 5 A. in Jamben. Als ein Gegenstück zum Mädchen von Marienburg von nicht weniger interessantem Stoff. Es ist noch ungedruckt.
5. **Der Blutzins an die Mauren.** Heroisches Sch. in 5 A. in Jamben, und noch ungedruckt. Aus den

Zeiten, als die christlichen Städte in Spanien jährlich eine Anzahl Jungfrauen als Tribut an die Sarazenen abliefern mußten.

6. **Bruder Franz von Paula.** Heroisches Sch. in 5 A. in Jamben, und noch ungedruckt. Meines Erachtens der interessanteste Stoff von allen meinen Schauspielen.

7. **Die Sklavin in Surinam.** Sch. in 5 A. Zwar vor mehrern Jahren von Eßlinger in Frankfurt verlegt, nun aber gänzlich umgearbeitet.

8. **Das Oktoberfest, oder das Paradies des Gutsherrn.** Ländliches Gemählde in 5 A. So eben verfaßt, und vielleicht kein unkräftiges Wörtchen zu unserer Zeit. Noch ungedruckt.

9. **Die Verschwörung wider Peter den Großen.** Tr. in 5 A. Im Jahre 1790 von der deutschen gelehrten Gesellschaft in Manheim mit dem Preise gekrönt. Demungeachtet fand ich es jetzt nöthig, demselben durch Umarbeitung eine neue Gestalt zu geben.

10. **Der Friede am Pruth,** Sch. in 5 A. Als Fortsetzung des Mädchens von Marienburg.

Die noch ungedruckten und umzuarbeitenden Stücke sind:
1. **Sebastian der Unächte.** Tr. in 5 A. in Jamben.
2. **Der Mohrenkönig.** Sch. in 5 A.
3. **Appius der Dezemvir.** Tr. in 5 A. in Jamben.
4. **Eginhard und Emma.** Sch. in 5 A.
5. **Die Kriegskammeraden.** L. in 5 A.
6. **Der Brautwerber.** L. in 5 A.

Sie dürften in zwei Jahren zum Drucke fertig werden.

Ich ließ diese Schriften größten Theils noch ungedruckt liegen, bis ich theils zur wesentlichen Verbesserung, theils zur gänzlichen Umarbeitung derselben einen von allen Geschäften freien Zeitpunkt gewinnen würde. Dieser traf endlich vor zwei Jahren ein, und ich benützte ihn mit besonderm Fleiß. Ich glaube daher weder Ihre gütige Verwendung zu kompromittiren, noch von einer bescheidenen Kritik etwas Arges fürchten zu müssen. In der Beilage sind die zum Drucke fertigen Stücke verzeichnet.

Herr Wallishauser würde sich herbeilassen, von dem Verleger eine bedeutende Anzahl Exemplare zu übernehmen, wenn ihm von demselben der ausschließende Absatz in den Oesterr. Staaten zugesichert würde. Gegen auswärts gedruckte Schriften ist die Wienerzensur ziemlich nachsichtig. Es wäre daher von ihr nichts Schlimmes in dieser Hinsicht zu besorgen.

Ich ersuche Sie um eine gefällige Antwort, indem ich mit der geziemendsten Hochachtung die Ehre habe zu seyn

Ihr

ergebenster
Franz Kratter,
Gutsbesitzer.

N. Sch. Haben Sie die Güte, Ihr Schreiben bei Herrn Doktor und Professor Maus in der grossen Armeniergasse abgeben zu lassen. — Unangenehm ist es mir, daß der Brief nur bis zur Grenze frankirt werden konnte.

Krause, Karl Christ. Friedr.

Geb. den 6ten Mai 1781 zu Eisenberg im Altenburgischen, gest. in München am 27ten Sept. 1832.

Sein System der Logik (1828) — Philosophie des Rechtes (1828) — Vorlesungen über die Grundwahrheiten der Wissenschaft (1829) — haben seinen Ruf in der gelehrten Welt begründet. Er gilt für einen „Philosophen von socialistischer Tendenz."

Sein Schreiben an Tieck bezieht sich auf mehrere Namen von Bedeutung. Die angedeutete Befürchtung, daß Böttiger's Einfluß ihm (als

Tieck's Freunde) in Hannover schaden könne, ist ein Anachronismus; denn 1823 waren jenen kleine Wunden, einst von schelmischen Krallenhieben des Katers gerissen, längst vernarbt, und Böttiger verkehrte ganz freundlich mit seinem ehemaligen Gegner.

Göttingen, am 24ten September 1823.

Mein verehrter Freund!

Sehr oft habe ich an Sie gedacht, und mich im Geiste mit Ihnen beschäftiget, auch während ich auf der Reise, und bei meiner kleinen Einrichtung in Göttingen, vielfach zerstreut war, noch mehr aber jetzt, da ich anfange, hier heimisch zu sein. Viele unsrer Gespräche wachten in mir wieder auf, und ich lebte die angenehmen Stunden, die ich bei Ihnen, und in Ihrem schönen Kreise zubrachte, im Geiste wieder.

Unsere Reise beendeten wir glücklich, obgleich auf der Höhe zwischen Nordhausen und Heiligenstadt manche Beschwerde und Gefahr zu bestehen war. Meine arme Sophie wurde durch die Anstrengung und durch die Beschwerde der Reise krank, und fiel endlich in ein Fieber, woraus sie sich erst in diesen Tagen erholt.

Einige Stunden nach unsrer Ankunft in Göttingen, trat unerwartet unser gemeinsamer Freund Dr. Thorbecke bei mir ein. Wir freuten uns Beide des Wiedersehens; er hat sich mir seitdem als Freund erwiesen, und ich habe ihn noch mehr lieb, als sonst; wir sehen uns jeden Abend abwechselnd bei ihm oder bei mir. Daß Sie und Ihre Werke sehr oft der Gegenstand unsrer Gespräche sind, und wie sehr wir uns Beide sehnen, bei Ihnen zu sein, brauche ich Ihnen nicht zu versichern.

Ich bin Ihnen sehr dafür verpflichtet, daß Sie mich Ihrem Freunde Ottfr. Müller empfohlen haben, den ich sehr werthschätze und liebe. Die Aussicht auf den genaueren Umgang mit ihm, und vielleicht auf seine Freundschaft, erheitert mir den Gedanken an die nächste Zukunft. Er hatte sich vorgenommen, in den letzten Tagen dieses Monates nach Dresden zu reisen, mußte aber diesen Lieblingsplan aufgeben, wegen einer Menge Arbeiten, die er nicht aufschieben kann, und in den Ferien kaum zn bestreiten denkt, und bedauert daher schmerzlich, es sich versagen zu müssen, einige Tage bei Ihnen und in Ihrem Familienkreise zu verleben.

Zwei Tage nach meiner Ankunft wurde ich hier durch den Decan, Herrn Hofrath Mitscherlich bei der Philosophischen Facultät nostrifizirt, und die Anzeige meiner Vorlesungen kam noch in die einzeln auszugebenden Abdrükke des deutschen Lectionsverzeichnisses, obgleich die den Götting. gel. Anzeigen beigelegten Abdrükke schon abgezogen waren. Vielleicht bringe ich durch Ottfr. Müllers, Thorbeckes, und einiger anderen Gelehrten Vermittelung meine Vorlesungen über Logik und Einleitung in die Philosophie, und über das System der Philosophie zu Stande, — wenn auch nur für Wenige. Kurz vor Anfang der Vorlesungen werde ich disputiren. — Sehr viel ist daran gelegen, daß ich dem Herrn Minister von Arnsberg und dem Herrn Staatsrath von Hoppenstädt in Hannover empfohlen werde. Ich habe gehört, daß bei Beiden der Herr Hofrath Böttiger sehr viel gilt; — dieß ist vielleicht für mich eine sehr schlimme Vorbedeutung. Halten Sie es für gut, wenn ich deßhalb mich an Herrn Hofrath Geißler wendete, so unterstützen Sie mich dabei mit Ihrem Rathe, und melden mir dessen Adresse.

Mit großem Vergnügen habe ich Ihre belehrende Vorrede zu der Vorschule zum Shakespeare gelesen, und darin manches angedeutet gefunden, was Sie die Güte gehabt haben, mir gesprächsweise ausführlicher mitzutheilen. Ihre Gedichte, zunächst Ihre Schilderungen auf der Reise in Italien, erheitern und erfreun mich bei meinen ernsten Arbeiten, denn Sie waren immer und bleiben mir der liebste deutsche Dichter.

Heute las ich den Vorbericht Tafel's zu dem ersten Theil der von ihm herausgegebenen Werke Swedenborg's, der auch Ihnen in mancher Hinsicht merkwürdig sein wird, besonders wegen der Abschätzung der verschiedenen christlichen Kirchen, und wegen des Ganges der Gedanken und der Gefühle, wodurch ein so wohlunterrichteter Mann, wie dieser Tafel erscheint, dennoch ein Gläubiger an die unmittelbar göttliche Sendung und Inspiration Swedenborg's werden konnte.

Ich wünschte, daß der Ueberbringer dieses Briefes, mein Freund, der Diaconus M. Wagner, Ihre nähere Bekanntschaft machen dürfte. Er ist ein sehr schätzbarer Mann, von reger Empfänglichkeit für alles Wahre, Schöne und Gute, wahrhaft fromm, von kirchlichen Vorurtheilen frei, und hat sich durch seine Wirksamkeit als Prediger, und als der thätigste Mitstifter der neuen Freischule, die Anerkennung eines großen Theiles der Dresdner Bürgerschaft erworben.

Ich, meine Frau und Sophie, wir empfehlen uns hochachtungsvoll Ihnen, Ihrer Frau Gemahlin, sowie der Frau Gräfin, und Ihren Fräulein Töchtern, und ich bin stets mit Verehrung und Liebe

Ihr

ergebenster Freund
K. Chr. Fr. Krause.

Krickeberg, Friederike, geb. Koch.

Tochter des Schauspieldirektor Koch, unter dessen Leitung sie bei einer reisenden Truppe vergangener Zeiten, im guten Sinne geführt, zur beliebten Schauspielerin emporwuchs, und sich auch in Berlin Geltung erwarb. Eine Zeitlang hatte sie dann, mit ihrem Gatten, Hrn. Krickeberg, im Verein, die Direktion des Schweriner Theaters. Während Graf Brühl's Intendanz ward sie Mitglied der Königl. Schauspiele, und behauptete, obgleich im Ganzen wenig beschäftigt, bis zum Tode den Rang einer durch Geist und sanfte Sitten bevorzugten und im geselligen Umgange hochgeschätzten Schauspielerin. Sie hat sich auch mit Erfolg in verschiedenen Umarbeitungen (nicht Uebersetzungen) französischer Stücke versucht. Aber von Allem was sie geschrieben möchte wohl nichts zu vergleichen seyn, mit dem zweiten dieser Briefe; und keine Rolle, in welcher sie auf mehr denn sechszigjähriger Theaterlaufbahn Beifall erworben, kann der Rolle gleich kommen, die sie hier bekleidet. Wir haben sehr beklagt, daß alle ihren andern Zuschriften an T. abhanden gekommen sind, und schieben, als Ersatz für das Verlorengegangene einen Tieck'schen Brief dazwischen; einen der wenigen, die sich für solchen Zweck ins Reine geschrieben, und von seiner Hand korrigirt, vorfinden.

I.

Berlin, d. 6ten August 1823.

Es würde eitler seyn, als erlaubt ist, wenn ich mir schmeicheln wollte, der Name am Ende des Blattes hätte jemals so viel Interreße für Sie gehabt, um Ihrer Erinnerung einmal wieder vorzuschweben, und Vermeßenheit darauf einen Empfehlungsbrief zu bauen. Mein Name indeß gehört zu Ihrer Jugend und wer möchte sich deßen erinnern wollen, wenn Sie der Morgenröthe nicht gern gedächten, die solch einem Tage voranging? Die Liebe einer Mutter zu dem Sohne ließ mich die Furcht überwinden, daß Sie Blatt und Ueberbringer unwillig bey Seite werfen möchten, und so steht denn, wenn Sie diese Zeilen lesen, ein junger Mensch vor Ihnen, dem das Glück Sie von Angesicht zu sehen, wie der Stern geleuchtet hat, der einst die Hirten führte.

Er hatte sich zum Juristen bestimmt und zwey Jahre studirt; aber der poetische Anklang in seiner Seele, ließ dem Kopfe keinen Raum für die trockene Wißenschaft, und er hat eine Künstlerlaufbahn eingeschlagen, auf der ich ihn nicht ganz ohne Sorgen wandeln sehe.

Er kömmt nach Dresden, um sich von den Italienern ein

Urtheil über seine Stimme zu holen, so will es seine Lehrerin, Mad. Fischer. Mit Freuden habe ich diese Reise veranstaltet, sie wird ihm in jedem Falle von großem Nutzen seyn. Erlauben Sie ihm, Sie zuweilen zu sehen; schicken Sie ihn fort, wenn er Sie stört, aber vergönnen Sie ihm das Glück, wornach er strebt. Er wird Ihnen sagen, mit welcher Freude wir Ihre belehrenden Kritiken studirt haben; wie uns die Kunst neu belebt erscheint, wenn solche Männer uns mit ihrem Urtheil zur Wahrheit führen. Mein Wirkungskreis ist beschränkt, nicht dankbar, aber ich wollte ums Brod stricken, wenn der warme Eifer für die gute Sache in mir erkalten könnte. Ich höre auf, um Sie nicht zu ermüden. Grüße von unserm Freunde L. Robert bringt Ihnen Karl, und ich lasse mir es nicht nehmen, die freundlichsten von seiner schönen Frau zu schreiben.

Frau von Varnhagen wollte selbst schreiben und das wäre ein ganz andrer Schutzbrief für meinen Sohn gewesen. — Sie sollten nur sehen und hören, wie oft, mit welcher Verehrung Ihr theurer Name in diesem achtbaren Kreise tönt, gewiß Sie würden schon um deßenwillen, den armen kleinen Brief nicht unfreundlich ansehen, den ich so gern selbst gebracht hätte.

Ist mirs doch als könnte ich nicht enden! Der Himmel erhalte Ihre, der Welt so theure, unschätzbare Gesundheit, damit sie nicht den hellen Geist trübe, der sie erleuchtet durch seinen Genius verklärt.

Mit der innigsten Verehrung empfiehlt sich Ihrer Güte
Ihre
ergebenste
Fr. Krickeberg
geb. Koch.

II.

Dresden, den 15. Mai 1835.

Ludw. Tieck an Friederike Krickeberg.

Wenn ich Sie, geehrte theure Freundin, so spät mit diesen Zeilen begrüße, so müssen Sie aus Ihrem guten liebevollen Herzen nur nicht glauben, daß Vernachläßigung oder Vergessenheit die Ursache daran sind, — sondern ein unglückliches Aufschieben, ein verwöhntes Gefühl, als wenn man wie viele hundert Jahre zu leben hätte, und zu allen guten und nothwendigen Dingen noch die gehörige Zeit finden würde. Es gehört zu den schönen Erinnerungen meines Lebens und meiner Jugend, daß ich Sie, Theure, in den Jahren 1794 und 1795 so oft gesehn habe, so manches mit Ihnen besprochen, daß Sie mir so freundlich waren. Späterhin trennten uns Schicksale und der Wechsel des menschlichen Lebens. Mich hat es bis jetzt sehr erfreut, daß Sie meiner so wohlwollend gedenken, daß mein Bild nicht ganz in Ihrer Phantasie erloschen ist. Wie viel Begebenheiten, Zeiten, Weltgeschichte liegt zwischen jetzt und jenem Abende, als Sie mir auf Ihrem Zimmer die Briefe von Gentz und Ihre Gefühle so vertrauend mittheilten.

Wie es gekommen, daß ich Sie im Jahre 1819 in Berlin nicht aufgesucht habe, begreife ich jetzt selbst nicht. Meine Zeit verrann mir unter den Fingern bei den tausend Bekanntschaften meiner Vaterstadt. Oder waren Sie damals noch nicht in Berlin? Doch glaube ich, ja! —

Was Sie mir vor einiger Zeit von Ihrer Tochter schrieben, fiel grade in eine Zeit, in der unser Theater überfüllt war, und es in dem Fach, in welchem Ihre Tochter auftreten konnte, keine Lücke gab. Wo befindet sich diese jetzt?

Hochtragische ältere Frauen, ältere Anstandsdamen,

ältere Coquetten, dies Fach ist es, welches vielleicht in eini=
ger Zeit hier zu besetzen sein dürfte.

    Wie gern sähe, spräche ich Sie einmal wieder. Mir sind
fast alle Freunde schon dahin gegangen, mit welchen wir da=
mals lebten, die in jenen Tagen noch jung und rüstig waren.
Dann ist es mir eine wehmüthige Erquickung, mit jemand,
der diese auch noch gekannt hat, über alle Dahingegangenen
und über die Stimmungen jener Tage so recht aus vollem
Herzen sprechen zu können. — Kommen Sie denn nicht einmal zu
uns herüber? Vielleicht daß ich bald einmal nach Berlin
gehe, wo ich dann nicht unterlassen werde, eine alte Freun=
din wieder aufzusuchen. Viel möchte ich auch von Ihnen,
von Ihren ehemaligen Freunden und Bekannten hören, die
mir ganz aus dem Gesicht gekommen sind: ich denke, Sie
wissen doch noch von vielen. Gedenken Sie immer meiner
mit demselben Wohlwollen und sein Sie versichert, daß ich
immer, wenn ich auch ein sehr nachläßiger Briefsteller bin,
immer bin und bleibe

                                    Ihr
                          ergebener Freund
                                L. Tieck.

III.

                            Berlin, d. 9ten May 1841.

    Sie würden, mein sehr verehrter, nimmer vergeßner
Freund, es gewiß nicht bereuen, ein paar Minuten an mich
verschwendet zu haben, wenn Sie Zeuge der Freude gewesen
wären, die mir Ihr theurer lieber Brief brachte. Aus der
Kirche zurückkehrend, wo ich das Abendmahl empfangen,
fand ich ihn, den beglückenden Gruß aus der Ferne, und
mit zehnfachem Willkommen ward er von mir begrüßt.
Recht herzlichen Dank dafür! Und welche schöne Hoffnung

enthält er außerdem noch! Sie werden zu uns kommen, Sie werden Ihre Vaterstadt wiedersehen, die so viele, so sehr viele Ihrer Verehrer in sich faßt, wie werden wir alle uns Ihrer Anwesenheit freuen! Und ich — vielleicht die einzige noch lebende aus dem jugendfrohen Kreise — ich werde wieder jung werden.

Ja, mein theurer Freund, noch jetzt im 71ten Jahre bewahre ich lebhaft und treu die Erinnerungen aus jener schönen Zeit — aber sie ist vorüber! Nicht für mich allein — für Alle! Es ist nicht das Alter, was mich so sprechen läßt, Sie selbst werden es finden. Welch ein geistreiches Treiben war damals unter der jungen Welt; welch ein Kreis junger Männer reihte sich um Sie her; welche Blüthen entfalteten sich da, und welche Früchte reiften der litterarischen Welt entgegen! Es mag seyn, daß ich nicht mehr in diese Welt komme, aber ich höre auch nichts davon. Ihre Anwesenheit bey uns möchte vielleicht zeigen, was hier noch zu finden ist, denn um Sie wird sich gewiß Alles drängen, was fähig ist, Sie zu begreifen, zu verehren! Aber wo gerathe ich hin! Wollten Sie denn das von mir wissen?

Sie sprachen von einer vergangenen schönen, sehr schmerzhaft theuer bezahlten Zeit.

Sie wünschen Briefe von Gentz an mich, um sie der heutigen krittlichen Welt zu übergeben? fodern Sie das nicht von mir! Ihnen durfte ich Sie damals vertrauen, Sie würden sie noch heute fühlen — aber wer sonst? Auch diese Zeit ist vorüber; die Liebe hat ein anderes Gewand umgehängt; die zarten Stoffe sind verweht, und ich glaube, ein junger Mann, der jetzt solche Briefe schriebe, würde sich nicht mehr männlich erhaben vorkommen. Die Briefe würden durch den Namen Intereße vielleicht erregen, aber kein ehrenvolles für ihn; ich habe den lebenden geschont, wenn er auch das ganze Leben mir zerstört, und sollte nun des Todten Asche

stören? Zudem, wer würde es beachten, daß ein Mann der
die geheimen Fäden der Staatsgeheimniße ent= und verwir=
ren konnte, das Herz eines armen Mädchens durch seine hin=
reißende Beredtsamkeit entzückte, bethörte und — brach?
Nein mein Freund — wie ich mit Todesschmerzen sagte:
Vergebung dem Lebenden, so sagt heute die alte Frau mit ge=
falteten Händen: Friede dem Todten! Er soll nicht, wenn
er mir auf einem andern Sterne einmal begegnete, sagen:
— „Auch du?" —

Seyn Sie mir nicht böse daß ich Ihnen abschlage, was
Sie wünschen; gewiß ich vermag es nicht. Auch nach mei=
nem Tode soll Niemand finden, was mir so nahe war!

Ich will aufhören, sonst muß ich befürchten, Sie geben
mir nie wieder die Erlaubniß mich mit Ihnen zu unterhalten.
Wie viel hätte ich Ihnen zu sagen, über unser künstlerisches
Treiben! Aber nur Ihnen; hier spreche ich nie darüber.
Kommen Sie nur, Sie finden mich noch in voller Aktivität;
zwar bey der Invalidenkompagnie; aber noch kann ich, wenn
eine meiner Colleginnen plötzlich heiser wird, eine Rolle vom
Tage vorher, auch noch denselben übernehmen, und das will
doch etwas sagen, wenn man 66 Jahre auf dem Comö=
dienzettel steht. Wie freue ich mich Ihnen eine Reliquie
zu zeigen, einen Comödienzettel worauf Ekhof und ich
stehen.

Legen Sie das Blatt nicht weg, ich schreibe kein Wort
mehr! Nur meinen nochmaligen innigen Dank für Ihren
Brief, und die Bitte auch ferner noch meiner zu gedenken;
gewiß Sie würden es, wenn Sie wüßten, wie sehr, wie
über Alles Sie dadurch beglücken und ehren Ihre

alte treue Verehrerin und Freundin
Fr. Krickeberg geb. Koch.

Küstner, Karl Theodor von.

Ein Mann der seiner Vaterstadt Leipzig ein gutes Theater gegeben, und zu dessen ehrenhafter Aufrechthaltung jahrelange, bedeutende Opfer gebracht, hätte ein besseres Schicksal verdient, als dann den Rest seines Lebens sich mit Intendanz- und Generalintendanz-Mühen komplicirter Hofbühnen abzumartern, und bei allem Fleiß und redlichstem Wollen auf die Länge von Niemand Dank einzuernten. Die theuer bezahlten, schwererworbenen Erfahrungen eines selbstständigen Privatunternehmers konnten unmöglich zu durchgreifender Anwendung gelangen, wo so mannichfach sich durchkreuzende Interessen Rücksichten über Rücksichten gebieten, und wo Jeder, vom Höchsten bis zum Niedrigsten, offne oder versteckte Gegnerschaft übt. Aber das alte Sprüchwort sagt: „der Mensch ist seines Schicksal's Schmied," und hat nun der großmüthige, für Poesie und wahre Kunst unermüdlich wirksame Leipziger Theaterdirektor, sich auf Münchener und Berliner Ambosen, Rang, Titel und Orden zu schmieden den Drang gefühlt, so mußte er's auch hinnehmen, daß er sich an der, von so vielseitigen Blasebälgen angeströmten Gluth mancherlei Brandwunden holte. Sie sind verheilt; und er darf, in hohen Jahren, sich an dem Bewußtsein laben, daß kein gerechter und vom Theaterwesen unterrichteter Mensch, an seinem unausgesetzten Bestreben für's Beste der ihm untergebenen Bühnen zweifelt.

München, den 10ten Juni 1841.

Da ich höre, daß Sie, hochgeehrtester Herr, in unserer Nähe sind, kann ich nicht unterlassen diese Zeilen an Sie zu richten. Als ich im vorigen Herbste von Dresden zurückkehrte, gedachte ich gegen S. Majestät den König Ihrer und unseres Gespräches über Ihre Anherokunft nach München, wobei S. Maj. äußerten, daß Dieselben Sie mit Vergnügen hier sehen würden. Führt Sie vielleicht Ihr Weg von Baden nach München?

Ich muß jedoch dabei bemerken, daß wenn sie S. Maj. treffen wollen, dieß vor dem 10ten Juli geschehen müßte, indem der König an diesem Tage von hier abreiset.

Ich benutze diese Gelegenheit, um Ihnen meine innigste Theilnahme an dem Schlimmen — und Guten zu bezeigen, das Sie erfahren haben. Schwer war der Verlust einer lieben vortrefflichen Tochter und geistreichen Gehülfin; — gerecht die Huldigung dreier deutscher Könige, die sie dem Lieblingskinde der Poesie darbrachten! Ehrend für die Geber, den Empfänger, die deutsche Nation!

Möchte Ihnen Baden Tröstung und Stärkung, so wie der spätere Aufenthalt in Potsdam Zerstreuung und Freude gewähren! Dieß wünscht von ganzem Herzen

einer Ihrer innigsten Verehrer
K. Th. v. Küstner,
K. Bair. Hoftheater-Intendant.

Laube, Heinrich.

Geb. am 18ten Sept. 1806 zu Sprottau.

Als er nachstehende Blätter — (zwei Briefe, und das Bruchstück eines dritten) — an Tieck sendete, lag eine ganze Reihe erzählender Werke: Das junge Europa — Liebesbriefe — Die Schauspielerin — Das Glück — Reisenovellen — Moderne Charakteristiken — Französische Lustschlösser — Die Bandomire — Der Prätendent — Gräfin Chateaubriand 2c. schon hinter ihm, und er war, den Monaldeschi beginnend, eben „mit vollen Segeln an die Bühne gegangen." Dadurch werden diese Briefe sehr interessant. Sie schildern in frischen Farben die mancherlei Nöthe, ja Kämpfe, welche der Theaterdichter, bevor er festen Fuß auf den Brettern gefaßt, zu überstehen hat. Deßhalb auch fügen wir (unter Nr. IV.) ein Schreiben bei, welches nicht an Tieck, sondern an den Dresdener Hoftheater-Intendanten gerichtet, von Ersterem aber, als hierher gehörig, aufbewahrt worden ist.

Wie mag dem Dramaturgischen Direktor des k. k. Hofburgtheaters, dem würdigen Nachfolger Schreyvogels, jetzt manchmal zu Muthe sein, wenn aus allen Gauen, wo deutsch gesprochen und geschrieben wird, ihm die Erstlinge dramatischer Muse, begleitet von hoffnungathmenden, eindringlichen Gesuchen zugehen? Ob er da, und mit welchen Empfindungen, des Heinrich Laube gedenkt, der ähnliche Begleitschreiben seinen Erstlingen mit auf den Weg gab? Sie blieben allerdings nicht lange Erstlinge.

Monaldeschi — Rokoko — Die Bernsteinhexe — Struensee — Gott-
scheb und Gellert — Die Karlsschüler — Prinz Friedrich — reichten
eines dem andern die Hand. Und wenn gleich Laube, seitdem er selbst
Lenker des Burgtheaters ist, seine Gewalt meistens gebraucht, Anderer
Versuche fördernd zu stützen, so zeigte er doch durch Essex — Montrose —
u. s. w., daß er von Arbeiten überhäuft, eigene Produktionskraft als
Dichter zu bewahren versteht. Das ist viel, doch läßt es sich mit seinem
Amte als vereinbar erklären. Wie es ihm jedoch möglich wurde, an letz-
teres solch' beispiellosen, bis in die kleinsten Details der Scenenproben rei-
chenden Fleiß zu setzen, und daneben einen umfassenden historischen
Roman: „Der dreißigjährige Krieg" zu schreiben .... das ist sein
Geheimniß.

I.

Leipzig, Sylvesterabend.

Erlauben Sie, hochgeehrter Herr, daß ich Ihnen, glück-
wünschend zum neuen Jahre, meine Freude ausdrücke über
das nachsichtige Urtheil, welches Sie meinem Rokoko haben
angedeihen lassen. Möchten Sie ihm auch zum Geleit auf
die Bühne Ihre hilfreiche Hand nicht versagen, und den von
Ihnen weniger günstig angesehenen Monaldeschi an solcher
Hilfe Theil nehmen lassen. Vielleicht gelänge es mir häufi-
ger, mit bramatischer Arbeit Ihren Beifall zu gewinnen,
wenn wir einen großen Mißstand mit unserm Publicum
besiegt hätten. Und der ist nur langsam zu besiegen: unser
Lese-Publikum und unser Schau-Publikum sind himmelweit
von einander verschieden, und das letztere verlangt grobe
Striche, um gereizt zu werden. In den Theaterleitungen ist
nicht Fleiß und Energie genug, um einen Unterschied, der
theilweise in der verschiedenen Form begründet ist und immer
bestehen wird, durch scharfe und exacte Darstellung zu vermit-
teln und durch ein konsequentes System in der Wahl auszu-
gleichen. So müssen wir, die wir auf den Brettern Platz
greifen wollen, nach zweifacher Front hin fechten: nach unserm
Lesepublicum mit feinern Interessen, und nach dem Schau-
publicum mit stärkeren Mitteln. Hoffentlich giebt die Uebung

den Takt, der uns dann vor dem Schlendrian bewahren möge. Aufgeführt zu werden ist aber allerdings die unerläßliche Hilfe. Man sieht erst dann, wo es fehlt. Nach bloßem Vorlesen hab' ich Monaldeschi um ein Viertheil gestrichen, und auch in Rokoko kleine Breiten ausgemerzt, obwohl es bei diesem, welches sich enger und besser um seinen Mittelpunkt bewegt, viel schwieriger wird. Ich weiß nicht, zu welchem Resultate Sie bei Ihrer fast gleichen Vorliebe für Shakespeare und die antike Tragödie gekommen sein mögen in Betreff des Wunsches nach Einheit in Zeit und Raum. Ich habe in der Praxis unabweisbar gefunden, daß die Wirkung wie die eines Schusses in geometrischer Progression steigt, auf je geringeren Raum die Handlung zusammengedrängt wird, und ich halte es für einen unmittelbaren Nachtheil, daß gerade die derartige Ausschweifung in Shakespeare nachgeahmt wird. Dies eben macht meines Erachtens so viele Talente unpraktisch, das ist in diesem Falle unwirksam. Die antike Einheit auf auf Kosten aller Wahrscheinlichkeit hilft uns da freilich auch nicht viel, aber so viel mir im Augenblicke gegenwärtig, sind die spanischen Mantel- und Degen-Stücke eine vortreffliche Schule. Ich weiß nicht, ob Sie diese Rücksicht überhaupt eine pedantische schelten werden, mir ist sie eine ebenso künstlerisch nothwendige ge — — — — (Schluß fehlt.)

II.

Leipzig, 9. Novbr. 1842.

Ihr Erkranken, hochgeehrter Herr, hat uns in große Bestürzung und Besorgniß versetzt. Möchten Sie diese Zeilen zunächst als einen Ausdruck herzlicher Theilnahme und herzlicher Wünsche für Ihr Wohl ansehn, und die literarische Behelligung, welche folgt, nur als untergeordnete Veranlassung betrachten.

Hoffentlich ist Ihnen letztere doch von einigem Interesse, auch wenn Sie meine damit zusammenhängende Bitte abweisen müßten.

Ich habe nämlich vor, aus der eleganten Zeitung, die ich von Neujahr wieder übernehme, ein Journal zu machen, welches sich entschieden von der herrschenden Phraseologie abwenden, und sich der Förderung einer von politischen Sympathieen unabhängigen schönwissenschaftlichen Production widmen soll. Die Tagesmaaßstäbe, die Einmischung aller möglichen vorübergehenden Ansprüche an literarische Schöpfung richten uns die schöpferische Literatur zu Grunde.

Dagegen will ich nicht nur kritisch ankämpfen — denn mit Theorie bringt man im jetzigen Lärmen aller ersinnlichen Theorien nicht durch — sondern ich will durch die That die Aufmerksamkeit der Nation wieder zu sammeln suchen. Das heißt: ich will nur von zweifellosen und sich zweifellos ankündigenden Talenten Erzählungen und Beiträge aufnehmen, und solcherweise einen abgeschlossenen Mittelpunkt bilden. Die Noth ist einleuchtend, und die freilich geringe Zahl unzweifelhafter Talente unterstützt mich.

Es würde uns übel anstehn, wenn wir Ihre Hilfe nicht in Anspruch nähmen. Möchten Sie Willens und im Stande sein, mir einen Beitrag zu gewähren. Je bedrohter Ihre körperliche Existenz zu sein scheint, desto wünschenswerther wird es uns, daß Sie zum Beispiele Ihr Leben ausführlich beschrieben. Einzelne Abschnitte daraus, Berliner Jugend, Jena, Reisen, wären uns, wenn auch nur skizzirt, ein Schatz, und was Sie davon in dem Journale veröffentlichen, thäte dem gesammelten Buche keinen Eintrag, wäre aber dem Zwecke des Journals, der Ihnen sicherlich genehm ist, eine unschätzbare Lebenskraft.

Seien Sie, ich bitte sehr, von der Freundlichkeit, dies wohlwollend in's Auge zu fassen.

Durch Ihre Theilnahme an „Rokoko" aufgemuntert, werde ich mir erlauben, Ihnen den nächster Tage zur Versendung fertigen Roman von mir „Gräfin Chateaubriant" zu überreichen. Vielleicht lesen Sie ihn, und vielleicht gefällt Ihnen Einiges von diesem aus dem Torso eines Stücks (Drama's) ausgearbeiteten Romans. Die fünf Bücher darin waren die fünf Akte; ich wollte, es wäre eine Art „griechischen Kaiser's" daraus geworden.

Rokoko hat in Stuttgart, Cassel, (dort am Meisten) Mannheim gutes Glück gemacht, und jedesmal bei der ersten Aufführung zu ungetheiltem Beifalle überwältigt. Hinterher zeigt sich unser Publicum immer in seiner Eigenschaft wunderlichen Tugendverlangnisses, und beschwert sich, daß lauter „Hallunke" (Mannheimsch) drinn seien. Ich habe Lust, für die Berliner Aufführung den Chevalier (der Liebhaber) als Repräsentanten besserer Jugend noch einige Aeußerungen der Uneigennützigkeit anzuheften, weil dies dem Stück unbeschadet geschehen kann, und dem Geschwätze einen Vorwand nimmt. Gestrichen hatte ich zu Ihrer Unzufriedenheit und zu meiner Qual, weil unsere Schauspieler zu langsam sprechen; in Berlin kann ich vielleicht die Striche aufheben, aber leider zögert Herr v. Küstner auf unbegreifliche Weise mit der Inscenesetzung. Ihnen von Herzen Gesundheit wünschend empfehle ich mich Ihrem Wohlwollen als Ihr ergebenster
Laube.

III.

Leipzig, 21. Oct. 1843.

Ich übersende Ihnen anbei, verehrter Herr, ein Exemplar meines neusten Stückes, genannt „die Bernsteinhexe," mit der Bitte, dasselbe einer Lectüre zu würdigen. Vielleicht finden Sie darin irgend ein Interesse, welches Ihnen „Rokoko" anmuthend gemacht hat, befriedigt. Daß es ein Bühnenstück werden sollte, hat mich allerdings in Deutlichkeit, Kraft und Nachdruck für den dämonischen Lebensstoff des Stückes vielfach behindert: ich habe die wilden Rosse schärfer im Zügel halten müssen, als ich, bloß für's Lesepublikum schreibend, gethan hätte. Daß Intendanzen wie die Dresdner vor solchem Stoffe des Todes erschrecken, wird Ihnen nicht zweifelhaft sein, nur für Berlin, wo dies Erschrecken nicht vorauszusetzen, fehlt es leider gar sehr an Schauspielern. Möchten Sie doch in diesem Betracht es nicht an Aufmunterung für neue Acquisitionen fehlen lassen: unter den jetzigen Umständen muß ich zum Beispiele die Aufführung Rokokos immer noch zurückhalten, weil es absolut an einem Schauspieler für den Marquis fehlt. Auch in dieser Bernsteinhexe würde der „Wittich" an einen leider ganz manierirten und unerquicklich gewordenen Schauspieler, Herrn Rott, kommen müssen. Es ist dieser Mangel an Schauspielern eine wahre Verzweiflung für uns; denn was ließe sich sonst an einem so wichtigen Heerde wie Berlin kochen und braten! Aufgeführt muß aber doch werden! Das Leben ist kurz und wir müssen lernen, und lernen nur dadurch, daß wir uns aufgeführt sehn.

Ich wünsche herzlich, daß Ihr körperliches Befinden erträglich sein möge. Seit Sie mir gesagt — ein schreckliches Wort! — daß Sie nie ohne Schmerzen, ist ja dies leider der höchste Wunsch.

Von der Stoffquelle „Marie Schweidler 2c." sprech ich Ihnen nicht, da sie Ihnen ja sicherlich genau bekannt ist.

Mich Ihrem Wohlwollen empfehlend

Ihr

ergebener Diener
Dr. H. Laube.

IV.

Schloß Muskau, d. 9. Septbr. 1841.

Eurer Excellenz
wohlwollendes Schreiben an mich aus Pillnitz habe ich hier erhalten, und ich danke ergebenst für den Antheil, welchen Sie dem Monaldeschi geschenkt haben. Es war mir von allergrößtem Interesse, daß dies Stück gerade Ihnen, Excellenz, Theilnahme abgewinne, weil mir die Aufführung desselben auf keiner Bühne so wünschenswerth scheint, als auf der Ihrigen. In Deutschland nämlich ist jetzt keine, welche so gute Mittel dafür besäße, sei's im Personale wie im Dekorativen. Emil Devrient ist für die Titelrolle einzig. In Berlin und München hält es zum Beispiele sehr schwer mit der Besetzung, nur Stuttgart, welches die Herbstsaison nächsten Monat mit meinem Stück zu beginnen gedenkt, bringt eine der Dresdner sich annähernde gute Uebersetzung der Rollen in Menschen zu Stande. Nun haben mir Excellenz zwar in Ihrem Schreiben nicht eben gar viel Hoffnung gemacht für Annahme des Stücks von Ihrer Seite, weil Ihnen einige Situationen bedenklich scheinen, Sie haben mir indessen die Aussicht nicht benommen. Erlauben Sie nun, daß ich dringend um einen geneigten Spruch bitte. Fürst Pückler, ein lebhafter Gönner des Monaldeschi, ersucht Excellenz unbekannterweise, seine eben dahin gerichtete Bitte mit der meinen vereinigt anzunehmen. Das Kecke in den Situationen ist doch anderwärts für kein Hinderniß der Aufführung erachtet worden, an einigen Orten wohl auch für eine Empfehlung des Stücks, das Auffallende in den Ausdrücken ist zu streichen, und ich gebe das Stück ganz und gar der Konvenienz preis, welche jede Bühne je nach ihren Rücksichten zu nehmen hat, gut Wirksames streicht doch keine kundige Direktion. Ew. Excellenz aber werden mir zugestehn, daß es fast unmöglich ist, unsre brach liegende

dramatische Poesie zu fördern, wenn man an neue Stücke mit
so speciellen Forderungen ginge, daß sie um einiger kecken
Situationen willen zurückgewiesen würden. Unser Vorrath
an neuen Originalstücken müßte wohl reichlicher sein für so
strenge Auswahl, als er in der That ist, und die Herren, welche
der produktiven Poesie gegenüber eine so wichtige Position
einnehmen, wie die Intendanten der besten Bühnen des
Vaterlands wären dann allerdings dem Vaterlande verant=
wortlich für die Aufmunterung oder frühzeitige Verurtheilung
dramatischer Schriftsteller. Eurer Excellenz Brief sagt dem
Monaldeschi zum Beispiele so viel Gutes nach, daß man als
Literarhistoriker den logischen Grund schwer herausfände,
um deswillen das Stück doch nicht gegeben würde, und ich
fürchte, wenn Excellenz nicht ein Uebriges thun, so wird es
eben doch nicht gegeben, weil man sich gewöhnt hat, Theaterstücke
wie diplomatische Handlungen anzusehn, und neuen Stücken
nicht nachzusehn, was man alten Stücken unbedenklich nach=
sieht. Ermessen Sie Excellenz, wie niederschlagend es auf den
Autor wirkt, aus Gründen eine lange Arbeit abgewiesen zu
sehn, aus Gründen, die dem Autor fast immer unverständlich
bleiben. Ich zum Beispiele bin, den Monaldeschi schreibend,
mit vollen Segeln an die Bühne gegangen, und ich raffe ein
Segel nach dem anderen ein, und ich ziehe mich zuverlässig
von einem Meere zurück, das mit so viel Klippen der Rücksicht
droht, Rücksichten, die man beim Schreiben für den Druck
nicht zu nehmen braucht, Rücksichten, die man nicht nehmen
l e r n t, weil man eben gleich von vornherein abgewiesen wird,
und nicht zur Uebung kommt. Und ich kann Ew. Excellenz
nicht ausdrücken, wie schwer Einem das wird, eine Richtung
aufgeben zu müssen, für die man sich Talent zutraut, und für
die Einem nun die Phantasie Pläne auf Pläne zudrängt,
desto reichlicher, je bestimmter man weiß: Du schreibst sie
doch nicht.

Finden also Excellenz, daß ich nicht Verurtheilung, sondern Ermuthigung verdient, so seien Sie mir ein milder Richter: bei späteren Stücken ist ein Réfus nicht so entscheidend für eine ganze Laufbahn, wie beim ersten. Erlauben Sie mir, daß ich bei meiner Rückreise nach Leipzig in Dresden bei Eurer Excellenz anfrage, ob ich persönlich aufwarten und mündlich ausdrücken darf, mit welcher Ergebenheit und Achtung ich bin und verharre

Eurer Excellenz

bereitwilliger Diener

Dr. Heinrich Laube.

Lebrün, Karl.

Geb. 1792 in Halberstadt, gestorben 1842 in Hamburg, wo er, nachdem sein Talent und seine Redlichkeit ihm die allgemeine Hochachtung erworben, zehn Jahre lang Mitdirektor des Stadttheaters gewesen und erst einige Jahre vor seinem Tode zurückgetreten ist. In seinem Fache unbedenklich einer der besten deutschen Schauspieler; dabei unterrichtet, fein gebildet, für alles Gute begeistert, an Gemüth wie an Verstande reich, wohlwollend und wohlthätig, das Muster eines Familien-Vaters in fast allen Beziehungen, unterlag er doch einer Schwäche, und wurde dadurch sehr unglücklich. Er, der ordentlichste, bürgerlichste, solideste Mensch, den es je beim Theater gegeben, hatte sich, wie er auf dem Höhepunkt künstlerischen Rufes stand, daneben den Ruf der Trunksucht zugezogen, und es läßt sich nicht leugnen, daß mancherlei Ereignisse dieses traurige Gerücht bestätigten. War es doch schon so weit gediehen, daß er auf offener Scene taumelnd die Darstellung gestört und lauten Unwillen erregt hatte. Der Direktor des Hamburger Stadttheaters, der Kollege eines Schmidt, der Nachfolger Herzfeldt's — Schroeders!! — Man begehrte für öffentlichen Skandal auch öffentliche Sühne: er sollte von den Brettern Abbitte thun. — Armer Lebrün! Wie muß dein Stolz sich innerlich empört haben gegen diese Demüthigung! — Er unterwarf sich mit männlicher Entsagung. Aber wie er vor dem übervollen Hause erschien, da ließen sie ihn nicht zu Worte kommen; sie ersparten ihm die Buße, und unterbrachen schon bei den ersten Silben den Liebling mit lauten Zeichen des alten Wohlwollens.

Die braven Hamburger, die immer das Herz auf dem rechten Flecke haben, sie wußten ja, wie unschuldig Lebrün doch eigentlich an dem sei, was er verschuldet hatte! — Es stand ganz eigen um diesen Mann. Klar, verständig, mäßig, Herr des Wortes wie des Gedankens, anmuthig beredt, belehrend, empfänglich, inneren Werthes bewußt und dennoch bescheiden, — so zeigte er sich einem Jeden, der ihn besuchte, der ihm auf Geschäftswegen begegnete. Eine halbe Stunde nachher traf man ihn zufällig wieder.. und erkannte ihn kaum, denn er mengte mit schwerer Zunge leeres, breites Geschwätz durcheinander. Und was hatte er unterdessen begonnen? Was hatte ihn verwandelt?.... Er hatte sich verlocken lassen, weil es neblicht und kalt war, den sogenannten „Apothekerschnaps" zu nehmen. Ein kleines Gläschen... und er war nicht mehr er selbst. Dann kehrte er noch zwei- — dreimal ein... immer nur naschend, und für solchen Tag blieb er sich und den Freunden so gut wie verloren.

Als er, krank und schwer leidend seinem Berufe entsagend, an's Zimmer gefesselt, als die stets bewegliche Regsamkeit gelähmt war, da hat er kein Bedürfniß mehr gefühlt, sich durch Getränke zu stimuliren. In sanfter Würde, heiter bei Schmerzen, hat er die letzten Lebensjahre nur geistiger Thätigkeit gewidmet.

Als dramatischer und als dramaturgischer Schriftsteller hat er sich mannichfache Verdienste erworben Seine Uebertragungen und Umarbeitungen zeugen von geläutertem Geschmack, von Kenntniß der Sache, von sinnigem Fleiße. Seine Original-Stücke von ungezierte, kecken Humor. „Der freiwillige Landsturm" kann für aristophanisch gelten, und hat ihm, wahrscheinlich eben deshalb, einige Gegnerschaft zugezogen.

Tieck wußte ihn sehr zu würdigen.

I.

Hbrg., am 1. Ostertage 35.

Hochgeehrter Herr Hofrath.

Mein Schwager Waymar, den Sie ja von Carlsruhe her kennen gastirt in Dresden: wem könnte ich ihn besser empfehlen, als Ihnen. Er selber, natürlich, muß seine Sache vor den Lampen verfechten, aber welche Kritik könnte dem red=

lich aufstrebenden Talente förderſamer ſein, als die Ihrige. Gönnen Sie ihm dieſe.

Wie wehe that es mir, Sie am Tage der Vorſtellung des „Prinzen v. Homburg" nicht mehr in Carlsruhe zu finden: ich hätte bei neuer Belehrung, dafern Sie eine Austauſchung der Ideen mir erlaubt hätten, gewinnen können.

Mein guter Meyer als Churfürſt hat mir viele Wunden geſchlagen, und ſicher auch Ihnen. Wahmar verfehlte namentlich die Actſchlußſcene „Mein Vetter Friedrich will den Brutus ſpielen u. ſ. w." Ihre Anſicht wird ihn aufklären, beſſer denn die meine. — Der „Hohenzoller" war abſonderlich komiſch. Empfehlen Sie mich gefälligſt Ihren Damen, die einen Fremdling ſo liebreich aufnahmen, und ſtreichen Sie nicht aus der Liſte Ihres Gedächtniſſes

Ihren Verehrer
C. Lebrün.

II.

Hamburg, d. 3t. De. 40.

Hochgeehrter Herr Hofrath.

Sie ſind ſchon daran gewöhnt, unreife Producte zugeſandt zu erhalten, mithin kommt es Ihnen wohl auf das plus ou moins nicht mehr an. Der Arbeit, die ich Ihrem Wohlwollen empfehle, habe ich mich mit großer Liebe unterzogen, und kann ihr nur in ſofern das Wort reden, als ich ihre Nothwendigkeit erkannte. Der einzige, zu einer Fortſetzung der Schütze'ſchen Geſchichte befähigte, unſer Schmidt, erliegt faſt der Laſt der Tagesgeſchäfte, und Hand mußte einmal angelegt werden. So machte ich mich daran. Ich habe ſchon in der Vorrede geſagt, wie ich wünſche verbeßert zu werden. Mein Bemühen, die neuere Zeit der älteren gegenüber zu stellen war ein gewagtes, aber ein nothwendiges. Ob meine Ansichten Eingang finden werden und können, muß ich dahin gestellt sein laßen. Mindestens habe ich ehrlich ausgesprochen, wie sich mir das deutsche Theater jetzt darstellt, und von woher ich glaube, daß seine Erkräftigung ausgehen müßte. Kann sein, daß ich irre, dann möge, der guten Absicht wegen, das errare humanum est auch mir zu Gute kommen. Haben Sie, hochgeehrter Herr Hofrath, einmal Zeit und Lust, einen Blick in mein Büchlein zu thun, so danke ich Ihnen im Voraus, und ersuche Sie nur, mir die Zumuthung zu vergeben. Indem ich mich den lieben Ihren und der Frau Gräfin hochachtungsvoll empfehle, verbleibe ich mit unwandelbarer Verehrung

Ihr dankbarer und ergebner
C. Lebrün.

Lenz, J. R. von.

Lenz, einigen höchst achtbaren Familien in Riga blutsverwandt und verschwägert, hatte als junger Mann die Soldaten-Laufbahn verlaßen und war unter dem Schauspielernamen Kühne zum Theater gegangen. Schon auf der Breslauer Bühne erwarb er in Heldenrollen sich bedeutenden Ruf, und wurde sodann nach Hamburg gezogen, wo er, unter Herzfeldt's und Schmidt's, später unter Lebrüns Direktion lange Jahre hindurch ein allgemein beliebtes und geachtetes Mitglied blieb. Heroische wie humoristische Charaktere brachte er zu voller Geltung, excellirte jedoch in bürgerlichen Vätern. Er hat auch als Verfaßer bühnengerechter und wirksamer Schauspiele (z. B. die Flucht nach Kenilworth) Ehre eingelegt. Hochbejahrt, und mit Pension vom Theater zurückgezogen, brachte er den Rest des Lebens in der Vaterstadt Riga zu, von wo aus er noch kurz vor seinem Tode weite Reisen durch Süddeutschland unternahm. In welchem Grade er eigentlich mit dem alten Dichter Lenz verwandt gewesen? und ob er dessen Neffe war? wissen wir nicht genau zu sagen.

Hamburg, d. 25t. Juni 1844.

Hochgeehrter Herr!

Ich kann mein Versprechen, die gewünschten Bücher betreffend, leider nur zu Hälfte erfüllen, denn trotz aller angewendeten Mühe ist es mir nicht gelungen die Schrödersche Bearbeitung des „Hoffmeisters," von Lenz aufzufinden. In der Theaterbibliothek — auch im Kataloge — fehlt sie. Wahrscheinlich hat Schröder sie in seinen Privatbesitz genommen, und von dem Schicksal seiner hinterlassenen Manuscripte kann ich nichts und von Niemand etwas erfahren. Lebte der Professor Mayer in Bramstädt noch, der Depositair seiner geheimsten Papiere — wüßte ich mir wohl Raths zu holen. Auch in dem Lustspiel „der Schmuck," das ich das Vergnügen habe Ihnen zu übersenden, werden Sie auf einige Verstümmelung stoßen, doch ist sie nicht so arg, daß der Zusammenhang unerrathbar zerrißen wäre; wenigstens ist die Rolle Wegforts ganz erhalten. Schröder hat — wie sichtbar — auch dieses Stück verkürzt und bearbeitet, und die statt der gestrichenen und veränderten Stellen hinein befestigt gewesenen Zettelchen sind leider verloren gegangen. Ich habe indeß nicht Anstand genommen selbst dies etwas entstellte Exemplar Ihnen zuzusenden. Sie lernen mindestens daraus die Rolle des Wegfort kennen, und werden an meinem Eifer, Ihren Wunsch nach Kräften zu erfüllen, nicht zweifeln. Daß diesem Wunsch nur zur Hälfte Genüge geschieht, bedaure ich unendlich.

Mich Ihrem ferneren Wohlwollen empfehlend, habe ich die Ehre zu seyn

Hochgeehrter Herr

Ihr
ergebenster
J. R. v. Lenz.

Loebell, Johann Wilhelm.

Geb. zu Berlin am 15. September 1786, gestorben zu Bonn am 13ten Juli 1863. Er begann sein Lehramt als Historiker bei der Kriegsschule in Breslau, übernahm auf kurze Zeit die Redaktion der Brockhaus'schen Litteraturblätter in Leipzig, kehrte dann nach Breslau zurück, stieg in seiner Eigenschaft als Docent der Geschichte zum Professor höherer Militair-Unterrichtsanstalten in Berlin, und wurde von dort im Jahre 1831 als ordentlicher Professor an die Universität in Bonn berufen, wo er zweiunddreißig Jahre hindurch lehrte, und ohne sich peinlich an sein Hauptfach zu binden, auch außerhalb der akademischen Hörsäle, für litterarische und poetische Bildung in großen Kreisen von segensreichem Einflusse war. Die mehrmalige Be- und Umarbeitung der Becker'schen Weltgeschichte hat seinen Namen und seine Verdienste weitaus verbreitet. — Sein eigenstes historisches Hauptwerk ist die gelehrte Schrift über „Gregor von Tours und seine Zeit," welche ihm auch vielfache Anerkennung französischer Historiker gewann.

Wie sein intimes Verhältniß zu Tieck nach und nach entstand, zeigen die (verhältnißmäßig) wenigen Briefe, die wir aus überreichem Vorrathe wählten. Wir dürfen nicht verschweigen, daß wir uns genöthiget gesehen, viele zu unterschlagen, die wahrscheinlich höheres Interesse geboten hätten — lediglich aus leidigen Rücksichten auf Verhältnisse und noch lebende Personen. Wir gestehen das ein, mit einem schweren Seufzer über die von so unzähligen Vorsichtsmaßregeln und Besorgnissen behinderte Ausübung dieser — voreilig übernommenen, im ersten Anlaufe nicht für so schwierig gehaltenen — Redaktion.

Das letzte Schreiben, welches sich überhaupt vorfand, datirt vom November 1846. — Ein kurzes, aber tief eingehendes, fast erschöpfendes Wort von ihm über Tieck, findet sich als Anhang zu Rud. Köpke's biographischem Werke unter der Aufschrift: „Geheimer Rath Loebell in Bonn an den Verfasser."

I.

Breslau, den 30. Januar 1822.

Schwerlich werden Sie sich noch eines Mannes erinnern, dem es im Herbste 1810 in Heidelberg verstattet war, einige Worte mit Ihnen zu wechseln. Stets hegte ich seitdem den

Wunsch, Ihnen einmal wieder nahe zu kommen, oder Ihnen doch die ungemeine Achtung und Verehrung, die ich gegen Sie hege, durch irgend etwas bezeigen zu können. Um dem lezteren Verlangen endlich zu genügen, wage ich es Ihnen beyfolgende Kleinigkeit zu senden. Der Inhalt gehört freilich größtentheils den engen Schulwänden an, keinesweges den freyen Lufträumen, in welchen die Poesie sich bewegt. Nur der darin lebhaft ausgesprochene Wunsch, daß die deutsche Poesie und Litteratur den höheren Bildungsanstalten künftig nicht so fern bleiben möge als bisher, mag es einigermaßen entschuldigen, wenn das Schriftchen den Weg zu demjenigen Dichter sucht, zu dem sich sein Verfasser mehr als zu irgend einem der lebenden hingezogen fühlt.

Mit dem Gefühle inniger Verehrung

Dr. Loebell.

II.

Leipzig, den 24. August 1822.

Verehrtester Herr und Freund!

Das Conversations=Blatt und Ihr Versprechen einen Aufsatz für dasselbe einzusenden haben Sie wahrscheinlich mit einander vergessen, und obschon ich kaum hoffe, Sie durch eine erneuerte Bitte zur Erfüllung jenes Versprechens zu bewegen: so kann ich es mir doch nicht versagen, Sie einmal zu erinnern, da es mir das Vergnügen verschafft, Ihnen schreiben zu können. Und weil ich denn einmal im Erinnern bin: so nehmen Sie es mir nicht übel, wenn auch ich Sie an die Einlösung der großen Schuldbriefe, die Sie an Mit= und Nachwelt ausgestellt haben, mahne. Denn jeder sollte es thun, der Sinn für das Große in der Litteratur hat. Was andere sich vorzüglich auslesen mögen, weiß ich nicht: mir würde das Werk über Shakespear über Alles gehen, da ich glaube, daß, wenn es von Ihnen ungeschrieben bleibt, Jahrhunderte vergehen werden, ehe alles dazu Erforderliche sich wieder auf diese Weise in eines Menschen Geist vereinigt. Und außer dem, was wir Reales daraus lernten — wenn irgend etwas unsere matt gewordene Kritik wieder erfrischen kann: so wäre es ein Werk wie dieses. Dazu kommt, daß Sie, als ein Ueberreicher, mit Ihren Schätzen so wenig haushalten, daß die armen Gesellen, die umher stehen, gierig nach den Brosamen haschen, die von Ihrem Tische fallen. So hat Franz Horn neulich im Conversationsblatt, als Probe herauszugebender Vorlesungen über Shakespear einen Aufsatz über Macbeth abdrucken lassen, dessen Hauptgedanken, freilich auf seine Weise dargestellt, er Ihnen zu danken hat; dabey unterläßt er aber natürlich nicht, ausdrücklich zu versichern, daß er ihm gehöre. Ohne Zweifel wird er noch manches andere erhorcht haben und sich damit auf dieselbe Weise schmücken. Wollen Sie dulden, daß ein Theil Ihres Besitzthums auf solche Art verzettelt wird? daß Ihr Gold in zusammengeflickte Gewänder eingewebt werde? Erheben Sie sich doch in Ihrer Kraft und machen Sie solche Gesellen schamroth! Bringen Sie doch Niemanden mehr zu der Klage jenes Schäfers bey Lessing, der die Frösche nur hörte, weil die Nachtigall schwieg.

Sollte ich in einen Ton gefallen seyn, der mir, Ihnen gegenüber, nicht ganz ziemt — verzeihen Sie es der Sache. Ein Schüler ist seinem Meister nie ganz fremd, und wie viel ich in meiner Bildung Ihnen zu verdanken habe, kann ich mit Worten kaum ausdrücken. Leben Sie wohl.

Ihr
ergebenster
Loebell.

III.

Berlin, den 9ten Mai 1828.

Theurer Freund, schon lange habe ich einige Zeilen an Sie gelangen lassen wollen, um mich wenigstens des Nichtschreibens wegen bei Ihnen zu entschuldigen, da ich aber von Tage zu Tage hoffte, mehr schreiben zu können, so ist es unterblieben. Wenn Sie mein langes Stillschweigen nur nicht als eine Vernachläßigung gedeutet haben, die ich mir nicht verzeihen würde. An dem Tage nach Raumers Abreise zu Ihnen wurde ich krank, das Uebel gestaltete sich zur Gelbsucht, die mich an drei Wochen zu einer gänzlichen Unthätigkeit zwang. Als es besser ward, sah ich mit Schrecken, wie sich die Arbeit nun gehäuft hatte, denn die ersten drei Bände der Weltgeschichte sollten zur Messe fertig seyn, und es war noch so viel daran zu thun. Dazu die Stunden, die Nothwendigkeit einiger Erholung und Bewegung; es war in der That nicht möglich zu einem Briefe zu kommen, so ungern ich es mir auch versagte, Ihnen für den Ihrigen und für die Vorrede zu danken. Was ich bei jener Krankheit am meisten bedaure, ist, daß sie mich zwingen wird, meine kurzen Ferien hier zum Gebrauche eines Mineralwassers zu verwenden, und somit die Hoffnung, Sie in diesem Sommer auf einige Tage zu genießen, sehr schwach ist. Uebrigens höre ich, Sie wollen nach Baden gehen, und da würde die Zeit wol nicht einmal zugetroffen haben. Schreiben Sie mir doch aber lieber genau, wann Sie fortreisen und wann Sie zurückzukommen gedenken.

Mich über Ihre Vorrede so auszusprechen, wie ich es gern möchte und sollte, wird mir schwer. Aber kaum kann es anders seyn bei einem Werk, welches so manche eigne Gedanken bestätigt, aber auch erst zur Klarheit bringt, dann so viel Neues aufschießen läßt, und so viel zu denken giebt. Die

Mitte zwischen der in unserm eignen Gemüthe liegenden Basis zu einem solchen Gedankenwerk, und diesem uns von einem andern Geiste dargereichten Werke selbst, ist eine unendliche, und wir müssen tief in unser eignes Selbst schauen und steigen, um sie recht zu erkennen und festzuhalten, uud doch ist sie die nothwendige Bedingung zu einem activen, praktischen Verständniß, welches ich im möglichst prägnanten Sinne meine. Gegen Ihre Darstellung scheint mir Alles, was bisher über das Verhältniß Göthes zu alter Poesie und Litteratur gesagt ist, oberflächlich, und dieses Gefühl erstreckt sich denn bald auf die ganze Litteratur. Mit dieser Leuchte muß man überall Schätze graben. Man kannte bisher, meine ich, nur den Gegensatz zwischen dem schmiegsamen Talente, sich die Form und den Gegenstand anzubilden ohne schöpferische Originalität, und der formlos ringenden Kraft, welcher sich dann in der Durchdringung von Stoff und Form aufhebt und löst, aber dieser von Ihnen aufgestellte Gegensatz zwischen der Form, die in kunstvoller Vollendung von dem Geiste gebohren und durchweht ist, und derjenigen, welche vaterländisch, im höchsten Sinn, sich gestaltet und wirkt, ist neu, und hier ist ein Ton angeschlagen, der unsere ganze Kenntniß, das ganze Studium der Poesie durchbeben muß, und zu überraschenden Resultaten führen wird. Wie in der, soll ich sagen dialogischen oder dramatischen Form die ganz verschiedenen Anfangs= und Anknüpfungspuncte zu demselben Ziele oder derselben Mitte führen, ist trefflich. Der freilich sehr schwierige Punct von dem Uebergange in das Reflectirende, Sentimentale, Weiche, wo die Poesie zugleich Sünde und Glaube, zugleich Abfall und Ringen nach dem verlohrenen Urquell ist, ist am wenigsten klar gemacht, und ich weiß nicht, ob ich Sie ohne ein ehemaliges Gespräch über den Euripides recht verstanden hätte. Dieser Punct ist aber für Ihre Theorie oder System, wenn ich es so nennen darf, von der höchsten Wichtigkeit, und ich ahnde in ihm den eigentlichen Schlüssel dazu. Denn aufzuschließen ist hier noch manches; Klarheit und Verständniß haben verschiedene Grade. Nun aber kann ich mich auf meine Weise der trüben Betrachtung nicht enthalten, daß diese trefflichen Gespräche und Reden die gebührende Anerkennung nicht finden werden. Nicht ohne wahren Schmerz habe ich Hegels Recension von Solgers Nachlaß, die doch nichts als ein plumper und hämischer Angriff auf Sie ist, gelesen. Müllner und Consorten, das ganze schlechte Volk, wird sich eines solchen Alliirten freuen. Ich weiß wol, daß das Wahre, Herrliche durchbringen wird und die Oberhand behalten, aber ich möchte so gern erleben, daß das Gebührende geschieht, und wenn ich mich nach recht vielen sympathisirenden Herzen sehne, gewährt mir die Appellation an die Nachwelt wenig Befriedigung. Sie wundern sich keine ordentlichen Recensionen Ihrer Werke in den Litt. Zeitungen zu lesen. Kennen Sie denn die Tactik dieser Blätter nicht, was man nicht aufkommen sehn möchte, gar nicht zu besprechen, auch nicht einmal tadelnd? Zulezt finde ich in meinem Unmuthe darüber Trost und Beruhigung in der ungetrübten Heiterkeit mit der Sie, unberührt von aller der Leidenschaftlichkeit und Gleichgültigkeit, Ihren Gegenstand behandeln für eine kleine Gemeinde von Verehrern und eine noch kleinere von Verstehenden. Fahren Sie nur so fort, und beschämen Sie Ihre Gegner recht bald durch die Erfüllung alles von Ihnen Verheißenem.

Wenn indeß diese Ihre neueste Arbeit über Göthe weniger Leser findet, als sonst der Fall gewesen seyn würde, so sind Sie selbst nicht ganz ohne Schuld. Wer sucht dergleichen hier, wo bloß eine Vorrede zum Lenz angekündigt ist? Warum geben Sie nicht gleich etwas mehr, oder auch nur dieses, als ein abgesondertes Schriftchen, vielleicht unter dem Titel: Fragmente über Göthe? Auf jeden Fall sollten Sie es bei Reimer bewirken, daß er die Vorrede unter was auch für einem Titel abgesondert giebt, damit die Leute sie nur lesen. Und eben so sollte es Max mit der Vorrede zur Felsenburg machen. Käufer würden sie genug finden, die Bücher selbst halten die Meisten für eine ihnen uninteressante Zugabe.

An Ihrer Anzeige von der Erscheinung der sämmtlichen Werke habe ich, Ihrem Auftrage gemäß, Einiges, nicht ohne die Scheu mit Mühe zu überwinden, geändert. Nur finden Sie meine Redaction in der gedruckten Anzeige nicht ganz wieder, denn Reimer hat sich einige ganz willkührliche Aenderungen erlaubt.

Meine Bitte wegen des jungen Componisten haben Sie vergessen. Ich erlaube mir, sie Ihnen nochmals in Erinnerung zu bringen.

Die Weltgeschichte wird mir noch viele Zeit kosten. Dann soll ein Compendium der Allg. Geschichte für den historischen Unterricht auf Schulen kommen; erst dann kann ich an die Geschichte von Frankreich für die von Perthes veranstaltete Sammlung gehen. Alles dieß nöthigt mich, meine Kräfte zu concentriren, nur für diese Zwecke zu leben, zu excerpiren, zu arbeiten, und vorläufig wenigstens alle Nebenarbeiten für Journale bei Seite zu legen. Darum kann ich auch an keine Recension von Wolfgang Menzel denken; ich bin noch nicht einmal dazu gekommen, das Buch zu lesen.

Hierin ein Catalog und eine Rechnung. Ich habe für Sie nun zusammen 7 Thlr. 17 Sgr. ausgelegt. Davon gehn 1 Thlr. 11 Sgr. Ihre Auslagen ab, bleiben 6 Thlr. 6 Sgr. Diese habe ich auf Sie angewiesen.

Nun leben Sie wohl, und schreiben Sie mir in jedem Falle noch vor Ihrer Reise, und die Zeitbestimmung über dieselbe. Empfehlen Sie mich den Ihrigen, und behalten Sie lieb

Ihren Freund
Loebell.

IV.

Berlin, den 22ten März 1829.

Wenn ich Ihnen, theuerster Freund, jetzt, nach einer so langen Unterbrechung unseres Briefwechsels, über Alles, was ich sonst wol zu berühren pflegte, schreiben wollte, könnte ein kleines Buch zusammenkommen, und dazu würde, wenn dergleichen überhaupt thunlich wäre, jetzt, wo ich in wenigen Tagen Berlin zu verlassen denke, mir mehr als je alle Muße gebrechen. Daß diese Unterbrechung des Briefwechsels nicht meine Schuld ist, darf ich Ihnen nicht sagen. Abrechnen zwar wollte ich gewiß nicht mit Ihnen, ich fühle zu gut, was Sie mir bedeuten, und was ich Ihnen bedeuten kann. Und Ihr gedruckter Brief, der mich höchlich gefreut, aber auch tief beschämt hat, wäre schon eine ganze Reihe geschriebener werth. Aber mir ist so zu Muthe, als könnte man wol ohne Antwort zu erwarten, an das Publicum schreiben, oder auch an die Freunde insgesammt, die mit uns fühlen, und uns verstehen, nicht aber an eine bestimmte Person, weil durch dieses Bewußtseyn der Brief viel von dem Charakter der vertraulichen Unterredung verliehrt, und in das Allgemeine hinüberschweift, zumal in unserem Verhältniß, da ich weit mehr Sie zu fragen habe, als Ihnen zu sagen. Wenigstens ist es sehr schwer, die rechte Stimmung und Form zu finden, wenn man sich niedersetzt, um zu monologisiren, ohne es doch wieder recht und ganz thun zu dürfen. Dieß wird mich bey Ihnen, wo nicht rechtfertigen, doch entschuldigen, wenn ich mich von Ihrem Beispiel habe anstecken lassen. Eben darum habe ich sehnlich, ja wahrhaft sehnlich, in der vollen Bedeutung des oft gemißbrauchten Worts, gewünscht, Sie vor meiner Reise nach Bonn noch zu besuchen, und jene Freude und jenen Genuß, welche mir der Aufenthalt bei Ihnen immer gewährt hat, ein Mal wieder recht zu empfinden. Es war aber unmöglich, die Abwickelung so mancher Verhältnisse und die sehr schwierige Fortschaffung vieler Sachen zu Stande zu bringen und doch noch Zeit zu einer solchen Excursion zu behalten. Aber was mich im vorigen Jahre betrübt hat, erfreut und tröstet mich jetzt, die Hoffnung, Sie recht bald an den schönen Ufern des Rheins zu sehen. Und ich bitte jetzt schon, wenn Sie wieder nach Baden gehen, und nicht so weit hinunter kommen, wie das letzte Mal, mich doch ja nicht zu vergessen, und mich zu benachrichtigen, wo wir uns, wenn ich Ihnen nach dem Oberrhein zu ein Stück entgegen komme, sehen und sprechen können.

Ueber die Veränderung meiner Lage brauche ich Ihnen nichts zu sagen; da Sie ja den außerordentlichen Unterschied der Stellung, des Wirkungskreises, der Muße, so gut wie ich beurtheilen können. Wol ist dieß bei so weit vorgeschrittenem Alter ein unverhofftes Glück zu nennen, eine von jenen Begebenheiten im Leben, wo man recht stumpf und gefühllos seyn muß, um den Finger Gottes nicht zu erkennen und anzubeten. Wenn ich mich dieses Glücks und Berufs nur auch recht würdig werde zeigen können!

Obschon ich Ihnen aus großem Zeitmangel von Litteratur und Kunst gar nichts habe schreiben wollen, kann ich doch nicht übergehen, was in diesem Augenblicke meine Seele besonders erfüllt, eine Passionsmusik von Sebastian Bach, von der wir hier bei einer ganz außerordentlichen und unerwarteten Theilnahme des Publicums in kurzer Zeit zwei Aufführungen erlebt haben. Ich halte es für ein wahres Ereigniß, daß mir dieses Werk im Scheiden von Berlin zu hören noch gegönnt war, denn ich rechne sein Anhören zu jenen Genüssen, von denen Sie ein Mal bei Gelegenheit des Lear sagen: daß uns als Menschen gegönnt ist, ein solches Kunstwerk zu genießen, ist schon etwas Großes. Eine neue, mir bisher unbekannte

Kunstwelt ist mir hier aufgegangen. Wenn Sie, bester Freund, doch dieß mit uns hätten erleben können! Ich dachte Ihrer dabei so oft. Es ist mit der übermäßigen Strenge Sebastians, wie mit der Atrocität Shakspeares. Der große Haufe der sogenannten Kenner, die mit ihrem Urtheile immer höher stehen wollen als solche Meister, vor denen sie nur in Demuth sich beugen sollten, spricht von solcher Herbigkeit, und weiß doch nicht, wovon er spricht. Streng ist Sebastian allerdings und ernst, aber so, daß selbst bei allem dem ungeheuren Ernste dieses Stoffes, bei dem tiefen Schmerze, den Klagen, Jammer, Reue, Buße, die Heiterkeit und Freude des Daseyns auf das wunderbarste durchbrechen, ja unmittelbar daraus hervorblühen. Ich muß es Ihnen sagen, ich glaube hier den Tonsetzer gefunden zu haben, nach dem ich lange suchte, den nämlich, der mit Shakespeare zu vergleichen ist. Ja, er scheint mir gradezu der dramatischeste aller Componisten zu seyn. Er, der große Meister in der vollkommensten Durchbildung und Ausführung musikalischer Gedanken, hat sich überall, wo die Personen redend eingeführt werden, alles solches Schmuckes enthalten, um nur Alles in seiner Eigenthümlichkeit in der kraftvollsten und körnigsten Kürze hinzustellen. Einige Mal erscheint der unwillkührliche Schrei der innersten Empfindung, der unaufhaltsame Durchbruch des gepreßten Herzens mit allem Eindrucke der Natur selbst in den Tönen, und doch ist auch dieses Kunst und Besonnenheit. Neben dem dramatischen Elemente tritt nicht nur das lyrische, sondern auch das epische hervor. Das 26te und 27te Capitel des Matthäus werden vorgetragen; der Evangelist erzählt, was aber die Personen zu sagen haben, tragen sie selbst vor. Und dazwischen Choräle und Chöre religiöser Empfindungen und Gefühle einer gläubigen Gemeine, welche den Begebenheiten zuschaut, und bald Schmerz, bald Zorn, bald Bewußtseyn der Sündenschuld, durch welche alles dieses hervorgebracht wird, mit der größten

Mannigfaltigkeit darlegt. Und dieß gleichsam prophetische
Element einer Christengemeine und Kirche ist mit der realen
Begebenheit auf eine so wunderbare Weise verschmolzen, und
in dieser Einheit des Kunstwerks zeigt sich eine solche Großheit
und Tiefe, daß es mit Worten nicht zu beschreiben ist. 1729
ist diese Musik in Leipzig, wol zum ersten Mal, aufgeführt
worden, ob seitdem je wieder, ist sehr die Frage. So jagt
der Mensch nach dem Neuen und Bunten, und läßt das Große
und Herrliche verachtet und vergessen liegen.

Wenn Sie mir einige Zeilen an Schlegel in Bonn senden
wollten, was mir aus mehreren Gründen sehr lieb wäre,
so würde Ihr Brief mich bis zum 2ten April in Potsdam
treffen, unter der Adr. der Postdirectorin Faber, Burgstraße
No. 32.

Graf York trägt mir viele Grüße an Sie auf. Ich bitte
Sie, mich Ihrer werthen Familie so wie der Gräfin Finken=
stein angelegentlichst zu empfehlen. Leben Sie wohl und be=
halten Sie auch in größerer Ferne wie bisher lieb

Ihren Freund
Loebell.

V.

Bonn, den 23ten October 1834.

Theuerster Freund!

Vorgestern bin ich hier angekommen, und habe es wieder
bewährt gefunden, daß das Reisen auf dem Schnellwagen
Tag und Nacht mich nicht angreift, sondern eher einen wohl=
thätigen Einfluß auf mein körperliches Befinden ausübt.
Möge doch auch Sie dieser Brief wieder ganz hergestellt und
gestärkt antreffen! Ich konnte es mir lange nicht aus dem

Sinne schlagen, wie ich Sie verlassen, welche Schmerzen Sie
auszustehen hatten, und nur die Ueberzeugung, daß der An=
fall, bei aller seiner Heftigkeit, doch nur ein vorübergehender
gewesen, ließ allmälig die schönen und heitern Bilder der
Tage unseres Zusammenseyns in meiner Seele wieder auf=
tauchen, und meine Gedanken darin die reichste Nahrung fin=
den, wenn das Geschwätz um mich her nicht gar zu störend
war. Wie soll ich Ihnen denn für alles das, was Sie mir
während dieses Aufenthalts in Ihrem Hause mit der edelsten
Gastfreundschaft leiblich und geistig in so vollem Maße ge=
währten, meinen Dank genugsam ausdrücken! Freilich habe
ich Ihnen für etwas noch Höheres und Größeres zu danken,
für Ihre Liebe und Freundschaft, die im edelsten Sinne des
Worts uneigennützig zu nennen ist, weil Sie so sehr viel, viel
mehr geben als empfangen. Das Beste, was ich meinerseits
in die Wage zu legen habe, um sie zu verdienen, ist meine Liebe
für Ihre künstlerischen Erzeugnisse so wie für die Kunst über=
haupt, eine Liebe, mit der ich mir bewußt bin, es recht ernst
und wahrhaft zu meinen. Und weil in diesem Ernst und die=
ser Wahrhaftigkeit eine so große und reiche Fülle des Genußes
liegt, ist es mir so räthselhaft, daß die allermeisten Menschen,
die sich überhaupt darum bekümmern, es auf eine so vorüber=
gehende, leichtsinnige und mattherzige Weise thun, daß sie
nichts fühlen, weder von den Geburtswehen des Ringens nach
Verständniß, noch von der reinen Freude des Gefundenhabens
und dem Genuße, der aus diesem Durchdrungenseyn des Kunst=
werks vom Verständniß entspringt. Zuweilen ist es mir, als
ob mich von den meisten Menschen nichts so sehr trennte als
dieses; nicht ihre Mißverständnisse, denn ich fühle, wie sehr auch
ich diesen unterworfen bin, sondern ihr Mangel an diesem
Ernste, da ihnen die Kunst wenig mehr ist, als eine ziemlich
gleichgültige Zuthat zum Leben, gut genug, ein paar müßige
Stunden etwas leiblicher hinzubringen, als in ihrer gewöhn=

lichen langen Weile. Und diejenigen, die in unseren Tagen über die Kunstphilosophie grübeln? Soll man denn nicht schließen dürfen, daß auch sie zu den Kunstgenüßen den heiligen Ernst, der die Weihe macht, gar nicht mitbringen, weil sie so Verkehrtes herausgrübeln?

Ich war gestern bei Schlegel, um ihm das von Fr. v. Buttlar Mitgegebne selbst zu überbringen. Er hatte Ihre Vogelscheuche gelesen, und war voll von Entzücken über die herrlichen Späße und Einfälle. Weniger wollten ihm die Elfenscenen behagen, ja auch im Camoens setzt er den Scherz über den Ernst. Da er über alle diese Dinge ausführlicher war, als je, so wollte ich es versuchen, mit ihm ein Mal in eine Erörterung einzugehen, aber was er sagte — soll ich sagen, es lag mir auf einem fremden Boden, oder es kam mir gering vor? Fast wie ein Kritiker aus der Bibliothek der schönen Wissenschaften. Und doch findet er es so herrlich, daß Sie von dem wiederauferstandenen Nicolai reden. Hier ist aber auch ein Stückchen von dem seligen Manne. Der Theil von Schlegel, welcher einst mit Horaz, Boileau und anderen Helden der Correctheit seinen Spott getrieben, ist verraucht und verflogen, der übrig gebliebene hat es immer heimlich und halb unbewußt mit ihnen gehalten, und nun kommen diese Geister in seinem Alter über ihn und rächen sich für die ihnen früher angethane Schmach, indem sie sich seiner ganz bemeistern, und er, wiederum unbewußt, ihnen huldigen muß, obschon die Form eine etwas andere ist. Aber sind nicht die Principien ganz ähnlich denen jener Schule, wenn man um ein Urtheil über ein Kunstwerk zu rechtfertigen, nichts vorzubringen weiß, als einzelne Flecken, Unrichtigkeiten, Verstöße gegen Costüme u. s. w.? Wo die Streitpuncte so sehr in der äußern Schale liegen, verlohnt es sich nicht der Mühe, über diese lange zu rechten.

Ich habe hier so viele zu erledigende Acten in Prüfungs=

Angelegenheiten vorgefunden, und werde den Tag über von Studenten, die darüber beschieden seyn wollen, so überlaufen, daß ich noch nicht absehe, wann ich zur ordentlichen Arbeit kommen werde. Meine Vorlesungen werde ich erst in der künftigen Woche anfangen, und ich sehe voraus, daß ich dieß Mal vor leeren Bänken reden werde. Es ist ein bitteres Gefühl, seine Anstrengungen unbelohnt zu sehen. Es heißt freilich: „Such' er den redlichen Gewinn!" Wie aber wenn es keinen redlichen giebt? Wenn sich die Menge nur zu den trocknen Verkündern der Brodevangelien drängt, oder zu hohlredenden Charlatans?

Leben Sie wohl, theurer Freund, und erfüllen Sie Ihr Versprechen, mir eigenhändig zu schreiben. Erst dann will ich an Ihre völlige Wiederherstellung glauben und mich daran erfreuen. Der Gräfin meine besten Grüße und vielen Dank für alles treufreundlich Erwiesene. Sie verzeihn nur auch meine häufige Polemik gegen manchen Liebling unter den Meinungen und gegen einen Liebling unter den Menschen. Nochmals leben Sie wohl! Mit herzlicher Liebe

Ihr
Freund
Loebell.

VI.

Bonn, den 29ten December 1836.

Sie haben das Wort, welches Sie mir in Darmstadt gegeben, nicht gelöß't, theuerster Freund, den schleunigen Gruß, den ich Ihnen gleich nach meiner Rückkehr gesandt, mit keiner Sylbe erwiedert. Nun werden Sie doch hoffentlich durch mein Buch (von dem Sie durch den Verleger in meinem Namen zwei Exemplare, das zweite für Fr. v. Lüttichau, erhalten haben werden) zu einem Briefe gebracht, und zwar zu einem recht ausführlichen, denn ich

brauche Ihnen doch wol nicht erst zu sagen, daß mir diese
Töne in die Welt wie in eine Wüste geschickt erscheinen wür=
den, wenn ich nicht erführe, wie sie bei Ihnen anschlagen.
Vergessen Sie auch nicht, mir ein Wort über die Sprache zu
sagen, denn das verstehen doch ja nur Sie allein, und ich
möchte so gern wissen, ob ich mich täusche, wenn ich eine
Sprache zu reden glaube, d. h. eine, die nicht wie Uebersetzung
aus einem fremden Idiom klingt. Denken Sie auch, ob Sie
nicht vielleicht Lust haben, die Bitte, die ich Ihnen in Heidel=
berg in Betreff dieser Schrift vorgetragen, zu erfüllen.

Zürnen möchte ich Ihnen, daß Sie mir dort nicht ein
Mal mitgetheilt haben, daß Sie in diesem Herbst zwei Arbei=
ten in die Welt geschickt, daher mir Ihre Gespenstergeschichte
nur durch einen Zufall in die Hände gekommen ist. Sind
Sie zufrieden, wenn sich Ihren Lesern die Haare empor sträu=
ben, so kann ich Ihnen das von mir sagen. Es ist so gar
nichts Willkürliches, nichts Gemachtes, es ist ein Stück jenes
wunderbaren, räthselhaften Grauens selbst, welches aus der
Tiefe der Natur in unsere Seele hineinspielt. Und dann wie=
der dieser milde, versöhnende Schluß, da sind Sie so ganz und
gar. Fragen möchte ich nur, warum dieser äußerste Trumpf
des Materiellen, daß das Gespenst dem Unglücklichen die Brust=
knochen mechanisch zerdrückt? Offenbar soll es völlig aus dem
Gebiete des Innerlichen herausgespielt werden. Aber ich kann
den Grund nicht finden, warum es hier nicht an dieser Gränze
stehn bleibt, da doch die letzte Lösung des Fluches an der
Natur und Art des Stoffes keinen Zweifel übrig läßt.

Die Wunderlichkeiten haben mich ungemein ergötzt, und
wenn Sie ein Mann wären, von dem man eine ordentliche
Antwort erwarten könnte, so würde ich Sie fragen, ob ich
etwas Fremdes und allzu Künstliches in Sie hineininterpretire,
wenn ich annehme, daß das punctum saliens in der ironischen
Betrachtung steckt: diese vornehmen, fein gebildeten, hoch

verständigen Leute laßen sich doch von einer schlauen
Betrügerin nicht anders täuschen, als die Sammlerin durch
ihre erträumte Kennerschaft, und der arglose Theologe durch
den Abenteurer.

Ich freute mich außerordentlich zu hören, daß es mit Ihrer
Gesundheit gut geht, und hoffentlich ist sie so geblieben. Meine
gewöhnlichen Leiden sind in diesem Winter bis jetzt noch mil=
der als sonst geblieben, dagegen hat mich ein heftiger mit
Fieber verbundener Katarrh 3 Wochen fast zu aller Arbeit
unfähig gemacht, was mir in meinem litterarischen Arbeits=
drange doppelt schlimm bekam. Auch fehlt es nicht an andrer
häuslicher Trübsal. Ein junges Mädchen, von meiner Frau
erzogen, als unsre Pflegetochter zu betrachten, leidet seit
4 Monaten an einem bedenklichen Husten; meine Frau lebt
nur für ihre Pflege, und es ist dadurch in meinem Hause Alles
auf den Kopf gestellt. — Wie geht es denn Ihrer Frau?
Fr. v. Lüttichau hat ihrer mit keiner Sylbe erwähnt.

Herzliche Grüße an alle Ihrigen und an die verehrte
Gräfin! Der Himmel geleite Sie alle glücklich in das Neue
Jahr. — Von ganzem Herzen

Ihr
treuester
Loebell.

VII.

Bonn, den 18ten October 1837.

Zürnen Sie mir nicht, mein bester, theuerster Freund, wenn
ich Ihnen erst heute Nachricht von mir gebe, und Ihnen nochmals
meinen Dank für alle mir erwiesene Liebe, den ich mehr zu empfin=
den als mit Worten auszudrücken weiß, abstatte. Theils der
Wunsch, Ihnen etwas Gewisses über den Bestimmungsort
unserer Kranken, über den wir erst seit einigen Tagen ganz

ins Klare gekommen sind, zu sagen, theils körperliche Plagen, mit denen ich schon einige Tage nach meiner Heimkehr wieder heimgesucht wurde, sind der Grund der mir selbst sehr unangenehmen Verzögerung.

Meine Rückreise hat mir im Ganzen einen großen, Mühe und Aufenthalt mehr als lohnenden, Genuß gewährt. Welch eine Stadt ist dieses Nürnberg, welch ein Genuß, nur durch die Straßen zu gehen, und die reizende, wunderbare Mannigfaltigkeit der zierlichen Häuser zu betrachten! Der Eindruck ist unauslöschlich für das Leben, der Erweiterung kunstgeschichtlicher Anschauungen ganz zu geschweigen. In letzterer Hinsicht war mir auch Bamberg sehr merkwürdig, die Thürme seiner Kathedrale lassen einen merkwürdigen Blick in die Bildung, vielleicht in die Denk- und Anschauungsweise der salischen Zeit thun. Ist nicht diese Architectur eine in sich geschlossnere, mehr bei einem bestimmten Ziele angelangte als die gothische in ihrer vollen Entwickelung? Und entspricht diesem nicht der ganze politische und sociale Zustand unter den ersten Saliern, wo das ganze Mittelalter einem freilich beschränktern Schlußpuncte, als die berauschenden Blüthen der beiden folgenden Jahrhunderte verhießen, nahe schien, während aus den gewaltsamen Kämpfen derselben gar keiner hervorging?

Würzburg habe ich nicht gesehen, sondern bin bloß in der Nacht durchgeeilt, und in Pommersfelden hatte ich, dem immer besondere Fehlschläge aufgespart sind, ein eignes Mißgeschick. Einen ganzen Tag hatte ich für diese Fahrt auf fast halsbrechenden Wegen bestimmt, und einen besondern Wagen dazu genommen. Da war der alte zufällig anwesende Graf einige Tage vorher schwer erkrankt, und jeder Zutritt zur Bildergallerie versagt.

Als ich am 1t. d. M., am elften Tage, nachdem ich Ihr gastliches Haus verlassen, wieder zu dem meinigen gelangte, fand ich einen Gast, eine in Wesel wohnende Jugendfreundin meiner Frau, bereit Louisen nach Hiéres zu begleiten. Indeß hatten sich aber gegen die ganze Reise wegen der sich im südlichen Frankreich ausbreitenden Cholera Zweifel erhoben, und da der Zustand der Leidenden sich zugleich etwas gebessert hatte, und bei weitem nicht mehr die Besorgnisse einflößte wie früher, wurde nach langem Berathen und Schwanken beschlossen, sie zwar in jedem Falle das hiesige für Brustleidende perfide Clima für diesen Winter mit einem zusagendern vertauschen zu lassen, dazu aber nicht die fernen Ufer der Provence sondern einen möglichst nahen Aufenthaltsort zu bestimmen. Dazu wurde nach dem Rathe mehrerer Erfahrner Wiesbaden als der passendste Ort ausersehen. Dahin wird sie morgen abgehen, und gebe der Himmel seinen Segen!

Ich darf nicht vergessen zu erwähnen, daß ich die Kataloge des von Fürth nach Nürnberg übergesiedelten Antiquar Herdegen auch in Rücksicht auf Ihre Bedürfnisse und Neigungen durchgesehen, aber nichts entdeckt habe, was Sie interessiren könnte. — Die 7 ersten Bände der neuesten Ausgabe der sogenannt Beckerschen Weltgeschichte gehen morgen mit Buchhändlergelegenheit an Sie ab. Es wird mir lieb seyn, von Ihnen den richtigen Empfang zu erfahren.

Der Gräfin, Dorotheen und Agnes die besten und herzlichsten Grüße. Leben Sie wohl, und möge der Himmel Ihnen Gesundheit und Stimmung nicht versagen, alle die schönen besprochenen Pläne zu meiner und so vieler Andern Freude, Genuß und Erhebung auszuführen! Vergessen Sie Ihr Versprechen nicht, mich recht bald mit ausführlichen Nachrichten zu bedenken.

Ihr treuester Freund
Loebell.

VIII.
Bonn, den 10ten September 1838.

Wie sehr habe ich Sie um Verzeihung zu bitten, mein theuerster Freund, daß ich einen Brief von Ihnen im April geschrieben erst im September beantworte. Wirklich aber erinnere ich mich keiner Zeit in meinem Leben, in der ich wie im Verlaufe dieses Sommers so bedrängt war, daß mir auch zum Briefschreiben nicht ein Stündchen Muße blieb, daß ich einem Freunde wie Sie ein Lebenszeichen zu geben, den Anfang der Ferien erwarten mußte. Prinzenprivatissima über Gegenstände, die ich wenig bearbeitet hatte, und die daher viele Vorbereitung erforderten, und quälende, Fähigkeit und Stimmung raubende Körperleiden, hatten über alle meine Zeit so disponirt, daß mir auch zu litterarischen Arbeiten nichts übrig blieb. Es ist indeß diesmal noch eine dritte Störung hinzugekommen, deren Grund Sie gewiß nicht errathen würden — ein Hausbau. Sie sehen aus diesem für mich in mehr als einer Hinsicht kühn zu nennenden Unternehmen wenigstens, daß es mir bei aller meiner wahrlich nicht selbst verschuldeter Verstimmung doch noch nicht an allem Lebensmuth gebricht. Was mich zu dem Ihnen ohne Zweifel seltsam erscheinenden Entschluß, dessen Bedenklichkeiten und Schattenseiten ich mir nicht verhehlt habe, hauptsächlich gebracht hat, ist das aus der großen geistigen Einsamkeit, in der ich hier lebe, entspringende Gefühl der Nothwendigkeit, es mir innerhalb der Gränzen, auf die ich angewiesen bin, so bequem und ansprechend zu machen, wie möglich. Bonn behält indeß auch für den Freundlosen etwas sehr Anziehendes, seine Natur, und es ist Jedem, der hier leben soll, bringend zu rathen, sich so viel als möglich in die Mitte derselben zu versetzen. Das sehen Leute sehr verschiedner Art seit Jahren auch so gut ein, daß wenn es so fortgeht, nach einiger Zeit die

Stadt selbst fast ganz dem Gewerbe überlassen seyn wird. Vor dem Coblenzer Thore sind die Bauplätze außerordentlich hoch im Preise und fast gar nicht mehr zu haben, auch ist es dort schon zu geräuschvoll geworden. Ich habe mir daher ein Plätzchen an der Poppelsdorfer Allee ganz nah am Thore mit der Aussicht auf das Siebengebirge ausgesucht, dicht neben einem Hause, welches Walter vor einem Jahre gekauft hat und bewohnt, und bin mit meinem Bau so weit vorgeschritten, daß ich vor der Mitte des nächsten Monats unter Dach zu seyn hoffe.

Dieses, Erschöpfung der Kasse und die Nothwendigkeit, die Ferien nach einem unthätigen Sommer einigermaßen für die Production zu benutzen, haben mich gezwungen, alle Pläne zu Herbstreisen für diesmal aufzugeben. Auch Sie werde ich daher nicht sehen, obschon es mich keine geringe Ueberwindung gekostet hat, Ihrer freundlichen Einladung nicht zu folgen.

Die fehlenden 7 Bände Weltgeschichte werden Sie nächstens erhalten, ich warte nur noch auf den letzten, der noch nicht eingegangen ist. Meinen besten Dank für den Moncada (ich weiß nicht, wie mir Mendoza in die Feder gekommen ist) sowie für die 3 göthischen Bände. Den 3ten, der dazwischen fehlte, habe ich seitdem auf einer Auction als einzelnen Band erhalten, und somit nun diese Himburgschen Bände vollständig, die man so lange nicht wird entbehren können, bis endlich ein mal Göthen das Recht wird wiederfahren seyn, welches man so manchem gegen ihn ganz unbedeutenden Autor schon gewährt hat, Arbeiten, die in mehrfacher Gestalt schon vorhanden sind, zugleich auch in der frühern wieder abzudrucken. Wie merkwürdig sind doch diese früheren Gestalten, besonders Erwin und Elmire! Vergleicht man beide, wird man so recht inne, wie die Vornehmheit, das falsche Ideal, Göthe in seiner zweiten Periode zuweilen ganz von seinem wahren und natürlichen Boden verdrängt hat. Welche einfache Kraft, welche Naturstärke ist in der freilich gar zu leicht und fast roh skizzirten Scene zwischen Elmire und der Mutter! Das durfte nicht bleiben, es mußte das Ganze zu einer iphigenisirenden Idylle werden. Aber wer bekümmert sich in unsern Tagen um die Geschichte eines Dichters und um die Stufen seiner Entwickelung, selbst wenn sie als ein Spiegel der National= entwicklung überaus lehrreich sind! Diejenigen, die sich für die Feinen halten, construiren ihn philosophisch, und sind dann in ihrer Dummheit überglücklich, wenn sie statt der Juno die trübe Wolke ihrer eignen dunstigen und wässrigen Abstractio= nen umarmen. Ach unsre Litteratur, unsre Litteratur! Ich sehe mich vergebens nach einem ähnlichen Zustande um. Da ist mir, der ich sonst dergleichen weder sehe noch lese, zufällig ein Buch in die Hände gefallen — — — — Unser Freund Raumer pflegt zu sagen: solches Zeug vergeht schnell, das Gute bleibt. Aber das ist es ja nicht, daß unverständige und schlechte Bücher geschrieben werden. Allerdings ist das überall geschehen, wo die Litteratur einige Ausbreitung gewonnen hatte. Aber daß solche Urtheile, die eben so viele Gemeinheit der Gesinnung oder gradezu Niederträchtigkeit verrathen, als Plattheit und Unwissenheit, höchstens für etwas excentrisch, aber doch zugleich für geistreich, angenehm und witzig gelten; daß alle diese Buben selbst von Leuten, denen ihr religiöser und politischer Aberwitz sonst zuwider ist, als eine Art von Salz unserer Litteratur angesehen werden — daß die Meisten sie ansehen, wie etwa die Altgesinnten die Schlegelsche Schule vor vierzig Jahren, ein bischen quer und wild, aber doch aus= bündig genial — das ist das Heillose, woran ich ohne Zorn nicht denken kann. Ihr Balzac — ich habe die empfohlnen Romane nun gelesen, aber — verzeihen Sie mir, und ver= zeihe mir besonders Agnes — er ist auch Einer von denen, die ein hübsches Talent von Grund aus verderben, weil ihnen das Schöne und das über Natur und Wahrheit hinausgehende leider identisch sind. — Wann erquicke ich mich dagegen — um all das Zeug zu vergessen — wieder einmal an einem neuen Werke von Ihnen? Sind die beiden Novellen, die Sie mir vor einem Jahre vorlasen, jetzt abgedruckt? ich habe die diesmaligen Taschenbücher noch nicht gelesen.

Leben Sie wohl, grüßen Sie die Gräfin und Ihre Töchter herzlichst, lassen Sie bald von sich hören, und behalten Sie lieb Ihren treuesten

Loebell.

IX.

Bonn, den 15t. Mai 1840.

Verzeihung, mein theuerster Freund, daß ich es seit gestern vor acht Tagen, wo ich zurückgekehrt bin, aufgeschoben habe, Ihnen zu schreiben. Theils aber fand ich so manches schnell abzumachende Geschäft vor, und theils hatte mein Unwohlseyn während mehrerer Tage einen solchen Grad erreicht, daß ich auch zum Briefschreiben untauglich war. Nun wird es allmählich wieder besser, ich befinde mich etwa wieder auf der Dresdner Linie, nachdem mein das Mediciniren sonst so scheuender Arzt sich zum Eingreifen entschlossen hat; bis ich mich aber wieder zur Höhe des vergangenen Jahres emporschwingen werde, wird wol noch einige Zeit vergehen. Den Muth lasse ich darum nicht sinken. Daß Sie überzeugt sind, meine Dankbarkeit sey nicht kälter, weil sie etwas später bezeigt wird, weiß ich. Dankbar habe ich Ihnen gewiß wiederum für Vieles, Leibliches wie Geistiges zu seyn. Alles körperliche Leiden kann das Gefühl, durch diese Reise, durch die Aufnahme und Liebe meiner Freunde, vor allen der Ihrigen, erfrischt und gestärkt zu seyn, nicht unterdrücken und schwächen. Warum können solche Silberblicke des Daseyns nicht länger dauern, warum sich nicht über das ganze Leben erstrecken?

Wären sie es aber alsdann noch, wenn sie nicht durch andere Perioden des Schattens, der gemeinen Reizlosigkeit erst zu Silberblicken würden? Vor welchem Räthsel stehen wir doch wieder mit dieser ganz gemeinen Betrachtung! Wenn wir uns den edelsten und feinsten Genuß nur vermittelst des Wechsels mit seinem Gegentheil hervorrufen können, was ist alsdann jene künftige ungestörte Seligkeit, von der wir träumen, und warum sehnen wir uns nach ihr? Haben wir denn überhaupt nur ein Organ, sie zu empfinden?

Ich habe an der Abhandlung, von der ich Ihnen ein Stück mitgetheilt, wieder zu schreiben angefangen, und finde den Stoff, den ich noch zu bewältigen habe, so überreich, daß ich nur mit großer Mühe so zusammendränge, wie ich es muß, wenn ich die Gränzen einer kleinen Abhandlung nicht überschreiten will. Es will mich verlocken, sie in dieser Form liegen zu lassen, und in einer umfassendern wieder aufzunehmen; aber es könnte mir dabei noch übler gehen, als bei dem Gregor, da umfassendere Ansprüche neue, sehr ausgebreitete Studien erfordern würden. Auch werden Sie mir zugeben, daß bei dieser Arbeit weit mehr auf die Idee ankommt, als auf die Ausführung.

Vergeben Sie, daß ich am Morgen der Abreise in der Eil vergaß, die heraufgetragenen Bücher dem Aufwärter zum Wiederherunterbringen zu geben. Sie müssen sich alle auf dem Tische bei einander gefunden haben.

Den Brief von meiner Frau, der nach meiner Abreise eintraf, werden Sie wol schon zurückzusenden die Güte gehabt haben.

Leben Sie wohl, und vergessen Sie nicht der Gräfin und Ihren Töchtern die herzlichsten Grüße zu bestellen. Lassen Sie auch ja bald ein mal was von sich hören, etwas Besonderes nämlich für Ihren treuesten Freund
Loebell.

X.

Bonn, den 1ten März 1841.

Welch ein Unglück hat Sie in Ihrem Alter noch treffen müssen, mein geliebter Freund! Hätte die Vorsehung nicht diesen bittern Kelch an Ihnen vorübergehen lassen können[1])! Aber was können wir armen, schwachen Geschöpfe anders, als uns stumm dem unterwerfen, was uns hienieden unbegreiflich bleibt? Was soll ich Ihnen sagen? Von der Trefflichkeit der selig Dahingeschiedenen reden? Das hieße in Ihren Wunden wühlen. Oder könnte ich Tröstung an Den richten wollen, der das Vergängliche grade in seiner Vergänglichkeit so wunderbar zu verklären gewußt hat? Diese Zeilen können also nichts wollen, als Ihnen ein ausdrückliches Zengniß geben von meiner tiefen Erschütterung, an der Sie freilich auch ohne sie nicht gezweifelt haben würden. Das Bild Ihrer theuren von Kummer erfüllten Züge kommt mir nicht aus der Seele, ich betrachte es in meinem Innern mit der größesten Theilnahme und Wehmuth. Möge der Himmel Ihnen Stärkung senden und Sie Ihren Freunden noch lange erhalten!

Mit der treuesten und innigsten Freundschaft

Ihr
Loebell.

Empfehlen Sie mich doch recht herzlich der Gräfin.

XI.

Bonn, 28ten November 1846.

Mein theurer, geliebter Freund!

Mit der größten Theilnahme habe ich erfahren, daß Sie wieder ein mal recht krank waren, und heißen Dank zum Himmel gesandt, daß Sie uns noch ein mal erhalten sind.

---
[1]) Dorothea's Tod.

— Vor einigen Monaten hat mir Schack in Frankfurt trium=
phirend einen Brief von Ihnen gezeigt, und da hoffe ich denn
die Weltgeschichte, die Sie durch den Verleger erhalten haben
werden und die Kleinigkeit die ich hier beilege, werden der
gleichen Gunst für Ihren alten Freund werth seyn. Die
Worte über Schlegel habe ich fast mehr in Rücksicht auf Sie
als auf ihn dem Druck übergeben, und da hörte ich doch gar
zu gern durch Zeilen von Ihrer eigenen lieben Hand, was
Sie dazu sagen. Erfüllen Sie also diese Bitte, wenn ich
auch in Bezug auf die beiden gedruckten Briefe heute ganz
kurz seyn zu dürfen glaube, und nichts hinzusetze, als daß
ich noch ganz erfüllt bin von den alten Gefühlen für Sie,
und mit den innigsten Wünschen für Ihr Wohlergehen wie
immer bleibe in Liebe und Anhänglichkeit

Ihr treuer Freund
Loebell.

Loeben, Otto Heinr., Graf.

Geb. den 18. Aug. 1786 zu Dresden, gestorben daselbst am 3. April
1825. Als Dichter nannte er sich Isidorus Orientalis.

Guido, ein Roman (1808) — Gedichte (1810) — Arkadion, 2 Bde.
(1811—12) — Erzählungen, 2 Bde. (1822.) —

Die „Ueberschwänglichkeit" die an seinen dichterischen Produktionen
getadelt wurde, und ihnen wie ihm selbst höhnische Angriffe zugezogen,
tritt freilich auch in den Briefen hervor. Doch aus diesen wie aus jenen
spricht ein volles, reines, frommes — krankes Herz.

I.

Nieder Rudelsdorf bei Görlitz in der Ob.-Lausitz,
22. November 1808.

Sekendorff schreibt mir heute aus Wien, daß Sie letzteres
kürzlich verlaßen, und von da nach München abgegangen sind.
Wie theilnehmend ich allen Ihren Schritten folge, wie oft
nach Ihnen mich erkundige, was es für eine Freude ist, wenn
ich einmal irgend etwas aus Ihrem Leben höre — das wißen
Sie noch nicht, dem bisher zu schreiben und meine Liebe und

Verehrung zu äußern, ein Gefühl der Bescheidenheit mich
abgehalten hat. Zwar sind die Geister der Edlen und Guten
schon an und durch sich selbst vereint; aber wie das Wort, die
himmlische Liebe auch Fleisch ward und unter uns wohnte, so
sehnt sich auch die treueste Ergebenheit nach Zeichen und Nähe=
rung, nach Genuß der Gegenliebe, und es ward jenem Weibe
so wohl, als sie die Füße des Meisters salben, als sie ihm sagen
durfte: Herr, ich liebe dich. —

Von Sekendorff erfuhr ich, daß Sie einen Almanach her=
auszugeben gesonnen sind. Nehmen Sie, was inliegt, freund=
lich für denselben an. Da ich von dem Näheren nicht unter=
richtet bin, so trug ich Bedenken, Ihnen etwas aus meinen
mehr pindarisch. Poes., rc. zu senden, nicht wissend, ob es in
den Character des Ganzen eingreifen würde. Das war es
auch, und bescheidener Rückhalt, was mich abhält, Ihnen
mehr aus meiner Poesie zu überreichen. Im Fall Sie von
ihnen keinen Gebrauch machen, — oder in jedem Fall bitte
ich um baldige Antwort, und wollen Sie mir Freude machen,
so schreiben Sie mir auch, wo Sie künft. Sommer seyn wer=
den. Zwar klagen Ihre Freunde über Ihre Saumseligkeit im
Antworten, um desto inniger will ich bitten.

Durch wen Sie diesen Brief erhalten, weiß ich noch nicht.
Ich schicke ihn an den Sächs. Gesandt. in München, da er
aber doch vielleicht Ihre Addreße nicht recht erfahren kann
oder auch Sie abgereißt seyn können, so habe ich zugleich
einige Zeilen an Ast beigelegt, dem ich fest vertraue, daß er
Ihnen den Brief zukommen laßen wird. — Auch nehmen Sie
eins meiner früheren Werke darum von mir an, weil ich darin
zu Ihnen sprach. Die Form ist noch total vernachläßigt. Ihre
Urtheile, wie Ihr Rath werden mich sehr freuen.

Wenn Sie für den Alm., falls er wirklich erscheint, andere
Beitr. von mir rc. wünschen, so werde ich gern alles thun,
wie Sie es gern sehen. Ich hatte nicht Zeit, einem meiner

Freunde, den Sie als Florens aus dem Ast'schen Journal kennen, zu schreiben; vielleicht eignet sich manche Nelke von ihm für Ihren Garten.

Gott sei mit Ihnen und die heilige Muse! Oft drängt es mich, niederzuknien im Schein, den Albrecht Dürers und Novalis Glorie wirft, im alten frommen Dom, dann denk' ich Ihrer und ich lieg' an Ihrer Seele, ich fühle Sie in mir, wie man eine Gottheit fühlt in geweihter Stunde. „Liebe denkt in sel'gen Tönen, denn Gedanken stehn zu fern." —
Ihr Freund
O. Heinrich Graf v. Loeben.

II.
Stift Joachimstein, 15. Mai 1820.

Mein theurer geliebter Freund! ich habe mich selbst um die größte Freude gebracht, indem ich erst jetzt die Feder ansetze, Ihnen meinen herzlichsten Gruß zu bringen. Durch unseren Freund Malsburg werden Sie unterdeßen von meinem Ergehen immer Nachricht gehabt haben, an dem, ich weiß und schätze es, Sie wohlwollend und freundlich Theil nehmen. In diesen Nachrichten aber lagen zugleich die Entschuldigungen wegen meines bisherigen seltenen Schreibens, denn es ist mir meistens nicht gegangen, wie der wärmere Frühlingshauch mich hoffen ließ, und auch jetzt bin ich, bei übrigens ganz gutem Befinden, an meinen gewöhnlichen Schmerzen so leidend, daß ich die Absicht, unseren Freund in seine Väterburg zu begleiten, und somit die Hoffnung, Ihrer bei der Durchreise mindestens einige Tage lang wieder froh zu werden, aufgeben mußte. Daß ich es recht oft und schmerzlich vermiße, des mir durch freundliche Sterne gewordenen Freundschaftsumgangs mit Ihnen auf so lange wieder zu entbehren, das fühlen Sie gewiß aus meiner Seele und ganzem Wesen heraus, denn ich bin es überzeugt und halte es freudig fest, daß Sie wißen, wie viel Sie mir sind und wie gern ich Ihnen so unendlich viel verdanke. Ein frühes Ahnen und Verlangen meiner Seele flog Ihnen zu, es hielt sich an Ihre Werke, mußten sie aber nicht den Durst nähren, und zugleich durch ihre Höhe der Sehnsucht des Jünglings eine unzugängliche Ferne zeigen? Nun aber traten Sie selbst in milder Freundlichkeit auf mich zu, und wie ich früher aus Ihren mir liebsten Werken in jener Huld, Sanftmuth und Melodie Sie festhielt, die mir die innersten geheimnißvollen Engel Ihres Dichterwesens scheinen: so lernte ich Sie nun, mehr und mehr in Ihrer schönen Klarheit und Hellsichtigkeit erkennen, und davon strömten Strale auf mich aus, die mir manche Dunkelheiten, manche Unentschiedenheiten und Kämpfe in mir erhellten, und mir gleichsam lichte Panzer anlegten, um zu siegen und Ihrer werth mich zu zeigen in jenem streitenden Gewühl. Gerade recht an einer Gränze meines ganzen Strebens empfingen Sie mich, reichten mir, wie der Ritter einem treuen Knappen, die Hand, und eröffneten mir ein größeres und bestimmteres Feld. Da kehrte mir jenes Bewußtseyn so schön zurück, das Sie mich von jeher — nach dem ersten Anfange des Guido lernte ich das Erste von Ihnen kennen — als meinen eigentlichen Meister betrachten ließ, und mit Dank und Freuden will ich Sie gern immer so nennen, vor Ihnen immer gern ein Lehrling bleiben.

Laßen Sie mich aber nun auch recht bald wißen, wie Ihr eigenes Befinden ist, mein theurer Freund, an dem ich wahrlich den zärtlichsten Antheil nehme. Sie sind nun gewiß in der neuen Wohnung, möge dieselbe Ihrer Gesundheit und auch unserem Sehnen nach dem Phantasus, dem Werk über den göttlichen Shakespeare, der schönen Tischlergeschichte u. s. w. recht förderlich seyn! Wäre ich nur da, mit Ihnen auf der Gallerie und in der freundlichen Gegend den Geist und die Schönheit beider doppelt zu empfinden! Luft, Blüthe und

Vogelsang hier um mich her aus der ersten Hand möchte ich Ihnen dagegen manchmal schicken und vor Ihr Quartier rücken laßen, denn sie sind gar zu lieblich. Auf diesen Wellen rudre ich nun jezt meinen Karl den Großen mit seiner Hildegard hin, sie tragen mir auch einen Gruß auf und werden die Fahrt zu Ihnen als eins Ihrer liebsten Ziele betrachten. Jetzt ist noch viel Weg zurückzulegen, aber Freude scheint mir rechts und links zu stehn. Der liebliche Tristan, der hohe Shakes= peare (in den Uebersetzungen, denn ich kann kein englisch n o ch) werden nie zur Hand genommen, ohne stillen Frühlingsgruß an Sie. Der Gräfin, allen den lieben Ihren, meine herzlich= sten Empfehlungen, der freundlichen Pflegerin meines golde= nen Vögleins den schönsten Dank. Unser Gott mit Ihnen Allen!

Ewig Ihr Loeben.

Meine Frau ist vielleicht, während ich dies schreibe, in Ihrer Nähe. Die anderen Werke Solgers muß ich schon als Commentare des gelesenen herrlichen mir zu lesen wünschen. Davon ein andermal.

III.

Nieder-Rubelsdorf, 7. Sept. 1820.

Der inliegende Brief, mein geliebter Freund, war mir schon längst für Sie zugesendet. Meine Frau, Ihrer Güte für mich und sie vertrauend, wendet sich darin mit einer Bitte zu Ihnen, der ich jedoch, einmal zum auf die angenehmste Weise dabei compromittierten Mitwißer gemacht, nicht unbe= dingt das Siegel meiner Beistimmung aufdrücken konnte. Gern und die schöne Absicht ehrend, war ich auf ihren Vor= schlag eingegangen, einen Catalog durchzusehn, der alte gute Nürnberger Waare anbot, und ich habe mir aus demselben mehreres, z. B. einige Dürerische Holzschnitte und Stiche die mir fehlen, etliche Blätter von Kranach, verschiedene Bücher und insonderheit die — selten beisammen zu findende — Folioausgabe von Hans Sachs Werken, vollständig, — ausgezeichnet, und so auch etwas Prädestination versucht, doch denke ich, das immer noch dem Gange des Ganzen dabei Ueberlaßene, und die Bestimmung zum christlichsten und kindlichsten Fest, schüzt mich vor aller Beschuldigung des Islamismus. Nun kann aber leichtlich, wenn das Meiste davon mir zu Gute kommt, der Auctionswerth 40—50 Thaler betragen, und aus diesem Grunde erinnerte ich meine Frau, als ich den Bittbrief an Sie empfing, nochmals an ihre Zusage, mir inskünftige unbeträchtlichere Gaben zu spenden, und an die Haltung unsers gegenseitig neuerrichteten Vertrags. Sie hat dagegen excipirt, daß es das Leztemal seyn solle, und ich Ihnen, mein verehrter theurer meisterlicher Freund, ihre Zeilen und mein ihr einst gegebenes Verzeichniß — ein anderes hat sie verloren — nur überreichen und das Weitere Ihrer Weisheit überlaßen möchte. So stelle ich diese nun täglich zwischen uns beide, die in diesem Falle wie immer mit der ächten Liebesgüte eins ist — sind Sie nicht selbst der Salomo auf dem Throne der Poesie? Entschuldigen Sie also meine vielen, aber nothwendigen Worte über diese Angelegenheit, nur das laßen Sie mich noch hinzusetzen, daß ich mich darauf verlaße, Sie werden freundlich auf mein obiges Bedenken zurückblicken, auch denke ich, daß vielleicht e i n s oder keins der angegebenen Werke in der gegenwärtigen Dresdner Auction vorkommen wird, was mir gewißermaßen zur Beruhigung gereicht, ob ich gleich auf Bücher meiner Natur noch ein rechtes reißendes Thier bin.

Die Rückkehr meiner Frau von Wien ist noch nicht bestimmt, sie hat eben jetzt die Fahrt nach Ungarn zu ihrem Bruder gethan, und scheint sich, wie es ja nicht anders seyn kann, wenn man ein Gast des wirthlichen Praters und der Donaunixe ist, sehr wohl zu gefallen. Mit mir geht es Gott

Lob! recht erwünscht und gut, und ich hoffe sonach diesen Herbst und Winter als rüstiger Ritter zu bestehn und damit meines gütigen antheilsvollen Freundes Beifall zu erwerben. Unser lieber Malsburg wird, denke ich, in diesen Tagen bei Ihnen seyn; ich habe ihm einen Gruß nach Eisenach entgegengesandt; fragen Sie ihn doch, ob er denselben bei unserer gemeinschaftlichen Freundin, Julie von Bechtolsheim, erhalten? Graf Kalkreuth wird wohl längst seine Reise nach Wien angetreten haben; möge auch er uns recht wohl heimkehren! Wilh. Müller (i. e. der Dessauer Elb=Müller) schreibt mir im lezten Briefe: „Wie sehr mich diesmal Dresden gefeßelt hat, werden Sie Sich leicht einbilden können, wenn Sie wißen, daß ich Tieck fast täglich gesehen und genoßen habe, da er überaus mittheilend und theilnehmend sich gegen mich erwies" —! und dies freut mich! Wird uns wohl auch Schütz gewiß zum Winter wiederkehren? ich freue mich darauf, so wie, seine Evadne und Guiscardo und Gismunda gedruckt zu sehn. Gedruckt angesehn — in der Ascania — scheint mir sein Karl der Kühne noch ungenießbarer, als an jenem Abende bei Ihnen. Gern, wie gern möchte ich mich recht bald in dem mir so lieben, geistesheimathlichen Kreise befinden! Mehrere Umstände vereinen sich aber, mir vermuthlich eine etwas längere Dauer meines hiesigen Aufenthalts aufzulegen, und da er mit der Nähe einer innig geliebten und verehrungswerthen Mutter verknüpft ist, so ist des Herzens Meinen und Verlangen getheilt. Die Liebe ist von oben, denn sie möchte zugleich umfaßen, — darum ist die selige Schmerzlichkeit ihr Kind. Der theuern Gräfin, allen den lieben Ihrigen meine besten, meine herzlichsten Grüße. Ihnen die treusten Wünsche für Ihre Gesundheit! Behalten Sie lieb

Ihren O. H. G. Loeben.

Von Helmina habe ich kürzlich recht liebe und werthe Gedichte erhalten.

IV.

14. Nov. 1820.

Höchst ungern, mein geliebter Freund, bequemte ich mich gestern nach den Launen meines kleinen Schnupfenfiebers, und entbehrte doppelt, da Sie und Shakespeare mir fehlten. Aber der Kopf war mir so eingenommen, daß ich schon um seiner Unfähigkeit willen mich des Erscheinens für unwerth hielt und mich nun auf den Donnerstag freue. Schon am Sonntag blieb ich zu Hause, und hätte lieber bei Ihnen den Abend zugebracht. Wenn es mir am heutigen nicht wie gestern geht, komme ich vielleicht ein wenig. Vergeben Sie, daß ich die Minnelieder nicht gleich schickte, aber sie lagen noch in einer Bücherkiste, die meine Reisegefährtin war. Mit dem innigsten Gruß

Ihr

Loeben.

N. S. Die Brambilla bekenne ich sogleich, ohne Aufschnitt, zurückgeschickt zu haben. Dagegen erfreuen mich jetzt Griesels Mährchen, seine Undine vor allem, aber wie kommt nur der alberne „Jünglingsgeist" in das höchst glückliche, selbst undinenartige Büchelchen hinein?

V.

Stift Joachimstein bei Ostriz, 14. Mai 1821.

Der Anblick Ihrer lieben Handschrift, mein theurer Freund, war meinen Augen und meinem Herzen eine Weide, die alle zwei mit freudiger Rührung in sich aufnahmen. Ja, wahrhaft gerührt hat mich dies zarte Zeichen Ihrer Liebe, doch was sage ich es Ihnen erst, Sie fühlten meinen Dank, meine Freude, meine Erwiederung, als Ihre Feder mir Ihre freundlichen Gedanken zulenkte. Auch ich, mein geliebter Freund, habe Ihnen im Geist schon Brief über Brief, und zwar lauter Frühlingsbriefe geschrieben, und mit all' den köstlichen Blüthen, dem frischen Laube, das ich hier athmete, in Gedanken unzähligemale Ihr theures Haupt bekränzt. Wundervoll entfaltete sich hier der Frühling vor meinen Augen in den ersten Tagen meiner Ankunft und bei dem holden Flüstern und Wehen, wobei er seine Lauben webt, konnte man fast sagen, daß man alles wachsen hörte. Diese ersten Tage waren indeß minder genußreich für mich, da ich mich nicht recht wohl fühlte, als die folgenden, wahrhaft entzückenden, in denen ich die Flügel der Gesundheit wieder auseinanderfaltete und neuen Lebensmuth schöpfte. Innigen Dank für Ihr treues Theilnehmen an meinem Befinden. Es geht, etwas Müdigkeit abgerechnet, die mich oft überfällt und demüthigt, wieder völlig gut mit mir. Nun soll die Hildegard wieder vorgenommen werden, die lange Pause hat mich etwas zu bedächtlich gemacht, und ich freue mich, bald mehr ins Feuer zu kommen. Meine erste Arbeit hier war eine Erzählung, „Versöhnende Liebe," die ich auf die Grundlage der aus dem lezten Roman weggelaßenen norwegischen Geschichte gebaut habe; ich habe sie mit großer Liebe und Lust geschrieben, und hätte sie Ihnen gar zu gern vor der Absendung nach dem Ziele, wo ich längst erwartet wurde, vorgelegt. Ja wohl ist es übereilt, daß ich Klotar und Sigismunda nicht noch etwas länger destillieren ließ; obwohl das Beßermachen und Concentrieren nicht immer gedeihlich ist. Ich werde darin wohl noch lange ein junger Schwabe bleiben, und wenn ich es nicht mehr seyn werde, dann wird die unbewußte Zuversicht des Fortschritts, die meinen Fehler eigentlich beseelt, mich verlaßen haben. Aber Ihr Fehler, mein theuerer meisterlicher Freund, ist freilich viel, viel größer; denn Sie halten mehr zurück, als wir alle zu geben vermögen! Indessen waren ja in der lezten Zeit unseres für mich so schönen Beisammenseyns so manche Aspecten da, die uns die Gunst Ihres prächtigen Sternhimmels verhießen; ach so schön es seyn mag, daß Sie alles in Sich selbst fertig dichten, möchte Ihnen dennoch die Feder und das Papier unentbehrlich erscheinen und seyn! Sie sagen mir nicht, ob der schlimme Edmund sich wieder aus seinen Irrgewinden hervortretend hat blicken laßen, und wie es den Salvator Rosas des jovialen Fabrikanten weiter ergangen? Recht oft muß ich an diese Gegenstände denken und mich der Stunden erinnern, die Sie uns schenkten. Graf Kalkreuth schreibt mir von einer schönen Fahrt auf der Elbe, von Blitzen umleuchtet, und von der allen erfreulichen Stimmung, in welche der Abend Sie zu versenken geschienen habe. Daß ich doch hätte mitfahren und Ihre Gespräche theilen können! Meine Pläne sind aus mehreren Gründen noch unentwickelt, auch hat Malsburg so lange nichts von sich hören laßen, und ich hege immer noch die Ahnung, daß seine Bestimmung sich doch wohl unter dem neuen Regiment ändern wird. Vielleicht ist es dann am Besten für ihn und für alles Tiefere in ihm, wenn jene ihn an seine Heimath bindet. Doch Gott allein weiß ja, was einem jeden von uns am meisten frommt. Die Befürchtung, daß eine weitere diplomatische Bestimmung unseren Freund immer mehr in die Welt verwickeln möchte, könnte ja z. B. leichtlich in Petersburg durch Entbehrung und Sehnsucht beseitigt werden. Schütz ist reisefertig und dabei so geduldig mit Abwarten meiner Entschlüße, daß ich seiner Gefälligkeit Gerechtigkeit wiederfahren laßen muß. Den 1. bei ihm uns vorgelesenen Act seines Falieri hatte er mir, wie ich Ihnen mittheilte, zum Wiederlesen zugestellt, allein der Mangel der Zeit mußte mich bei ihm entschuldigen. Es ist

unbegreiflich, daß er die Hölzernheit und völlige Todtheit des
Dialogs darin nicht selbst einsieht, und leider bestätigt dies
Ihr in dem Brief an mich ausgesprochenes strenges Urtheil.
Weiter als bis Escheberg werde ich wohl nicht reisen, wenn
noch aus dieser Fahrt etwas wird; die Pläne nach dem deut=
schen Süden hin sollen, denke ich, im nächsten Frühling zur
Ausführung kommen. Bald schreibe ich wieder. Mag die
herrliche Luft Ihnen recht wohlthuend seyn und bleiben!
Der lieben Gräfin und allen den werthen Ihrigen die Ver=
sicherung meines herzlichen Andenkens! Meine Mutter habe
ich in der Erholung gefunden, Gottlob! denn sie war aufs
neue sehr übel gewesen. Ich habe sie durch Ihre Begrüßung
erfreut. Nehmen Sie, geliebter Freund, für heute mit die=
sen Zeilen vorlieb, die Ihnen lange nicht so viel sagen, als
ich zu sagen wünschte, und als mein Herz Ihnen täglich sagt.

Ihr
O. H. G. Loeben.

VI.

Laußke bei Bautzen, 4. Juli 1821.

Schon längst, mein geliebter Freund, hätte ich Ihnen
sagen sollen, wie sehr Ihre reiche Sendung mich erfreut,
und mit wie innigem Danke die Freude mich erfüllt hat. Wir
haben hier, wie am Strande des Meers, abwechselnd Ebbe
und Flut gehabt, ich meine bald tiefe Einsamkeit, bald rau=
schende Geselligkeit. Daß ich während dieser nicht schrieb,
bedarf bei Ihnen, der Sie mich freundlich erkannten, wohl
kaum einer Entschuldigung; wohl aber würde sie mein
Schweigen während jener bedürfen, wenn die Dauer der=
selben länger, und die zwei theuern Gaben von Ihnen mir
zur Hand gewesen wären, die ich noch nicht gebunden vor
mir habe, und über die ich Ihnen doch gern ein Wort, als

den eigentlichen Dank, sagen wollte. Indeß gehn wir morgen auf 8 Tage zu der Fürstin Hohenzollern nach Hohlstein, und ich muß Ihnen durchaus zuvor dies Wörtchen des Danks zufliegen laßen. Daß Sie die herrlichen Gedichte und die Schriften unseres Kleist sogar mit einigen Zeilen begleiteten, setzte Ihrer Freundlichkeit in meinen Augen die Krone auf. Ich habe durch die eben nach Löbichau reisende Herzogin von Sagan in voriger Woche selbst an Tiedge geschrieben, um Ihre Aufträge auszurichten und ihm die Uebergabe des Exemplars von Kleist an Frau v. der Recke anzuempfehlen. Was ich, vorkostend, von der Fortsetzung der Vorrede zu Kleists Schriften gelesen, hat mich sehr durchdrungen, ich rechne darunter auch die Mittheilung aus Solgers Briefe. Erst kürzlich hatte ich den Kohlhaas gelesen und mehrere Bemerkungen gemacht, die ich in Ihrer Beurtheilung der Kleistischen Erzählungen bestätigt fand. So wenig das Publicum sich in die Sammlung bereits zerstreut erschienener Novellen nach dem wahren Gesichtspunkt findet, weil es ja immer und immer den Zweck augenblicklicher Ergötzung festhält und mit dieser den Begriff ephemerer Dauer verbindet; so wenig, ahndet mir, wird es Ihre Gedichtesammlung wahrhaft verstehn und es würde sie vielleicht zu tadeln wagen, wenn Sie ihm überhaupt nicht zu unerreichbar am Dichterhimmel ständen. O es hat Sie, es hat Göthe ja nie verstanden, es müßte sonst anders beschaffen seyn, indeß es wäre Thorheit sich darüber zu wundern und Thorheit zu denken, daß Sie es anders erwarten. Wer hinanblickt, für den sind Sie da; und es blicken ja noch manche aufwärts, — nur bei stiller Sternennacht, einsam und doch nicht!

Unzähligemal denke ich daran, wie Sie Sich bei dem ungünstigsten aller Sommer befinden mögen, und theils sorge ich mich darum, theils ist es mir leid, daß meine liebe Vaterstadt Ihnen einen solchen unbehaglichen Zustand nicht erspart. Mit mir, mein theurer Freund, werden Sie recht zufrieden seyn müßen: denn ich schrieb die ganze Zeit gar nicht, aber wäre es nicht beßer gewesen, da man den Sommer nicht loben konnte? Doch diesmal sollen Selbst Sie entschuldigt seyn, nicht vor uns, sondern vor Apoll und der Muse, wenn Sie nicht schreiben; denn so lange wir Dichter noch Menschen sind, behaupte ich, auch der größte mußte das Joch dieses Unwetters fühlen. Von unserem bösen holden Freunde erhielt ich — gerade an seinem Geburtstag — den ersten Brief seit 2 Monaten! Das Blatt schien mir durch den Siegel (Spiegel?) der Freundschaft selbst, zu meiner Besänftigung, bestellt zu seyn, und ich brauchte nicht Milch statt Blut in den Adern zu haben, um ihm gleich auf der Stelle mit frohem Herzen zu verzeihn. Im August kehrt er wieder und so ist es nun wohl zu knapp, um die Flügel meiner Sehnsucht zuvor zu lösen. Meine Novelle ist noch nicht da! Sie glauben aber gar nicht, was ich für Angst habe; sie wird Ihnen gedruckt weniger gefallen, und da tröste ich mich wieder wie ein Thörichter mit der Hoffnung, sie schon in einer zweiten verbesserten Auflage vor mir und Ihnen zu sehn. Das Blatt ist voll und ich habe noch so viel Grüße auszutheilen, aufzutragen, — alles in dieser herzlichen Umarmung!

Loeben.

VII.

Escheberg, 23. Juli 1822.

Mein geliebter Freund! Ich glaube, die schöne innere Zuversicht Ihrer vielfachen Gegenwärtigkeit unter uns macht mich so faul und nachläßig gegen Sie, und so bilde ich mir denn steif und fest ein, daß meinem Schweigen die nämliche Liebe und Hinneigung zu Ihnen zum Grunde liegt, die mich manchmal, obwohl immer mit einiger, vielleicht lächerlicher, aber doch auch hübscher, und inniglicher Schüchternheit gepaart, zum Schreiben trieb und nun auch jetzt längst dazu angespornt haben sollte. Unser Freund hat Ihnen seine Blätter zufliegen laßen, dies war ein zureichender Grund, bei meinem Briefphlegma zu verharren; Sie wißen nun, wie es ihm im Sande der Mark, wie es mir in seinen schönen Wäldern erging und ich habe nur hinzuzusetzen, daß mich das Leben hier immer herrlicher umfängt, je älter ich darin werde. Der Wechsel von stiller und lauter Lust thut mir hier so wohl, so ganz in der Mitte prächtiger Wälder, hoher mannichfacher Abhänge zu wohnen, ohne sich im freien Athemzug gehindert zu fühlen, thut gar zu wohl. Escheberg würde Sie sehr anziehen, nur, mein theurer Freund, müßten wir in der großen Wetterküche durchaus die Regensuppe oder vielmehr Kalte Schaale verbitten, denn hat es gegoßen, dann ist das schöne Escheberg nichts für Sie. Aber wie lange haben wir uns doch der Trockenheit erfreut! dies setze ich ausdrücklich hinzu, denn wenn unser Freund meine Zeilen überläse, ich würde selbst in eine Wetterküche kommen, daß ich ein Wetterfähnchen nach Ihnen hin auf das Escheberger Haus gepflanzt habe. Nein, mein herrlicher Freund, jede Freude, jede Mittheilung von ächter Schönheit, deren wir hier genießen, ist zugleich eine Fahne, die wir grüßend nach Ihnen zuschwenken, womit wir Sie einladen, „in allen guten Stunden" — und derer giebt es hier so viele, so unendlich viele! unter uns zu seyn. Denken Sie Sich, daß wir gestern Abend ein Stückchen Sommernachtstraum, die rührenden Liebesirrsale des Pyramus und der Thisbe, aufgeführt haben. Unser Freund war der Herzog Theseus, Fräulein von Calenberg — die schon manchmal unsern lieben Meister Ludwig mit uns leben ließ — die Hyppolita, ich machte den Prolog (von einem ellenlangen Zeddel ablesend) und kroch, brüllte, und fraß den Mantel als Löwe, wofür mir das gebührende Lob wurde, gut gebrüllt zu haben. Wir waren alle recht lustig und das Mißglückende selbst war ein neckendes Geistchen des Spiels. — In Cassel hat mich die Bekanntschaft von Wilhelm Grimm besonders erfreut, Sie glauben leicht, daß auch da vielfach von Ihnen die Rede war, obwohl Cassel der eigentliche Dichterthron Arnims ist. — Ruhl, den ich übrigens sehr liebgewonnen habe, und der gewiß sehr hoffnungsvoll ist, (man darf nur sein Skizzentagebuch aus Italien durchblättern) liest täglich in der Dolores, wie in Capiteln der poetischen Bibel. Ich habe es nicht gewagt, ihm zu sagen, daß ich von der ganzen Dolores nur erst ein Paar Seiten kenne; mir jedoch auch ernstlich vorgenommen, sie denn doch hier auf ihrem klassischen Boden zu lesen. Neulich machte ich mich über die vier Rheinfahrts-Erzählungen Arnims, (die Isabella von Aegypten rc.) und obwohl ich mich alles dessen erinnern mußte, was Sie so oft geäußert haben, so fand ich mich doch wieder geneigt, mich von manchem anziehen zu laßen, und eine reiche innere Poesie nicht verkennen zu mögen, die um so mehr durch den Mißbrauch derselben im Wahn, die Fülle an sich sei das Gesuchte, das Alleinige in der Production, beleidigt. Wie schön ist der ganze Anfang des glücklichen Färbers, und wie hat er ihn durch die Einmischung des ganz Fremdartigen, das er auf das Typische der Geschichte pfropft, verwüstet!

Doch was soll dies Geschwätz vor Ihnen, mein meisterlicher Freund! wir können es alle gar nicht erwarten, Ihre Reisenden im Wendtischen Phöbuswagen 1823 ankommen zu sehn. Wendt hat von mir eine Reihe „Junggesellenlieder" erhalten, die, wenn sie noch Platz fanden, Ihnen wie ich glaube gefallen werden. Zweie darunter (es sind ihrer neun) kennen Sie aus unseren schönen, ach ich weiß nicht warum im Beginnen besonders schönen, Abenden. Ist

Schütz noch unter Ihnen anwesend, so erinnern Sie ihn doch ja, nebst meinem Gruß, mir wegen des in seinen Händen gebliebenen Gedichts von mir recht bald Auskunft zu geben. Der lieben Feindin, der theuern Dorothee, ihrer Mutter und Schwester, meine freundlichsten, meine herzlichsten Grüße. Sie können uns nicht vergeßen, wir fühlen es aus uns selbst heraus. Unser Gott mit Ihnen, mein lieber Freund! es ist gar nicht zusammenzufaßen, wieviel ich Ihnen danke, und wie schön es ist, daß ich Sie gefunden habe.

Ihr

Loeben.

Löwe, Ludwig.

Weshalb mag Tieck dies unbedeutende Blättchen sorgsam aufbewahrt haben? Enthält es denn etwas weiter, als gewiße höfliche Versicherungen eines auf Gastrollen gehenden Schauspielers, der sich anmeldet, und um freundlichen Empfang bittet.

O doch! Es redet ja von Liebich, von dem Schauspieler und Schauspieldirektor, für welchen Tieck enthusiasmirt war; als deßen würdigsten Zögling er Ludwig Löwe betrachtete. Auch diesem hatte er aus der Zeit seines Prager Aufenthaltes ein liebevolles Gedächtniß bewahrt, und Löwe hatte, da er (1821) die erste Kunstreise unternahm, solch' nachsichtiges Wohlwollen zu aufrichtiger Anerkennung gesteigert. Wer die Schauspielkunst liebt, ihre Wichtigkeit für höhere poetische Zwecke erkennt und unbefangen würdiget; wer alt genug ist, um Ludwig Löwe jung gesehen und gehört zu haben, — der wird gern zugestehen, daß es wohl selten einen jugendlichen Verkörperer dichterischen Lebens auf der Bühne Deutschlands gegeben, welchem das oft verschwendete Epitheton: „hinreißend" mehr gebührte, als ihm. Tieck bestätigte das; erblickte in Jenem einen Freund aus alter, beßerer Theaterzeit, deßen Zeilen ihm wie ein Gruß der Vergangenheit klangen. Deshalb hat er sie in seine Briefsammlung aufgenommen. Deshalb auch drucken wir sie ab, damit der Name des Künstlers in Ehren erwähnt sei, der oft und voll Begeisterung deutschen Landsleuten Lessing, Goethe, Schiller, Kleist, Oehlenschläger, Calderon und Shakspeare zur klarsten Anschauung gebracht.

Wien, b. 11ten Mai 836.

Hochgeehrter Herr Hofrath!

Ihre gütigen Zeilen, welche ich durch Fräulein Bauer erhielt, haben mich unendlich glücklich gemacht, und ich bringe Ihnen meinen innigsten herzlichsten Dank dafür. Es war mir eine große Freude durch jenes liebe Blatt die Ueberzeugung zu erhalten, daß Sie sich meiner noch aus jener Zeit erinnern, in der ich als Anfänger den Unterricht meines unvergeßlichen Liebich's genoß. — Ist als Schauspieler etwas aus mir geworden, so danke ich es nur diesem vortrefflichen Manne, der auch noch bey Ihnen in ehrenvollem Andenken ist. Mich führt in diesem Sommer nach Leipzig eine Einladung auf Gastrollen, vielleicht werde ich bey meiner Rückreise über Dresden 'auch auf Ihrem Theater mein Glück versuchen; die Freundlichkeit des Herrn Emil Devrient forderte mich dazu auf, und ich ergriff gerne die Gelegenheit, um einige Zeit in Ihrer Nähe verweilen zu können, und Ihnen, Hochverehrter Herr Hofrath! meine Verehrung und Bewunderung persönlich darzubringen, die mich stets für Sie durchglüht hat. — In der Hoffnung, daß ich bey der Aufwartung, die ich Ihnen bald zu machen gedenke, als eine Erscheinung aus längstvergangner Zeit, — nicht unangenehm sein werde, schließe ich diese Zeilen, und verharre mit der größten Hochachtung und Verehrung als Ihr

ergebenster
Ludwig Löwe,
K. K. Hofschauspieler.

Ludwig, Otto.

Daß der Dichter so bedeutsamer dramatischer und epischer Werke als: der Erbförster — Die Makkabäer — Zwischen Himmel und Erde — Thüringer Naturen ꝛc. sich zuerst an Tieck gewendet und Ursache gefunden hat, ihm zu sagen, was er ihm in diesem Schreiben so schön sagt, kann als schlagende Erwiderung gegen den ungerechten Vorwurf gelten, der sich öfters erhob: der alte Meister habe junge Gesellen zurückstoßend empfangen und von der neuen Zeit sich hochmüthig abgewendet. Es bewährt sich auch hier, was Alle die ihm näher gestanden aus Erfahrung wissen, daß er jedwedem Vertrauen liebevoll entgegen kam, und sich an jeglichem Talente väterlich erfreute.

Am dreißigsten August 1844.

Hochgeehrtester Herr geheimer Hofrath!

Ihr gütiges Urtheil über meinen Engel von Augsburg und Hanns Frei hat mir Muth und Kraft gegeben. Den Tadel, den Sie darin aussprachen, hatt' ich erwartet, grade so, wie Sie ihn aussprachen, nur nicht so mild, und so konnt' ich mich doppelt über ihn freuen, da er mich Vertrauen zu der Richtigkeit meines Gefühles gewinnen lehrte. Wie dank' ich Ihnen den Tadel! Was ich nicht recht gemacht habe, wollt' ich ja wißen, deßhalb wandte ich mich an Sie. Ich weiß nur zu gut, wie schwer es ist, das Tüchtige in einer Kunst zu leisten; ich weiß, wie wenig ich noch leisten kann, aber ich will ja eben lernen, Tüchtiges zu leisten. Daß ich dies aber für erreichbar halten dürfe, den Glauben hat mir Ihre Meinung von meinem Talente gegeben, an dem ich bis zur Muthlosigkeit zweifelte. So hab' ich bei Ihnen gefunden, was ich bei Ihnen suchte und was nur Sie mir geben konnten, Belehrung und Ermuthigung in solchem Grade. Ihr Brief ist mir ein Talisman, zu dem ich mich flüchte; sobald Eitelkeit zur Ueberhebung mich kitzelt oder Zweifel niederzieh'n will zur Muthlosigkeit. Dazu Ihre freundliche Erlaubniß, komme ich nach Berlin, Sie sehen zu dürfen, die einem sehnlichen Wunsche von mir entgegen kommt, der wenig jünger ist, als ich selbst. Und für Alles das weiß ich Ihnen nicht anders zu danken, als dadurch, daß ich selbst Ihr Werk in mir nach Kräften zu fördern suche.

Wie soll ich's nun entschuldigen, daß ich Ihnen eine neue Anmuthung mache, indem ich beifolgende Novelle Ihnen zusende? Was nicht zu entschuldigen ist, soll man nicht entschuldigen wollen. Ich will dies Ihrer eigenen Güte überlaßen, zu der ich mehr Vertrauen habe als zu meiner Kunst.

Ich weiß, daß ich zuviel verlange; ist es Ihnen bei Ihrer Ueberhäufung mit Geschäften zu beschwerlich, so senden Sie mir sie ungelesen zurück. Sie ist aus der Anekdote von dem reichen jungen Voigtländer Leinwandhändler entstanden, den die Wirthstochter, in dem Gemache, durch welches er in das seine geführt wird, scheintodt aufgebahrt zur Leidenschaft und zu dem unnatürlichen Vergehen verlockt, zufolge deßen er, wie er nach Jahren hier wieder einkehrt, die Begrabengeglaubte als Mutter wiederfindet, die den Vater ihres Kindes nicht zu nennen weiß. Ich habe sie mehren Buchhändlern, ohne Honorar zu verlangen, angeboten, aber vergeblich. Und doch, mein' ich, wird jährlich so manches noch Unvollkommnere gedruckt.

Es kann Sie Niemand mehr hochachten und verehren, als

Ihr ergebenster

Otto Ludwig v. Eisfeld.

Niedergarsebach bei Meißen, Schleifmühle, wo mich Ihre wertheste Zuschrift bis Ende Septembers trifft. Später — — so würden Sie die Güte haben, sie an Herrn Direktor Jenke in Dresden gelangen laßen zu wollen.

Lüdemann, Georg Wilhelm von.

Geb. am 15. Mai 1796 zu Cüstrin, wo sein Vater Direktor der Neumärkischen Kriegs- und Domainenkammer war. Noch nicht volle siebzehn Jahre alt verließ er das Berliner Gymnasium zum „grauen Kloster," um die Feldzüge von 1813 ꝛc. im ersten ostpreußischen Infanterie-Regimente mitzumachen. Dreimal verwundet kehrte er zurück, und wendete sich auf der Universität vorzugsweise dem Studium der neueren Sprachen, der Statistik, so wie auch juristischen und kameralistischen Wissenschaften zu. Schon 1817 wurde er bei der K. Regierung angestellt, doch sah er sich durch Rücksichten auf seine schwankende Gesundheit genöthigt, längere Urlaube zu nehmen, die er zu großen Reisen benützte. 1833 trat er interimistisch den Posten eines Landrathes zu Sagan, 1835 jenen eines Polizeidirektors zu Aachen an, und wurde 1843 zur K. Regierung in Liegnitz berufen, wo er am 11. April 1863 als Geheimer Regierungs-Rath, Ritter ꝛc. gestorben ist. Ueber die Art seines Todes gingen verschiedene Gerüchte um, doch läßt sich für gewiß annehmen, daß er auf einem Spaziergange vom Ufer abgleitend in den Mühlgraben gestürzt ist.

Außer seinem bekannten Reisewerke über die Pyrenäen hat er im Gebiete der schönen Wissenschaften und Künste wie auch der Kritik unübersehbar viel geschrieben. Er war fleißiger Mitarbeiter an den Blättern für litterärische Unterhaltung, und mehreren anderen gediegenen Zeitschriften, gab sehr beliebte Novellen heraus, lieferte auch eine Geschichte der Kupferstech-Kunst. Mit den meisten litterarischen Persönlichkeiten seiner Zeit stand er in Verbindung. Vielseitige Gelehrsamkeit, gründliche Bildung, feiner künstlerischer Geschmack, durch langen Aufenthalt in Italien, Frankreich und Spanien erweitert, leuchten aus all' seinen Arbeiten hervor; verleiteten ihn aber auch zu einer Schärfe der Kritik, welche, wenn gleich für treffend anerkannt, doch nicht immer beitrug, ihm Freunde unter seinen näheren Umgebungen zu erwerben.

Zyrus b. Freystadt in Schlesien,
d. 31. Januar 1832.

Wohlgebohrner
Hochverehrter Herr Hofrath!

Wenn ich es wage, Ihrem Urtheil, hochverehrter Herr Hofrath, die beiliegende Bearbeitung der Two Gentlemen of Verona unterzulegen, in der Hoffnung, damit der deutschen

Bühne vielleicht ein Shakspearisches Stück mehr anzueignen, so geschieht dies mit demjenigen Vertrauen, das man dem erleuchtetsten Richter entgegen bringt. Ich habe dies Schauspiel vor Jahren, und mit stets wachsendem Vergnügen mehrmals in London darstellen sehn, und indem es dadurch bey mir zu einem Lieblingswerk des großen Meisters wurde, habe ich der Versuchung nicht widerstehen können, es, wie irgend möglich, zu einem deutschen Bühnenstücke umzubilden. Ob und wie dies nun gelungen sey, darüber erdreuste ich mich, ohne jedes Vorwort die Entscheidung in Ihre Hand zu legen. Es wäre thöricht, den dichterischen Werth, den Glanz der neuen Auffassung uralter Naturverhältnisse, die echtdramatische Handhabung der Fabel, die Wirkung von Charakteren und Verwickelungen, kurz den ganzen Bau dieses poetischen Schauspiels mit einem Wort hervorzuheben, wenn man das Glück hat, Ihnen gegenüber davon zu sprechen. Das Ganze ist von der Art, daß jedes hinzugefügte oder hinweggelassene Wort als ein hineingetragener Mangel anzusehn ist. Indeß foderte die deutsche Auffassungsweise einige Abänderungen. Ich habe mich begnügt, die schonendste Hand an das zu legen, was unleugbar anders werden mußte. Den etwas verborgenen Hauptgedanken deutlicher hervorzuheben ist fast mein Hauptbemühen gewesen. Eben dies führte auf die Aenderung des Titels, auf den Umguß der fünf Akte in Drey. Am meisten haben mir die humoristischen Scenen unantastbar geschienen und als Grundsatz hat mir vorgeschwebt, unberührt zu lassen, was irgend bleiben konnte. Die Stellung der Scenen ist an zwey Orten verändert, weil die Deutlichkeit der Handlung dabey zu gewinnen schien. Szenisch scheinen keine Schwierigkeiten für die Darstellung übrig geblieben zu sein und was die Diktion betrifft, so habe ich es, wenigstens nicht an Bemühung fehlen lassen, auszugleichen, zu ebnen und zu mildern, wo die Empfindung unserm Ohre allzu rauh erscheinen konnte.

Doch alles dies sind völlig nutzlose Bemerkungen. Ich lege den Versuch in Ihre Hand, hochverehrter Herr Hofrath! Mit einem Blick werden Sie darin erkennen, was auseinanderzusetzen vieler Worte bedurfte. Ist dieser Versuch nun des Meisters nicht unwürdig, ist er geeignet, den großen Geist auf eine entsprechende Art einem deutschen Theaterpublikum vorüberzuführen, der auch in dieser minder bekannten Arbeit die Sonnenlichter der Poesie zurückstrahlt, in denen seine Wohnung ist, — so wird dieser Versuch Ihrer Bevorwortung nicht zu entbehren haben.

Indem ich diese für meine Arbeit in Anspruch zu nehmen, so dreust bin, und indem ich bitte, wenn dieser Versuch Ihren Beifall finden sollte, diesen auch durch die Beschützung, deren er bedarf, zu bethätigen — habe ich das Glück, bey diesem Anlaß meine unbegrenzte Hochachtung für Sie, verehrter Herr Hofrath, auszusprechen und die verehrende Ergebenheit bezeugen zu können, mit der ich bin

Ew. Wohlgeboren

ganz gehorsamer Diener

v. Lüdemann.

Mahlmann, Siegfr. August.

Geboren am 13. März 1771 in Leipzig; gestorben daselbst am 16. December 1826.

Erzählungen und Mährchen, 2 Bde. (1802). — Marionetten-Theater (1806). — Sämmtliche Gedichte (1825). — Sämmtliche Werke, 8 Bde. (1839—40).

Lange redigirte er mit Umsicht und Geschmack die „Elegante Zeitung" die wahrlich besser und deutscher war, als ihr zieriger Titel; die auch bedeutenden schönwissenschaftlichen Einfluß übte, denn sie stand damals in ihrer Art fast allein.

Mahlmann ist ein Dichter; dafür gilt er uns heute noch, wenn wir nach seinen Schriften voll Gemüth und Seele greifen. In Wehmuth, Innigkeit und Scherz hat er liebliche Lieder gesungen. Doch unerreichter Meister bleibt er in einer Gattung, die ihrem Wesen nach eigentlich unpoetisch erscheint; die, wenn sie nur persönlich verspotten und verletzen will, zu niedriger Gemeinheit herabsinkt; die, wo sie sich voll gerechten edlen Zornes erhebt, hochpoetisch werden kann: in der Satyre! Sein „Herodes vor Bethlehem" ist nur eine Parodie ... aber was für eine! Sie geißelt nicht allein Kotzebue's Thränenpresse, die wahrhaft abgeschmackten (mit aller sonstigen Anerkennung Kotzebue's in Posse und Lustspiel sei's gesagt!), „Hussiten vor Naumburg." Nein, sie trifft mit scharfen Hieben, und mehr noch als Jenen, das Publikum, die Kritik, die ganze Zeit. —

I.

Leipzig, d. 9ten Jan. 1803.

Ihr langes Stillschweigen mein werther Freund setzt mich in nicht geringe Verlegenheit. Kann ich noch auf die Erfüllung Ihres mir in Dresden gethanen Versprechens rechnen? Wird das projectirte Marionetten=Theater noch auf Ostern fertig werden? Wenn Sie sich in meine Lage versetzen, so werden Sie finden, daß mir diese Ungewißheit in mehreren Rücksichten beträchtlich schadet. Das Papier ist gedruckt: Meine Dispositionen zur Ostermeße sind im Vertrauen auf die Erfüllung Ihres Versprechens eingerichtet, und ich habe, weil ich das Geld dazu bestimmt habe, manchen andern Plan von mir weisen müssen, um mich am Ende nicht in Geld=Verlegenheiten zu setzen. Verkennen Sie mich nicht mein werther Freund, ich will Sie weder mahnen noch drücken, nur Gewißheit, nur das Wort eines Mannes verlange ich von Ihnen. Können oder wollen Sie es nicht zu Ostern liefern, ist Ihnen die Lust dazu ganz und gar vergangen, haben Sie etwas anders vor, das Sie gern an die Stelle setzen möchten, so schreiben Sie mir nur darüber. Ich mache dann andre Dispositionen. Ich schmeichle mir, daß Sie mich wenigstens in so weit achten, daß Sie mich

nicht mit Versprechungen zum Besten haben werden, und
verlaße mich daher auf das Wort, das Sie mir in der Beant=
wortung dieses Briefs geben werden.

Von Fr. Schlegel habe ich kürzlich wieder Briefe erhalten,
er schreibt mir ich würde wohl sein Journal Europa schon
in Händen haben. Noch habe ich es nicht gesehen. Man
sagt, er habe Aussichten, auf dem linken Rheinufer als Pro=
fessor angestellt zu werden. Es würde mich sehr freuen, wenn
diese Reise nach Paris sein Glück befördern sollte.

Leben Sie wohl mein werther Freund, empfehlen Sie
mich Ihrer Frau Gemahlin und haben Sie die Güte mir
baldigst und recht offen über unsre Angelegenheiten zu schrei=
ben. Meine Frau empfiehlt sich.

Ihr
ergebenster
A. Mahlmann.

II.

(Ohne Datum.)

Liebster Freund!

Ich habe mich den ganzen Sommer über so wenig um
die Handlung bekümmert, daß die Verabredung mit Herrn
Schulze über das Marionetten=Theater, welche eigent=
lich durch Spazier zwischen Voß und Schulze zu Stande ge=
kommen ist, mir nicht eher bekannt wurde, als wie Schulze
hier in Leipzig war und darüber mit Voß sprach. Es ist
mir vielleicht unangenehmer wie Ihnen, daß eine Idee, die
zuerst in uns Beiden lebendig wurde, und von der ich Voß
nur obenhin sagte, von ihm an einen andern übertragen
worden ist, der — so wenig ich auch an seinen Talenten
zweifle — doch vielleicht nicht dasselbe darunter versteht,

was wir damals wollten. Da ich keinen Antheil an der Voßischen Handlung habe, und überdieß Willens bin, auf künftiges Jahr, das unter uns bestehende Verhältniß ganz aufzuheben, so habe ich bey diesen Affairen nur eine Rath gebende, aber nicht entscheidende Stimme, welches ich gern allen meinen Freunden sagen möchte, die vielleicht das, was Voß druckt, für das halten, was mir gefällt. Sie sehen also liebster Tieck, daß ich an der Verabredung mit Schulzen keinen Antheil habe, und Schulze wird Ihnen dasselbe bestätigen, wenn Sie ihn darüber befragen. Ihr Musenalmanach hat mir einige herrliche Stunden gegeben, Ihr Gedicht Sanftmuth scheint mir das vollendetste, und das Sonet von Fr. Schlegel „wir können nicht heraus aus unserm Leibe, und Einer kann ic.," ist das tollste. Ich wollte dieser Brief wäre nicht an Sie, damit ich desto freyer davon sprechen könnte, wie lieb ich alles habe was von Ihnen kommt. Ihre Gedichte sind alle Melodien einer reinen edeln und stillen Seele, die nicht so wohl gespielt werden als selbst spielen, fromme Töne aus einem frommen Gemüthe. Daher verdrießt es mich, wenn ich sehe, daß Sie von andern nachgeahmt werden, die sich ein dichterisches heiliges Gemüth anraisonniren wollen. Nicht jedes O! und ach! ist ein Gebet, und wenn man spricht wie ein Kind, ist man deshalb noch nicht kindlich.

Sie sehen ich bin offen, aber ich bin es gegen Sie und damit bin ich ruhig.

Erlauben Sie mir wegen Ihres Octavianus mit einigen hiesigen Buchhändlern zu sprechen, denn bei Voß ist eben eine breite Mathematik für den Landmann angekommen, die das kleine Plätzchen, das allenfalls zur Ostermeße noch übrig geblieben wäre, ganz besetzt hat. Ich will mir aber — wenn Sie noch keinen Verleger haben sollten — Mühe geben, es Ihren Wünschen gemäß unterzubringen, und zwar, außer dem Wunsch Ihnen gefällig zu seyn, aus dem Intereße ein Manuscript von Ihnen zu erhalten und es im Kreise meiner Freunde zu lesen.

Ich bin Ihrer Meinung, daß die Streitereien mit Merkel überflüssig sind, aber es ist ganz Spaziers Sache, und ich habe an der Zeitung weder direct noch indirect den mindesten Antheil. Wenn man diesem Menschen einen Kampf anbietet, so thut man ihm einen großen Gefallen, denn er lebt von seiner Gallenblase.

Kommen Sie bald nach Leipzig, damit ich Ihnen in meiner Wohnung bei einem Glase alten Rheinwein sagen kann, daß ich Sie hochschätze und liebe. Meine Frau grüßt Sie, und erwünscht auch, daß Sie bald zu uns kommen möchten, aber Ihre Frau müßen Sie mitbringen. Wo bleibt denn Ihr poetisches Journal? Hat Schillers Jungfrau nicht Ihre Meinung über Schiller geändert? Was sagen Sie zu den Eumeniden? Doch, ich frage soviel untereinander, und Sie werden nicht Lust haben meine Fragen zu beantworten.

Leben Sie wohl, und bleiben Sie mein Freund.

Ihr
A. Mahlmann.

Malsburg, Ernst Friedrich Georg Otto, Freiherr von.

Geb. den 23. Juni 1786 zu Hanau, gest. den 20. September 1824 auf seinem Schlosse Eschenberg in Hessen. Seine diplomatische Anstellung führte ihn als Geschäftsträger der Kurfürstlichen Regierung nach Dresden.

Gedichte (1817). — Uebersetzungen aus Calderon, 6 Bde. (1819 bis 25). — Stern, Scepter, Blume, Uebertragung dreier Lope de Vega'schen Schauspiele (1824). — Poetischer Nachlaß und Umrisse aus seinem Leben (1825). — Die Lope de Vega'schen Dichtungen, enthaltend: der Stern von Sevilla — der beste Richter ist der König — das Krugmädchen — bilden den Inhalt jenes Goethe'n zugeeigneten Buches, wovon im zehnten dieser Briefe (dem letzten, den er an Tieck geschrieben, denn sechs Wochen nachher lag er im Grabe) die Rede ist, wie er es in Weimar selbst überreicht habe. Die Meisterschaft dieser Verdeutschung, im Erhabenen gleichwie im Scherz-, ja Possenhaften, vermag am Besten zu würdigen, wer Gelegenheit fand ihren klaren Redefluß durch Recitation zu erproben. Eine solche Reproduktion wiegt manche poetische Produktion auf.

Wenn Malsburg's Briefe an seinen geliebten Freund unser Herz mit Liebe auch für ihn erfüllen, so erwecken sie doch nicht minder wehmüthige Empfindungen, welche sich in der bedenklichen Frage aussprechen:

Wäre solche ehrfurchtsvolle Anhänglichkeit, solche innige Freundschaft, solch uneigennütziges Zusammenleben, wie es vor vierzig Jahren waltend, hier frühlingblühend an unsere Seele tritt, heut zu Tage noch möglich?

I.

Eschenberg, 2. August 1820.

Mein Herz wird doch wohl nicht ruhig seyn, lieber theurer Freund, bis es Ihnen einmal geschrieben hat. Hoffentlich wissen Sie schon durch die Fama, wie schwer es mir hier überhaupt wird zu schreiben, denn ich mag es Ihnen nicht wiederhohlen; das kann ich Sie aber versichern, daß die Umstände meiner natürlichen Faulheit auf eine Weise zu Hülfe kommen, die sich kaum ausdrücken läßt, und selbst in diesem Augenblick habe ich eine halbstündige Voranstalt treffen müssen, ehe ich dazu kommen konnte, dem Drang meines Herzens Luft zu machen. Dies rührt daher, daß wir gestern von Cassel kamen, wo wir zehn bis zwölf Tage verweilt und ich mir die bewußte Fristerstreckung von vier Wochen gehohlt habe, so daß ich Sie nun erst im nächsten Monat umarmen werde. Sie glauben nicht, wie viel Treppen ich habe auf und ab laufen, wie viel kleine und große Schlösser auf- und zuschließen müssen, bevor ich weiter nichts als Dinte, Papier und Feder zusammen gebracht, und nun ist doch die Dinte dick, das Papier dünn und die Feder mittelmäßig. Ueberhaupt stelle ich jetzt recht oft wehmüthige Reflexionen über die Unzulänglichkeit alles Schreibens an, wie die Liebe sich davor fürchtet und wenn sie daran ist, doch nie fertig werden kann, und wie gewiß kein Mensch mehr schreiben würde, wenn die Aussicht auf eine eigene oder fremde Freude am Geschriebenen aufhörte. Was für Dinge habe ich Ihnen und so viel Andern nicht oft schriftlich verkünden wollen, wie oft habe ich die Briefe im Geist zusammengesetzt, wo Gedanken, Munterkeit und Rührendes abwechselten, ganze Stellen waren schon mit Wohlgefallen ausgearbeitet, und nun ich daran komme, ist dies und jenes weggeflogen, oder wird ganz anders, und ganz neue Dinge drängen sich hervor, so daß zuletzt vielleicht das Beste vergessen wird. Eine andere Betrachtung ist die, daß ich was meine gewöhnliche Beschäftigung betrifft, nirgends weniger zu Hause bin, als in meiner Heimath, und eine dritte, daß ich mich recht unordentlich angeordnet habe, indem ich die Faulheit mit dem Fleiß gar nicht in Verbindung zu bringen, keinen Tag einzutheilen und keine Stunde zu halten weiß, die edelmüthigsten und solidesten Vorsätze gehen immer in meiner eigenen Schwäche unter, mein Leichtsinn ist so gewaltig, daß mir die Zerstreuungen zuweilen ganz gelegen sind, und ich würde mich über mich selbst todtärgern, wenn ich nicht eben diesen Aerger und diese Schmerzen empfände, die mir die Gewähr einer bessern Natur und einer möglichen Besserung sind. So thut es mir meist wahrhaft weh, wenn ich vorauszusehen glaube, daß ich einmal gar nichts mehr thun werde, wenn ich, wie wahrscheinlich, mich zum Beschließen meiner Tage hier niederlasse und mir die bestimmte Sorgfalt für einen Grund und Boden, für vielerley Menschen auch Thiere meine schönsten und feinsten Gedanken fortnimmt. Inzwischen sey diesem wie ihm wolle, ich freue mich doch, wieder einmal geradezu mit Ihnen zu plaudern, wenn ich gleich das Wesentliche dabey vermisse,

daß ich Sie nicht wieder sprechen höre, was mir immer einer
der reitzendsten Genüsse war. Die Begebenheiten meiner
Reise, tausend kleine Vorfälle, die possierlich genug sind,
muß ich mir für die mündliche Erzählung zurückbehalten,
damit ich Sie und die lieben Damen lachen sehe; nur das
vorläufig, daß Christian einmal auf dem rucio des Sancho
Pansa angesprengt kam. Die ersten zehn Tage in Cassel
waren wahrhaftig austrocknend, wenn ich irgendwo noch
Hörner gehabt habe, müssen sie sämmtlich abgelaufen, wenig=
stens an die Füße verpflanzt worden seyn. Die ersten zehn
Tage hier waren um so schöner und vergiengen in gegenseiti=
ger Freude am Wiederbesitz, Rührung, und Aberzählen des
gegenseitig Erlebten; die zweyten zehn Tage fingen mit mei=
nem Geburtstag an, Freundinnen, Verwandte und Nach=
barn trafen ein mit schönen Geschenken, sogar ein Sonett,
das Herrn von Sydow zum Verfasser hätte, Kanonen und
Tanz wechselten anmuthig ab, eine Erleuchtung aber litt der
Regen nicht. Die dritte Decade brachte uns den Kurprinzen
und mit ihm die Erleuchtung, bey welcher ich Sie unter an=
dern einmal wieder recht lebhaft hierher wünschte. Die vierte
Decade verging wieder in der Residenz und zu Hofgeismar,
und die fünfte, welche jetzt da ist (denn diesen am 2ten ange=
fangenen Brief setze ich erst heut am 12ten August fort) wird
übermorgen durch den Geburtstag des guten Onkels ver=
herrlicht, für welchen die schöne Tasse Aus kindlicher
Liebe mit einem ebenso schönen Sonett schon bereit steht.
Ohne dieses Sonett hätte ich von der Fähigkeit einige Verse
zusammenzusetzen auch keine Ahndung mehr gehabt, denn
das muß ich Ihnen leider mit herzlicher Betrübniß gestehen,
daß ich von all den vorgesetzten Herrlichkeiten auch nicht Eine
gefördert habe. Kein Sonett von Shakspeare, keine Recen=
sion des Soden, kein Alcalde, keine blancas manos — alles,
alles liegt da, und starrt mich gespensterartig an, — doch nichts

mehr davon, ich komme sonst in ein großes wehmüthiges
Klagen und damit will ich Sie wenigstens schriftlich verscho=
nen, Sie möchten mich sonst nicht mündlich ausschmälen,
was ich doch sehr nöthig für mich erachte. Vielleicht kann ich
Sie im Voraus einigermaßen durch die Nachricht versöhnen,
daß wir aus der Waldeckschen Auction sammt und sonders
für 3 Thlr. 5 ggr. Bücher erhalten haben und Sie mit
Ihrem gewöhnlichen Glück davon wieder die meisten und
wohlfeilsten, z. B. Bükerstaff 4 Voll. 4 Gr., Etherege
4 Gr., Histoire du Théatre 2 Voll. 4 Gr., Le Grand
Théatre 3 Voll. 4 Gr., the british stage 5 Voll. 22 Gr.
Wir wollen doch sehen, ob Sie mir ähnliche gute Geschäfte
in der Ramsgasse gemacht haben. Zum Vertauschen mögte
ich wohl gern manches mitbringen, aber ich fürchte, daß mein
Wäglein sich widersetzt. Dieses werde ich in etwa zehn Ta=
gen besteigen, um nach Cassel zu fahren, da vielleicht wieder
zehn Tage bleiben und mich dann nach Dresden einschiffen,
wo ich, wenn ich alle Zwischenprojkte, wie Jena ꝛc. betrachte,
nach nicht viel weniger als zehn Tagen anlangen kann.
Empfangen Sie mich dann nur recht herzlich und liebevoll,
um mir die verlassene Heimath etwas zu überfärben. Haben
Sie einstweilen den innigsten Dank für das liebe Wort Salvo,
das mich von Kalkreuths Brief gleich so traut und lieblich
ansah und mir mit den wohlbekannten Zügen so viel sagte,
daß ich mir einen ganzen Brief daraus bilden konnte. Em=
pfehlen Sie mich Ihrer holden weiblichen Whistpartie aufs
Innigste und Angelegenste und danken Sie besonders der lieb=
lichen Reyna Micomicona für die Güte, mit welcher sie mei=
nem armen Mohrchen, über das Sie vielleicht ein mit Lachen
vermischtes Mitleiden mit mir empfunden haben, das Gast=
recht angeboten. Doch war mir vor solcher Pflege zu bang,
er wäre mir dann immer und immer wieder weggelaufen.
— Vielleicht merken Sie es diesem Briefchen ein wenig an,

daß ich im Lesen des Don Quixote eben noch einmal begriffen bin, es ist doch ein herrliches Buch und gewiß für einen Landjunker, davon jedes Exemplar mehr oder weniger etwas Don Quixotenmäßiges an sich hat, eine sehr passende Lectüre. —

Seyn Sie mir noch einmal aus ganzer Seele gegrüßt und umarmt, Sie lieber theurer Freund, und glauben Sie mir, so viel ich hier verlasse, so ist doch Freude und Verlangen im Gedanken an das, was ich wiederfinden werde, sehr groß. Ewig

Ihr
Ernst Malsburg.

II.

Cassel, 21. März 1821.

Mein geliebter theurer Freund!

Die Vorwürfe, die Sie mir Alle so schelmisch gemacht haben, will ich diesesmal nicht hören; wehe Ihnen aber, wenn Sie dieses Opfern meiner Zartheit nicht anerkennen und mich zwingen, Sie vielleicht Jahre hindurch mit meinen Vorwürfen zu plagen. Doch wer weiß, ob sich Ihrem hoffentlich wieder ganz geschmeidigen, des Eisenpanzers entledigten Händchen nicht vielleicht etwas mehr als das mir so wohlthuende Salve entringt, ob Sie nicht denken, ich sey im italienischen Dörfchen, Sie hätten ein Buch nöthig und schrieben mir ein Billet? denn mehr verlange ich ja wirklich nicht. Aber ein Billet, einen noch so kurz aufgeschriebenen Gruß halte ich für ganz unerläßlich; ich lasse Ihnen sonst kein einziges Buch mehr in der Auction.

Ich weiß gar nicht wie es kommt, daß ich auf einmal so

ganz launig schreibe. Sie werden mich für sehr fröhlich halten, und ich bin gerade das Gegentheil; ich denke mich aber jetzt so lebhaft zu Ihnen hin, wo Sie alle fünf um das Oelkrüglein von Sarepta sitzen, und da kommt es mir vor, als scherzten wir miteinander. Ich höre Ihren Ton und sehe Ihre Mienen, mit denen Sie mich gern ein wenig ärgern möchten und doch nicht können. Lassen Sie mich immer mich so einträumen, es ist mir ein süßer Genuß, nachdem ich die Brieffaulheit überwunden habe.

Cassel ist wie ein großes weites Grab; alle die schwarzbeflorten Männer, die langschleyerigen Frauen scheinen nur zerstreute Bestandtheile eines Leichenzuges, und kein Gespräch wird geführt, das nicht Tod und Beerdigung und alle Folgen davon zur Basis oder zum Resultat hätte. Für mich und die Meinigen ist dies Alles in doppeltem Maße schwermüthig; die natürliche Theilnahme, die wir überall finden, die mitfühlende Art, womit Jeder, den wir sehen, die Landestrauer mit unsrer Familientrauer verbindet, thut indessen auch wieder wohl. Ueberall muß ich es auch anerkennen und bewundern, wie Gott jedem zu trüben Eindruck irgend eine Linderung oder Zerstreuung beygesellt; ich fühle es deutlich, daß der unbeschäftigte Schmerz aufreibend seyn würde. Meine Furcht vor dem ersten Eintritt in unser hiesiges Haus, an dessen Schwelle ich meinem theuern Todten zum letztenmal die Hand geküßt habe, wurde zum großen Theil durch das liebevolle Entgegenkommen meines Vaters, meines Bruders und aller Hausgenossen vergütet; die Wehmuth als mein zu behandeln, was mir immer noch würdigeren Händen zu gehören scheint, wird oft durch eine Reihe kleiner nothwendiger Beschäftigungen unterbrochen, die bis jetzt nur aus der Pflicht, nicht aus der Freude der Erhaltung hervorgehen. In drey Tagen fahre ich nach Escheberg, wohin mein Bruder voraus ist und den 26ten Montags, wird das Testament publicirt, das mir eine erschütternde Urkunde einer mehr als väterlichen und zwiefach väterlichen Liebe seyn wird. Drey Tage vor seinem Tode hat mein seliger Onkel meinem Vater eröffnet, daß er meinen Bruder und mich zu Universal=Erben nicht nur des Allodiums, sondern auch der Lehne einzusetzen wünsche, und den Vater deshalb bitte, uns seine Rechte auf letztere gleich zu überlassen. Mein Vater, der uns so zärtlich liebt und sich erst in hohem Alter zur Uebernahme mancher Sorgen ohnehin nicht entschließen wollte, hat darein gegen eine Apanage mit Freuden gewilligt, und wir gelangen so vor der Hand zu einem Besitz, der unsrer brüderlichen Auseinander=setzung überlassen ist. Vor dieser ist mir nicht eben bange, da wir Brüder uns von jeher so sehr geliebt haben, aber doch habe ich schon zum Himmel gefleht, daß er keine Wolke in ein Ver=hältniß kommen lassen möge, das so ungetrübt war, so lange wir nichts hatten; ich habe solche Entschlüsse gefaßt, mich durch kleine Neigungen, Vorlieben u. dgl. nicht übereilen zu lassen, und mein Bruder ist in manchem Betracht noch so viel besser als ich, daß es gewiß gut gehen wird. Ich fürchte nur den Schmerz und die Last des Besitzes und deswegen thut mir nichts so weh, als wenn mir auch hier manche Gemeinheit entgegentritt, die es nicht begreifen will, daß ich das Leben meines Onkels mit Allem was ich habe zurückkaufen möchte. Meine nächsten Freunde und mein Bruder theilen hingegen ganz mein Gefühl, und es war mir eine meiner schönsten Nächte, als mein Bru=der vor meinem Bette saß und mir bis drey Uhr Morgens die ganze Geschichte der letzten Lebenstage unsers väterlichen Freundes erzählte und wir Beyde dabey abwechselnd und zusammen weinten.

Ich unterhalte Sie wohl recht lang mit diesen Dingen, mein geliebter Freund, aber sie sind mir eben das Nächste und ich konnte von nichts Anderem schreiben. Einmal ausgesprochen, werde ich sie in meinen übrigen Briefen nicht wiederhohlen und unsern nächsten Freunden, Loeben und Kalfreuth und

Schütz, theilen Sie ja ohnehin wohl diese Blätter mit; ausser unserm kleinen Liederkreise braucht Niemand etwas davon zu wissen.

Wie geht es denn in diesem lieben Kreislein? vermissen Sie nicht den Uebersetzer (Ihre a. d. Winkell) ein wenig? Die geistlichen Lieder, die ich Ihnen vorlesen wollte und bey meiner Rückkunft werde, sind durch Eines auf der Reise vermehrt worden; sagen Sie doch das Ihrer lieben Frau, die mir einmal etwas so Niedliches darüber gesagt hat.

Von weiteren Bestimmungen für mich ist für jetzt keine Rede; auch das engländische Gerücht, mit dem man mich hier zur Langenweile verfolgt, kommt nicht von oben herab. Die von den lieben Damen gewünschte Ungnade existirt inzwischen auch nicht, denn die Herrschaften sind sehr gnädig gegen mich und scheinen mich durch die Gleichheit unsers Schicksals noch als genähert anzusehen. Mein liebster Wunsch ist Sie bald wiederzusehen, wann aber, kann ich noch gar nicht sagen.

Leben Sie wohl unterdessen, Sie theures Fünfblatt, und reißen Sie sich (ich bitte darum inständigst) bald ein Blättlein ab um es mir zuzuschicken, sonst schreibe ich Ihnen von Escheberg aus nicht, wenn es nicht ohne meinen Willen früher schon geschehen seyn sollte. Bleiben Sie nur Alle recht von Herzen gut

Ihrem Freunde
Ernst Malsburg.

III.

Escheberg, d. 7ten Junius 1821.

Mein hochgeliebter Freund.

Wie viel tausendmal habe ich Sie im Geist über mich schmälen hören, daß ich so lang säumen konnte, Ihnen für Ihre unaußsprechlich lieben Briefe zu danken, aber wenn Sie mich auch im Geiste gesehen hätten, Sie würden Mitleid mit mir gehabt haben. Es war für den May eine Familien=Conferenz bestimmt, wobey, wie ich mußte, in Allem was Geschäftsachen betraf, vorzüglich auf mich gerechnet wurde. Denken Sie sich nun, daß ich früher in all diesen Dingen unbewandert, ein halbes Archiv durchlesen mußte, um nur nicht meinen hohen Ruf zu schmälern und ganz einfältig zu erscheinen, oder gar mich und meinen Bruder, der an Sitz= und Papierscheu leidet, von den Häusern Malsburg und Elmarshausen übervortheilen zu lassen. Diese Studien lagen mir mit ihrer Angst und Langenweile schwer und drückend auf dem Herzen, und je mehr ich bald hier bald dort hinausschob, desto mehr wuchs dieser Druck, und ich hätte in Angst und Faulheit vergehen können, wenn ich mich nicht endlich durchgearbeitet und zuletzt in den trockensten Dingen einen sonderbaren und pedantischen Genuß gefunden hätte. Zum Glück verschob sich diese Zusammenkunft durch Krankheit eines jungen und Tod eines alten Verwandten von Zeit zu Zeit und gewann ich dadurch Raum, bald dies bald jenes, was mir immer das Allernothwendigste schien, noch zu erschöpfen. Das Gefühl, daß ich allen meinen lieben fernen Freunden so stumpf und undankbar scheinen mußte, war mir dabey nicht das mindeste Trübe und nur die Hoffnung, daß Sie allem was ich sage einen unbeschränkten Glauben beymessen, daß Sie meine Unschuld empfinden und mich nicht entgelten lassen werden, kann mich trösten. Fräulein Calenberg, die sich Ihnen herzlichst empfiehlt, und einige andre Damen waren abwechselnd hier; hätte ich doch von diesen ein schriftliches Zeugniß gefordert, daß ich nach dem Frühstück bis zu Tisch, nach Tisch bis zum Abend beständig in den Acten saß und Galanterie und Unterhaltung vollkommen im Stich lassen mußte; es war eine rechte Noth, in den wenigen Momenten des Luftschnappens gehörig lustig und anständig zu bleiben. Noch jetzt, wo Vettern und Alles fort ist, und ich für einen Moment ganz einsam bin, fühle ich eine solche Ausdörrung, daß ich kaum zu schreiben weiß, und nichts thun, als Sie umarmen und weinen möchte, damit Sie mir Unschuldigen wieder gut würden. Ich kann Ihnen nur sagen, daß ich Sie ganz unendlich lieb habe, daß Ihre Briefe wie Lichtstrahlen in meine Finsterniß gefallen sind und daß ich Sie seitdem noch lieber habe. Ihr Vermissen hat mich gefreut, Ihr Leiden betrübt, Ihr Arbeiten entzückt. O Sie lieber, herrlicher Freund, welche frohe, genußreiche Stunden werden Sie dadurch Ihren Freunden und der Welt bereiten! Arbeiten Sie, arbeiten Sie fort, so wie Sie arbeitet ja doch niemand wieder. Ihre Attrappe mit der Aprilsnovelle hat mich gar nicht geärgert, wenn Sie nur thätig sind, bey Ihrer ungeheuern Schnelligkeit wird doch alles fertig, und hinter dieser Schalksnovelle sehe ich schon den Shakspeare hervorlauschen.

Ihre Gedichte habe ich erst in der Hamburger Zeitung gelesen, ich hoffe, Hilscher schickt sie mir bald; und wie vergnügt werden Sie seyn, daß der Kleist fertig ist, schenken Sie mir ihn nur je eher je lieber und geben Sie ihn an Hilscher zum Mitschicken. Ums Himmelswillen schreiben Sie mir nun auf ein Zettelchen, was alles noch fertig ist und fertig wird, wenn Sie mir auch sonst böse sind und nichts mehr mit mir zu thun haben wollen. Mit dem Edmund geht es mir ja auch, wie mit Manchen, wenn sie fern sind; was mich verdrossen hat, sehe ich nicht mehr, und mich rührt nur, was ich liebte, zur innigern Theilnahme und Liebe. Jetzt mag er Camisard seyn und wüthen wie er will, ich liebe ihn doch, ja ich glaube ihn und Sie mit nun erst zu begreifen, seit er ein Camisard geworden ist, denn nun bleibt er es nicht und wird noch viel lieber als zuvor. Habe ich Recht? schmunzeln Sie? —

Daß ich an dem schönen 31ten May weder selbst gekommen bin, noch ein Briefchen, noch ein Liedchen geschickt habe, werden Sie ganz erbärmlich gefunden haben, wenn Sie gleich ohne Zweifel mit einiger Angst aus Ihrer Bibliothek getreten sind, ich möchte Sie wieder aus den Blumen herausschrecken. Sie können denken, wie es mir gieng, da meine kleine Gabe längst vorbereitet und eingepackt war, auch schon längst abgereist ist, und Fräul. Winkell in Schrecken und Ungewißheit gesetzt haben wird, und ich doch nicht dazu kommen konnte, Ihnen aufs Neue meine Liebe und meine Wünsche zu sagen. Sehen Sie die kleine Gabe an, weil ich in dem gelben unter Bäumen versteckten Häuschen wohne und Ihnen jetzt schreibe, und oben zu dem Dachfenster nach Ihnen hinausschaue. Der lange Weg im Garten ist recht für Sie zum Gehen gemacht, und denken Sie! auf die Seite des Wassers nach Ihnen zu, baue ich mir jetzt ein eigenes Häuschen, weil das alte für zwey Haushaltungen zu klein ist. Wie hübsch und behaglich will ich alles einrichten und auf Ihr Stübchen soll besonders gedacht werden, daß weder Thür noch Fenster darin und aller Zug unmöglich sey; ich habe dann die Aussicht, die Sie auf die Tasse haben. In der Schale ist das Grabmal meiner seligen Tante, einer schönen und lieben Frau, aber was da herausströmt, ist kein Fluß, sondern ein Weg.

Ich danke Ihnen tausendmal für die Einkäufe auf der Auction; ich habe das Geld auf Fräul. Winkell, die noch andere Auslagen für mich hatte, angewiesen, ein Begriff, was eigentlich die Nummern in sich verbergen, fehlt mir gänzlich. Könnten Sie mir vielleicht ein Listchen darüber schicken? Ist denn das theatr. Europaeum vollständig? Den Burnet hat man freylich zu arg getrieben, aber was ist denn das wohlfeile Fischchen, das Sie mir weggefangen haben? wenn es fett und schimmernd ist, müssen Sie mir es durchaus wieder herausgeben, oder etwas anderes Erkleckliches aus Ihren Büchern dafür, z. B. die mir fehlenden Bände des Gozzi, oder den

Montengor, oder sonst etwas. Meine ererbte Bibliothek ist nicht sehr groß, aber ausgezeichnet hübsch gebunden und lacht mich aus zierlichen weißen Wandglasschränken rings um mich her an, in der Mitte des holden Zimmers steht ein platter Schreibtisch mit Verzierungen und schönen Gefächern, alles von Ebenholz, und an diesem schreibe ich Ihnen. Das Wichtigste sind weitläuftige historische und geographische Werke, meist französisch, unter denen auch Burnet französisch mit schönen Kupfern. Auch habe ich meine Freude an einer Kupferbibel in 3 Bänden von Scheuchzer (was ist sie wohl werth?) und an einigen prächtigen Atlas historiques. Ueber Theater ist wenig da, aber die délices des Pays bas, die mir so oft in der Auction entgingen. Eine Menge mathematischer medicinischer und militärischer Bücher habe ich nebst einer franz. Clarissa Harlowa mit Chodowieckyschen Kupfern zum Verkaufen zurückgestellt; die Letztere wäre für Sie vielleicht ein herrlicher Austauschgegenstand.

Jetzt, da ich nun wieder Athem zu schöpfen anfange, denke ich auch etwas an meine lieberen Beschäftigungen kommen zu können. Vor allen Dingen quält mich die Vorrede zum 4ten Thl. Calderon, Brockhaus schreibt, er erwarte sie unverzüglich, und es ist auch nicht eine Zeile daran geschrieben. Der Brockhaus!! daß er nicht die ganze Urania mit Ihnen füllt und alles andere herauswirft, ja meine Sachen mit, die Sie noch etwas verändert finden werden! Ihr Bild kommt doch hinein? Es ist nicht anders möglich, er muß gefürchtet haben, Sie ließen ihn sitzen. Wie ist es denn mit dem spanischen Theaterbuch? Escribais, escribais! —

Sagen Sie Ihren lieben Damen alles Schöne, was nur zu sagen ist, denn wenn Sie mir auch schon jetzt wieder gut sind, wie schwer wird es seyn, diese göttlichen Gemüther zu versöhnen, — wie oft werde ich sie noch schmälen hören müssen. Meine erste Absicht war, Ihnen das runde Schäch=

telchen durch die liebe Gräfin überreichen zu lassen, ich wollte ihr dabey schreiben, den 31ten May sollte alles schon dort seyn! Weh, weh!

Danken Sie Ihrem trefflichen Kinde für das liebe Brief=
chen aufs Innigste, das sie in Gefahr ähnlicher Versuche bringt. Grüßen Sie auch Schütz, wenn er wieder kommt; ich habe seinen Brief erhalten, und erwarte ihn nun mit oder ohne meinen lieben armen Loeben bestimmt, aber je eher je lieber, denn ob ich gleich noch gar nicht weiß, wann ich nach Dresden zurückkomme, so scheint mir Ende August oder Anfang Sep=
tember der äusserste Termin meines Hierseyns. Sie sehen also, Theaterdirektor werde ich nicht, aber wenn ich es würde, Sie müßten mir gleich herbey, wenn wir es gleich schwerlich Beyde Recht machen dürften.

Und nun leben Sie wohl, theurer vielgeliebter Freund! betrachten Sie diesen Brief nur als einen Anfang, antworten Sie mir auch gar nicht bis ich wieder schreibe (aber dann müssen Sie ohne Barmherzigkeit antworten!) lassen Sie mir nur sagen, daß Sie mich noch lieben, wie Sie ewig und ewig lieben wird

Ihr

E. Malsburg.

Frl. Indianerin ist durch Cassel nach Hanau geeilt; da ich aber hier war, habe ich sie verfehlt.

Kalkreuth ist fort; sonst umarmen Sie ihn von mir.

IV.

Escheberg, 2. Octob. 1821.

Es hat zwar etwas Rührendes, mein lieber theurer Freund, daß Sie meine Bitte, mir nicht zu schreiben, eh' ich zum zwei=

tenmal geschrieben, so gewissenhaft erfüllen, aber es hat auch
etwas Trauriges, weil ich darüber so ganz nichts von Ihnen
höre. Es ist als wäre Ihr Geburtstag der Todestag unsers
Briefwechsels gewesen, der ein so rüstiger Bursche zu werden
versprach, und wenn ich ihm selbst durch meine Albernheit den
Hals umgedreht haben sollte, so kann ich mir nicht Vorwürfe
genug machen. So lang es Sommer war, obgleich ein so
kalter widerspenstiger Sommer, fühlte ich mich, der ich nie
geistig bey Ihnen zu seyn aufgehört habe, ganz ruhig, ich sah
Sie vergnügt, munter, jeden Sonnenschein benutzend, um sich
darin zu ergehen und durchbähen zu lassen, jetzt aber, wo die
grünen Blätter abfallen, heut vollends, wo das erste Stuben=
feuer in meinem Ofen flackert, fühlen sich meine Herzblätter
zu mächtig nach Ihnen hinbewegt und das Liebesfeuer treibt
mich, einige Papier= aber nicht papierne Blätter zu Ihnen
hinwehen zu lassen. Wie geht es Ihnen, Sie Lieber, Guter,
Herrlicher, von dem ich nicht weiß, ob ich ihn lieber liebe oder
bewundere, von dem geliebt zu seyn mir aber eine Seligkeit
ist? Die Gicht quält Sie doch nicht, die Hand ist doch nicht
dick, die liebe Hand, die nur von all dem Trefflichen geschwol=
len seyn sollte, auf das wir Heißhungrigen noch warten?
Der Gedanke quält und peinigt mich auf einmal recht, daß
Sie nicht wohl seyn könnten, und ich beschwöre Sie, behandeln
Sie diesen Brief wie einen Wechsel auf Sicht, den Sie in
drey Tagen auszahlen müßten, und antworten Sie mir mit
umgehender Post, oder wenn Sie nicht selbst schreiben können,
tragen Sie es jemandem zu schreiben auf, daß und wie gut es
Ihnen geht? Diese Nacht, wo ich nicht schlafen konnte, weil
die Aequinoctialstürme sich um unser Haus balgten und sich
verschiedene alte unbefestigte Schaltern an die Köpfe warfen,
war ich sehr lebhaft bey Ihnen und eine so unbezwingliche
Sehnsucht trieb mich zu wissen, wie es so ganz eigentlich mit
Ihnen stehe und aussehe, daß ich mich wenig gewundert

hätte, wenn ich auf einmal durch die Luft zu Ihnen geschritten wäre, mich jetzt vielmehr darüber wundere, daß ich Ihnen nur dies Blatt als Beglaubigungsschein überschicken kann, das Sie aber gewiß als ein Creditiv meines Herzens an das Ihrige aufnehmen werden. Glauben Sie aber nicht, daß es wieder etwa ein begütigender Vorläufer meiner eigenen Person seyn solle, wie Sie dafür (aber völlig mit Unrecht) meinen vor= jährigen Brief immer ausgaben; vielmehr hat mich der Ge= danke schon geängstigt, daß ich diese Tücke wieder werde erfah= ren müssen, so sehr, daß ich darüber bald gar nicht geschrieben hätte. Im Gegentheil, bilden Sie sich nur recht fest ein, daß ich gewiß noch vier Wochen ausbleibe und daß also darin noch Raum für manchen Hin= und Her=Gruß liegt, wiewohl ich die traurige Bemerkung machen muß, daß meine Briefe meh= rentheils so unleidlich und unbegreiflich lang reisen, eine Be= merkung, die mich auch heut ganz niederschlagen würde, wenn mich die Hoffnung, ein günstiger Wind werde in die Segel dieses Schiffchens blasen, nicht aufrecht erhielte. Suchen Sie nur ja nicht in jener Bemerkung einen Vorwand, mein heißes Verlangen ungesäumt und rasch von Ihnen zu erfahren, un= befriedigt zu lassen, denn die Briefe von Dresden sind regel= mäßig den vierten oder fünften Tag bey mir, und wie gesagt, vier Wochen dauert es gewiß noch mit meinem Hierseyn. Erst muß Graf Bose kommen, dann muß ich mit den Hauptsachen hier in Ordnung seyn, dann nimmt auch der Abschied in Caffel immer seine Zeit hinweg. Dann aber und bestimmt sehen wir uns wieder.

Ich habe in den vergangenen Wochen nicht nur mit Ihnen gelebt, sondern Sie selbst mitgelebt, als ich den reichen See= lengarten Ihrer Liebe nicht durchwanderte, sondern mich in seinen Rosengebüschen hier ruhte, dort aus seinen Quellen trank, unter seinen Nachtigallentönen schwelgte und träumte. Dies sind nicht Redensarten, Sie Geliebter, in denen ich mir etwa selbst gefalle, sie sind wahrhaft was ich empfunden habe, und was man bey einem Dichter, wie Sie sind, soll, und wenn ich mit innerer Herzenslust an den wohlbekannten Gebüschen und Blumen flatterte und sog, so gelangte ich gewiß immer mit entzückter Ueberraschung an die mir neuen anmuthigen, von ewiger Liebes= und Frühlingssonne durchleuchteten Plätze. So haben die Sonette an Anna den zugleich tiefsten, sehnsüchtigsten und lieblichsten Eindruck auf mich gemacht, den ich mir seit langer Zeit erinnere, und ich sterbe sowohl vor Zorn, daß Sie sie mir nicht früher mitgetheilt hatten, als vor Verlangen, das Lieben selbst kennen zu lernen, das alle Töne, die in der Liebe zusammen klingen, auf eine nahmenlos wonnige Weise umfassen muß. Lassen Sie dieses ja einen der ersten Gegenstände Ihrer Beschenkung unsers kleinen Liederkreises seyn, den hoffentlich der Winter eben so wieder verbinden soll, wie ihn der Sommer auseinanderflattern ließ. Für mein Theil werde ich übrigens mit der tiefsten Beschämung der Armseligkeit darin auftreten, und ich bitte mir zum Voraus die Erlaubniß zu geben, den ganzen Winter nur als zuhörender Singvogel figuriren zu dürfen, den erst der Gesang der Uebrigen wieder belebt, oder als welke Pflanze, die durch den Thau, der von den benachbarten Blumen abträuft, neue Belebung erhält. Es wird an sich viel Zeit brauchen, eh' ich den ganzen Schwall von Prosa, den ich wie ein Schwamm in mich gesogen habe und durch den ich auch ganz unbildlich so kalt und schwer wie ein Schwamm geworden bin, der seine leeren Fächer sämmtlich mit Wasser erfüllt sieht, unter Ihren Händen wieder ausgerungen fühle. Sie werden ja nicht mit Wein und Geist karg seyn dürfen, um dann die leeren Schwammkammern und Höhlen wieder so auszustaffiren, daß auch einmal ein Frühlingsgeruch oder ein Tropfen, der wie Thau und Perle aussieht, ihm entquellen könne. Diese bleyerne und unabgesetzte Beschäftigungsweise hält zwar meine Thätigkeit selbst in

Thätigkeit, zuweilen lähmt sie mir aber alle Fittige, und dann
denke ich, ob es nicht gar besser wäre, ich würfe alles hin und
würde wieder wie sonst durch Armuth reicher, wenn nicht Eigen-
und Bruderliebe und die Aussicht wieder ruhen zu können,
sobald ich mich aus dem Vorgestrüpp herausgewunden, mich
zurückhielte. Meine einzige, aber auch große und wahrhafte
Erquickung besteht in dem Wohlwollen, das ich in dem Herzen
meines Bruders immer fester begründe, in der Aufheiterung,
die mir öfters durch die Anwesenheit meiner lieben und treff-
lichen Freundin Calenberg wird, und in den Stunden, die
ich dem Lesen guter oder gescheiter Bücher widmen kann. Im
letztern Betracht gereicht es mir jedoch zum wahren Verdruß,
daß ich noch immer nicht Ihren Kleist habe erlangen können,
indem Krieger sein herkömmlich einziges Exemplar sofort ab-
gesetzt und noch ein neues nicht geschafft hat. Nun weiß ich
zwar, daß Sie mir das Buch, sobald ich nach Dresden komme,
schenken, es fällt mir aber unmöglich, so lang zu warten, eh'
ich die gewiß herrliche Vorrede kennen lerne. Wäre es mög-
licherweise erlaubt, nach einer Vorrede von Ihnen eine von
mir auch nur zu nennen, so würde ich Ihnen vertrauen, daß
die zum 4ten Calderon das Einzige ist, was ich hier von allem
Vorgesetzten habe durchwinden können, und demnach fürchte
ich auch ernstlich, daß auffer einigen Episoden von Schütz und
Kalkreuth nicht viel daran ist. Es ist etwas Widerwärtiges
und muß mit meiner Natur und meinem Nahmen zusammen-
hängen, daß alles unter meinen Fingern dicker und ernsthafter
hervorgeht, als ich es will; dabey ist Brockhaus auf dem Wege,
Vorgedachtes dem ersten Aushängebogen nach auch durch
Druckfehler vollends albern zu machen, wovon ich Ihnen nur
Graciose statt Gracioso angeben will. Ich habe ihn be-
schworen umzudrucken, zu cartoniren und sonst alle Verlags-
griffe anzuwenden, um mein gepreßtes Herz durch die Presse
zu beruhigen. Ohnehin bin ich noch zwiefach wüthend auf

ihn, einmal, daß er in der Urania statt einiges dummen Zeuges nicht alles, was Sie ihm geben wollten, mit vollen Händen ergriffen, dann, daß er auch mein Montemayor-Novellchen nicht hineingenommen hat, auf das ich mich in der That freute, und mit dem mir nun ein Pandin*) (pantin) mit einer Versudelung durch die dritte Hand, nach Malaspina, halb und halb zuvorgekommen ist. Ihr Bild in der Urania befriedigt mich auch ganz und gar nicht, und facht nur meine Sehnsucht, ein Bild von Ihnen zu besitzen, neu und stärker an; dennoch gestehe ich, daß ihm die Entfernung einigen Werth giebt, und daß ich öfters mit wahrer Lust diesen oder jenen Zug, diesen oder jenen Blick von Ihnen daraus hervorspinne.

Ich bin begierig, Ihre Urtheile über die verschiedenen Wanderjahre zu hören. Die ächten, worin gerade nur die fatalen Personen aus den Lehrjahren vorkommen, gefallen mir mit ihrem kuriosen Entsagungs-Einfall, ihren Erziehungs-Anstaltstalten und drey Ehrfurchten 2c. gar nicht und doch ist in einer der darin verstreuten niedlichen Novellchen wieder mehr Geist und Poesie, als in dem Doppelgänger; dieser scheint mir dagegen Wahrheit für sich zu haben, wenn auch nicht als Muse und zuweilen eben so einseitig als im Umgekehrten Schubart das Luftbild, das er als Wahrheit angezogen hat, und ich finde den Einfall, seine Polemik gerade so einzukleiden, eben so gescheit als boshaft, weshalb es mich für den doch auch etwas empfindlichen alten Herrn in der Seele dauert, daß er dies noch bey seinem Leben erfahren muß. Er könnte darüber hinsehen in jeder Hinsicht, aber er hat es sich dadurch schwerer gemacht, daß er den unstreitig noch schwächeren Schubart pråconisirte. Am mattherzigsten scheint es übrigens bey dem Unbekannten mit der Kritik bestellt zu seyn; seine Urtheile über diesen und jenen sind kaum zu lesen, er scheint zu den zusam-

---

*) Beauregard Pandin (?).

menraffenden Milden zu gehören, die ich überall nicht leiden kann. Fräul. Calenberg glaubt, Jakobs habe das Buch geschrieben, wissen Sie nichts davon? — Mit viel größerem Gefallen habe ich übrigens den Schweinichen gelesen, mit minderm lese ich jetzt den Nikolaus Marggraf, bey dem ich fortgesetzt sagen muß, daß der alte Jean Paul nicht mehr der alte ist. Gries Semiramis gefällt mir so zu lesen sehr gut, vergleichen konnte ich nicht, weil mir das Original fehlt, aber ich wollte wetten, daß die Uebersetzung viel besser ist als die mißlungene des Tetrarchen.

Doch, mein vielgeliebter Freund, Liebe und Vertrauen arten in Geschwätzigkeit aus, das merke ich an diesem Briefe, und höre es an den Seufzern, die Sie über seine Länge ausstoßen. Lassen Sie mich nur noch einmal sagen, wie meine Gedanken Sie tausendmal umarmen, wie ich mich darauf freue, Sie wiederzusehen, wieder zu hören, Worte, Scherze, Gefühle, Betrachtungen und Ansichten wieder mit Ihnen auszutauschen. Ja auch handeln, jüdeln müssen wir wieder; es ist noch so manches unter Ihren Büchern, was ich haben muß, und ich werde alle Belagerungs-Maschinen gegen Ihren Geitz in Bewegung setzen. Könnte ich darunter nur auch Einiges mitbringen, aber es will mir hier nichts recht dazu passen.

Aber noch einmal bitte ich Sie, daß Sie mir das Wörtchen Ihrer Gegenfreude nicht vorenthalten, daß Sie mir hier in Escheberg noch sagen, wie es Ihnen lieb im Herzen ist, daß wir bald wieder unsern Shakspeare zusammen lesen. Sagen Sie mir dann auch, ob Sie den doch so herzlich lieben Edmund und die Schalksnovelle vom April fertig, ob Sie an den Leonhard, den Sternbald und das Werk über Shakspeare fortschreitend gedacht haben. Ich lasse ein Haus bauen und darin eine nette Buchstube; wehe Ihnen, wenn ich Sie einmal vollständig und persönlich im Zimmer habe und nicht complett in den Schränken! — Leben Sie wohl! wenn nur Loeben auch

recht gesund wieder nach Dreßden kommt! ich freue mich auch
gar innig auf Kalkreuth und Schütz. Fräulein Calenberg
will Ihnen herzlichst empfohlen seyn. Leben Sie wohl und
gesund, lieben Sie mich, aber sagen Sie es auch

Ihrem

Ihnen so treu ergebenen
E. Malsburg.

V.

Dresden, zweyten Pfingstfeyertag 1822.

Der Jasmintropfen, der graue Staar und der Frierwein
hatten Sie ja zum Erbarmen heruntergebracht, zärtlichst ge=
liebter Freund! und zuletzt waren Sie mir gar unter den
Händen fortgekommen. Sie sind doch heut wieder wohl? —

Ich werde Sie heut nicht bey Kalkreuth treffen, weil mich
Rumigny, zu dem ich schon gebeten war, nicht loslassen will.
Fast weiß ich Sie mit Angst bey dem unheimlichen Gast,
er wird Sie noch kränker machen, und doch thut es mir wegen
einer gewissen dummen Neugier selbst fast leid, nicht dabey
zu seyn.

Jean Paul schlug das Diner wegen Müllner aus; der
Pudel war mit im Spiel, denn J. P. sagte: er fürchte, Mllnr
möge ihm Terpentin ins Ohr gießen.

Heut oder morgen wird meine Recension von Bärmanns
casa con dos puertas fertig. Ich möchte Sie gern wegen
mancher Stellen zu Rathe ziehen, könnten Sie mir einmal
ein halb Stündchen dazu bestimmen? Diesen Abend sehe ich
Sie vielleicht ein Augenblickchen, da bereden wir das.

Sind Ihre Reisenden fertig? soll ich denn darauf warten,
bis sie gedruckt sind? Lesen Sie sie nicht vorher einmal? —
Ich bin ja selbst Reisender.

Den Cain und den spanischen Ortiz geben Sie wohl dem Pagen mit; Jener ist mir abverlangt worden. Allerschönsten guten Morgen.

Ihr

treuer

E. Malsburg.

Zum Lohn, daß mich die Damen nicht überrascht haben, schicke ich ihnen hierbey etwas Zuckerwerk.

VI.

3ten Pfingstfesttag 1822.

Mein lieber herrlicher Freund.

Ihre ausserordentlich prächtige und einzige Geschichte hatte mich so munter gemacht, daß ich noch bis 2 Uhr gearbeitet habe und doch schon nach 6 aufgestanden bin. Ich habe Ihnen auch noch einen Dank zu sagen; vor nichts habe ich mich sonst mehr gefürchtet als davor, toll zu werden, nun Sie mich aber gelehrt haben, wie weise die Narrheit ist und welch ein Glück darin liegt, bin ich ganz darüber getröstet, weil ich eben nicht groß sehe, was ich verliehren würde. Sie schließen da eine neue Welt auf, und bringen Sie bey Allen, Narren und Klugen, eine gleiche Wirkung hervor, so werden Sie ein Wohlthäter des Menschengeschlechts. Schreiben Sie, schreiben Sie, daß es fertig wird.

Ich wollte Ihnen gestern beykommendes Briefchen lesen und vergaß es über meinem innern Jubel; ich schicke es Ihnen. Ich habe dem Lieben geschrieben, er sey bringend zu Ihnen eingeladen, ich habe doch recht gethan? Wenn er auch nur ein Stückchen von der Novelle bekommt, so ist er schon glücklich.

Leben Sie wohl, allerliebstes Männchen! Es ist entsetz=
lich, daß der Liederkreis nun auch noch ein liederliches Kreis=
laufen beginnt. Das gäbe eine neue Licht= und Wonnepartie
in Ihrem Geschichtchen, wenn Sie nicht etwa eine eigene
Novelle daraus machen wollen.

Ihr

E. M.

VII.

Escheberg, b. 9ten Julius 1822.

Mein lieber trefflicher Freund!

Es geht schon in die vierte Woche, daß ich den Abschieds=
Kuß auf Ihre Lippen drückte, und noch habe ich die Finger
nicht krümmen können, um Ihnen zu schreiben, zu danken und
zu sagen, wie unendlich lieb ich Sie habe. Wenn ich Ihnen
alle die Anregungen erzählen wollte, die ich ausser meiner
Liebe hatte, an Sie zu denken, mein Brief würde länger wer=
den als Ihre Langmuth; ganz Berlin kam mir wie ein Boden
vor, der nur dadurch so öde, langweilig und sandig geworden
sey, weil Sie ihn verlassen hatten, aber Ihr Nahme, Ihre
Erinnerung schwebte und hallte überall um mich her und das
setzte die Flügel meiner Seele in hinlängliche Bewegung, um
den faustdicken Staub abzuschütteln, der dort auf alle Blüthen
fällt. Ich hätte so gern Ihren prächtigen Bruder besucht,
aber ich lebte wie ein Gefangener in steter Erwartung der
befreyenden Audienz und an dem Morgen, wo mich das gute
Henselchen, das täglich bey mir war, hinführen wollte, stand
ich schon in Luthers erbärmlicher und finstrer Stube zu Wit=
tenberg und statt heiterer Marmorbilder sahen mich zwey
häßliche Konterfeye von Luther und Melanchthon (nicht Wel=
lington — nach Casselischer Pfeifenkopf=Nomenclatur —) an,

die von zwey sentimentalen Superintendenten-Mamsellen mit moderig duftenden Eichenkränzen umhangen waren. Wahrscheinlich wissen Sie schon, daß ich die Freude hatte, die Mutter der lieben Solger kennen zu lernen und einen Abend bey ihr zu seyn, das wissen Sie aber gewiß nicht, daß sie mir Aehnlichkeit mit Ihnen fand, und daß ich darüber eben so hochmüthig aufschwoll, als ich in diesem Augenblicke Sie dieses Lesenden gedemüthigt zusammenschrumpfen sehe. Frau v. Barbeleben fand ich noch so gut und verständig wie sonst, für Sie noch eben so liebevoll, als Sie es nicht verdienen, im Uebrigen fast zu ätherisch mager; der Geyer des Leidens frißt der armen Frau den Leib ab, aber das Herz bleibt dasselbe, wenn es nicht gar noch wächst. Leid war es mir sehr, meine alten Bekannten Savigny und Bettina nicht einmal aufsuchen zu können, das diplomatische Handwerk verschlang das poetische (so daß mir gar Hoffmann unter den Händen gestorben ist) und Hensel hatte ich mir völlig umstellt und eingefangen wie einen edeln Hirsch, als er von Madame Neumanns runden Armen umstrickt (ich meyne das blos phantastisch) aus dem Theater kam. Ich warf ihn dann gleich gewaltsam in meinen Wagen und führte ihn zu Frau Rosalie, die ich so glücklich war in Berlin anzutreffen. War es nicht schön, daß mich am ersten Mittag, als ich bey Leboeuf eintrat, Herr v. Knobelsdorf mit schallender Ueberraschungsfreude empfieng und noch schöner, daß er von demselben Champagner kommen ließ, der Sie in Dresden beynahe von der Eulenböckischen Ungerechtigkeit geheilt hätte, und auf Ihre Gesundheit mit mir anklang? Derselbe Wollmarkt, der alle Juden und Edelleute der Sandmark so in den Wirthshäusern von Berlin zusammengedrängt hatte, daß ich in Gefahr stand, meinen Wagen mitten auf der Straße einer haus- und speisereichen Stadt zu meinem Nachtquartier und Hungerthurm erwählen zu müssen, derselbe Wollmarkt (sage ich) hatte auch den guten

Alten hereingeführt. Eine Zuflucht (wenn Sie diesem meine vorige Periode überspringenden Umstande noch einige Theilnahme schenken) fand ich zuletzt in einer Art Kneipe, die ich eher türkisches als deutsches Ham nennen möchte, und woraus ich am andern Morgen durch meinen Collegen Wilkens erlöst wurde, der mich unter sein amtsbrüderliches Obdach nahm. Von nun an gieng auch alles glücklich und am 20ten Junius, Nachmittags 7 Uhr wären meine Pferde am Reisewagen gewesen, denn nachdem ich beym König in Charlottenburg gespeist hatte, schien mir der Zweck meines Berliner Ephemerirens erfüllt, wenn mich nicht Graf Brühl für seinen Freyschützen förmlich eingegarnt hätte, so daß ich erst um 10 Uhr anschirren ließ. Um 10 Uhr kam aber mein verspäteter Oheim mit seiner Frau aus Oranienburg an, um halb eilf eine schöne Brillanten-Dose von Seiner Majestät und ich empfand nun, daß Graf Brühls Freyschuß (nicht Freybillett) mich gehindert hatte, einige Böcke zu schießen; ich fuhr nun Nachts um 11 Uhr ab. Nie bin ich schneller, stolzer, freudiger und zugleich erbärmlicher gereist; Brillianten in der Wagentasche, aber nichts als Butterbrot und rothen Wein im Magen, Müdigkeit in allen Gliedern, aber keinen Schlaf in den Augen; so kam ich nach einer gerade sechszigstündigen Fahrt am 23ten Junius Mittags um 11 Uhr zu Cassel an. Der Kurfürst war zu Wilhelmshöhe, aber unser theurer lieber Loeben war Tags zuvor in meine Casselischen Hallen eingezogen und mein Tisch mit Ihren und der Ihrigen Liebesgaben bedeckt. Wie soll ich Ihnen nun mit der neugenommenen schwachen Feder genug danken, Sie Alle liebe liebe Männer und Frauen, für die schönen Geschenke und die allzulieben Worte, womit Sie dieselben begleitet hatten? Zuerst rührte es mich tief, daß Sie aus der süßen Gewohnheit, mir an meinem Geburtstage nichts zu schenken, diesesmal herausgetreten waren, dann rührte mich im Detail das zarte Opfer des Kaisers Oktavianus, der nun

zum zweytenmal seinen Thron von Sammetblättern in mein
Bücherherz baut, dann füllte mich ein innerer Freudenton,
wie er von Krystall und Silber nicht anders zu erwarten war.
Ihr Silberstift, mein vortreffliches Männchen, liegt nun vor
mir und ich sehe es als ein Sinnbild unsrer Liebe an, daß der
ewige Kalender auf demselben keinen Anfang und kein Ende
hat. Ich fuhr mit unserm Freunde nach Wilhelmshöhe,
der Kurfürst war schon an Tafel, um 5 Uhr bekam ich Audienz,
um 8 Uhr Abends standen wir an der Grundmauer meines
neuen Hauses und sahen von dieser Höhe ganz Escheberg, wie
Sie es auf der ersten Tasse haben, aber phantastisch und archi=
tektonisch erleuchtet und von fröhlichen Bauern durchschwärmt.
Die Freude, als wir kamen, war sehr groß, die Trauung zwar
eine Stunde vorher gewesen, aber das meinem verhungerten
materiellen Menschen in diesem Augenblicke fast wichtigere
Abendessen im laubverzierten Glashause empfing uns mit
lachenden Augen und durch eine seltsame Vermischung und
Verwischung in meiner Phantasie schienen mir die dampfenden
Gerichte eben so viel hülfreiche Wesen zu seyn, die meine etwas
erschöpfte Natur wieder aufzurichten kamen. Ich hatte seit
dem 20ten nicht gegessen. Nun war ich aber auch stark genug,
ein Feuerwerk am See zu bewundern, einen mir von einem
heranschwimmenden Amor (sonst in die Form einer dicken
kleinen Pächterstochter gebannt) überreichten Pfeil, trotz der
mich umgebenden weiblichen Schönheiten von allem Kaliber,
ohne Gefahr in Gnaden hinzunehmen, und zuletzt sogar bis
an den hellen Morgen in Suwarow=Stiefeln zu tanzen.
Einige Tage nachher reisten wir Alle nach Cassel und hatten
die Freude, da Fräulein Calenberg eintreffen zu sehen und
mit uns hierher zu nehmen, wo wir nun ein gottselig fröhli=
ches Leben führen, abgesehen von viel tausend trockenen und
mechanischen Verdrießlichkeiten, die auf mein Theil und mei=
nen Beutel fallen. Heinrich hat es besser; er kann schreiben

und dichten, während ich rechne und trachte, und er benutzt auch die Freyheit redlich, indem er sich nur dann blicken läßt, wann Natur, Musik, Scherz und Nahrung uns zusammenführt. Meine Schwägerin ist ein sehr gutes, sanftes und liebliches Wesen, der ich mir nur Einhalt thun muß zu gut zu werden; ihre Mutter und Schwester thun mir die Liebe, mich ein wenig zu verziehen, mein Bruder liebt mich wie immer, es fehlt also nichts zu meiner Zufriedenheit als vielleicht die Zufriedenheit, doch wo ist denn die so eigentlich zu Hause? Ein Zuwachs anderer Art ist mein Vetter aus England mit einem muntern Söhnchen von 13 Jahren; ein schöner, sanfter und liebevoller Mann, der Gottlob von den Engländern nur die guten Seiten hat, und ungeachtet er nichts als englisch und gallikanisch-welsch oder Galimathias spricht, sehr bequem im Umgange ist und Aller Liebe erwirbt.

Der erste Brief eines Reisenden pflegt äußerst faktisch zu seyn, mein geliebter Freund. Gott gebe, daß die folgenden mehr Gedanken und Empfindungen enthalten. Ich habe leider die Einrichtung treffen müssen, Ihren feind- und freundlichen Genossinnen erst das Nächstemal zu schreiben, weil der Post-Adler schon seine Fange geöffnet hält, aber $\genfrac{}{}{0pt}{}{gr}{k}$üssen müssen Sie sie vorläufig viel tausendmal. Auch Kalkreuth bereiten Sie umarmend auf einen Briefkuß vor, sagen Sie Schütz, der Solgerin, Allen die mich lieben Liebes, und lassen Sie sich selbst tausend tausendmal an ein Herz drücken, das ewig für Sie glüht und schlägt.

Ihr
E. Malsburg.

VIII.

(Ohne Datum.)

Mein geliebter theurer Freund!

Nur um Ihr Haupt mit feurigen Kohlen zu sengen und Ihnen zu sagen, daß Sie ein recht abscheulicher Freund sind, nehme ich die Feder in meine vor Wuth zitternde Hand und gebe Ihnen Zeichen eines Lebens, das Sie diesmal mit gehörigem Gleichmuth zu betrachten scheinen. Und doch, denke ich mir, welch' eine Marter es ist, wenn man nicht gern Briefe schreibt, gern schreiben mögte und es doch nicht kann, wie diese Marter eben größer ist, je mehr man den liebt, an dem man sich versündigt, so fühle ich einen solchen Vorrath von Liebe und Rührung in mir, daß ich Ihnen nicht einmal ernsthaft böse seyn kann, sondern nur daran eine hämische Lust empfinde, wie ich Sie, wenn wir uns wiedersehen, mit Ihrem Vergehen quälen will, daß Sie doch manches Mal im Stillen wünschen sollen, Sie hätten mir geantwortet. Was meiner Langmuth sehr zu Hülfe kommt, ist von Kalkreuth zu wissen, daß Sie wohl und munter sind, auch welche große Leute Sie gesehen haben, z. B. Fouqué, nur daß Sie nicht selbst hierüber schreiben, nicht sagen, was sie Dummes und Kluges geschwatzt haben, das ist für mich ein großer, unersetzlicher, fast literarischer Verlust und im Nachdenken hierüber würde es mir ein Leichtes werden, mich wieder in Zorn zu schreiben, wenn ich es nicht lieber gewaltsam abbrechen wollte. Ihren lieben Frauen und Kindern nehme ich es fast noch ungnädiger, daß auch sie nicht einen Hauch aufs Papier für mich thun, da man weiß, daß Frauen wie gern sprechen auch gern schreiben und sie zum Theil bey der frommen Wallfahrt nach Mariaschein wohl gelernt haben sollten, daß die Krone und Zier der Frauen, die einzige Himmelsfrau, mildthätig war und keinen

Gruß ohne Erwiederung ließ. Sehen Sie, wie groß ich thue, wenn ich mich einmal außer Schuld weiß, das aber will ich mir wenigstens nicht wieder sagen lassen, daß ich aus Angst kurz vor dem Thorschlusse geschrieben hätte, denn wenn Sie es anders wollen, so haben Sie noch volle Zeit zu antworten (aber nach Cassel, von wo wir erst Ende dieses Monates abgehen.) Thun Sie es nur, dann verspreche ich Ihnen auch ein parlamentarisches Silentium über Ihre Grausamkeit sowohl als über den gleichen Thorschlußfall. Auch unser herrlicher Loeben theilt oft Wehmuth und Schmälen über Sie, aber wir sind Beyde so außerordentlich gut, daß wir schon dahin gekommen sind, Sie gegenseitig durch das Grauen zu entschuldigen, das Ihnen der Gedanke an Zwey auf Einmal schreiben zu müssen einflößen werde. Punktum.

Wir haben, mein Geliebter, den Sommer dichterisch aber nicht dichtend durchlebt und sehen nun doch fast mit Freude auf den gelbenden Blättern den Abschied von hier und das Wiedersehen und Wiederschaffen in Dresden geschrieben. Wie die Blätter es anfangen, so löst sich auch allmählig das Leben aus unserm hiesigen Kreise ab. Erst reisten Mutter und Schwester meiner Schwägerin, dann bald dieser, bald der, und gestern komme ich mit dem Freunde über Paderborn und Neuhaus, wo Loeben seine Cousine wiedersah, von Detmold zurück, bis wohin wir die gute und geistreiche Fräul. Calenberg auf der Reise ins Stift begleitet haben. Bald reisen auch wir (nächste Woche zuvor mein englischer Vetter), mein Vater geht nach Cassel und nach genossener Waidlust, im November, führe ich Ihnen einmal Bruder und Schwägerin ins Haus.

Auch zu einem rechten ächten Lesen hat es ein Leben nicht kommen lassen, das fast noch zerstreuter war als das Winterleben, über das Sie so oft schelten und ich selbst seufze. Jetzt eben aber bin ich mit einem Buche beschäftigt, das Sie gewiß auch kennen und für mich gern in den Katalog der ver=

botenen Bücher gesetzt haben würden, denn es ist selbst ein Katalog, nämlich der Eschenburgische, in welchem ich aus Bosheit alle Artikel doppelt anstreiche, von denen ich denken kann, daß Sie sie haben mögten, z. B. die bramatischen, theatralischen u. dgl. Den Aerger bin ich wenigstens dem Racheteufelchen schulbig, das Sie mit Nichts großzufüttern wissen. Wollen Sie aber Schreckliches verhüten, so entschließen Sie sich schnell mit umgehender Post zu schreiben, denn Anfang Oktober gehen meine Commissionen nach Braunschweig. In dieser Hoffnung lassen Sie sich von uns beyden Freunden umarmen, Sie lieber Gottloser, und umarmen Sie die Lieben, die Sie noch umgeben und die Freunde, die etwas weiter wohnen wieder von Ihrem

Ernst Malsburg.

N. S. Die Kinder kriegen diesesmal zur Strafe nichts. Das ist ja herrlich mit Ihrem Fleiße und der neuen Novelle! wie freue ich mich darauf und auf das Wiedersehen meiner Reisenden, mit denen ich die Verlobung schon vorausgefeyert habe.

IX.

Dresden, 23. Juny 1824.

Gegen Mitternacht.

Lassen Sie sich nochmals danken, Sie Liebster, für den heutigen schönen Tag, für Ihren Gruß und Segen auf den Weg.

Seyn Sie doch so lieb, beykommendes Buch der lieben Gräfin an Ihrem nahen Geburtstage zu den Gaben zu legen.

. Ich bin sehr müde und darf doch nicht schlafen; ich gehe gar nicht zu Bette und krame. Leben Sie wohl, ängstigen Sie sich ja nicht über Ihren Cervantes; er ist nicht verlohren,

aber ich habe ihn unstreitig irgendwo aufs Trefflichste nieder=
gelegt.

Gute Nacht, ich umarme Sie tausendmal; wäre die gute
Gräfin nur schon ganz wieder gesund!

Ihr
E. Malsburg.

X.

Escheberg, 8. August 1824.

Eine geraume Zeit ist verstrichen, mein theurer geliebter
Freund, und ich habe Ihnen noch nicht geschrieben, auch Ihre
liebe Stimme noch nicht anders vernommen, als tief in mei=
nem Herzen, und da leider gewaltig zürnend und scheltend.
Aber ich versichere Sie, ich bin doch, bey allem Anschein, so
übel nicht und Sie würden ein Paket erhalten, das alle Post=
meister entsetzte, wenn ich Ihnen die Tausend Gedanken auf=
schriebe, die ich an Sie gerichtet habe, seit Sie mir so lieblich
aus dem dritten Fenster am Altmarkt Lebewohl zuriefen.

Inzwischen ist es sonderbar: wenn sonst Angst und Unruhe
meine Gemächlichkeit quälend zu einem Briefe spornten, so
habe ich jetzt die behaglichste Empfindung, wenn ich meine
ganze Seele zu Ihnen hin transportire (Sie wissen ja: trans-
late) und statt wie sonst von Katarrh und Gicht zermartert,
am Migränentage mit weißem Ueberrock und schwarzen
Käppchen im Sorgenstuhl kauernd, oder gar noch viel krän=
ker und schmerzhafter, umseufzt und umweint, kann ich Sie
mir jetzt nur höchst annehmlich und bequemlich, innerlich und
äußerlich rein gewaschen, sehr freundlich faul und nach Mor=
gen=, Mittags= und Nachtschlaf sehr munter, gescheut und
witzig vorstellen. Zu diesem erquicklichen Gestaltchen rede ich
denn jetzt in Liebe und leidlichem Aberwitz, und weiß doch,
daß Sie mit kleiner inwendiger Freude holdselig dazu zu

schmunzeln geruhen. In Töpliz muß Sie dieser Brief durchaus noch vorfinden, sonst verrückt sich der ganze Standpunkt, aus dem ich ihn schreibe, denn das ist doch entschieden, daß man zu demselben Menschen nicht dasselbe Ding in zwey verschiedenen Stuben sagen würde, geschweige an zwei verschiedene Orte schreiben. Nun denn, Sie lieber herrlicher Mann! sind Sie denn recht gebadet vergnügt, nun noch eingewohnter in Töpliz, in Luft und Wasser den zweyten Theil des himmlischen Dichterlebens saugend, wie ich Sie Tag und Nacht vor mir sehen muß? sollte mir der Blüthengeist der Gesundheit, aus dem mir das Ende der Cevennen und des Tischlers und der Anfang des Shakespearewerkes ꝛc. entgegenstrahlt, nur ein Phantom gewesen seyn? gewiß nicht.

Es ist so lange her geworden mit meiner Reise, daß ich sie fast vergessen habe, und Ihnen nicht ein Zehntel der Dinge zu sagen weiß, die Ihnen zu ihrer Zeit Gemüth und Phantasie zu sagen gedachten. In Weimar empfieng Goethe mich und mein Buch, ja selbst meinen kleinen, mich ihn mitzunehmen peinigenden Neffen sehr holdselig und väterlich; ich fand den alten Herrn schöner und größer (an Leibesstatur) als vor zwey Jahren, keine Spur von Krankheit, warme und schalkhafte Augen. Er sprach schön über Sie, über Shakspeare, über Calderon, und ich verließ ihn nach einer Stunde viel zufriedener über ihn als über mich, denn ich weiß nicht, was für ein Dämon in mich gefahren war, ihm tausend Dinge sagen, ich glaube gar ihm gefallen zu wollen, worüber ich, bald dies bald jenes vergessend, bald manches im bewegten Gespräch nicht anbringen könnend, mir in holdem Wechsel bald ein zerstreutes bald ein albernes Außsehen anfühlte. Und wie ich fort war, glaubte ich gar meine Hauptsachen ausgelassen (d. h. sie nicht ausgelassen), Manches was er sagte, nicht gehörig aufgefaßt, dagegen fast nie benutzt, oder aufs Dümmste beantwortet zu haben. Gestehen Sie nur, großer Mann, daß Ihnen meine Physiognomie recht oft in einem ähnlichen Spiegel gegenüber gesessen hat, als hier in meiner Selbstbespiegelung, besonders im Anfang unsrer Bekanntschaft; ich habe gewiß mehr als Jemand Unbefangenheit und Breite (der Zeit) nöthig, um nicht horribel zu erscheinen. Glücklicher lief ich (bin ich nicht mit meinem kühnen Ichgeschreibe etwas wie Kuhn?) bey der Schopenhauer ab (die Arnim nennt sie Hopfenschauer). Thee, Morgenfahrt nach Belvedere, Mittagsessen, wieder Thee und Abschied, bezeichnen die Hauptpunkte meines Lebens in ihrem Hause. Bey der Frau und ihrer ganzen Art empfand ich wieder dieselbe Gattung von Anmuth wie das erstemal, gleichsam ein kühlwarmes und durchsichtiges Gemüthsbad ohne Schwüle und Tiefe; ihre sehr verbindliche Freundlichkeit tanzte wie eine angenehme Libelle um die verschiedenen Brunnquellchen meiner dankbaren und diplomatischen Seele. Mein süßer Gerstenfreund setzte sich mit seinem Malzgenossen (ein Tröpfchen Wasser auf Ihre Mühle und für Ihr Biergedicht) in chemisch äugelnde Wahlverwandtschaft, aber mit entsetzlichem Geistesgepolter rasselte und stolzirte die Tochter, alle Schellen und Orgelzüge ihres Genius aufgezogen, durch und umher. Diese Bekanntschaft war mir neu, und ich gestehe, im Anfang entsetzlich, fast lächerlich, dann in Momenten wieder recht leidlich, so daß ich zwischen Schrecken und Verwunderung, manchmal auch tragischem Mitleid und Angezogenheit auf- und abschwankte. Es ist etwas Sonderbares mit solchen Geistreichen; man wird sehr häufig von Erstaunen angefallen, wie bey einem kunstreichen Uhrwerke auf einem Marktthurme, aber auf einmal, und da, wo man sich bewandert glaubt, erscheinen sie Einem ganz unwissend oder einfältig, und so gieng es mir recht oft bey dieser berühmten Adele. Jeder Ort hat seinen Heiligen; wie man in Dreßden bey Ihnen schwört (in Cassel bei Arnim), so in Weimar bey Goethe, aber wie es Ihnen dort geht, so auch diesem großen

Manne hier; man rafft Fäserchen auf, zafelt sie umher und schmückt sich damit, aber das Ganze, das eigentliche, innerste Wesen wird nicht verstanden, oder neben aller Bewunderung her noch gar mißdeutet. Dabey wird in Weimar der Einfluß der Goetheschen Kritik, über deren Schwäche wir oft gesprochen haben, besonders empfindlich, und ich hätte nur gewünscht, daß Sie bey manchem Aberwitze, der auf diesem Instrumente gespielt wurde, gegenwärtig gewesen wären, oder mir etwas von den Waffen Ihrer wunderbaren Geistesgegenwart, höflichen Ruhe und ironischen Beweglichkeit dagegen hätten herleihen wollen. Denken Sie sich u. a., daß man da über Ihre Theaterkritiken höchst verstimmt ist; im herrlichen Aufsatze über Wallenstein finden sie ein modiges Herabsetzen Schillers, auch Goethe würde es mit dem Shakspeare zu arg, und sey er ganz ärgerlich darüber, und dergl. Plattituden mehr. Wie selten wird doch ein Geist verstanden!

Zu Neuhausen verlebte ich zwey angenehme Tage und wohl zweyhundertmal klang Ihr Nahme über vier bis sechs Lippen. Zu Cassel wurde ich zwey Wochen aufgehalten, ehe ich nach Escheberg kommen konnte, und seitdem bin ich hier in der sogenannten ländlichen Ruhe. Mein Bruder, Fräul. Calenberg, der englische Vater mit den Söhnen aus Dresden und Brüssel sind die nahen Umgebungen, die ferneren wechseln wie das Wetter und dies ist ja in diesem Sommer meist schlimm. So hat Carl jetzt zwey Familien aufgegabelt, leidliche Männer mit unleidlichen Frauen, worunter Eine eine standeserhöhte Bäckerstochter mit einem gespreizten greulich singenden oder vielmehr schnalzenden Töchterchen. Während ich mich möglichst zurückziehe und der Scheidestunde mit Verlangen entgegensehe, wird der gute Carl nicht müde, sie zum Bleiben zu nöthigen, und er ist so unruhig und bewegsam, daß ich nicht einmal die Zeit finde ihm zuzuwinken: lasse sie ziehen. Im Uebrigen ist Escheberg hübsch. Eine neue Fel-

senpartie, zu der Carl die Basalte von der Malsburg fahren
läßt, überraschte mich; zur Nachfeyer meines Geburtstages
ließ mich der gute Junge mit klingendem Spiel in mein
bekränztes neues Haus einziehen, dessen Anblick mich wahrhaft
erquickt hat, indem es manche innere Unruhe durch das Har=
monische seines Eindrucks beschwichtigte. Daneben haben sich
mir manche Geschäfte gehäuft; der Morgen geht sie abhas=
pelnd hin, die übrige Zeit in heiterer Unterhaltung, von man=
chen Rührungen und Erinnerungen wie von einem bald dun=
keln bald schimmernden Saume umdrängt. Wären Sie nur
einmal hier! ich denke mir immer, wie Ihnen dieses gefallen,
jenes Sie entsetzen würde — aber schön wäre es doch, Sie,
wenn auch in Ihren Gewitterstündchen, zu haben. Daß ich
Carl wegen des Weinverrathes weiblichst abgescholten habe,
können Sie denken; noch behauptet er, die zwölf Apostel für
Sie aufbewahrt zu haben und damit die verscherzte Gunst
wieder zu erringen. Er küßt und liebt Sie zärtlich, Ihr Ruhm
stirbt nicht auf seinen Lippen.

Von unserm Loeben habe ich ein silbernes Lorbeerzweig=
lein zum Geburtstag und einen schönen lieben Brief erhalten,
der von Gesundheit nicht spricht, aber Lebenslust und Ver=
gnüglichkeit athmet. Albrecht hat meinen Bruder hier besucht.

Die Dualität meiner Lebenserscheinungen führte mir in
Cassel zwey geniale Weibsleute vorbey. Primo die Helwig,
die auf die Gallerie lief, um kein einzig Bild anzusehen, son=
dern über ihre eigenen zu schwatzen, und sich einen Abend
durch bey Fräul. Calenberg mit untermischten Klagen über
ihre Halsschwindsucht absprach; secundo die Arnim, die einen
andern Abend bey meiner Cousine so unablässig schraubelte,
daß sie von einem plötzlichen Halskrampfe ergriffen wurde.
Die Grimms und Andere saßen ihr bewundernd und beyfall=
lachend gegenüber und es ist wahr, daß mitten unter dem Tol=
len, Rohen und Groben, das ihre Zunge drosch, auch wohl

dann und wann ein Mutterwitzkorn emporflog. Dießmal fand ich, daß die vormalige Verliebtheit in Sie einer ziemlichen Ungezogenheit Platz gemacht hatte; doch ist freylich nicht zu läugnen, daß Sie auf einen solchen dépit amoureux reichlich pränumerirt haben.

Auf bringendste Selbstempfehlung der Helwig haben wir ihre Helene von Tournon hier gelesen. Die arme Person wird ohnmächtig, weil sie der Amant nicht auf die richtige Art ansieht, und stirbt, weil er sie nicht auf die richtige Art anredet; das ist die ganze Geschichte auf 165 Seiten. Am Schlusse sieht man wohl, wo die würdige Vf. hinausgewollt hat und daß so etwas vielleicht einmal hätte poetisch passiren können, aber der gespreißte, geschnörkelte Stylus, der in ellenlangen, heckerlingartig geschnitzelten Perioden tausend Abgeschmacktes zu Markte trägt, macht das Büchelchen gewaltig widerwärtig. Jetzt habe ich ein Buch angefangen, das Goethe dreymal gelesen hat, vier dicke Bände Don Alonso ou l'Espagne, deren erste 52 Seiten allerdings einen eigenthümlichen Karakter zu haben scheinen. Wissen Sie denn auch, daß das erbärmliche Buch W. Meisters Meisterjahre wieder von einem Pseudo=Pustkuchen ist? Schade, denn der Kuchen ist um nichts besser als die Hefe.

Was lesen, was treiben, was schreiben Sie denn? wie geht es der lieben Gräfin und Amalien? sind die Kinder von der Hochzeit zurück? haben Sie mein Buch abgegeben? hat es Freude gemacht? haben Sie mir etwas in der Auction gekauft? was macht unser armer Kalkreuth? hat er Sie in T. besucht? glauben Sie mir es, daß ich Sie auch in diesem Sommer gern besucht hätte, und nicht nach Prag gelaufen wäre? Sehen Sie, das sind tausend Fragen, ach und nicht Eine werden Sie mir beantworten, fauler, hartherziger Freund! Und doch waren Ihre Briefe vor drey Jahren so schön! und vor zwey Jahren schrieben Sie mir gar nicht!

Die winzige Beylage, nach welcher der Postbote bereits die
Hand ausstreckt, wird auch nichts helfen, denn ich sehe schon
das höhnische Kind, wie es sagt: was will mir das? mit
Speck fängt man die Mäuse! und so werde ich nichts von
Ihnen erfahren, bis ich wiederkomme, und das ist doch noch
recht lange. Dieser Gedanke macht mich wahrhaft melanko=
lisch, deshalb sage ich Ihnen ein trauriges, halb empfindliches
Lebewohl, wie denn nie Jemand das Talent gehabt hat,
meine Empfindlichkeit so schmerzlich zu reitzen, aber freylich
auch ihr so wohl zu thun, als eben Sie. Leben Sie wohl,
lieber herrlicher Mann! umarmen Sie die Ihrigen, wie ich
Sie und Alle von meinem Bruder und Frl. C. begrüßen und
umarmen soll, und lassen Sie Ihre Gedanken jeden Kuß
zurückgeben Ihrem Sie zärtlich liebenden Freunde
Ernst Malsburg.

Maltitz, Apollonius, Freiherr von.

Geb. 1796, Kais. russischer wirklicher Staatsrath, in diplomatischen
Sendungen an verschiedensten Höfen, zuletzt Geschäftsträger am Wei-
marischen. Weder zu verwechseln mit seinem Bruder, welcher ebenfalls
Diplomat und ebenfalls Schriftsteller gewesen; noch weniger mit dem
in Dresden verstorbenen Herrn von Maltitz, der mit Bezug auf eine
(unter ähnlichem Titel verfaßte) epigrammatische Broschüre „der Pfeffer-
körner-Maltitz" genannt wurde.

Apollonius hat u. A. drucken lassen: Gedichte (1817). — Geständ-
nisse eines Rappen (1826). — Neuere Gedichte, 2 Bde (1838). — Dra-
matische Einfälle, 2 Bde. (1838—43). — Drei Fähnlein Sinngedichte
(1844). — Lucas Cranach, Roman, 3 B. (1860). — Der Herzog von
der Leine, Roman, 4 Bde. (1861) ꝛc.

Das hier mitgetheilte Schreiben gilt jener früh verstorbenen Freundin
des Tieck'schen Hauses, Adelh. Reinbold, der wir später noch begegnen.

München, am 22sten Februar 1839.

Ich stehe mit Ihnen, verehrter, gütiger Freund, an
einem Grabe, welches, ich darf es sagen, Niemand mehr

angehört, als Ihnen und mir und so wage ich es Ihnen, dem ich nur Namen der Bewunderung geben sollte, den des Freundes zu geben. Ich habe im vollsten Frühlingsglanze diese Adelheid gesehen, die Sie als Leiche haben sehen müssen — ich habe sie so lächeln gesehen, wie ihr ursprüngliches Schicksal ihr gelächelt haben mag, ehe andre Fügungen dazwischen traten; Fügungen, um nicht Menschen zu nennen. Denn der Glaube an ein unbeugsames Verhängniß bewahrt uns, wie kein anderer, vor Menschenhaß. Was die Arme gelitten, ist gewiß längst in Ihrer edlen Menschen- und Dichterbrust niedergelegt, denn Sie waren der Wohlthäter Ihres Herzens und jeder ihrer schönen Gaben. Sie fühlte es tief, daß ihre Stelle bei Ihnen war und bei unserm letzten Wiedersehen bestätigte ich sie, mit aller Wärme meines Antheils an ihrem Schicksal, in diesem Glauben. Könnte ich vor Ihnen die Blätter aufschlagen, die Sie mir über das Meer sandte! — nein, könnte ich Ihnen mit lebenden Worten schildern, wie ich sie einst unter Neid, Mißgunst und unverdienter Verachtung welken und vergehen sah, ehe sie in Ihre Nähe gelangte! Bald einem tröstenden Glauben an sie, bald einem Heere von verhaßten Zweifeln und Wahrscheinlichkeiten hingegeben, die Verworfenheit und Leichtsinn immer zu nähren wissen, wenn ein schönes Wesen erniedrigt werden soll — konnte ich nur in einer Empfindung für sie mit mir selbst einig werden, in einem ungeheuern Schmerz um sie. Wie wohl wurde mir, als ich nun die Verfolgte in eine Nähe, wie die Ihre — hingeflüchtet fand! Sie hatte dort den Frieden und die Ruhe gefunden, die ihr die Welt noch geben konnte. Aber wenige Frühlinge sind so gemordet worden! Sie wird mir nie als ein Schatte vorschweben, sondern immer in jener blühenden Gestalt, deren Namen, wie noch zum ersten Male, in mein Ohr tönt! Man hat viel von meinem Herzen mit ihr hinabgesenkt —

und selbst mit höherer Beredsamkeit, als mir verliehen ist, möchte ich sie nicht mit mehr Worten rühmen, als mit diesen: Sie war eine zarte, große Seele. Möge es mir vergönnt seyn, ihr in Gesprächen mit ihrem erhabnern Freunde eine Todtenfeyer halten zu können! Sie waren ihr mehr, unendlich mehr, als ich — nur war es mir vergönnt, unter so vielen Verfolgern ihr wenigstens den Blick des Wohlwollens zu zeigen.

In einem andern Welttheil, wo die Erinnerungen unserer meisten Freunde so oft vom Ozeane hinweggespült scheinen, erklang mir auf ein Mal Adelheids liebe Stimme — ich muß nun wissen, daß ihr Mund auf immer verstummt ist! — Bis über die Meere hatte sie Treue an mir geübt — wie leicht hüte ich sie ihrem Grabe! —

Sie haben, mein hoher Freund, eine Tochter verloren — der Schmerz in einer Seele wie die Ihre, kann nicht ganz der bodenlosen Wehmuth gleichen, mit der ich der theuern Vollendeten nachblicke, aber erlauben Sie mir, mich Ihrem Herzen jetzt sehr nahe zu glauben.

Mit Bewunderung und Verehrung:

A. Maltitz.

Marbach, Gotthard Oswald.

Geb. zu Jauer in Schlesien, wo er dem dort verstorbenen Senior K. C. H. M. am 13. April 1810 geboren wurde. Unter Franke in Liegnitz gediehen seine ersten poetischen Versuche. In Halle gerieth er aus der Theologie in die Philosophie, und diese führte ihn auf Spinoza, den er 1831 in einer Gedächtnißrede gefeiert. Nachdem er als Doktor promovirt hatte, zog er nach Leipzig, wo er sich an der Universität habilitirte, sich mühsam aber energisch durchkämpfte, und sowohl wissenschaftlich wie kritisch anerkennende Achtung erwarb. Er ist mit Rosalie Wagner (siehe Ad. Wagners Briefe in dieser Sammlung) verheirathet gewesen; und die Verbindung mit dieser liebenswerthen, sanften Künstlerin (die der Tod ihm nach kürzer, beglückender Ehe raubte) hat ihn, den Gelehrten, wohl auch zur Theilnahme an belletristischen Unternehmungen bewogen. Neben philosophischen, philologischen, physikalischen Werken trat er mit litterarischen Abhandlungen, ja mit Poesieen verschiedener Gattung hervor. Er lebt jetzt (so viel uns bekannt) als Gymnasial-Professor in Leipzig, und ist Sächs. Hofrath.

I.

Leipzig, 5. Aug. 1833.

Hochverehrtester Herr!

Auch der Ruhm und die Größe haben ihre Beschwerlichkeiten! Dies werden Sie, hochverehrter Herr, wahrscheinlich heut nicht zum erstenmale erfahren. Die Huldigungen, welche ich Ihnen hiermit als dem Sängerkönige des deutschen Vaterlandes darbringe, sind mit einer Bitte verknüpft. Das Amt eines Richters, welches ich Sie bei Uebersendung der beiliegenden Proben zu üben bitte, kann beschwerlich, aber auch erfreulich sein. Beschwerlich, wenn das Urtheil ungünstig; erfreulich, wenn es günstig ausfallen muß. Dennoch weigern Sie Sich nicht es zu übernehmen! Müssen Sie Ihrer Ueberzeugung nach das Verdammungsurtheil sprechen; so brauchen Sie eines namenlosen Jünglings nicht zu schonen, sind vielmehr der Poesie, welche Sie mit unsterblichen Kränzen geschmückt hat, verpflichtet, jeden Andrang eines ungeweihten streng zurückzuweisen. Können Sie aber einen strebenden, für alles Höchste begeisterten Jüngling durch Ihre Aufmunterung größere Schwungkraft des Geistes und freudigeren Muth verleihen; gewiß so wird dieß Geschäft um so angenehmer für Sie sein, je mehr Sie selbst zu der Ueberzeugung gelangt sind, daß unsere Zeit begeisterter und begeisternder Rede vor allem bedürfe.

Finden Sie, Hochverehrtester Herr, Gedichte ähnlich den beiliegenden werth das Licht der Welt zu erblicken, so bitte

ich um die Erlaubniß, Ihnen dieselben, sobald ich einen
Verleger gefunden, überreichen zu dürfen. Ueberglücklich
würd' ich mich preisen, wenn die Hand des Sängers, vor
dem ich mich am ehrfurchtvollsten neige, den Schüler wür=
digte, durch sie in die Welt eingeführt zu werden. Doch ich
wage nicht es zu hoffen.

Ich müßte nicht das unbegrenzte Vertrauen auf Ihre
Humanität haben, welches mir der Umgang mit Ihrem
Geiste, durch Ihre Schriften gewährt, mir einflößte wenn
ich daran zweifeln könnte, daß ich Verzeihung wegen meiner
Zudringlichkeit erlangen werde. Ich wage sogar auf eine
Antwort, die mein Urtheil enthält, zu hoffen. Wie dies
auch ausfalle, ich verharre stets, Hochverehrtester Herr, Ihres
Genius

eifrigster Verehrer
Dr. G. O. Marbach.

II.

Leipzig, 17. Aug. 1838.

Hochwohlgeborner Herr,
Hochverehrtester Herr Hofrath!

Mit großer Bangigkeit schicke ich dieses Schreiben an Sie,
Verehrtester Herr, ab, denn die Furcht durch die Bitte,
welche ich an Sie wage, Ihnen zu mißfallen und keine oder
eine zurückweisende Antwort zu erhalten, ist in mir fast eben
so groß, als der Wunsch lebhaft mit Ihrem allverehrten
Namen ein Unternehmen schmücken zu dürfen, mit welchem
ich selbst etwas Ausgezeichnetes leisten und meine Zukunft als
Schriftsteller begründen möchte. Ich will mir das freund=
liche Wohlwollen vor die Seele rufen, mit welchem Sie mich
mehr als einmal in Ihrem Hause aufgenommen haben, um
mir Muth zu machen, meine Bitte vorzutragen.

Aus der Beilage werden Sie, Hochverehrtester Herr, ersehen, daß ich in Begriff stehe, eine Zeitschrift herauszugeben und Sie werden in den Worten des Prospects auch die Tendenz angedeutet finden, welche ich in diesem Unternehmen verfolge: Eine Zeitschrift herauszugeben, welche durch die Gediegenheit des Inhaltes, so wie durch die Art ihres Erscheinens dem buntscheckigen, auf gemeine Weise die Zeitinteressen verwirrenden und ausbeutenden Treiben der Tageblätter und ihrer Verfasser einen starken Damm entgegen zu stellen, dem besten und edelsten Theil des Publikums eine kräftige Geistesnahrung zu bieten und dadurch die Literatur selbst, welche durch eine gewisse Klasse moderner Schriftsteller auf das tiefste erniedrigt worden ist, in der Achtung des Publikums wieder zu heben bestimmt ist.

Meine Kräfte zu diesem Unternehmen sind, ich weiß es wohl, noch gering, aber mein Muth und mein Eifer sind groß, und ich hoffe, daß auch die Kraft mit der Uebung zunehmen wird. Prüfen Sie, Hochverehrtester Herr, ob mein mit dem besten Willen und einer gewiß Ihren Beifall habenden Tendenz unternommenes Werk, wohl verdient, daß der größte Dichter der Nation mit seinem gewichtigen Namen und mit einigen, wenn auch vielleicht an Umfang nur kleinen, doch durch die Fülle der Poesie bedeutenden Beiträgen dasselbe unterstütze!

Vor Allem vergeben Sie meine Dreistigkeit, ich habe mich zu ihr in keiner gemeinen Absicht entschlossen.

Indem ich diesen Brief absende, nehme ich mir noch die Freiheit dasjenige, was in meinen „Volksbüchern" bisher erschienen ist, beizulegen. Vielleicht sehen Sie alte Bekannte, über deren poetischen Werth Sie zuerst der Mitwelt die Augen geöffnet, nicht ungern in dem volksthümlichen Gewande und sind mit meiner für das Volk bestimmten Bearbeitung nicht ganz unzufrieden.

Genehmigen Sie, Herr Hofrath, die Versicherung der innigsten Verehrung von

Euer Hochwohlgeboren

gehorsamstem Diener
G. O. Marbach.

Marmier, Xavier.

Viele unserer Leser und — Leserinnen werden sich beim Anblick dieses Namens der Jahre 1832—33 erinnern, und des jungen Reisenden, der ab und zu in Leipzig, Dresden, Weimar, Jena und anderen Orten heimisch wurde; den wir in Berlin scherzweise „l'enfant du midi" zu nennen liebten. Uns hat er damals zwar gesagt, daß er aus Bésançon stamme; die Litteraturgeschichten versichern jedoch, er sei 1809 zu Pontarlier im Departement Doubs geboren, was wir réligieusement nachschreiben. Er hat viele große Reisen gemacht, unterschiedliche Länder und Völker gesehen, und in mancherlei Schriften davon Kunde gegeben. Deutschem Wesen und deutscher Poesie fühlte er sich am Innigsten zugethan. Er brachte dafür mit, was die meisten seiner Landsleute, die Deutschland durchzogen haben, weder besaßen, noch zu ahnen vermochten: den Sinn für unsere oft verlästerte „Gemüthlichkeit;" den Keim aller romantischen Dichtung. Das hat er vielfach ausgesprochen als fleißiger Mitarbeiter an der Revue de Paris — der France litteraire — der Revue Germanique — der Revue des deux mondes; auch in den Études sur Goethe, und hauptsächlich durch Uebertragungen deutscher Werke. — Jetzt lebt er in Paris, wo er Bibliothekar beim Ministerium der Marine sein soll. — Ob man ihn dort immer noch „bien germanisé" finden? ob er sich noch daran erfreuen mag?

Paris, 10. décembre.

Monsieur!

Permettez moi de vous addresser un de mes compatriotes et amis Mr. Monnier. Il voyage en Allemagne pour connaitre votre beau pays, et votre admirable littérature, et je crois ne pouvoir mieux l'initier à ce qu'il y a de beau et de grand dans la poësie de votre nation qu'en lui faisant faire connaissance avec vos oeuvres et avec vous.

J'ai bien regretté d'apprendre si tard l'automne dernier que vous deviez venir à Bade, j'allois alors faire un voyage dans le midi, mais je l'aurois volontiers retardé pour avoir le bonheur de vous voir. Si l'année prochaine vous revenez encore si près de Strasbourg, rien ne m'empêchera d'aller passer quelques jours auprès de vous.

J'ai quelquefois de vos nouvelles par M. de Raumer, et je m'occupe avec ardeur de tout ce qui vient de vous. L'année dernière, j'ai lu la Mort de Camoens, jamais rien ne m'a aussi doucement, aussi fortement ému. C'est de la poësie qui ressemble à de la musique. Ce sont des mots qui tombent avec un mélancolique murmure comme les gouttes d'eau d'une source dans un bassin de cristal. J'aurois voulu traduire ce livre. J'y ai rêvé mille fois, et je me serais senti trop heureux de venir à bout d'un tel travail, mais j'ai désespéré de pouvoir jamais rendre le charme de votre poësie, et je n'ai pas encore osé l'entreprendre. J'ai emporté d'Allemagne votre portrait. Il est suspendu en face de moi dans ma chambre. Souvent je le regarde, et je lui demande des inspirations, mais il ne me rend que des souvenirs. Je regrette votre bonne terre d'Allemagne, Dresde, Leipzig, Berlin, vos âmes si franches, vos livres si vrais. Je voudrais retourner auprès de vous, et j'espère bien faire encore une fois ce pieux pélérinage. On me trouve à Paris bien germanisé, et je ne répudie pas ce titre. Je l'aime. Du reste, je m'occupe toujours de litterature, et je passe la moitié de ma vie en rêves, ce qui fait qu'elle est moins lourde.

Adieu, Monsieur, toutes mes pensées se reportent souvent vers les soirées de l'Alt-Markt. Tous mes voeux s'arrêtent sur vous. Aucun poëte ne m'a plus attaché que vous, aucun nom d'écrivain ne m'est devenu plus cher que le vôtre. Puisse-je vous revoir encore, — et bientôt.

Rappelez moi je vous prie au souvenir de toute votre famille.

X. Marmier.

Martin, Henri und S.

Zwei Brüder, Zöglinge der Pariser Normalschule, treiben „Deutsch", ihr Lehrer giebt ihnen eine Tieck'sche Erzählung in die Hand, an der sie, sich übend, lernen sollen, und lernend machen die jungen Leute, den Versuch, den deutschen Dichter ins Französische zu übersetzen, weil „sie fürchten schlechte Bürger zu seyn, wollten sie sich nicht bemühen ihren Landsleuten den Genuß zu verschaffen, den sie gehabt." — Der zweite dieser Briefe, in deutscher Sprache geschrieben, spricht sehr für ihren Lehrer und für den Schüler Henri.

I.

Bélesme, 30. 7bre. 1833.

Monsieur,

J'éspère de votre bonté que vous voudrez bien nous pardonner d'avoir osé porter une main inhabile sur votre charmante nouvelle du sabbat des Sorcières. Elle a perdu dans notre traduction une partie de sa grâce, et je crains vraiment que vous n'ayez de la peine à la reconnaître dépouillée du style enchanteur dont vous aviez su la parer. Notre première pensée en commençant à traduire cette nouvelle avait été seulement de faire connaissance avec vos admirables ouvrages; sa lecture nous a fait éprouver un si vif plaisir que nous avons craint d'être de mauvais citoyens si nous ne mettions nos compatriotes qui ignorent votre belle langue à même de connaître une de vos délicieuses et nombreuses productions. Mr. De Sinner nous a beaucoup encouragés dans cette pensée en nous parlant de la bonté et de la bienveillance toute paternelle avec laquelle vous accueillez les premiers essais de la jeunesse; il s'est d'ailleurs chargé d'obtenir de vous notre pardon, et de revoir notre traduction pour en faire disparaître les contresens qui auraient pu échapper à notre inexperience de la langue Allemande; il a été jusqu'à nous faire espérer que vous auriez la bonté de répondre quelques mots à la lettre que nous prenons la liberté de vous écrire. Nous nous sommes enfin rendus aux conseils de Mr. De Sinner: personne n'a sur nous plus d'empire que lui; et certainement il l'a bien mérité. Français nous avons été trop heureux de trouver un étranger qui voulut bien nous initier aux connaissances de la docte Allemagne, et diriger nos pas dans la carrière de la philologie, malheureusement trop négligée aujourd'hui dans notre pays. Depuis plus d'un an notre excellent professeur Mr. De Sinner n'a cessé de nous prodiguer ses soins avec une admirable constance. Malheureusement nous craignons que l'Allemagne ne vienne nous l'enlever; nous espérons toutefois que les hommes qui dirigent l'instruction en France connaissent trop bien les véritables intérêts de notre patrie pour ne pas retenir ici un homme qui lui serait si utile par ses talents et son dévouement pour ses élèves.

Vous serez peut-être surpris de trouver à la fin du volume que nous vous envoyons quelques notes historiques; je vous prie encore de nous pardonner cette petite pedanterie professorale. Nous avons pensé qu'il ne serait peut-être pas sans intérêt pour quelques personnes de connaître positivement les données primitives sur les quelles vous avez construit cette admirable nouvelle. Nous avons cru par ce moyen faire mieux ressortir toute la richesse de colorit dont votre pinceau poëtique a su embellir des faits qui semblent par eux-mêmes bien nus et bien arides. Nous nous sommes encore permis de rendre à quelques noms propres leur orthographe primitive : ces noms étaient français; cette considération nous a paru suffisante. Il eut peut-être mieux valu adopter l'orthographe de Duclerq de préférence à toute autre; mais nous n'avions pas alors ce chroniqueur à notre disposition; nous avons suivi partout Mr. De Barante. J'ai une dernière grâce à vous demander, c'est de vouloir bien excuser les nombreuses fautes typographiques qui se trouvent dans ce volume; mais nos occupations à l'école Normale ne nous permettaient pas de surveiller nous-mêmes l'impression de notre traduction.

Je ne veux pas abuser plus long-temps de votre patience; je crains d'être déjà trop indiscret d'oser vous demander quelques mots de réponse.

J'ai l'honneur d'être,
Monsieur,
avec le plus profond respect,
votre très humble et très obeïssant serviteur,
S. Martin,
Élève de l'école Normale.

II.

Hochverehrter Herr Hofrath!

Nehmen Sie mit Wohlgewogenheit diese Zeilen an, die Ihnen zu schreiben ein junger Student sich erkühnt. Die deutsche Sprache war mir noch sehr wenig bekannt, als der gelehrte Herr Dr. von Sinner, ein vortrefflicher und vielgeliebter Lehrer, Ihre reizende Novelle, der Hexen Sabbath, mir in die Hände gab. Ich habe dieselbe zuerst mit höchstem Vergnügen, und dann vielmal wieder immer mit stets vermehrter Bewunderung gelesen. Kein anderes Buch konnte tauglicher seyn, an dieser schönen Sprache Geschmack mir einzuflößen, und derselben Kenntniß durch ein vortreffliches Muster mir zu verschaffen. Das Vergnügen, das ich in der Lesung dieses Buchs gefunden hatte, wollte ich den französischen Lesern mittheilen; so meinte ich meinen Landsleuten etwas Gefälliges und Nützliches zu thun. Aber die Furcht hielt mich zurück, ich könnte durch eine schlechte Uebersetzung Ihre schöne Novelle entfärben. Doch endlich, durch den von mir höchstverehrten Herrn von Sinner ermuntert, habe ich, mit meinem Bruder, den Versuch gewagt. Wenn wir etwa gefehlt haben, so bitte ich Sie, uns, um der guten Absicht willen, zu verzeihen. Das Gefallen an dieser Arbeit hat uns fortgerissen; wir haben auch dadurch das Vermögen erworben, Ihre übrigen Werke und die andern Meisterstücke dieser so reichen Litteratur mit Leichtigkeit zu lesen. Ein gütiges Wort zu uns, von Ihrer Hand geschrieben, würde uns der tröstlichste Lohn seyn, den wir kaum zu hoffen und zu fordern wagen: und doch, muß ich gestehen, wir hoffen noch mehr, das heißt, einmal in Deutschland reisend, bei Ihnen vorgelassen zu werden, und das Gespräch des Mannes zu hören, dessen Schriften wir mit so viel Bewunderung gelesen haben, und dessen Umgang als nicht minder gefällig berühmt ist.

Ich habe die Ehre zu seyn
Euer Hochwohlgeboren
  Hochachtungsvoll ergebenster Diener
    Henri Martin,
    Zögling der Normalschule in Paris.

Mendelssohn-Bartholdy, Felix.

Geb. am 3. Februar 1809 zu Hamburg, gestorben zu Leipzig am 4. November 1847.

Von einem Manne, der sich mit unvergänglichen Ton-Dichtungen die Seelen der Weisesten, Edelsten und Besten seiner Zeitgenossen zu eigen gemacht; der jetzt im brieflichen Nachlaß auch durch inhaltschweres

Wort Geister und Herzen neu für sich erweckte; von einem solchen Manne ist jedes Zettelchen, worauf seine Handschrift ruht, ein glücklicher Fund. Die nachstehenden drei Zuschriften scheinen auf den ersten Anblick nur geschäftliche zu sein. Für seine treuen Anhänger möchten sie mehr bedeuten, und namentlich die erste derselben kann als schöner Beleg gelten, wie ernst und tief er seine Kunst betrachtete; wie heilig ihm gewesen, was vielen anderen Komponisten nur Mittel zu Nebenzwecken ist.

I.

Berlin, 15. October 1842.

Euer Hochwohlgeboren
übersende hierbei mit bestem Danke die Uebersetzung der Medea des Euripides, welche ich, Ihrem Wunsche gemäß, in der Idee einer künftigen Aufführung und namentlich einer musikalischen Behandlung der Chöre durchgelesen und wohl bedacht habe. Zu meinem Bedauern bin ich aber von Neuem zu dem Resultat gekommen, welches ich Ihnen schon mündlich anzudeuten die Ehre hatte; die Schwierigkeiten einer Darstellung dieses Stückes scheinen mir so groß, namentlich in Hinsicht der Chöre, daß ich mir die genügende Lösung dieser Aufgabe nicht zutraue, und die Composition daher nicht übernehmen kann.

Erlauben Sie mir zugleich die Versicherung, daß es mir hier wie überall die größte Freude machen würde, wenn ich mit meiner Musik zur Ausführung Ihrer Pläne nach Kräften mit beitragen könnte, und daß ich mir herzlich eine Gelegenheit wünsche, Ihnen dies durch die That, nicht bloß durch Worte darzuthun.

Mit vollkommner Hochachtung
Euer Hochwohlgeboren
ergebenster
Felix Mendelssohn=Bartholdi.

II.

Bad Soden im Taunus, den 18ten July 1845.

Hochgeehrtester Herr Geheime Rath!

Haben Sie tausend Dank für Ihre freundlichen Zeilen vom 8ten, die ich erst gestern von einer kleinen Reise zurückkehrend empfing und nun zu beantworten eile. Hr. v. Küstner hat die Partitur meiner Musik zum Oedipus bereits in Händen, und ohne Zweifel wird für das Ausschreiben derselben und für die weiteren Vorbereitungen Sorge getragen, so daß meine persönliche Gegenwart nur zu den eigentlichen Musikproben erforderlich sein wird. Da nun Se. Majestät der König, wie Sie mir sagen, das Ende dieses oder den Anfang des nächsten Monats zur Aufführung festgesetzt hat, so habe ich mich darauf eingerichtet, gegen Mitte August, also 3 Wochen vorher, in Berlin einzutreffen, und von meiner Seite wird also kein Hinderniß dem Königl. Befehle entgegenstehen. Sehr dankbar würde ich nun aber Ihnen, verehrtester Herr Geheime Rath sein, wenn Sie mit den Vorbereitungen für die Tragödie selbst und die darin mitwirkenden Schauspieler denselben Termin festhalten, und auch Hrn. von Küstner wo möglich dahin bestimmen wollten die Aufführung nicht länger, als bis zur angegebnen Zeit zu verzögern. Der König kommt, wie mir Herr von Massow schrieb, in jedem Fall gegen Ende August wieder nach Sans-Souci, geht aber früh im September zu den Manoeuvres und kommt dann erst gegen Ende September zurück. Würde nun die Aufführung verschoben, so müßte sie auch gleich bis Ende September ausgesetzt bleiben, wodurch ich in eine sehr große Verlegenheit geriethe, da es mir sehr schwer, wenn nicht unmöglich sein wird, zu Ende September in Berlin zu sein, während ich mich, wie gesagt, auf die jetzt bestimmte Zeit nun schon eingerichtet habe. Daher bitte ich Sie recht inständig und dringend,

verehrtester Herr Geheimerath, mit den Vorbereitungen der
Schauspieler ꝛc. sogleich Hand ans Werk zu legen, und
auch Hrn. von Küstner zu möglichst energischen Vorbereitungs=
maßregeln zu bestimmen, damit wenigstens von unsrer Seite
die Zeit, welche Se. Majestät der König bestimmt hat, einge=
halten werden kann. Sie erweisen mir persönlich noch einen
sehr großen Gefallen dadurch.

Wie freue ich mich nun, Sie von Angesicht wiederzusehen
und Ihnen den Dank für so viele große und schöne Genüsse,
die ich Ihnen verdanke, und all meine Freude daran — aber=
mals zu verschweigen! Denn mit dem Aussprechen davon ist
es nicht gethan, und mir gelingt es immer am wenigsten
damit. Aber hoffentlich treffe ich Sie in gestärkter Gesund=
heit und unveränderter geistiger Fröhlichkeit und Kraft! Stets
Ihr ergebner

Felix Mendelssohn=Bartholdy.

III.

Leipzig, d. 4. Sept. 1845.

Hochgeehrter Herr Geheime Rath!

Meinen schönsten Dank für Ihre so eben erhaltnen geehr=
ten Zeilen. Zu den eigentlichen Clavier=Proben ist ja wohl
meine Gegenwart nicht mehr nothwendig, da ich mich bei mei=
ner vorigen Reise mit dem Herrn M. D. Clöser sowie mit
den Chorsängern über Tempo und Vortrag meiner Chöre
bereits ausführlich verständigt habe, und also erst bei den
Scenen=Proben, sobald die Musik vollständig memorirt ist,
wieder einzutreten wünschen würde. Sollten Sie inzwischen
über die Zeit der Aufführung (die nach Ihrer wie nach der
Mittheilung des Comités noch immer ganz unbestimmt ist)
etwas Näheres erfahren, so würde ich Sie bitten, mir es
sogleich durch ein Paar Zeilen mitzutheilen, da ich mindestens
10—12 Tage vor der Aufführung dort sein und ebensoviel

Proben halten möchte. Hoffentlich werden ja nicht gerade die Tage zwischen dem 20sten und 30sten d. M. bestimmt werden, die einzige Zeit des ganzen Jahres, in der es mir schwer oder unmöglich wäre, persönlich bei der Aufführung zugegen zu sein.

Mit vollkommenster Hochachtung stets

Ihr ergebenster

Felix Mendelssohn=Bartholdy.

Menzel, Wolfgang.

Geboren am 21. Juni 1798 zu Waldenburg in Schlesien. — Lebt seit 1825 in Stuttgardt. — Streckverse (1823.) — Geschichte der Deutschen, 3 Bde. (1824, 25.) — Die deutsche Litteratur, 2 Bde. (1828.) — Rübezahl, Märchen (1830.) — Furore, Roman, 3 Bde. (1851.) — Geschichte Europa's 2c. 2 Bde. (1853.) — Deutsche Dichtung von der ältesten bis auf die neueste Zeit, 3 Bde. (1859.) — Die letzten 120 Jahre der Weltgeschichte, 6 Bde. (1860.) — u. s. w. Unzählige kritische u. a. Abhandlungen, Aufsätze, Journal-Artikel. —

Es erweckt ein eignes, angenehmes Gefühl, den nach so manchen Richtungen hin feindselig-herben Schriftsteller, als Tieck's aufrichtigen, warmen Verehrer, auch in persönlicher Beziehung liebevoll und mild zu finden.

I.

Stuttg., d. 1. Juli 1828.

Verehrtester Herr!

Leider hat mich Ihr so angenehmer Brief in einem Wirr=warr von Geschäften angetroffen, aus dem ich mich nur schwer werde herauswickeln können. Wenn es mir aber nur irgend möglich ist, so komme ich noch am Ende dieser Woche nach Baden, um Ihnen meine Aufwartung zu machen.

Sie beschämen mich durch Ihr freundschaftliches Zuvor=kommen. Es war längst mein Wunsch, den Mann kennen zu lernen, den ich unter allen unsren Dichtern, wie Sie wissen, am meisten liebe. Allein ich wollte Ihnen nicht beschwerlich fal=

len; ich begnügte mich, Sie im Stillen zu verehren, bis mein Buch über die Literatur mich veranlaßte und verpflichtete, Ihnen öffentlich meine Huldigung darzubringen.

In der Hoffnung, Sie bald zu sprechen, enthalte ich mich, hier Materien zu berühren, die nicht leicht in einem Briefe zu erschöpfen sind. Ich bemerke Ihnen nur in Beantwortung Ihrer Fragen, daß ich Ihre Vorrede zur Felsenburg und zu Lenz gelesen habe; ferner daß der frühere Aufsatz in den Europ. Blättern über Sie nicht von mir, sondern von Follen herrührt, während allerdings alle andern dort erschienenen kritischen Aufsätze über Goethe ꝛc. von mir sind. Was N ... [1]) betrifft, so ist derselbe vor etwa 2 Monaten nach Amerika ausgewandert. Durch Arbeitsscheu und Verlogenheit verdarb er sich vollends allen Credit und um einer noch schlimmern Zukunft im Vaterlande zu entgehn, hat er sich mit der Aussicht auf ein Viceviat in den V. Staaten über Meer schicken lassen.

Ich eile, alle Anstalten zu treffen, um Sie noch in Baden besuchen zu können. Wenn es mir wider Erwarten durchaus unmöglich werden sollte, abzukommen, so werde ich Sie doch ganz gewiß hier auf Ihrer Rückreise sehn, und Sie werden mich in jedem Fall hier antreffen. — Meine Hochachtung, meine Liebe bedarf keiner neuen Versicherung. Ewig

Ihr
ergebner
Menzel.

P.S. Die Addresse Ihres Briefes giebt mir einen Titel, welcher mir nicht zukommt. Ich bitte mich vom Hofrath zum simplen Doctor zu degradiren.

---

[1]) Siehe den unter N. befindlichen Brief nebst Beilage.

II.

Stuttgart, d. 24. Sept. 1828.

Verehrtester Herr und Freund!

Ich erlaube mir, Ihnen im Ueberbringer dieses Briefes den ältesten Sohn des Dr. Schott zu empfehlen, dessen Familie Sie hier kennen gelernt haben. Er reist nach Berlin, wo er als Theologe Schleyermachers Unterricht benutzen will.

Herr von Cotta wird Ihnen bereits geschrieben haben, daß er auf die Bedingungen, welche Sie so gütig waren, mir zurückzulassen, eingegangen ist, und nun bitte ich Sie, theuerster Herr Hofrath, wenn Sie sich von Ihrer Reise erholt haben, lassen Sie uns nicht die letzten seyn, an welche Sie denken werden.

Sie haben hier einen ungemein lieblichen Geruch zurückgelassen. Ihre persönliche Erscheinung hat bey denen, welche Sie längst um Ihrer Schriften willen liebten, einen Enthusiasmus erzeugt, der über dem Dichter sogar seine Werke vergaß. Kann ich Ihnen, ohne zutäppisch zu werden, auch den schönen Eindruck schildern, den Sie auf mich gemacht haben? Ihre Liebenswürdigkeit, Ihre Ruhe, Ihre Klarheit hat mich in der innersten Seele erquickt, und wenn Sie mich auch in Bezug auf andre Dichter nicht bekehrt haben, so hat doch meine Liebe zu Ihnen so viel mehr an Lebhaftigkeit gewonnen, als es Ihnen gehn würde, wenn Shakespeare selbst Sie einmal bey der Zeichnung seines Bildes überraschte. Sie selbst sind Schuld, daß ich weniger als je zu Goethes Fahnen schwören kann. Je mehr Sie mir zeigen wollen, daß ich auch an Goethe lieben müsse, was ich an Ihnen liebe, desto schärfer unterscheid ich Sie beyde.

Mehr als dieser Goethesche Streit liegt es mir auf dem Herzen, daß Sie, wie es mir wenigstens schien, einigemal

Empfindlichkeit gegen die pöbelhaften Angriffe blicken ließen, die man auf Sie gemacht hat und macht. Ihnen wäre wahrlich auch der kleinste Aerger darüber weniger zu verzeihen, als jenen die ärgste Verruchtheit selbst. Sie stehen so hoch, und wenn es Sie so liebenswürdig macht, daß Sie es nicht ganz zu wissen scheinen, so fühlen Sie es wenigstens in dem Augenblick, wo sich andre so tief erniedrigen, Sie beschimpfen zu wollen.

Jakob Böhme ist durch die Schuld des saumseligen Verlegers noch immer nicht angefangen. Sobald der erste Band gedruckt ist, werden Sie ihn erhalten. Ich denke diesen Winter auch fleißig an meiner Aesthetik zu arbeiten, und bitte Sie im Voraus, daß Sie mir erlauben, Ihnen dieselbe dediciren und das Manuscript vor dem Abdruck zusenden zu dürfen, da mir an Ihrem Urtheil sehr viel liegt.

Ihren Mittheilungen für das Morgenblatt, und besonders auch für das Literaturblatt seh ich mit der größten Begierde entgegen. Es wäre mir äußerst erwünscht, wenn die belletristische Kritik in diesem Blatte mehr gehoben würde. Wissen Sie niemand, der noch dafür tauglich wäre? Ich muß dafür sorgen, daß Ihr Name nicht gar zu vereinzelt steht, daß hinter dem Mond auch einige Sterne sich sammeln. Die Dresdner Morgenzeitung war im Ganzen eine zu schlechte Folie für Ihre Edelsteine. Ich wünschte sehr, das Literaturblatt möchte Ihrer würdiger seyn.

Indem ich Ihnen die ehrfurchtsvollsten und herzlichsten Grüße meiner Frau und aller meiner Freunde ausrichte, bitte ich Sie zugleich, mich der Frau Gräfin und Ihrer liebenswürdigen Tochter aufs angelegentlichste zu empfehlen. Mit unwandelbarer Ergebenheit

Ihr
Menzel.

N.B. Die spanischen Bücher und ein aus Straßburg gekommenes Paket hab ich wenige Tage nach Ihrer Abreise von hier durch die Frankh'sche Buchhandlung an Ihre Adresse in Dresden abgehn lassen.

III.

Stuttg., d. 6ten Aug. 1829.

Verehrtester Herr Hofrath!

Ist es mir erlaubt, bescheiden bey Ihnen anzuklopfen und mich Ihrem gütigen Andenken zu empfehlen, indem ich Ihnen schüchtern mein neues poetisches Product überreiche? Da Sie mein letztes Schreiben unbeantwortet gelassen und auch unsern Wünschen in Betreff des Morgen- und Literatur-Blattes nicht entsprochen haben, muß ich fürchten, Ihnen als ein lästiger Mahner zu erscheinen. Allein so schmerzlich mir auch Ihr Stillschweigen gewesen ist, unterstehe ich mich doch, was Ihnen gefällt, nicht einmal zu glossiren, geschweige übel zu nehmen. Die Liebe und Ehrfurcht, die ich für Sie hege, würden sehr verdunkelt werden, wenn sie Ihnen im mindesten lästig fielen.

Ich setze daher auch voraus, daß Sie nur in dem Falle meinen Brief beantworten werden, wenn Ihnen das dramatische Mährchen, das er begleitet, einer Berücksichtigung würdig scheint. In diesem Falle bitte ich Sie, mir Ihre Meinung darüber zu sagen und mir einen Wink zu geben, der auf meine künftigen poetischen Bestrebungen wohlthätigen Einfluß üben kann. Im entgegengesetzten Fall werde ich in Ihrem Stillschweigen die Verurtheilung meines poetischen Talentes lesen und mich nicht darüber beklagen, da ich es selbst schon seit geraumer Zeit verurtheilt hatte, und eigentlich nicht weiß, wie ich auf den Einfall gerathen bin, dieses Mährchen zu schreiben.

Ich bitte mich der Frau Gräfin und Fräulein Dorotheen angelegentlichst zu empfehlen und bleibe mit unwandelbarer Liebe und Verehrung

Ihr
ergebenster
Menzel.

IV.

Stuttgart, 25. Sept. 1835.

Verehrtester Herr und Freund!

Im Auftrage des Vereins, der das Denkmal Schillers besorgt, soll ich Sie dringend bitten, uns ein kleines Blatt von Ihrer Hand für das Album Schillers zu schicken. Der gedruckte Plan liegt bey. Der König von Bayern und eine große Menge der ausgezeichnetsten Gelehrten und Dichter haben uns bereits Blätter geschickt. Ihrem Herzen wäre es angemessen, es wäre höchst edel, würde einen sehr guten Eindruck machen, und Ihnen aufs neue viele Freunde machen, wenn Sie sich der Aufforderung nicht entzögen, auch ein Blatt in den Denkstein Schillers niederzulegen. Ich bitte sehr darum.

Neuerdings haben sich wieder junge ungezogene Leute aufgethan in einem gegen Sie sehr feindseligen Geist. Ich werde diese Menschen mit aller mir zu Gebot stehenden Energie bekämpfen und sowohl in meinem Literaturblatt, als in der zweiten Auflage meiner „Deutschen Literatur," an der jetzt gedruckt wird, Ihre Sache kräftig vertreten.

In der alten, nie wankenden Liebe

Ihr
ergebenster
Menzel.

V.

Stuttg., 4. Oct. 1838.

Verehrtester Herr und Freund!

Herr von Bülow wird Ihnen gesagt haben, daß ich durch die lange Abwesenheit des durch den Tod seiner Frau tief erschütterten Herrn von Cotta außer Stand gesetzt war, Ihnen früher seine Entschließung zu melden. Er ist endlich zurückgekehrt und hat mir gesagt, er habe bereits an Herrn von Bülow geschrieben. Ich hoffe demnach, daß diese Angelegenheit in Richtigkeit gebracht werden wird. In Bezug auf das, was Sie mir noch besonders aufgetragen, hat mich Cotta gebeten, Ihnen zu antworten: Er sey mit dem größten Vergnügen bereit in jedwede buchhändlerische Unternehmung mit Ihnen einzutreten, entsinne sich aber nicht, daß Sie ihm desfalls schon irgend einen bestimmten Vorschlag gemacht hätten. Es wird also nur von Ihnen abhängen, das Nähere mit ihm zu besprechen. Wenn Sie nicht nach einer andern Seite hin verpflichtet sind, so würde Ihren sämmtlichen Werken wohl keine Firma besser anstehen, als die von Cotta.

Wenn Ihnen der Himmel nicht vergönnen sollte, die ganze und völlige Gesundheit wiederzuerlangen, so wollen wir ihn wenigstens bitten, Sie bey der bisherigen Dauerbarkeit, Fülle des Organs und herrlichen Jugend und Klarheit des Geistes zu erhalten, die Ihren Krankheitszustand fast beneidenswürdig macht. Ich wünsche sehr, einmal wieder in Ihr helles und tiefes Auge blicken zu können. Hoffentlich sehn wir Sie einmal wieder in Baden. Vielleicht unternehme ich endlich nach zwanzig Jahren wieder einmal eine Reise nach Norddeutschland und besuche Sie.

Uhland, Reinbeck, Hartmann, Schott, meine Frau, alle Ihre hiesigen Freunde empfehlen sich Ihnen aufs angelegentlichste. Uhland ist eben hier beym Landtag. Schwab aber ist schon seit einem Jahre aufs Land gezogen und lebt als Pfarrer gar idyllisch. Mit den herzlichsten Wünschen für Ihr Wohl und mit der Bitte, mich den Ihrigen ehrerbietigst empfehlen zu wollen

Ihr
treu ergebner
Menzel.

VI.

Stuttg., 27. Dez. 1839.

Verehrtester Herr und Freund!

Wir hoffen auf die in der Anlage bezeichnete Art und Weise seltene Sachen zum Druck zu befördern, für welche sich schwerlich ein Verleger finden würde. Wir wünschen besonders die höhere Aristokratie dafür zu interessiren. An Sie, als den Freund und tiefen Kenner altdeutscher und altromanischer Poesie geht nun die Bitte, uns mit Rath und That zu unterstützen und uns auf Manches aufmerksam zu machen, was des Abdrucks würdig wäre. Auch schmeicheln wir uns, Sie werden, wenn Ihnen unser Unternehmen gefällt, die höhern Kreise, in denen Sie walten, dafür interessiren.

Wir haben unter Anderm im Sinn, einige altspanische Romane abdrucken zu lassen. Was halten Sie davon?

Mit den besten Wünschen für Ihre Gesundheit und den herzlichsten Empfehlungen an die Theuern, die Ihnen angehören

Ihr
ergebenster
Menzel.

Meyerbeer, J.

Die erste der drei Zuschriften, welche den Namen des berühmten Compositeurs tragen, ist doppelt interessant; nicht nur weil sie die gemeinsamen Autorängste eines Dichters und eines Musikers auf einem und demselben Blatte ausstöhnt, sondern noch mehr weil es eben Maëstro Joachimo und L. Rellstab sind, zwei ehemalige Erbfeinde aus höchst verschiedenen Lagern, welche sich hier im „Schlesischen Feldlager" gleichsam zu einer Person verschmelzen, und wie in der Ehe Mann und Weib es sein sollten, in der Kunst eine Seele und ein Leib geworden scheinen.

Das zweite und dritte Zettelchen soll eben nur belegen, wie Tieck von allen Seiten in Anspruch genommen ward. Für Michael Beer's „Struensee," welchen Meyerbeer, voll brüderlicher Anhänglichkeit, durch musikalisches Beiwerk zu neuem Dasein auferweckte, hatte T.'s Kritik von jeher väterliche Milde gezeigt.

I.

Berlin, d. 26t. Novbr. 1844.

Hochgeehrtester Herr Hofrath!

Je näher der Zeitpunkt der Eröffnung des Opernhauses rückt, je dringender fühlen wir die Verpflichtung, uns Ihnen gegenüber, hochgeehrtester Herr Hofrath, von dem Verdacht zu reinigen, als wüßten wir den Werth Ihres trefflichen Rathes nicht hinreichend zu erkennen. Wahrlich aber, es ist nicht eigener Wille, noch weniger Eigensinn oder Selbstschätzung, die uns zurückgehalten, uns Ihrer rathenden Hülfe noch mehr zu bedienen: es sind nur die immerfort theils hindernden, theils eilig drängenden Umstände, unter denen unser Werk ins Leben gefördert werden mußte. Im Sommer hatten das Bedürfniß der Muße zum Arbeiten, und andere Ursachen uns örtlich zerstreut; als wir im späten September (Componist und Dichter) uns wieder an einem Orte zusammenfanden, war indessen die Zeit so vorgerückt, daß nur vorwärts gearbeitet werden mußte, häufig selbst so, daß wir nicht einmal mit einander Rath pflegen konnten. Noch heut giebt es Theile des Werks, die wir gar nicht gemeinsam betrachtet haben, namentlich den ganzen so wesentlichen Schluß mit den geschichtlichen Gemälden, den Dichter und Componist jeder für sich allein behandeln mußten, ohne nur den Versuch der Zusammenwirkung gemeinsam angestellt zu haben. Die Proben sind jetzt das einzige, späte Mittel, uns über das Nothwendigste zu verständigen. Wenn es Ihre Zeit, Ihre Gesundheit irgend gestattete, daß Sie einer, oder einigen derselben beiwohnten, so würde uns dies gewiß von unschätzbarem Werthe sein, und dürfte uns Ihr so einsichtsvoller Rath, vielleicht noch im letzten Augenblick zu größtem Dank verpflichten. Freilich aber dürfen wir ein solches Ansinnen kaum stellen, sondern haben nur das Recht und die Pflicht, unsre Gesinnung in dieser Hinsicht anzudeuten.

Jedenfalls verdanken wir Ihnen schon, besonders über die Verknüpfung der Oper mit dem Nachspiel, sehr Vieles, wäre es auch nur die Warnung vor dem Unzulässigen. —

Es bleibt uns jetzt nichts übrig, als die günstigen Auspicien Apollo's, dem das Haus, das wir einweihen sollen, gewidmet ist, auch für unser Werk anzuflehen; wir haben gewiß Viel gefehlt, Manches versäumt; jedoch wenigstens nach Kräften versucht, uns durch die Klippen der sehr schwierigen Verhältnisse zum Ziel zu kämpfen.

Möge dieses Bestreben uns auch Ihre Gunst und Nachsicht zuwenden, wenigstens das Wohlwollen nicht entziehen, was Sie uns bis dahin so gütig geschenkt haben.

Mit der Versicherung der aufrichtigsten Verehrung haben wir die Ehre uns zu nennen

Ihre ergebensten
Meyerbeer,
L. Rellstab.

II.

Sonnabend früh.

Hochverehrter Herr Hofrath!

Ich wähnte das hier mitfolgende Schreiben von mir an Sr. Majestät den König, dem Plane des Festspiel's beigelegt zu haben, welches ich neulich die Ehre hatte Ihnen zu überreichen. Da dieses Schreiben die Gründe darlegt, welche mich bei der Wahl des Stoffes leiteten, so war es mein sehnlicher Wunsch, daß Sie hochverehrter Herr Hofrath die große Güte hätten, davon Kenntniß zu nehmen. Ich sehe so eben beim Ordnen einiger Papiere, daß dieses Schreiben bei mir liegen geblieben ist, und bin daher so frei, es Ihnen nachträglich mit der Bitte zu senden, einen Blick darauf zu werfen. Verzeihen Sie theurer hochverehrter Herr, Ihren Rath und Ihre Zeit so dreist in Anspruch zu nehmen. Aber Ihr wohlwollender liebenswürdiger Empfang giebt mir den Muth dazu.

Ich werde daher auch so frei sein, Ihnen, wie Sie es mir neulich erlaubten, heute Vormittag zwischen 12 und 1 Uhr meine Aufwartung zu machen.

Genehmigen Sie hochverehrter Herr Hofrath die Versicherung von der reinsten Verehrung

Ihres
ganz ergebensten
Meyerbeer.

III.

Montag.

Hochverehrter Herr Geheimer Rath!

Bei dem Interesse, welches Sie die Güte haben dem Werke meines verstorbenen Bruders Michael zu schenken,

wollen Sie mir nun erlauben, an Ihr Urtheil zu appelliren.
Es ist über die Besetzung einiger Rollen noch einige Mei=
nungsverschiedenheit, die ich zu lösen Sie ganz ergebenst er=
suche, mit der Bitte mir zu sagen, welche Sie für die beste
halten. Herr Hofrath Teichmann hat es freundlich über=
nommen, Ihnen mündlich die nähere Mittheilung hierüber
zu machen. Genehmigen Sie hochverehrter Herr Geheimer
Rath die Versicherung der reinsten Verehrung und Ergebenheit

Ihres
gehorsamsten
Meyerbeer.

Minckwitz, Dr. Johannes.

Geb. am 21. Januar 1812 zu Lückersdorf bei Camenz, studirte in Leipzig (von 1830—35) und ging 1836, 37 nach Italien. Durch Bunsen in London erhielt er 1845 von dem Könige Friedr. Wilh. IV. von Preußen eine Pension und habilitirte sich an der Universität Leipzig 1855, wo er 1861 zum Professor ernannt, klassische Litteratur lehrt. Als Dichter setzte er die Richtung seines Jugendfreundes Platen fort. Humboldt hat ihn, durch ein an die deutsche Nation gerichtetes Send-schreiben (1856) für den größten Uebersetzer der Alten anerkannt.

Aeschylos und Sophokles, verdeutscht in den Versen des Orig. (5. Aufl. 1862) — Homer, verdeutscht in Prosa, 2 B. (2. Ausg. 1864) — Euripides, verdeutscht in den Versarten des Originals, bis jetzt 9 Th. (1857—64) — Aristophanes, verdeutscht im Versmaaße des Originals bis jetzt 5 Th. (1855—64) — Gesammelte Werke, erster Band Lyrik enthaltend (1854) — Lehrbuch der deutschen Verskunst (5. Aufl. 1863) — Rhytmische Malerei der deutschen Sprache (1856) — Der neuhoch-deutsche Parnaß (1861). — Sein wissenschaftliches Hauptwerk ist: die Vorschule zum Homer (1863), worin die Homerfrage vom Standpunkte der Volksdichtung aus gelöset wird. —

Außerdem mehrere mythologische (z. B. Taschenwörterbuch der Mythologie aller Völker, 1856), poetische (namentlich „der Prinzen-raub," Schausp. 1839 und „der Künstler," Novelle 1862) und kri-tische Werke von größerem Umfange (z. B. die Schriften über Platen). Endlich: Uebersetzte Stücke von Pindar, Josephus und Lucian.

I.

Dresden, den 4ten November 1841.

Hochgeehrtester Herr Hofrath!

Umstrahlt von dem Glanz einer Weltstadt, sollten Sie noch an einen einsamen, armen Freund der hellenischen Muse denken, so würde ich mich höchst glücklich schätzen. Der Herr Graf v. Baudissin, welchen ich ersucht habe, diese Zeilen einzuschließen, erzählte mir etwas Näheres über die Aufführung der Antigone, welche das Interesse so Vieler, auch meines um so mehr erregt hat, als binnen kurzer Zeit der Sophokles vollständig von mir übersetzt die Presse verlassen wird. Es wird Ihnen vermuthlich entfallen sein, daß bereits vor sechs Jahren meine Antigone zu Stuttgart erschienen. Daher haben Sie, wenigstens melden die Zeitungen dergleichen, die Donner'sche oder Solger'sche Uebersetzung zu Grunde gelegt. Ich will mich nun nicht zum Lobredner meiner eignen Arbeit aufwerfen, aber deutlicher und sinnrichtiger, vielleicht auch poetischer achte ich sie, als jene beiden, was freilich gegen das göttliche griechische Original nicht viel sagen will. Sollte Ihnen daher, Herr Hofrath, vorausgesetzt, daß Sie weitere Stücke, nach langem Todesschlaf, wieder die Bühne beschreiten lassen, an einer bessern Uebertragung gelegen sein, die auch in metrischer Hinsicht dem großen Componisten die Arbeit erleichtere, so erbiete ich mich, Ihnen ein deutliches Manuskript der Elektra durch Herrn Grafen v. Baudissin zu übersenden [1]). Oder sollten Sie lieber ein Stück des Euri-

---

[1]) Tieck las, nach Dresden zurückgekommen, am 2. März 1842 die Elektra wenigstens, aus dem noch nicht abgedruckten Manuskripte, in seinem Abendzirkel vor. In früheren Jahren hatte er die Antigone (1835) und des Euripides Iphigenia auf Tauris (1837) von Minckwitz vorgetragen.

pides wünschen, da von den drei bisher durch mich ausgearbeiteten Stücken bloß das eine, Ihrem Freund Baudissin gewidmete, die Iphigenie auf Tauris, einige Theilnahme sich versprechen dürfte, so wäre ich bereit, für diesen Zweck eine von Ihnen zu bestimmende Tragödie dieses Dichters zu übertragen.

Indessen scheint es mir, als ob die Elektra des Sophokles unter allen uns erhaltenen Stücken des attischen Dichtergestirns bei weitem das wirksamste sei, was, für unsere Zeit wenigstens, den tragischen Effekt betrifft. Im Uebrigen gleichwohl steht sie der Antigone nicht nach. Gerade für dieses Stück beschloß ich denn schon im vorigen Sommer die Aufmerksamkeit des Publikums auch dadurch zu suchen, daß ich demselben Ihren Namen vorsetzte, wozu Sie mir für eines der sophokleischen Dramen die Erlaubniß zu geben so gütig waren.

Es wäre mir persönlich um so wichtiger, als Sie, der Wiedererwecker so vieles Schönen, vielleicht Gelegenheit nähmen, ein empfehlendes Wort an Se. Majestät den König zu meinen Gunsten zu richten. Ich trachte schon seit mehreren Jahren nach einer kleinen Lehrerstelle in preußischen Landen, doch hat das Cultusministerium meine Bitte seither unberücksichtigt gelassen. Nun bin ich zwar Sr. Majestät bereits schon als Kronprinzen bekannt geworden, indem mir Höchstderselbe meine Uebersendung der Aeschyleischen Stücke sehr huldvoll erwiederte. Wie gern aber wollte ich Ihnen mein Lebensglück verdanken; das Glück, nicht mehr von dem großentheils leben zu müssen, was ich schreibe! Denn sehr vortheilhaft würde mir eine anderweitige philologische Beschäftigung sein.

Verzeihen Sie diese Wünsche, verehrungswürdiger Greis, deren Berücksichtigung ich zwar nicht verdiene, aber bedürftig

bin, und der Himmel schütze Sie im hohen Norden, daß
Sie noch lange über die deutschen Gauen Segen verbreiten.
Mit steter Verehrung
Ihr
ergebenster
Dr. Johannes Minckwitz.

II.
Berlin, den 12. Dezember 1844.

Hochzuverehrender Herr Geheimrath!

Die freundliche Aufnahme, die Sie mir vorgestern ange=
deihen ließen, hat mich auf die erfreulichste Weise überzeugt,
daß Sie mich nach Ihrer Trennung von Sachsen nicht ver=
gessen haben. Wie Sie meine Wünsche liebevoll angehört,
so darf ich auch mit Zuversicht hoffen, daß Ihnen deren Er=
füllung wahrhaft am Herzen liegt. Daher beeile ich mich,
Ihnen die Vorlagen zu machen, die Sie für nöthig halten,
um meine Sache bei dem Könige praktisch und mit Erfolg
zu führen. Erstens sende ich Ihnen ein unterthänigstes
Schreiben an Sr. Majestät, worin ich meine persönliche Lage
und meine literarischen Zielpunkte auseinandergesetzt, und
zweitens die Stücke von Sophokles und Aeschylos, so gut
ich sie in der Eile hier gebunden erhalten konnte. Bei der
Ueberreichung derselben bleibt es Ihrer wohlwollenden Ge=
sinnung anheimgestellt, was Sie zu meinen Gunsten münd=
lich hinzufügen wollen, und ich zweifle nicht, daß Ihre Ver=
wendung, da Sie das Ohr Friedrich Wilhelms des Vierten
haben, einen glücklichen Ausgang verbürgen werden. Ein
Monarch, der, wie die öffentlichen Blätter auch aus Eng=
land melden, so eben im Begriffe steht, seinem Volke das
edelste Geschenk zu geben, welches er ihm geben kann, wird

auf Ihr Andringen kein Bedenken tragen, die Laufbahn eines einzelnen Gelehrten sicher zu stellen, die seither von so widerwärtigen Stürmen begleitet gewesen ist. Sie erinnern sich ja Ihres eigenen Schicksales in Sachsen! Sie wissen, daß es in diesem kleinen Lande an Männern fehlt, die den ernstlichen Willen haben human zu wirken, während Ueberfluß an Leuten ist, die aus niedriger Denkart stets bereit sind, jedem wackeren Streben Luft und Sonne zu beschneiden.

Vom Aeschylos erwarte ich täglich die drei letzten Stücke aus der Stuttgarter Presse. Sobald sie, nach meiner Rückkehr, in Leipzig eintreffen, werde ich um so weniger zaudern, auch diese Ihnen nachträglich zu senden, als ich hierdurch die beste Gelegenheit erhalte mein Gesuch in Ihrem Gedächtniß aufzufrischen. Aus den heute Ihnen vorgelegten Arbeiten werden Sie unterdessen erkennen, daß ich und Baudissin nicht so sehr im Unrecht waren, wenn wir bedauerten, daß Sie die Donner'sche Uebersetzung der Antigone zur Aufführung gewählt hatten. Dem Sophokles von Donner fehlt die Hauptsache: die Poesie und der eigenthümliche Charakter des Urbildes, der in dieser scheinbaren Glätte verloren gegangen ist. Eine Unzahl feiner Tinten sind von ihm verwischt, eine Menge Sätze falsch oder schief wiedergegeben, die Chöre vollständig zur Prosa herabgedrückt. Dazu kommt, daß bei ihm die logische Gedankenfolge durchaus nicht so scharf und klar vorgelegt worden ist, wie sie im griechischen Urbilde dasteht, dessen anmuthige und sonnige Darstellung einst die Hellenen entzückt hat. Zu einem eigentlich deutschen Gepräge mangelt der Donner'schen Sprachweise sehr Vieles, zu einem wahrhaft dramatischen Style Alles. Denn wie die rhythmische Darstellung richtig auf die Füße zu stellen sei, das ist ihm unbekannt. Ich wundere mich daher keineswegs, daß unsere guten Freunde, die „jungen Deutschen," von dieser Diktion abgeschreckt, die ganze Antigone mit Stumpf und

Stiel als ein veraltetes Gewächs aus der Kindheit der dramatischen Poesie verdammen. Noch weniger wundert es mich, daß man fortfährt, gegen die Anwendung der sechsfüßigen Jambenform zu eifern, als sei sie für unsere Sprache eine unnatürliche, häßliche und ungelenke. Freilich bedarf sie einen Meister, der die Zügel sicher und geübt zu handhaben versteht, nicht blos einen Versifex oder einen jener goethisirenden und schillerisirenden Nachäffer, die zugleich kein Organ für den Ton des Trimeters im Kopfe haben.

Was die Form anbelangt, in welcher die „ewigen" Attischen Poeten verdeutscht werden müssen, so haben wir uns über dieselbe schon im Jahre 1835 verständigt, als Sie mir die Wohlthat erzeigten, meine Antigone in einem zahlreichen Kreise Ihres gastfreundlichen Hauses am Dresdener Altmarkte vorzulesen. Den modernen Reim für die Chorgesänge wiesen wir einmüthig ab: er ist und bleibt für die griechische Poesie ein heterogenes Element. Es handelt sich für den nachdichtenden Uebersetzer nicht darum, antike Stoffe aufs Neue zu bearbeiten und in einer Weise auszuspinnen, als ob die Dichter nicht schon ihre Gedanken in die rechte Form gebracht hätten; in diesem Falle würde der begabte Uebersetzer besser thun, freigewählte Stoffe selbstständig nach seinem eigenen Genius auszuführen, wie etwa der Schöpfer der Aeneide mit dem Homer verfahren ist. Was soll aber der mit poetischen Meisterstücken schon so reichgesegneten modernen Welt an einer derartigen Verarbeitung antiker Stoffe liegen, die unserer Anschauungsweise, bei vorgerückter Kulturepoche, mehr oder wenig fremd sind? Es handelt sich vielmehr um eine getreue und strenge Darlegung der Urbilder selbst, nicht blos nach dem Gehalt, sondern auch nach der eigenthümlichen Form, so weit diese Form für uns erreichbar ist: um eine ähnliche Darlegung, wie sie Luther und seine Zeitgenossen in der Bibelübersetzung geboten haben. Wir

wollen in unserer Sprache lesen, was ein Sophokles, ein
Aeschylos, ein Euripides und Aristophanes gedacht, empfun=
den und gesagt haben, nicht was wir etwa denken, empfin=
den und sagen würden: wir wollen ganz besonders auch wis=
sen, wie die Alten selbst ihre Gedanken und Empfindungen
entfaltet haben. Daran allein kann uns heutzutag liegen,
uns, die wir in den Alten unsere Muster sehen wollen.

Aus diesem Grunde verwarfen Sie mit mir ebenfalls den
Gebrauch der fünf= und fünfeinhalbfüßigen Jamben: aus
richtiger Erkenntniß des höheren Tones, welcher das antike
Drama vor dem heutigen auszeichnet. Von Lessing ist die
uns jetzt gewohnte Weise der Jambenreihen ausgegangen:
hätte dieser Mann im Nathan die sechsfüßigen Reihen ange=
wandt, welchen unendlichen Einfluß würde dieß auf die recht=
zeitige Gestaltung unsers Rhythmus ausgeübt haben! Wir
dürfen nicht glauben, daß durch Goethe und Schiller die
eigentliche Höhe erstiegen worden ist, welche dem deutschen
Drama, bei der herrlichen Beschaffenheit unsers Sprach=
materials, vorgezeichnet scheint. Es werden in künftigen
Zeiten noch ganz andere, vielvollendetere Harmonieen auf dem
deutschen Parnaß ertönen: dafür bürgt uns schon der An=
lauf, welchen Schiller in der Braut von Messina genom=
men hat.

Mein Ziel war es, im Sophokles und Aeschylos den
antiken Trimeter, durch angemessene Umgestaltung desselben,
in unserer Sprache einzubürgern und einen neuen Styl für
das deutsche Drama vorzubereiten, einen höheren, reicheren
und mannichfaltigeren. Sehen Sie zu, ob mir dieß gelun=
gen ist, mein verehrter Meister! Schwer und voll klingt
mein dramatischer Vers: das ist sicher; so leicht und locker
wie der Donner'sche tritt er nicht auf, aber ich behaupte dem=
ungeachtet, deutscher und die Poesie erschöpfender. Ver=
gebens werden unsere Hinkjambenschreiber mich im deutschen

Gepräge zu übertreffen suchen: sie kommen nicht einmal über Christian von Stolberg im Sophokles hinaus. Auf den ersten Blick mag zwar meine Darstellung etwas frembartiger erscheinen, aber hat nicht jeder originelle Autor anfangs etwas Frembartiges für uns, und muß man sich nicht erst in die Neuheit (wenn ich so sagen darf) hineinlesen? Hat die Bibel nicht auch die Frembartigkeit beibehalten, die von den Autoren selbst herrührt und die um dieser Autoren willen nicht übertuscht werden darf: und erachtet die Bibel Jemand für undeutsch? Ein Mode=Deutsch hat sie freilich nicht. Lies't man ein Werk von Ihnen, verehrter Freund, oder eins von Goethe, Schiller, Jean Paul: versteht man da Alles gleich auf den ersten Blick und muß man nicht lesen und wie=derlesen und nicht nachdenken, um den Geist, der plötzlich vor uns tritt, aufzufassen und sich mit ihm zu befreunden?

So waren meine Betrachtungen, als ich über Sophokles und Aeschylos arbeitete; Werke, die mich sieben volle Jugendjahre, nach einem genauen Ueberschlage der Zeit, in welcher ich geradezu Tag und Nacht brütete, gekostet haben. Glauben Sie aber nicht, daß Ihre Wahl der Antigone von Donner mir ärgerlich ist. Ich besitze keinen Ehrgeiz, nur Liebe zur Sache; und wenn man die Verse von Donner lobt, rechne ich im Stillen mit um so größerer Zuversicht darauf, daß man die meinigen dermaleinst in ihrer Vollendung erst recht erkennen wird. Sie, verehrter Herr Hofrath, wirken auf praktischem Wege für den Fortschritt und die Hebung unsers Theaters, indem Sie jene unvergänglichen Meister=skizzen der Attiker vor das Auge öffentlich hinstellen: ich mei=nerseits betheilige mich an Ihren Bestrebungen dadurch, daß ich für dieses Ziel einen neuen Styl schaffen helfe.

Leben Sie wohl und bleiben meiner in Liebe eingedenk! Noch fällt mir bei, Ihnen zu sagen, daß unser beiderseitiger Freund, der Freiherr Friedrich von Rumohr, denselben

Schritt für mich thun wollte, von welchem ich im Eingange
meines Briefs zu Ihnen gesprochen. Im Mai vorigen Jahres versprach er es mir freiwillig, aber schon im August raffte
ihn zu Dresden der Tod dahin.

Der Ihrige.
Dr. Johannes Minckwitz.

Während eines kürzeren Aufenthaltes in Berlin geschrieben.

Mnioch, Johann Jacob.

Geb. zu Elbing den 13. Oktober 1765; gestorben in Warschau am 22. Febr. 1804, als Direktionsrath der preuß. Lotterie-Verwaltung.

Lyriker, vorzüglich in launigen Dichtungen und geselligen Liedern.

Sämmtliche auserlesene Werke, 3 Bde. (1798) — Analekten, 2 Bde. (1804).

Sein Schwiegersohn war Wilhelm Neumann, der innige Freund Hitzig's, Chamisso's, Varnhagens, mit welchem letzteren er in jüngeren Jahren den parodischen Roman: Karls Versuche und Hindernisse schrieb.

Warschau, d. 10. Febr. 1801.

Eben hatte ich einen Brief an Fichte geschlossen, worin ich
mich mit ihm über Sie und für Sie (ich hab' ihn ersucht,
Ihnen den Brief mitzutheilen) unterhalte, als mir Ihr liebes
und werthes Schreiben (vom 1. Febr.) gebracht wird. Sie
sind meinen Wünschen und meiner stillen Absicht bey Schreibung jenes Briefes auf die erfreulichste Art zuvorgekommen.
Wir lieben und verehren Sie lange in Ihren Werken, und
freuen uns über das herrliche Aufleben der Poesie sowohl in
ihrer unbefangenen Kindlichkeit als im heroischen Ankämpfen
gegen die Befangenheit. Auch in mir ist ein alter Funke, den
die Kritik einer anmaßlich-geschlossnen Grammatik mit Asche
bestreut hatte, wieder geweckt worden. Er wird nun zwar

bald verglimmen, aber er verglimmt dann doch im Freyen, und erstickt nicht. — Ihre Gedanken über den Reim gehn aus Ihrem Reim hervor. Ehe man über das Leben im Lebendigen sprechen kann, muß ein Lebendiges daseyn und man muß es inne werden. Meine verstorbne Gattin hat in Gesprächen, die ich erst jetzt besser verstehe, Manches geahnet, auch wohl traummäßig gebildet, was jetzt im Wachen erkannt und **unaussprechlich=ausgesprochen wird, d. h. poetisch**. Unsre Reimspiele gehn nicht tief. Das zweite Stück von den eingesandten ist nehmlich von meiner verst. Frau, und war schon vor 5 Jahren geschrieben. Das größere und letzte ist von mir; und schwerlich würd' ich das erste zum Druck angeboten, noch das zweite im vorigen Frühjahr selbst versucht haben, wenn ich nicht vorher Ihren Zerbino gelesen hätte, dieses harmonische Chaos, worüber ich noch manches zu schreiben gedenke und bereits geschrieben habe. Dieser Zerbino hat in Bezug, nicht auf mein **Innewerden der Poesie**, sondern auf mein **verständliches Denken und Sprechen** darüber, ein wahres Pfingst=Wunder an mir verübt, **an mir**, sag ich, d. i. eben an keinem Apostel, sondern vielleicht an einem von denen, die im 2. Kapitel der Apost. Gesch. vom 9. bis 11. Vers inclus. genannt werden, vielleicht einem **Kretenser**. (Den ganzen Epistolischen Kirchen=Text dieses Kapitels vom 1. bis 13. Vers inc. sollte man ausführen als Geschichte des jetzigen Erwachens der Poesie; auch der Schlußvers ist deutungsreich, wenn vorher nehmlich die Volksnamen in Schulen=Namen verwandelt wären, und darunter auch Nikolaiten vorkämen.) — Nochmahls (denn ich bin vom Wege abgekommen) unsre Reimspiele gehen nicht tief, woher auch größtentheils Reim auf Reim folgt, ohne künstliche Verschlingung und große Partieen im Korrespondiren und Zusammenstimmen der Verse. Die italiänische Stanze ist mir das Bild eines schönes Hausstandes. Ein Paar Wörtlein darüber stehn im Briefe an

Fichte. Nur mit den Schlußterzetts der Sonette kann ich mich nicht immer vertragen. In den beiden Anfangs=Quartetts ist ein so erfreuliches Grüßen und Küssen der Reime, ein so inniges Umarmen der Verse, darauf kömmt mir der Abschied so kalt, frostig und höflich vor. Ich will einmahl Sonettförmig ausdrücken, was ich meyne.

Ein Sonett
über das Sonett.

Willkommen, ruf' ich, immer noch: willkommen,
Ob ich Dich schon mit meinem Arm umschlinge,
Mit meinem Herzen an das Deine bringe:
Bey jedem Blick bist Du mir erst gekommen!

Ich habe Dich noch nicht in Arm genommen;
Verlange nicht, daß ich mich bald bezwinge,
Und frage nicht nach einem fremden Dinge!
Willkommen, ruf' ich, immer noch: willkommen!

„Erlauben Sie, ich bin im Reise=Kleide,
Das Sopha leidet und die blanke Diele,
Der Weg hieher hat einen feuchten Sand!"

„Verzeihen Sie, auch mir fehlt Festgeschmeide.
Nachläß'ger Anzug läßigt Fein=Gefühle;
Doch vor der Hand — zum Kuß hier meine Hand!" —

Ich weiß es, wehe mir, wenn Sie nach Lesung dieses wunderlichen Stücks, im fortgesetzten Prinzen Zerbino meiner gedenken. Aber ich rede hier nicht mit dem Verfasser des Zerbino, sondern mit dem freundlichen Mann, der mich über meine Meynung im Vertraun gefragt hat. Wenn die Schlußreime so stehn, wie oben; so sieht mir ein Sonett aus,

wie ein schön gewirktes Band, das aber am Ende locker gewor=
den, und die Fäden auseinander gegeben hat; — oder so klingt
mir ein Sonett wie ein schönes Glockengeläute mit dem
Apendix einzelner Nachschläge, wenn der Klöpel nicht gleich
angehalten wird. Freylich, soll eben eine Empfindung aus=
gedrückt werden, deren Gedankentext auf eine ähnliche Art
verdämmert, oder soll auch das laute Gefühl allmählig in
ein Verstummen des stillen und innigern Beschauns über=
gehn; so hab' ich nichts gegen das Lyrische dieser Form. Sonst
aber scheint sie mir besser zu einem komischen Kontraste zu
dienen. Sollt' es nicht eine verständige Umkehrung dieser
Form geben, die einen sehr großen und bedeutenden lyrischen
Karakter hätte? — Sie hören, ich spreche kein vollständiges
Wort. Ich zweifle, ich frage. Fragende Zweifel bitten um
belehrende Antwort.

Nun aber ganz ernsthaft über Ihren Scherz und Ernst.
Wozu Sie mich mit Gewalt machen wollen, das bin ich lange,
der verehrende Freund Ihres Geistes und Herzens. Und
wenn Sie mir, falls ich zu einem wörtlichen Bunde nicht ge=
neigt wäre, mit einem zweiten Zerbino drohen, so sind das
Strafgesetze auf die Unterlassung eines Dinges, das man gern
thut. Aber daß Sie gleich nach dieser Androhung alles Vor=
hergesagte dadurch zum Scherz machen, daß Sie fortfahren:
„Aber ernsthaft, u. s. w." das thut mir leid, denn nun besorg'
ich, nicht bloß Ihre Drohung, sondern auch Ihre Forderung,
auf die ich einen so hohen Werth setze, solle als Scherz ge=
nommen werden. ——??

Ihr Antrag wegen des Hymnus ehrt mich, und die gütige
Offenheit Ihres Urtheils über die Einleitungen und den Schluß
erfreuet mich: Mein voriger Zweifel ist gelöst, denn Ihrem
Freundschafts=Antrage ist dadurch zugleich eine erste Freund=
schafts=Probe angeschlossen. Sie haben ganz recht, beide An=
hänge (denn sowohl Anfang als Ende sind angehängt worden)

gehören nicht zum Gesang der Vermählung. Aus dem Brief an Fichte werden Sie indeß erfahren haben, daß leider jener Hymnus sowohl, als eine damit verbundne Romanze der Entbindung, nebst einigen Erläuterungen über Idee und Organisation, zum Druck gesandt sind. Den Abdruck der Gedichte, der bereits vollendet seyn muß, erwart' ich mit jedem Posttage. Die Erläuterungen werden später folgen, obwohl sie auch schon unter der Presse seyn müssen. Die erste Einleitung ist jedoch beynahe ganz gestrichen. — Sobald ich ein vollständiges Exemplar habe, werd' ich so frey seyn es Ihnen vorzulegen, und erst wenn Sie die Güte gehabt haben, mir über die weitere Ausführung meiner Absicht Ihre Meinung mitzutheilen, werd' ich fortfahren. Der jetzt gemachte besondre Abdruck der ersten beiden Stücke wird vielleicht in Jahr und Tag abgesetzt, wenn auch größern Theils an die Lüsternheit, die sich betrogen finden wird. Bey der Vollendung des Ganzen, was ich im Sinne habe, kann ich also Ihr offnes Urtheil noch benutzen. Meines herzlichsten Danks seyn Sie gewiß! — Eine Anzeige dieser Blättchen wünscht' ich wohl im Athenäum. Vielleicht haben Sie Gelegenheit dies zu bewirken.

Mit welchem Sinn wir Ihre heilige Genoveva feyern, werden Sie theils im Briefe an Fichte, theils in dem an Schütz angedeutet finden. Nur ein Paar Köpfe wollen die Varietät der äußern Formen darin unnatürlich finden. Ich habe diesen aber zu bedenken gegeben, daß die Wahrheit und Natur in dieser Mannigfaltigkeit nach dem, was dem Ausdruck zum Grunde liegt und was er will, nicht nach dem Ausdruck an sich beurtheilt werden muß. Die Poesie will den Menschen lebendig aussprechen, sie will den Gesang unsers Innern als Gesang hören lassen, ihn nicht bloß in Noten zum philosophischen Lesen aufschreiben. Wo es nun Reime, Sonette, Stanzen u. s. w. in unserm Innern giebt, da kehrt sie sich an keine so genannte Gleichheit des Styls, sondern giebt selbst Reime,

Sonette, Stanzen. Noch immer bleiben wir auch bey dieser Freiheit im Ausdruck befangen; aber wer mehr befangen bleiben will, als nothwendig ist, der hat keine Ahnung von dem, was Poesie ist, und wornach sie trachtet. Mit einem Wort: die Wahrheit und Natur aller Poesie ist nicht, daß der Mensch im Leben sich so ausspricht, aber wohl, daß er sich so aussprechen möchte, daß er innerlich darnach ringt, seine Seele also darzustellen. — Die Kraft und Regung des innern geistigen Lebens macht dem Menschen die Brust beklommen, es will hinausdringen und sich im Materiällen verkünden. Da stellen sich nun die Künste um ihn, und bieten ihm freundlich, Ton und Wort und Farbe und Masse, als Instrumente des Verkündens dar. So, verehrter Freund, seh' ich die höhern Künste an.

Vieles möcht' ich noch schreiben, besonders darüber, daß, nach Ihnen, der Karakter romantischer Poesie im großen modernen Reim liege; aber dies bleibe einer helleren Stunde vorbehalten.

Lassen Sie uns Freunde seyn! Geben Sie meiner dargebotenen Hand die ihrige; ich glaube inne zu werden, was Sie inne werden, und darum lassen Sie es hingehn, wenn auch mein Ausdruck dem ihren nicht immer zusagen sollte. Ein Paar Zeilen, daß Sie diesen Brief erhalten haben, werden mich erfreun.

Ganz der Ihrige.

Mniodh.

N. S. Unter meinen Freunden empfiehlt sich namentlich ein Leut. v. Loewenstern. Mit einer kräftigern und jüngern Sehnsucht als Moses, als er vom Berge in die Thäler des gelobten Landes sah, schaut dieser feurige Jüngling von 29 Jahren in das gelobte Land der Poesie und Mahlerey, wie Sie es uns darstellen. Er zeichnet mit kräftiger Hand, hat aber nicht Lust zum Ausmahlen, dafür mahlt er desto mehr in

seinen poetischen Versuchen. In wenig Jahren hat er eine
Kompagnie und er ist blutarm; dennoch will er Urlaub neh=
men, und Ein Jahr auf der Akademie studiren. Wie glücklich=
unglücklich Ihre Schriften diesen Mann gemacht haben, kann
ich nicht beschreiben. Göthe und Sie betet er an. — Näch=
stens werden Sie etwas von ihm lesen. Wär' ich doch noch
so jung und kräftig wie dieser! — Aber 36 Jahre sind gerade
7 mehr, als 29. —

Mörike, Eduard.

Geb. den 8. Sept. 1804 zu Ludwigsburg, seit 1834 Pfarrer in Cle-
ver-Sulzbach bei Weinsberg.

Maler Nolten, Roman (1838). — Iris, Novellen und Märchen
(1839). — Idylle vom Bodensee (1846). — Das Stuttgarter Hutzel-
männlein, Märchen (1853). — Mozart auf der Reise nach Prag, No-
velle (1856). — Die sanfte, liebewarme Empfindung dieses Dichters klingt
mild und innig aus den wenigen Zeilen, welche sich von ihm in Tieck's
Nachlasse vorfanden.

Ochsenrang bei Kirchheim unter Teck
im Königr. Wirtemberg,
b. 20. Febr. 1833.

Hochverehrter Herr!

Eine poetische Arbeit direkte und ohne alle äußere Ver=
anlassung Ihnen vorzulegen, habe ich inzwischen billig Anstand
genommen; und selbst da nun verlauten will, daß Dieselben
aus Gelegenheit eines Gesprächs mit einem meiner wirtem=
bergischen Freunde Sich dieser Lektüre im Voraus nicht ganz
abgeneigt erwiesen hätten, gebe ich der Versuchung, mich Ihnen
darzustellen, nicht ohne Zaudern nach.

Denke ich aber, mit welcher unbedingten Hingebung und
immer neuen Bewunderung ich mich seit so viel Jahren an
Ihren Werken erfreut, an Ihrem Genius mich aufgerichtet

habe, wie ich mich überall zuerst an die Reisenden drängte, welche zu Dresden und bei Tieck gewesen waren, so finde ich mich nun aufs wunderbarste durch die Vorstellung gerührt, daß Sie, doch wenigstens so lange jene Blätter Sie festhalten können, Sich noch mit meinem Wesen berühren sollen! Schon dieß Bewußtseyn, kann ich wohl sagen, ist an und für sich selbst hinreichend, mich glücklich zu machen. Dürft ich aber vollends hoffen, daß es für Sie keine unangenehme, ja vielleicht für mich eine fruchtbare Berührung werden könnte, so wäre meine Freude desto größer, je geringer in Wahrheit die Ansprüche waren, womit ich das Buch überhaupt in die Welt hinausgab.

Mit größter Verehrung verharrend
   Euer Wohlgeboren
      gehorsamster
      Eduard Mörike,
      Pfarr=Vikar.

Inhalt des zweiten Bandes.

	Seite.
Hormayr, Joseph Freiherr von	1
Humboldt, Alexander Freiherr von	18
Jacobi, Friedr. Heinrich	36
Jacobs, Christian Friedr. Wilhelm	37
Jagemann, Caroline	39
Iffland, August Wilhelm	43
Immermann, Karl	47
Immermann, Marianne	106
Ingemann, Bernh. Severin	129
Julius, Nik. Henrich	134
Kabach	136
Kaufmann, Alexander	140
Kerner, Justinus	149
Killinger, K. A. Freiherr von	154
Kleist, Maria	172
Koberstein, A.	181
Köchy, Karl	189
Koenig, Heinrich	196
Körber, Gottfried Wilhelm	198
Körner, Christ. Gottfr.	203
Koester, Hans	208
Kureff	212
Kratter, Franz	212
Krause, Karl Christ. Friedr.	216
Krickeberg, Friederike, geb. Koch	219
Küstner, Karl Theodor von	226
Laube, Heinrich	227
Lebrün, Karl	235
Lenz, J. R. von	238
Loebell, Johann Wilhelm	240
Loeben, Otto Heinr., Graf	264

www.ingramcontent.com/pod-product-compliance
Lightning Source LLC
Chambersburg PA
CBHW020308240426
43673CB00039B/745